HISTÓRIA DA IGREJA
NA AMAZÔNIA

Dados Internacionais de Catalogação na Publicação (CIP)
(Câmara Brasileira do Livro, SP, Brasil)

História da Igreja na Amazônia / coordenação de Elisângela Maciel. – 2. ed. rev. e atual. – Petrópolis, RJ : Vozes ; São Paulo : CEHILA, 2024.

ISBN 978-85-326-6856-1

1. Amazônia – Aspectos religiosos 2. Cristianismo 3. Igreja – História 4. Pastoral – Cristianismo 5. Teologia I. Maciel, Elisângela.

24-203885 CDD-262.00981

Índices para catálogo sistemático:

1. Brasil : Igreja : História : Cristianismo 262.00981
Eliane de Freitas Leite – Bibliotecária – CRB 8/8415

Elisângela Maciel (org.)

HISTÓRIA DA IGREJA NA AMAZÔNIA

Petrópolis

© 1990, 2024, Editora Vozes Ltda.
Rua Frei Luís, 100
25689-900 Petrópolis, RJ
www.vozes.com.br
Brasil

Todos os direitos reservados. Nenhuma parte desta obra poderá ser reproduzida ou transmitida por qualquer forma e/ou quaisquer meios (eletrônico ou mecânico, incluindo fotocópia e gravação) ou arquivada em qualquer sistema ou banco de dados sem permissão escrita da editora.

CONSELHO EDITORIAL	PRODUÇÃO EDITORIAL
Diretor	Aline L.R. de Barros
Volney J. Berkenbrock	Marcelo Telles
	Mirela de Oliveira
Editores	Otaviano M. Cunha
Aline dos Santos Carneiro	Rafael de Oliveira
Edrian Josué Pasini	Samuel Rezende
Marilac Loraine Oleniki	Vanessa Luz
Welder Lancieri Marchini	Verônica M. Guedes
Conselheiros	**Conselho de projetos editoriais**
Elói Dionísio Piva	Luísa Ramos M. Lorenzi
Francisco Morás	Natália França
Gilberto Gonçalves Garcia	Priscilla A.F. Alves
Ludovico Garmus	
Teobaldo Heidemann	

Secretário executivo
Leonardo A.R.T. dos Santos

Editoração: Giulia Araújo
Diagramação: Editora Vozes
Revisão gráfica: Anna Carolina Guimarães
Capa: Editora Vozes

ISBN 978-85-326-6856-1

> Obra publicada originalmente em 1992, sob a organização de Eduardo Hoornaert.

Este livro foi composto e impresso pela Editora Vozes Ltda.

Sumário

Apresentação à primeira edição, 9
Apresentação, 11
Introdução, 15

Capítulo I – Os povos indígenas da Amazônia à chegada dos europeus, 17
1. A época do contato 17
2. Territórios e ambientes naturais. 19
3. A população indígena: origens e distribuição 23
4. Estimativas de população 29
5. Grupos linguísticos e tribais 33
6. O antigo modo de vida das tribos do Rio Amazonas 38

Capítulo II – A Amazônia e a cobiça dos europeus, 48
1. O lucro 48
2. A constituição de uma área periférica do sistema mundial moderno 50
3. O extermínio dos indígenas 52
4. A funcionalidade da religião católica 55
5. A lei de iniciativa privada e a função do Estado 57
6. *Conclusão* 60

Capítulo III – Os principais grupos missionários que atuaram na Amazônia brasileira entre 1607 e 1759, 62
1. Franciscanos ou jesuítas? 62
2. Periodização da atuação jesuítica na Amazônia 67
3. O período profético da missão jesuítica (1607-1686) 71
4. O período empresarial da missão jesuítica (1686-1759) .. 87
5. Os franciscanos................................. 93
6. Os mercedários................................. 97
7. Os carmelitas 100
8. O Regimento das Missões de 1686 111

Capítulo IV – O breve período profético das missões na Amazônia brasileira (1607-1661), 115

1. Os primeiros franciscanos sob Frei Cristóvão de Lisboa . 115
2. Os primeiros jesuítas com Luís Figueira 118
3. Diversas entradas de missionários jesuítas sob
   Antônio Vieira................................. 121
4. O período maranhense de Antônio Vieira (1652-1661).. 124
5. *Conclusão* 129

Capítulo V – A era missionária (1686-1759), 133

1. Espaço histórico-geográfico e populações indígenas
   da Amazônia.................................... 133
2. O projeto português de "dilatar a Fé e o Império"
   na Amazônia.................................... 139
3. Colonos e índios: dois mundos em confrontação....... 154
4. A visão da Igreja sobre a conquista dos índios
   "para Deus e para o rei" 159
5. Como os índios viam os conquistadores da espada
   e da cruz....................................... 170
6. A nova sociedade cristã formada pelas populações
   indígenas....................................... 177
7. A Igreja dos conquistadores para a Fé e para o Império..... 186
8. O fim da era missionária......................... 194
9. *Conclusão* 204

Capítulo VI – Reformulações da missão católica na Amazônia entre 1750 e 1832, 206

1. A marca do ano de 1750......................... 206
2. A época de Pombal: Abolição do Regimento das
   Missões de 1686 e do Diretório de 1757............. 214
3. Os bispos Bulhões, Queiroz e Brandão: governo e
   visitas pastorais................................ 225
4. Das lutas da Independência aos desastres da
   Cabanagem (1816-1832) 253

Capítulo VII – Igreja e Cabanagem (1832-1849), 264

1. Da revolta de abril de 1832 à morte do Cônego
   Batista Campos, em 1835 264
2. A Cabanagem se estende por todo o território amazônico .. 274
3. O período dos presidentes Souza Franco e Miranda 282
4. O Regimento das Missões de 1845 e a política missionária
   sob o Presidente Coelho (1848-1850)............... 292
5. *Conclusão* 300

Capítulo VIII – A romanização da Igreja Católica na Amazônia (1840-1880), 302
  1. Dom José Afonso de Morais Torres (1844-1859) 302
  2. Dom Antônio de Macedo Costa (1861-1890) 312

Capítulo IX – História dos protestantes na Amazônia até 1980, 326
  1. Protestantes na Amazônia à época de Pombal? 327
  2. Os primórdios do século XIX 328
  3. Atividade denominacional 333
  5. O pensamento protestante e a Amazônia 344

Capítulo X – A Igreja Católica na Amazônia na atualidade, 346
  1. Dos fins do século XIX a 1920 347
  2. De 1920 ao momento atual 362

Capítulo XI – Waimiri-Atroari: a história contemporânea de um povo na Amazônia, 372
  1. A experiência Waimiri-Atroari 374
  2. Os Waimiri-Atroari e o projeto capitalista 376
  3. A Funai 380
  4. Presença da Igreja 389
  5. Os Kiña ou Waimiri-Atroari contam sua história 392

Capítulo XII – O cristianismo amazônico, 400
  1. Dinâmicas da evangelização 400
  2. Percepções da alteridade 404
  3. A Amazônia como refúgio religioso 408
  4. Significado histórico do Círio de Nazaré 411

Capítulo XIII – 50 anos de evangelização na Amazônia: rastreamento documental entre Santarém I (1972) e Santarém II (2022), 419
  1. Contexto 419
  2. Quarto Encontro Pastoral de Amazônia (1972) 421
  3. Segundo Encontro Inter-regional de Pastoral (1974): linhas prioritárias da Pastoral da Amazônia 422
  4. III Encontro Inter-Regional de Pastoral (1990) 424
  5. Amazônia sob o olhar de duas Conferências Gerais do Episcopado Latino-americano e do Caribe: Santo Domingo (1992) e Aparecida (2007) 425
  6. Seminário de Estudos e Assembleia dos Regionais Norte I e II (1997) no XXV aniversário de Santarém I 427

7. Os Bispos da Amazônia na XXXVII Assembleia Geral
da CNBB (1999): "A Igreja e a Questão da Amazônia".. 428
8. IX Encontro Inter-regional de Bispos da Amazônia,
Manaus (2007): "Discípulos Missionários na Amazônia".. 429
9. Sínodo para a Amazônia (Roma 2019): Documento
Final (2019) e a Exortação Querida Amazônia (2020).. 431
10. IV Encontro da Igreja Católica na Amazônia Legal:
Santarém II (2022)............................ 434
Siglas 437

**Capítulo XIV – Pentecostalismo na Amazônia:
uma atualização, 438**

    Introdução 438
    Síntese histórica de Gunnar Vingren e Daniel Berg....... 440
    Instalação e desenvolvimento do pentecostalismo
    na Amazônia..................................... 443
    Relações entre missionários suecos e
    a comunidade paraense............................ 444
    Expansão – rompendo as barreiras regionais e
    avançando pelo país 447
    "Prodígios da fé": o pentecostalismo amazônico
    entre nos anos de 1940 e 1960 447
    A continuidade do triunfo......................... 449
    "O problema educacional e intelectual":
    o pentecostalismo amazônico e o letramento............ 451
    "Deus o curou": a permanência dos testemunhos de cura.. 453
    Subalternidade assembleiana....................... 456

Apêndice, 459
Referências, 481
Sobre os autores, 497

Apresentação à primeira edição

Foi no mês de outubro de 1980 que a seção brasileira da Comissão de Estudos da História da Igreja na América Latina (Cehila) tomou a decisão de elaborar uma *História da Igreja na Amazônia*. Fomos oito a meter mãos à obra, cinco dos quais diretamente ligados à Cehila.

Diversas considerações nos impeliram a tanto, na época. Em primeiro lugar, a constatação de que a "História da Igreja no Brasil", igualmente elaborada pela Cehila e cujo segundo volume acabara de sair, não cobria suficientemente a área amazônica. Mas havia uma ponderação talvez mais decisiva: estávamos sentindo que, em torno da Amazônia, "o cerco estava se fechando", para usar uma expressão de Jean Hébette (1991). Queríamos fazer algo para situar essa atualidade num contexto histórico, em termos de cristianismo. A "operação Amazônia", iniciada por volta de 1966 e apoiada plenamente pelos governos militares, estava em pleno curso. Os "grandes projetos" como Jari, Carajás, Albrás-Alunorte, as hidrelétricas de Tucuruí, Balbina e Santa Isabel, as estradas Transamazônica, Cuiabá-Santarém, Perimetral Norte, estavam em fase acelerada de implantação, visando a "integração" da Amazônia. Integração no Brasil ou no capital internacional? As "vítimas do milagre" (Davis, 1978) começaram a aparecer: não só as populações indígenas – veja o capítulo XI, da autoria de um militante indigenista, junto ao povo Waimiri-Atroari – mas também as próprias terras queimadas, sulcadas e tragadas na voragem da sede do lucro rápido e fácil.

Estávamos também vivamente impressionados com a corajosa Carta Pastoral de Dom Pedro Casaldáliga: "Uma Igreja da Amazônia em Conflito com o Latifúndio e a Marginalização Social". Essa nos pareceu ser a linguagem que os cristãos tinham que assumir diante da gravidade da nova situação amazônica.

Foi essa paixão militante que nos fez empreender a obra que você tem, agora, em mãos. Mas, como se poderá verificar facilmente, é uma obra antes de tudo científica, em diversos pontos inovadora, trazendo fontes inéditas para o conhecimento do público especializado no assunto (sobretudo nos capítulos III, VI e VII, da autoria de Carlos Moreira Neto, e no capítulo V, da autoria de Hugo Fragoso. Entre 1982 e 1987, data de sua morte, o nosso companheiro João Santos coordenou os trabalhos e, inclusive, elaborou o capítulo VIII. Sua memória ficará viva entre nós através desta publicação.

Mas não nos dirigimos só aos especialistas. Qualquer pessoa interessada na questão amazônica encontrará aqui temas e abordagens que lhe possam aprofundar a militância e o estudo. Quisemos evitar o perigo de apresentar o indígena amazônico como um ser paradisíaco e artificial, e por isso iniciamos o livro com um capítulo da autoria de Antônio Porro, que situa a história do cristianismo amazônico no vasto cenário anterior à penetração colonial. Outro perigo teria sido o de escrever uma história quase exclusivamente eclesiástica. O último capítulo procura corrigir essa perspectiva, analisando a Amazônia encantada da religião do povo na trilha do trabalho de Eduardo Galvão (1976) e da intuição do segundo bispo de Manaus, Dom Frederico Costa, que em 1909 publicou sua Carta Pastoral bilíngue, em português e nheengatu (Costa, F., 1909). Afinal, o cristianismo amazônico formou-se longe dos parâmetros clericais e dos centros de coerção. Também não nos recusamos a entrar na atualidade da Igreja Católica na região. No capítulo X, Possidônio da Mata enfoca o período que vai do final do século XIX até a virada ocorrida no encontro dos bispos amazônicos em Santarém, no ano de 1972.

Estamos convencidos dos limites de nosso trabalho. O texto está aí para ser aperfeiçoado e superado. Agradecemos aos colaboradores que sem remuneração fizeram esse importante esforço de pesquisa e redação a serviço de um cristianismo menos estrangeirado, mais identificado com as culturas amazônicas e mais libertador.

Eduardo Hoornaert
Coordenador

Apresentação

De coração alegre e agradecido, apresento a reedição da *História da Igreja na Amazônia*, cuja publicação coordenei nos inícios dos anos 1990, 30 anos atrás, e que hoje conta com uma nova vida, o que se deve principalmente aos competentes cuidados da historiadora amazonense Elisângela Maciel, que aqui agradecemos cordialmente. Ela contou com a colaboração de companheiros e companheiras, ligados(as) ao Centro de Estudos da História da Igreja na América Latina (Cehila).

Nesses 30 anos, muita coisa mudou na Amazônia. Hoje, o futuro da imensa região se revela incerto. Sua progressiva desertificação é uma ameaça real. Há resistência, sem dúvida, mas, do modo em que a questão se coloca hoje nas discussões, não se consegue um equilíbrio entre preservação da natureza e estímulo à economia. Se essa desertificação progredir, o resto do Brasil e grande parte da América Latina podem virar um Saara ou um Atacama, como adverte a Ministra Marina Silva.

O livro se concentra em questões de introdução e evolução do cristianismo na região. Isso importa? Temos algo a aprender com elas? Os 14 capítulos, oito de caráter informativo e seis de ordem interpretativa, merecem ser lidos com essa pergunta em mente.

Sabemos que um bom texto informativo não envelhece nunca. Resiste ao tempo. É o caso dos três capítulos (III, VI e VII) elaborados pelo saudoso etno-historiador Carlos de Araújo Moreira Neto (1928?-2007). Frutos maduros de 52 anos de andanças e pesquisas nos mais diversos institutos ligados aos estudos indigenistas pelo Brasil afora, eles contêm preciosas indicações sobre como viver na Amazônia hoje. Por sinal, não posso senão ressaltar aqui o entusiasmo, a generosidade e a gratuidade com que Carlos Moreira Neto colaborou com a elaboração desse livro, com sua reconhecida competência.

Quanto aos textos de teor interpretativo, chamo a atenção para a atualidade do capítulo V, da autoria do saudoso historiador franciscano Hugo Fragoso que, sob o título *A Era Missionária (1686-1759)*, discute a ideia de "missão" que os missionários cristãos, vindos de fora, tinham na cabeça (e que alguns deles ainda conservam hoje). Defender a liberdade dos habitantes da região, no sentido que atualmente damos ao termo, não lhes passa pela cabeça. Para eles, liberdade significa libertação do pecado, do "paganismo". Principalmente, libertação do pajé. Pois o principal adversário do missionário é o pajé. Essa libertação só se alcança no aldeamento missionário. É onde o pajé não manda mais. Os que demonstram ignorância acerca desse fundamental direito à salvação ou relutam em aceitar a pregação dos missionários vindos de fora, são forçados a se submeter à catequese e recebem o batismo a pulso. Pois a salvação da alma é o bem supremo. Eis um texto que faz refletir.

Diversos outros capítulos desse livro merecem sua atenção, caro leitor, prezada leitora. Você lerá com interesse o trabalho acerca dos *povos indígenas da Amazônia à chegada dos europeus*, da autoria do competente antropólogo Antônio Porro (capítulo I). No capítulo VIII, guiado pelo saudoso historiador de Santarém do Pará, João Santos, no capítulo *A romanização da Igreja Católica na Amazônia (1840-1880)*, você acompanhará a romanização da pastoral amazônica no decorrer do século XIX, um tema de suma importância para se entender a atualidade da Igreja Católica na região. Tema, aliás, hoje retomado pela historiadora Elisângela Maciel, coordenadora dessa nova edição, em seu livro *Igreja de Manaus, porção da Igreja Universal: a Diocese de Manaus vivenciando a romanização (1892-1926)*, publicado em Manaus no ano 2014. O capítulo IX contém um trabalho acerca do "primeiro" protestantismo amazônico, que só aborda de passagem a reviravolta pentecostal. É completado, nesta edição, pelo trabalho *Pentecostalismo na Amazônia: uma atualização*, dos historiadores Samuel Pereira Valério, Marina Corrêa e Rafael da Gama. O capítulo X trata dos desafios enfrentados pela hierarquia católica, principalmente em Belém, Santarém e Manaus, dos fins do século XIX aos anos de 1990. E o capítulo XI nos mergulha na história de uma determinada nação amazônica, os Waimiri-Atroari. Somos guiados por Egydio Schwade, uma autoridade no assunto, que dedica sua vida aos povos amazônicos desde 1963.

No capítulo XII, de minha autoria, projeta-se um olhar panorâmico *sobre o cristianismo amazônico*. Dois temas aí abordados me parecem conter sugestões para os dias atuais. Pela própria configuração de um imenso e quase impenetrável território, de menor controle civil e eclesiástico, a Amazônia era, no passado, um refúgio (para pecadores e santos), uma região de maior "liberdade religiosa". Isso talvez tenha algo a ver com a atual predisposição "amazônica" a temas novos, como Vaticano II, sinodalidade e reformas ministeriais. Será? Outro desafio, penso, diz respeito ao significado histórico do Círio de Nazaré. A maior procissão do mundo católico passa por autoridades civis e religiosas, como as águas do imenso rio passam por Manaus e Belém. Silenciosamente, poderosamente, independentemente. Isso dá para refletir? Lembro que a esfinge de Tebas, na antiga Grécia, dizia: decifra-me ou devoro-te.

Esta edição ainda conta com um capítulo da mão do renomado historiador indigenista Paulo Suess, sobre um tema que fez falta na edição de 1992: *Cinquenta anos de evangelização pós-conciliar na Amazônia: um rastreamento documental entre Santarém I (1972) e Santarém II (2022)*. Eis um capítulo que, decerto, será lido com proveito por agentes de pastoral, espalhados/as por todo o território amazônico e interessados/as em saber quais os desafios da pastoral na região. E Paulo Suess termina escrevendo: "De longe, escuto a voz do Papa Francisco: 'Me deem um prazo.

Não posso pagar à vista as dívidas eclesiásticas de séculos. Estou pagando em prestações'".

Termino com umas palavras acerca do mapa histórico que figura na capa do livro. Trata-se da cópia de um mapa que consta no *Atlas Universalis*, publicado por Diogo Homem em 1558, no caderno *America meridionalis (ou equinoctialis)*. Com original conservado no *British Museum de Londres*, esse mapa é um dos mais importantes trabalhos da cartografia do século XVI. Aí, o Rio Amazonas domina a *"quarta orbis pars"*, o *"mundus novus"*, aquela *"terra incognita"* que mexe tanto com o imaginário de marinheiros, desbravadores e colonizadores. Serpentea, dominante, independente, pelo continente, do *Occidens* ao *Oriens*, e joga águas tão poderosas no oceano que forma, na embocadura, um *"Mare Aque Dulcis"* (mar de água doce). O Rio Amazonas constitui a figura mais marcante de um mapa que, grandemente baseado em informações de marinheiros da circum-navegação, é de uma beleza ímpar e traz símbolos tão sugestivos. Uma capa para meditar sobre a importância da Amazônia para o globo em que vivemos. *Quarta orbis pars, mundus novus, terra incognita*. Aí vivem inúmeros povos escondidos.

Eduardo Hoornaert
Agosto de 2023

Introdução

A *História da Igreja na Amazônia* abrange menos que um segundo das 24 horas da história da Amazônia, que começou há 40 mil anos, com as migrações humanas para esta região.

Na primeira edição desse livro, sob a visão pioneira do Centro de Estudos da História da Igreja na América Latina (Cehila-Brasil) e da coordenação competente de Eduardo Hoornaert, procurou-se captar desse "segundo" alguns momentos da presença, convivência da colonização até *flashes* de autocrítica pós-colonial por parte dos autores da obra.

Com pequenos ajustes, o Conselho Editorial do Cehila-Brasil optou por reeditar essa *História da Igreja na Amazônia*, cujo conteúdo revelou-se instrumento válido para os estudos e debates dessa época na região.

A história da Amazônia parece contradizer o fluxo do Rio Amazonas, o Riomar com seus afluentes, que em sua lentidão é constante e previsível. Resistiu à aceleração dos séculos de cobiça. A ganância e o crime não aceleraram sua correnteza. O tempo amazônico é previsível. Era previsível como tempo cíclico da natureza que divide o ano em tempo de chuva e seca, de enchente e vazante. Quando o Amazonas leva ilhas inteiras rio abaixo, também não assusta. É o esperado. Os habitantes da região e os ribeirinhos aprenderam a conviver com a enchente e a vazante, com a terra que renasce na várzea e a água que os ameaça e afugenta.

Conquistadores e migrantes, colonizadores e garimpeiros, cientistas e visitantes tentaram impor, ao tempo cíclico da natureza, um tempo linear, cronometrado e acelerado. Depois de ocupar os últimos rincões e pôr fim à expansão geográfica, o lucro se dá pela aceleração do tempo que devasta a natureza e ameaça as culturas locais. É o novo tempo linear que se procura impor ao tempo cíclico. O projeto colonial, a apropriação imperial e a exploração empresarial são parceiros desse "novo tempo" que não parou de devastar e empobrecer a Amazônia. No embate entre esses dois tempos, entre o tempo cíclico da natureza e o tempo linear das culturas neocoloniais, a Igreja assumiu as duas, a meio caminho, e contaminou-se na beira do mal menor.

Chegou o Concílio Vaticano II (1962-1965) com uma absolvição geral precedida por um pedido de perdão por sua conivência colonial e incoerência doutrinal. Em Medellín (1968), embutido nesse pedido de perdão, a América Latina selou o propósito de conversão, seguido por uma opção pelos pobres e pela assunção da história e da cultura dos povos visitados com uma nova proposta de evangelização, que assume a defesa da "casa comum" (cf. LS) como projeto ecológico e humanitário, local e universal.

Na Amazônia, defende-se o futuro da humanidade. Em Santarém (1972), as Igrejas locais procuram tornar concretas para a Amazônia as intuições de Medellín e os horizontes abertos pelo Concílio.

A *História da Igreja na Amazônia* mostra que a história eclesial caminhou mais lenta que o Riomar e seus desafios sociais. Por isso, a reedição dessa história é uma memória importante para lembrar os desafios elencados, 30 anos atrás, para assumi-los, uma vez mais, em sua maioria, como imperativos para hoje.

Paulo Suess e *José Oscar Beozzo*
São Paulo, 4 de julho de 2022, dia da Páscoa definitiva de Dom Cláudio Hummes, Apóstolo da Amazônia.

Capítulo I
Os povos indígenas da Amazônia à chegada dos europeus

Antônio Porro

1. A época do contato

Uma visão das sociedades indígenas da Amazônia à época do estabelecimento europeu não pode inscrever-se num determinado momento histórico, nem numa geração e nem sequer num século. A Amazônia se tornou conhecida dos conquistadores muito lentamente, pois o processo de exploração e incorporação do imenso território à sociedade colonial, e depois nacional, demandou mais de quatro séculos e, na verdade, ainda não terminou. Se já em 1542 Frei Gaspar de Carvajal deixou a primeira descrição do grande rio e das tribos que viviam às suas margens, os principais afluentes só foram inteiramente explorados no século XVIII e alguns deles, como o Juruá e o Purus, na segunda metade do século XIX. E foi preciso chegar ao século XX para que a implantação das linhas telegráficas, a aviação e o ciclo rodoviário incorporassem grande parte da Amazônia ao mundo conhecido pela sociedade nacional. A *época do contato* é, portanto, uma sucessão de momentos históricos que se desenrolaram no tempo de acordo com o avanço geográfico das frentes de expansão da sociedade neobrasileira. Nunca será demais repetir que as consequências da ocupação da terra pelo branco foram quase sempre catastróficas para o índio. Quaisquer que fossem as motivações e os planos dos colonos, missionários e comerciantes, o que eles deixaram atrás de si foi, na melhor das hipóteses, um processo de deterioração das condições sanitárias, demográficas, econômicas e, finalmente, culturais, das comunidades indígenas. A evolução desse processo foi, via de regra, muito rápida, conduzindo em poucas gerações, quando não em poucos anos, à desintegração social e à perda dos valores culturais do mundo indígena.

Se quisermos, portanto, traçar um panorama da população indígena e do seu modo de vida antes que a sociedade neobrasileira a modificasse, assimilasse ou, mais frequentemente, a destruísse, teremos que fazer uma viagem de quatro séculos pelos imensos sertões. Teremos que seguir as pegadas dos primeiros exploradores de cada região através dos relatos que nos deixaram, detendo-nos nas suas pousadas para ver o que eles viram. Teremos que estar atentos para captar, logo nas primeiras crônicas, geralmente sucintas e cheias de vieses, os dados que nos interessam, porque na viagem seguinte poderemos encontrar somente as ruínas daquele modo de vida. O nosso itinerário e a nossa cronologia serão os da conquista e da colonização: percorreremos a várzea do Amazonas entre 1540 e 1650; entraremos pelo baixo curso dos seus afluentes até 1700; subiremos alguns deles, o Tocantins, o Tapajós, o Madeira, o Negro e o Branco, na primeira metade do século XVIII. Faremos então uma pausa, exauridos como o barroco, como as minas de ouro e como o antigo sistema colonial, para voltar já sob o capitalismo cosmopolita do século XIX, na companhia dos naturalistas e dos etnólogos europeus; conheceremos, então, os rios menores e a imensa hinterlândia que o empreendimento colonial não havia explorado. Em cada etapa desse percurso histórico, novas tribos serão contactadas pelo branco, cuja presença modificará definitivamente o modo de vida indígena. O *momento do contato*, ou seja, a época até a qual prevalece aquele modo de vida, será, portanto, diferente para cada região.

Isto não significa, porém, que para ter uma visão de conjunto da Amazônia indígena possamos fazer recuar para o século XVI o panorama linguístico e cultural dos territórios que só foram devassados pelo branco em épocas mais tardias. Pouco sabemos das migrações, pressões demográficas e reacomodações que resultaram da progressiva ocupação da terra, e menos ainda das migrações espontâneas, dos contatos e aculturação intertribal que certamente modificaram o mapa etnográfico da Amazônia nos últimos séculos. Temos indícios de que deslocamentos geográficos provocados pela colonização levaram a mudanças nas atividades econômicas e na tônica das relações intertribais. Sabemos da introdução de elementos da cultura material, de novas necessidades e de meios materiais e institucionais destinados a satisfazê-las, em épocas muito anteriores ao contato permanente com o mundo dos brancos. Por isso, se data de 1542 o primeiro reconhecimento oficial da calha amazônica, o que dissermos sobre as sociedades indígenas de *cada região da Amazônia* deverá referir-se, em princípio, somente à época em que cada uma delas foi contactada e descrita. É tarefa da Antropologia e da Etno-história preencher as lacunas e estabelecer as ligações que se perderam, no mosaico de povos que habitavam a Amazônia.

2. Territórios e ambientes naturais

Muito embora a história da Igreja na Amazônia não se detenha nas fronteiras do Brasil, eis que, informada por preocupações e perspectivas mais amplas que as de uma história regional, razões de ordem prática impõem, nesse capítulo, alguma limitação. O conceito de Amazônia aqui adotado é o mesmo, em termos geográficos, da Amazônia Legal brasileira: inclui, além dos Estados e territórios que compõem a Grande Região Norte, ou Região Amazônica (Acre, Amapá, Amazonas, Pará Rondônia e Roraima), o oeste do Maranhão, o norte de Goiás e o norte do Mato Grosso. Exclui, por outro lado, aquelas porções da Bacia Amazônica situadas além das fronteiras do Brasil; partes da Bolívia, Colômbia, Equador, Peru e Venezuela. Muito embora algumas dessas regiões tenham feito parte, em determinadas épocas da Amazônia chamada brasileira e, simultaneamente ou não, da história da sua Igreja, adotamos esse critério por associar os traços comuns da geografia humana regional a uma certa concordância com a jurisdição do antigo Estado do Maranhão e Grão-Pará, ao qual esteve ligado o começo da atuação da Igreja luso-brasileira na Amazônia.

O mais de quatro milhões de quilômetros quadrados da região são constituídos, em sua quase totalidade, pela grande planície levemente ondulada, fechada ao Norte pelas montanhas da Guiana e que se levanta ao Sul, gradativamente, em direção ao planalto central brasileiro. Somente o sudeste da região, no sul do Pará, em Goiás e no Maranhão, bem como o seu extremo Norte, em Roraima, apresentam relevo mais acidentado. O Rio Amazonas, que corta a planície aproximadamente o meio, é navegável em toda a sua extensão, da mesma forma que longos trechos dos seus principais afluentes: a extensão navegável, interligada, dessa gigantesca malha hidrográfica ultrapassa os 25 mil quilômetros. Considerando que quase todo o território era coberto de florestas contínuas, compreende-se que a sua ocupação se tenha dado, até meados do século XX, exclusivamente ao longo dos rios.

A Amazônia, que numa primeira visão se apresenta geograficamente homogênea, compõe-se, na verdade, de dois ambientes naturais bastante diferenciados, que condicionaram formas diferentes de adaptação das sociedades indígenas e, posteriormente, de ocupação pelo colonizador. Aproximadamente, 98% da grande planície é constituída de *terra-firme*, a terra normalmente não inundada, com altitude de dez a 100 metros sobre o nível do mar. Aqui, a espessa floresta tropical cobre solos, em geral, de baixa fertilidade, ácidos e de fragilíssimo equilíbrio ecológico. A floresta é, essencialmente, alimentada não pelos nutrientes do solo, que são escassos, mas pelo húmus que ela mesma produz por decomposição de suas partes mortas e que ela protege com suas copas contra a violência da chuva e do sol. A fragilidade desse equilíbrio biótico revela-se por ocasião dos grandes desmatamentos, hoje frequentes em virtude das mudanças havidas na estrutura fundiária e do advento da agroindústria. Destruída a cobertura vegetal, as chuvas carregam o húmus e os componentes orgânicos do próprio solo; os raios solares fazem evaporar a umidade retida no chão e a conjugação desses fatores leva ao fenômeno da *laterização*, ou mineralização do solo, que em curto espaço de tempo perde grande parte da sua fertilidade. A agricultura tradicionalmente praticada por índios e caboclos, precedida de derrubada e queima da mata, é, por natureza, predatória, pois tende a produzir o efeito acima descrito. Sendo, porém, praticada em escala reduzida, devido ao escasso povoamento, não chega a alterar o equilíbrio ecológico. É que havendo espaço suficiente para todos, os índios e os caboclos podem deslocar as suas roças toda vez que, depois de dois ou três anos de cultivo, a fertilidade decrescente e a invasão de gramíneas fazem reduzir o rendimento agrícola. Os campos abandonados cobrem-se de capoeira que, se não equivale à floresta primária como produtora de húmus, protege, pelo menos, o solo contra as intempéries. Percebe-se, então, o erro de se considerarem *inadequadas* as técnicas agrícolas do índio e do caboclo; elas passam a sê-lo quando continuam a ser praticadas numa economia de grande escala, como ocorre na maioria dos empreendimentos ligados à moderna agroindústria.

 O segundo ecossistema da Amazônia é a *várzea*, que vem a ser a planície aluvional propriamente dita ou o leito maior dos rios; é a região sujeita a inundações anuais. Ocorre nas duas margens do Rio Amazonas e apresenta largura muito variável, em geral maior no baixo curso, a leste de Manaus, onde são comuns larguras de 15 a 50 km. Mas em muitas regiões a várzea está ausente; é quando a planície de terra-firme cai abruptamente à beira do rio formando as *barrancas*, comuns na margem direita do Solimões. A várzea ocorre também no baixo curso de muitos afluentes, especialmente o Madeira, o Purus, o Juruá e o Japurá. A sua área total, em território brasileiro, é estimada em cerca de 65 mil km^2, ou seja, aproximadamente 1,5% da planície amazônica. Essa pequena expressão dimensional é, contudo, inversamente proporcional à importância que a várzea teve no processo de ocupação colonial, por ter sido a única via de penetração. A própria imagem popular da Amazônia como uma gigantesca "terra imatura", uniformemente alagadiça e impenetrável, resulta da visão que o viajante tem a partir do rio, e ela só corresponde à realidade da várzea. O ciclo biótico da várzea e, consequentemente, o ciclo anual das atividades de substância humanas não depende, como na terra-firme, da alternância de estações seca e chuvosa, mas do regime fluvial. O nível das águas do Amazonas, que resulta do maior ou menor aporte dos seus afluentes, começa a subir em novembro, atinge o clímax (as cheias) de maio a julho, para cair a partir de agosto e chegar ao mínimo em outubro. Com a retração das águas, as partes mais baixas da várzea, que geralmente ficam afastadas do rio, retêm a fauna aquática em lagos interiores nos quais ela se concentra de forma a tornar a caça e a pesca altamente produtivas. A agricultura é praticada de agosto a abril no solo enriquecido pelo limo, anualmente renovado. Devido à grande produtividade da agricultura, da caça e da pesca e às técnicas de armazenamento e conservação de alimentos que as populações da várzea desenvolveram (e que não se encontram ou não são acessíveis na terra-firme), esse ambiente natural podia sustentar uma população muito mais densa do que a terra-firme. Isto explica a alta concentração demográfica e as dimensões das aldeias indígenas observadas pelos primeiros viajantes, em oposição ao povoamento mais disperso da terra-firme.

Com a conquista europeia, a rede hidrográfica condicionou a penetração e a fixação ao branco e, consequentemente, a dinamização da população nativa. Já em fins do século XVIII as tribos da várzea haviam praticamente desaparecido; em seu lugar ia-se reconstituindo um novo povoamento a partir de índios *descidos* dos médios e altos cursos dos rios, de portugueses e de mamelucos das mais variadas origens. Essa nova população, o *caboclo* amazonense, embora assimilando uma série de elementos culturais que permitiam a adaptação à vida na várzea, não chegou a reconstituir um sistema integrado que otimizasse o aproveitamento dos recursos naturais, tal como no período indígena.

3. A população indígena: origens e distribuição

Todos os povos indígenas da América, desde os Esquimós até os Patagônios, passando pelos "peles vermelhas", Astecas, Maias, Incas e todo os índios do Brasil, são originários da Ásia e, possivelmente, também da Oceania. Em época que ainda desconhecemos, mas que pode ter começado há mais de 40 mil ou 50 mil anos, quando a agricultura, a cerâmica e a tecelagem ainda não haviam sido inventadas e a humanidade vivia no Paleolítico, começaram as migrações que levaram ao povoamento da América. Grupos de caçadores nômades, em vagas sucessivas, migraram da Ásia Oriental para a América do Norte através do Estreito de Behring, na época uma ponte de terra firme gelo. Perseguiam as manadas de grandes mamíferos e foram-se espalhando pelo continente americano, até então desabitado; desceram pela América Central e pela América do Sul povoando o Brasil em época ainda incerta, mas provavelmente anterior a 30 mil anos. Não foi uma migração maciça como a dos europeus para o Novo Mundo, na Idade Moderna, mas um lento deslocamento de pequenos grupos no decorrer de muitos milhares de anos. Além da caça e da pesca, sua alimentação dependia da coleta de crustáceos, de semente, raízes e frutas. Alguns desses antigos povoadores deixaram seus vestígios nos *sambaquis* do litoral brasileiro. Outros viviam em abrigos rochosos no Nordeste e Centro-Leste, pintando neles cenas de caça e rituais.

Muito mais tarde, ao redor de sete mil a.C., nas montanhas do México Central, alguns desses recoletores descobriram, por acaso ou premidos pela necessidade, a capacidade germinativa das sementes. Diversas plantas silvestres, antepassadas do milho, da abóbora, do feijão e de muitos outros legumes, foram aos poucos domesticadas e selecionadas num processo análogo, mas, ao que tudo indica, independente daquele que ocorrera no Velho Mundo alguns milênios antes. A invenção da agricultura pode ter sido o resultado do crescimento demográfico ou, então, a sua causa, mas de qualquer forma levou à constituição de aldeias permanentes ou semipermanentes. A vida sedentária trouxe uma maior elaboração das condições materiais de existência (arquitetura doméstica, cerâmica, fiação e tecelagem, produção de excedentes comercializáveis) e das correspondentes formações sociopolíticas e ideológicas (territorialidade dos grupos sociais, divisão social do trabalho, formas emergentes de chefia política e de estratificação social, crenças e práticas religiosas ligadas à fertilidade da terra). Essa *revolução agrícola* difundiu-se do México para a América Central e para a Região Andina; é a chamada *região nuclear* ou das *altas culturas americanas*, pois foi nela que, a partir do primeiro milênio a.c., floresceram as civilizações urbanas pré-colombianas.

Na América do Sul, a agricultura parece ter-se irradiado da Região Andina para a Amazônia e para grande parte do litoral atlântico e da Bacia do Prata. Ainda não há dados arqueológicos que permitam fixar a época desse acontecimento; as evidências a respeito são indiretas, a partir da ocorrência da cerâmica, pois admite-se, geralmente, a associação desses traços culturais. Com os dados disponíveis atualmente, pode-se dizer que a cerâmica começou a aparecer no Brasil durante o primeiro milênio a.C. e parecia estar associada à dispersão dos três grandes grupos linguísticos, caracterizados pelos antropólogos como *agricultores da floresta tropical*: Tupi, Aruak e Karib. Conforme as hipóteses mais aceitas, essas populações teriam se sobreposto a um antigo substrato de caçadores-coletores, cujos descendentes históricos seriam os grupos de língua Jê no planalto central e nordeste e alguns grupos isolados da Amazônia.

Neste ponto é preciso fazer um esclarecimento sobre os conceitos de *raça*, *língua* e *cultura*, uma vez que neste trabalho, no qual se pretende sintetizar uma realidade muito complexa e pouco conhecida, é preciso recorrer a várias ordens de evidência documental. Os três conceitos referem-se a outros tantos atributos do ser humano e não devem ser confundidos. *Raça* é, dos três, o termo mais popular nas alusões à diversidade dos homens, mas é também o menos adequado pelos equívocos a que costuma levar. Cientificamente refere-se ao conjunto das características biológicas de uma população (cor da pele, cor e formato do cabelo, traços faciais, estatura e proporções dos membros, tipo sanguíneo etc.). Se muitas *diferenças raciais* são evidentes a qualquer leigo, a definição do que seja uma raça e a classificação da humanidade em raças é muito mais difícil; já foram propostas dezenas de classificações e nenhuma delas obteve um consenso razoável. Para os indígenas americanos temos, desde os que falam em *raça ameríndia* (o "índio" em oposição ao "branco" ou ao "negro") até os que demonstram existir, dentro da população indígena, diferenças físicas tão grandes que justificariam falar-se, só na América do Sul, em pelo menos quatro "raças". Há muito tempo, por outro lado, constatou-se que não há nenhuma relação significativa entre raça, língua e cultura e, mais ainda, entre diferenças raciais e capacidade intelectual, de modo que o critério racial, embora de importância para a antropologia física e a biologia em geral, revelou-se inoperante para explicar diferentes percursos da evolução cultural e social da humanidade.

Ao contrário das diferenças raciais, que são hereditárias, a língua e a cultura são produtos da vida em sociedade, modificando-se e transmitindo-se pelos mecanismos da interação social. Não há relação entre raça e língua e entre raça e cultura; já entre língua e cultura há muitos vínculos, mesmo porque a língua, embora com uma série de características próprias, é parte da cultura. Mas nem por isso deve-se confundir *grupos linguísticos* com *grupos culturais* e, menos ainda, com *grupos sociais* e *políticos*. Uma população pode adotar a língua de outra, mantendo a maior parte de sua herança cultural (instituições, técnicas, crenças), ou pode preservar a língua apesar de profundas mudanças culturais. A linguagem é um sistema simbólico que evolui historicamente obedecendo a princípios que não são os mesmos da evolução cultural. Os linguistas, pelo estudo do léxico de dois ou mais dialetos ou idiomas cognatos, podem estabelecer a época aproximada em que eles se diferenciaram, ou seja, a época em que uma população se desmembrou, geralmente através de migrações.

As informações sobre as populações indígenas do Brasil no período pré-colonial são de natureza exclusivamente arqueológica: são restos do equipamento material e vestígios da adaptação ao meio ambiente que nada dizem sobre a língua falada por essas populações. Isso torna mais difícil a sua associação com as tribos modernas e mesmo com as que foram conectadas pelos primeiros povoadores europeus, pois estas foram identificadas principalmente em função de critérios linguísticos. Por outro lado, a comparação daqueles restos materiais (cerâmicas, enterros, armas e utensílios, traços de habitações) com os padrões culturais de tribos atuais ou historicamente conhecidas permite esboçar, ainda que precariamente, um pouco da história dos grupos indígenas da Amazônia. É esta uma tarefa ainda em grande parte por fazer, tendo começado somente nas décadas de 1950 e 1960 com as primeiras pesquisas arqueológicas, cientificamente conduzidas. Uma disciplina ainda mais recente, a *Etno-história*, está se constituindo; é a história dos grupos indígenas escrita a partir das notícias deixadas pelos primeiros cronistas e, para as tribos conectadas mais recentemente, também a partir das tradições orais indígenas. Mas é principalmente a história vista de uma perspectiva antropológica que procura reconstituir o mundo indígena em toda a sua diversidade, através da arqueologia e da observação etnográfica, da história documental e da história oral, da linguística e da mitologia.

Feita essa digressão, podemos voltar ao povoamento indígena da Amazônia. Ele era constituído, como dissemos principalmente de populações pertencentes aos troncos linguísticos *Aruak*, *Tupi* e *Karib*. Os Aruak, que parecem ter sido os de dispersão mais antiga, ocuparam a metade ocidental da Bacia Amazônica, a oeste do Negro e do Madeira, mas também a Bacia do Orinoco e o litoral das Guianas até a Ilha de Marajó. Os Tupi, além da Bacia do Paraná de quase todo o litoral brasileiro, ocuparam o centro-leste da Bacia Amazônica, raramente ultrapassando, ao norte, o curso do Amazonas. Os Karib, de dispersão mais recente, ocuparam o norte e o leste da Amazônia e todo o maciço das Guianas.

Falamos em *dispersão* desses grupos sem precisar *a partir de onde*, simplesmente porque no estado atual dos conhecimentos, não há resposta a essa pergunta; a questão é muito controvertida e a discussão das hipóteses em torno do problema ultrapassaria o âmbito do livro. Por outro lado, as pesquisas arqueológicas, embora ainda escassas e geralmente restritas às regiões ribeirinhas, já permitem a reconstituição de algumas sequências regionais.

Na foz do Amazonas (Ilha de Marajó e Amapá), Meggers e Evans descobriram, a partir de 1948, uma sucessão de cinco fases cerâmicas correspondentes a outras tantas cultural arqueológicas, desde pelo menos o século X a.C. até a chegada dos europeus. Os fabricantes dessas cerâmicas viviam em aldeias constituídas incialmente de uma e, mais tarde, de várias casas comunitárias feitas de material perecível, as mais antigas construídas provavelmente sobre palafitas e, a partir da terceira fase, sobre plataformas ou montículos de terra. A quarta fase, denominada *Marajoara*, constituiu o apogeu do desenvolvimento cultural da região; o seu início parece datar do século V d.C. Ela trouxe a sofisticada cerâmica pintada com motivos geométricos, grandes plataformas de terra destinadas a manter as aldeias e os cemitérios ao abrigo das inundações anuais, objetos de adorno e ídolos. A qualidade da cerâmica funerária e das ofertas que a acompanhavam revela diferenças de tratamento dado do morto que sugerem alguma forma de estratificação social; a riqueza e a variedade dos artefatos em geral indicam a existência de um grau de especialização artesanal superior ao que foi observado no século XVI. Em outras partes da América, notadamente na Colômbia, na América Central, nas Antilhas e no sudeste dos Estados Unidos, padrões culturais semelhantes estavam associados a formações socioeconômicas e políticas conhecidas na literatura especializadas como *cacicados*, que vêm a ser formas incipientes de estados.

Os autores, baseados nessa observação e na semelhança de alguns motivos decorativos, sugeriram que o povo de cultura Marajoara se tivesse originado no noroeste da América do Sul e que, descendo os grandes afluentes da margem esquerda do Solimões, tivesse alcançado a foz do Amazonas com essa cultural plenamente desenvolvida. A sucessiva decadência da cultura Marajoara, que despareceu numa época que ainda desconhecemos, mas que pode situar-se entre os séculos XI e XII e foi sucedida pela fase Aruã, técnica e artisticamente mais pobre, levou Meggers a formular a tese de que a floresta tropical é um ambiente inadequado ao sustento de sociedades mais complexas do que as do tipo tribal (Meggers, 1954). Essa tese, além de muito combatida pelas generalizações que trazia implícitas quando à evolução das sociedades humanas em geral, perdeu também parte de sua fundamentação a partir de pesquisas arqueológicas feitas nos decênios de 1960 e 1970 em outras áreas da Amazônia. Em diversos pontos do Médio Amazonas, desde o Japurá, até o Tapajós, Hilbert explorou os sítios de antigas aldeias, geralmente situadas sobre as elevações da várzea e as altas barrancas. São sítios muito grandes pelos padrões etnográficos das tribos amazônicas conhecidas, já que a sua extensão ao longo do rio (identificada pela presença de concentrações de cerâmica nas camadas superficiais do solo) variava desde 80 ou 100 metros até mais de dois quilômetros e eles cobriam áreas às vezes superiores a dez hectares (Myers, 1973). O único aspecto que conhecemos da cultura dessas populações é a sua cerâmica, de alta qualidade e decorada com motivos geométricos arredondados, tanto incisos como pintados nas cores brancas, preta, vermelha e alaranjada. Ainda não temos evidência arqueológicas de que essa cultura tenha perdurado até o século XVI, mas tudo indica que sim, pois aquilo que mais chamou a atenção dos primeiros viajantes foi justamente a grande extensão das aldeias ribeirinhas e a perfeição da sua cerâmica policrômica. Voltaremos a isso adiante.

Apesar de que o Médio Amazonas ainda não revelou, pelas poucas explorações sistemáticas realizadas, a complexidade cultural que encontramos na fase Marajoara, o que se sabe até agora já sugere outras interpretações da pré-história amazônica. O quadro que começa a se delinear não é o da transitória presença de um grupo alienígena de alta cultura na foz do Amazonas, mas uma longa tradição de povos estabelecidos ao longo de todo o rio, desde 1000 a.C. até 1500 a.C. A continuidade do povoamento organizado em grandes aldeias pressupõe uma economia diversificada e plenamente adaptada ao meio ambiente. O aparecimento dessa tradição cerâmica coincide, grosso modo, com a diferenciação das famílias linguísticas Aruak e Tupi há cerca de 3000 anos e a sua dispersão provavelmente a partir do Médio ou Baixo Amazonas (Lathrap, 1975), o que torna provável, embora ainda não confirmada, essa filiação linguística para aquelas populações. Paralelamente à diferenciação das línguas apareceram, no plano das técnicas e das artes, os diversos estilos regionais: Guarita, Itacoatiara, Miracanguera, Santarém, Marajoara e outros. A esses estilos cerâmicos correspondiam, com toda probabilidade, diferentes soluções técnicas e padrões estéticos no tocante à habitação, indumentária, armas e utensílios, que dificilmente chegaremos a conhecer por ser a cerâmica, praticamente, o único material não perecível empregado pelos povos da Amazônia. Diferenças regionais, igualmente significativas, também deviam existir no tocante à organização social, à política e à religião, como é sugerido pelas populações hoje sobreviventes e pelas poucas, mas valiosas notícias dos primeiros cronistas.

4. Estimativas de população

Saber quantos e quem eram os índios do Brasil à chegada dos europeus é importante para uma justa avaliação do seu passado e do seu presente. Quase tudo o que se sabe a respeito (e não é muito) é fruto de pesquisas e reflexões dos últimos 20 anos que levaram a rever conceitos errôneos do passado. A postura predominante na Antropologia americana, com relação à demografia indígena, caracterizou-se, até a década de 1960, pelo conservantismo. Partia--se quase sempre da premissa de que as estimativas dos primeiros cronistas eram sempre exageradas e, portanto, deviam ser descartadas. Essa postura parece ter resultado da noção geopolítica de que o tamanho da população é um fator determinante do poder nacional ou tribal; constatando-se a relativa facilidade com que o indígena foi submetido em todo o continente e a escassez da população atual, arraigou-se a convicção de que a América havia sempre sido um continente povoado. Projetava-se, dessa forma, para o passado, uma imagem construída a partir do índio submetido. Quando havia necessidade de tomar como testemunho dessa imagem a população "original", apresentavam-se os primeiros censos demográficos da administração civil e missionária. Ocorre que, salvo nas regiões onde o sistema colonial de sobrepôs às civilizações urbanas (Mesoamérica e Andes Centrais), tais censos foram muito posteriores (às vezes em 100 ou 200 anos) aos primeiros contatos. Nesse período crucial as guerras e as doenças já haviam provocado uma drástica redução da população indígena, redução que estudos recentes indicam ter sido de proporções variáveis desde três para um até 20 e mesmo 25 para um, ou seja, tomou-se como população "original" aquela que já havia sido dizimada pela conquista.

Foi dessa forma que autores clássicos como Kroeber e Rosenblatt chegaram, para toda a América do Sul com exceção da Região Andina, a estimativas de, respectivamente, 3,3 e 2,0 milhões de habitantes. Steward (1949, p. 655–668) usou censos parciais, notícias históricas e observações etnográficas recentes para estabelecer densidades demográficas de tribos específicas, projetando em seguida os valores assim obtidos a todas as tribos de "nível sociocultural semelhante" que viviam em ambientais naturais análogos. Por esse método chegou a um total de 2,9 milhões de habitantes para a América do Sul não andina, dos quais cerca de um milhão na Amazônia brasileira. Para chegar a esse último número, considerou uma densidade demográfica média de 0,2 hab./km^2 para a maioria das tribos da terra-firme florestal. Já para as que viviam junto às margens do Amazonas, partiu de uma densidade semelhante à dos Tupi litorâneos (0,4 a 0,6 hab./km^2), ou seja, somente duas a três vezes maior que a admitida para os grupos da terra-firme, obtendo uma população de 130 mil pessoas.

Observe-se, porém, que ele atribuiu a essas tribos supostamente ribeirinhas um território de 350 mil km², isto é, cinco vezes maior do que a várzea propriamente dita.

A partir da década de 1970, sob a influência dos estudos de demografia histórica da "escola de Berkeley", cujos nomes mais expressivos são os de Cook, Borah e Simpson, e levando em conta as evidências arqueológicas de aldeias pré-históricas insuspeitadamente grandes ao longo do Amazonas, teve início uma substancial revisão das ideias sobre a população indígena. Cook e seus colaboradores haviam desenvolvido uma sofisticada metodologia baseada no controle cruzado (*cross-checking*) das notícias de duas ou mais fontes sobre o mesmo assunto, fossem elas relatos de antigos cronistas ou informantes indígenas. Trabalhando, principalmente, com documentação da Mesoamérica, norte do México e oeste dos Estados Unidos, resgataram o valor historiográfico dos cronistas no tocante à demografia indígena. Entre suas contribuições, deve-se destacar a constatação de que as frequentes críticas de tendência ao exagero dos números por parte dos conquistadores e missionários não têm fundamentação empírica; pelo contrário, evidenciaram casos significativos de subavaliações da população destinada a permitir a sonegação de tributos ao fisco real por parte dos *encomenderos* e a não despertar a ganância desses mesmos *encomenderos*, por parte de missões religiosas indefesas. Outra linha de investigação seguida pela escola de Berkeley e desenvolvida por Dobyns é a da taxa de despovoamento de um determinado grupo indígena entre dois momentos históricos: "[...] entre a população pré-conquista conhecida ou confiavelmente estimada de uma área e a população conhecida ou rigorosamente estima dessa área no seu nadir". Este método é o que parece oferecer melhores perspectivas de aplicação prática do Brasil e na Amazônia em particular, seja pela escassez de dados históricos mais rigorosos para os primeiros tempos da colonização, seja porque algumas tribos amazônicas somente foram atingidas pelo convívio e pela contaminação em época tão recente que a sua população *pré-conquista* pode ser confiavelmente estimada. Assim os Nambikuara, estimados em 20 mil, em 1916, haviam sido reduzidos pelas doenças a menos de 1000, em 1938, com um despovoamento de 20:1; os Munduruku, embora contactados há tempo, eram ainda cerca de 20 mil, em 1915, e haviam caído para 1200 em 1950 (16,6:1); os Timbira, de 1000, em 1900, para uns 40, em 1950 (25:1). Um levantamento cuidadoso desse processo de despovoamento, balizado por estudos como os de Darcy Ribeiro (1956, 1957), poderá levar a avaliações confiáveis das taxas de despovoamento predominantes em cada época e região, e a partir daí poderão fazer-se estimativas mais precisas da população indígena à época da conquista. Esse trabalho ainda não foi feito, mas Dobyns, baseado em algumas amostragens e sem pretender ser definitivo, sugere taxas de despovoamento de 20 a 25:1 como média para todo o continente. Com isso, a América do Sul não andina, que chegou a cerca de 450 mil indígenas no momento do seu mais baixo efetivo demográfico (a primeira metade do século XX), teria tido originalmente de 9 a 11 milhões de habitantes, portanto de três a quatro vezes mais do que a estimativa de Steward. Dobyns não chega a detalhar a análise regional, mas se aplicássemos a sua taxa média à população amazônica (brasileira) mínima de aproximadamente 50 mil pessoas em 1957 (Ribeiro, 1957), teríamos de 1 a 1,5 milhões para o século XVI. Na verdade, o número seria muito maior, porque esse cálculo não permite a reconstituição das inúmeras tribos que chegaram à completa extinção.

Mais recentemente, Denevan (1977), reconhecendo a importância histórica do processo de despovoamento, aprofundou o estudo das densidades demográficas associando-o aos diferentes ambientes naturais e chamou a atenção para a diferença fundamental entre várzea e terra-firme. Mantendo a densidade de 0,2 hab./km^2 para a terra-firme, que corresponde a um milhão de habitantes para esses 98% da Amazônia, elevou substancialmente os números referentes à várzea. Considerando a alta concentração de recursos naturais explorados pela tecnologia indígena, as observações dos primeiros exploradores sobre o povoamento maciço da faixa ribeirinha e as evidências arqueológicas já referidas de grandes aldeias, sugeriu para os 65 mil km² de várzea do Amazonas uma densidade de 14,6 hab./km², ou seja, uma população de 950 mil que, somada à da terra-firme, dá, em números redondos, um total de dois milhões para a Amazônia brasileira no século XVI. Todos esses cálculos têm importância na medida em que refletem abordagens e metodologias já adotadas com sucesso em países onde a documentação disponível era mais rica, mas os números até aqui apresentado têm apenas um valor provisório, que serve para indicar uma ordem de grandeza provável. Somente após a leitura crítica das fontes primárias, em grande parte ainda inéditas, e a multiplicação das pesquisas arqueológicas, podemos esperar por avaliações mais precisas.

5. Grupos linguísticos e tribais

O estudo comparativo das populações indígenas baseou-se, durante muito tempo, na ocorrência e na distribuição de traços culturais tomados isoladamente ou formando conjuntos significativos ou *complexos*. Wissler (1938), Kroeber (1948) e Cooper (1942) são representativos desse enfoque típico da Antropologia Norte-americana da primeira metade do século XX, que levou à definição de *áreas culturais*. Essa abordagem puramente etnográfica foi superada, na década de 1950, por critérios mais abrangentes que, sem ignorar os elementos culturais em si, lhes sobrepunham um exame dos padrões gerais de organização econômica, social, política e religiosa. Steward (1949) elaborou essa concepção em sua forma mais aceita, qualificando para a América do Sul quatro *tipos* ou *níveis de integração sociocultural*: "Marginal", "Floresta Tropical", "Circum-Caribe" e "Andino". Cada *tipo* está associado a um certo meio ambiente e se caracteriza por certa tecnologia e formações socioeconômicas e religiosas. Esse esquema teórico está ligado a uma ideia de desenvolvimento progressivo do primeiro para o quarto tipo, não nos termos evolucionistas do século XIX, mas no entendimento de que:

[...] uma forte tradição histórica difundiu certas instituições sociopolíticas e, provavelmente, algumas tecnologias, através de uma parte considerável da América do Sul, mas a aceitação e a forma de arranjo dessas instituições foi sempre contingente às potencialidade locais (Steward, 1949, p. 674).

Dos quatro tipos culturais Sul-americanos de Steward, somente dois estão presentes na Amazônia, o de *Floresta Tropical* e o *Marginal*, com ampla predominância do primeiro em termos de área e população.

Ainda na década de 1950, Murdock (1951) e Galvão (1978) sugeriram outras classificações, com critérios menos genéricos que os de Steward. Galvão deu ênfase ao aspecto diacrônico, chamando a atenção para as mudanças sociais e culturais resultantes de contatos intertribais e com a sociedade nacional. Referindo-se à época mais recente (primeira metade do século XX), definiu para o Brasil indígena 11 áreas culturais, sete delas na Amazônia: *Norte-amazônica, Juruá-Purus, Guaporé, Tapajós-Madeira, Alto Xingu, Tocantins-Xingu* e *Pindaré-Gurupi*.

Por importantes que sejam essas classificações para a Antropologia, a sua discussão iria ultrapassar os objetivos desta introdução ao conhecimento dos povos indígenas. Limitemo-nos, portanto, a descrever a sua distribuição pela Amazônia, associando a classificação por idiomas às denominações tribais historicamente conhecidas. O *Mapa Etno-histórico* de Curt Nimuendaju (1981) dá a filiação linguística e a localização da grande maioria dos grupos indígenas do Brasil, inclusive os já extintos, registrando inclusive os deslocamentos havidos pela anotação da época em que cada grupo foi visto numa determinada área. O resumo que damos a seguir apresenta os principais grupos da Amazônia de acordo com a família linguística a que pertencem (Aruak, Karib, Tupi, Jê, Katukina, Pano, Tukana, Xiriana e Tukuna) e o sistema hidrográfico a que, com alguma simplificação, estão associados. As denominações tribais diferem da forma adotada por Nimuendaju, estando de acordo com a convenção para a grafia dos etnônimos adotada na *Primeira Reunião Brasileira de Antropologia* (1954).

Os povos de língua Aruak distribuem-se principalmente ao longo dos afluentes de ambas as margens do Solimões: no Jutaí (*Waraikú*), no Jaruá (*Marawá, Kulína*), no Purus (*Purupurú, Paumari, Yamamadí, Ipurinôn, Kanamarí*), no Içá (*Pasé, Wainumá*) no Japurá (*Kayuixâna, Yumana*) e no Negro-Içana (*Manaó, Baré, Warekúna, Baníw*). Aparecem também distribuídos de forma descontínua num grande arco que acompanha a fronteira setentrional do Brasil, desde a Serra de Parima até a de Acaraí (*Guinaú, Wapitxâna, Atoraí, Maopityan*) e, finalmente, no litoral do Amapá e na Ilha de Marajó (*Palikur, Arawak, Aruân*).

Os povos de língua Karib ocupam quase exclusivamente o maciço das Guianas e regiões circunvizinhas, além dos médios e altos cursos dos afluentes setentrionais do Amazonas a leste do Rio Negro. Na região montanhosa estão, entre muitos outros, os *Purukotó, Makiritare, Makuxí* e *Taulipang*; no Rio Branco, os *Pauxiâna* e *Parauiana*; no Jauaperi, os *Yauaperí* e *Waimiri-Atruahí*; no Jatapu, os *Bonarí*; no Nhamundá, os *Xauianá* e *Piranya*; no Trombetas, os *Kaxuiâna, Pauxí* e *Piana-kotó*; e, no Paru, os *Apalaí, Wayana* e *Tirió*. Ao sul do Amazonas, havia poucos grupos de língua Karib: os conhecidos como *Arara*, entre o Baixo Xingu e o Tocantins.

Os povos de língua Tupi ocupam uma posição simétrica aos Karib, ao Sul do Médio e Baixo Amazonas; distribuem-se a leste do Madeira (*Kawahíb, Arikên, Tuparí, Tupinambâra*), em toda a Bacia do Tapajós (*Mundurukú, Mawé, Apiaká, Kawahíb, Parintintin, Kayabí*), do Xingu (*Jurúna, Oyanpík, Asuriní, Xipáya*) e no Tocantins (*Pakayá, Parakanân, Amanayé*), bem como no extremo-leste do Pará até o Maranhão (*Tupinambabá, Tembé, Guajajára, Tobajára*). Tanto a linguística como as primeiras notícias históricas indicam que os grupos de língua Tupi se deslocaram em grandes migrações; as últimas em época posterior à chegada dos europeus. No Baixo Amazonas haviam atravessado o rio-mar subindo curso do Jari (*Oyanpík*), do Paru (*Apama*) e do Nhamundá (*Apoto*). Pelo Amazonas acima haviam ocupado grande parte da várzea do Solimões, inclusive na Amazônia peruana (*Kokâma, Omágua, Yurimágua*).

Além dos povos de língua Aruak, Karib e Tupi, muitos outros ocupavam a Bacia Amazônica; sua localização, geralmente periférica em relação às grandes vias de comunicação fluvial, sugere, como já assinalamos, tratar-se de representantes de um estrato mais antigo de povoamento ou, de qualquer forma, de grupos pressionados para regiões marginais. No extremo sudeste há ou havia grandes contingentes de língua Jê nas Bacias do Médio Xingu e do Araguaia-Tocantins (*Kayapó, Gorotíre, Gaviões, Apinayé, Timbira*). Ao sul, nos formadores do Tapajós e do Madeira, os *Nambikuára, Torá, Pakaánovas* e muitos outros. A sudoeste, entre os Purus e o Juruá, os inúmeros grupos de língua Katunína (*Katukína, Katawixí* e todos aqueles cujo nome leva o sufixo *-diapá*). No Alto Juruá e no Javari, as tribos de língua Pano (*Kaxinawá, Mayorúna*). A Oeste, pelo Içá e pelo Japurá, os *Tukúna, Yurí, Mirânia* e *Joerúna*. A Noroeste, no Uaupés, a grande concentração de grupos da família Tukána (*Tukána, Desâna, Wanâna*). No extremo-norte, em Roraima, as tribos da família Xiriâna (*Xiriâna, Waiká*).

As 90 tribos que nomeamos estão longe de esgotar o mosaico de povos que habitavam e, em parte, ainda habitam a Amazônia. Mas se esta relação é representativa e inclui a maioria dos grupos indígenas que aparecem na literatura histórica, ela não é absolutamente válida para a sub-região que provavelmente, como vimos, abrigava mais da metade da população amazônica: a várzea. Quase todas as tribos da várzea foram exterminadas ou dispersadas nos primeiros 150 anos da colonização, de modo que são mínimas as possibilidades de caracterizar em termos linguísticos e mesmo culturais as populações que tanto impressionaram Carvajal e Acuña (1941). As fontes quinhentistas falam do poderoso cacicado de *Aparia*, que se estendia desde o Baixo Napo, no Equador, até a região de São Paulo de Olivença; eram ao que tudo indica os *Omágua*, que os portugueses chamaram *Cambeba*. Abaixo deles, mas ainda acima do Içá, viviam as tribos de *Aricana* e *Arimocoa*. Entre o Içá e o Japurá, estendendo-se por território colombiano, os *Neguas, Seños, Tamas, Acanecos* e *Atuares*, "todos de uma só língua, embora de diferentes províncias". A seguir, entre o Tefé e o Coari, em mais de 200km, as duas margens do Solimões eram ocupadas pela "província" de *Machiparo*, onde "não havia de uma aldeia a outra um tiro de balhesta e as mais distantes não estariam a mais de meia légua e houve aldeia que durou cinco léguas sem interrupção"; Carvajal dá uma ideia do tamanho dessas aldeias ao dizer que uma patrulha de espanhóis "correu meia léguas através da aldeia", em cuja praça, em determinado momento, reuniu-se "um esquadrão de mais de quinhentos índios". Mais a leste, entre a foz do Purus e os lagos de Manacapuru, vivia a tribo *Paguana*, em cujo território ribeirinho "houve dia em que passamos por mais de vinte aldeias"; a maior delas tinha "muitos bairros, cada qual com seu desembarcadouro e todos estes apinhados de índios [...] tinha muitos pomares e mais de quinhentas casas". Um século mais tarde, Acuña, Cruz e Heriarte deram outros nomes a essas tribos do Solimões; abaixo dos Omágua, entre o Juruá e o Coari, dominavam os *Aysuari* ou *Curuciari*, e o Coari ao Purus os *Yoriman* ou *Yurimagua*, que os portugueses chamaram *Solimões*. Suas aldeias tinham de 20 a 24 casas comunais que abrigavam, cada uma, "quatro, cinco e muitas vezes mais" família, portanto, cerca de 500 a 600 pessoas por aldeia. Outras tribos da região eram os *Ybanoma* e *Yaguanai* do Rio Copeá e do Baixo Japurá, os *Cuchiguara* do Baixo Purus e os *Carabayana* na Bacia do Manacapuru.

Sobre a etnografia antiga do Baixo Amazonas, a Leste de Manaus, as notícias são extremamente vagas; para as "províncias" ali mencionadas por Carvajal não se conseguiu estabelecer nenhuma filiação linguística ou associação com grupos mais recente e a segunda geração de cronistas, em meados do século XVII, já encontrou a região em processo de desarticulação sociocultural. Da barra do Rio Negro até a foz do Urubu havia uma série de aldeias fortificadas com estacas e com uma única entrada. Dali até Parintins, uma série de aldeias, geralmente situadas sobre os outeiros da margem esquerda, foi chamada *Província de Picotas* ("pelourinhos"), devido às estacas com cabeças-troféus, uma tênue, mas possível associação com os Munduruku. Mais abaixo, do Nhamundá ao Tapajós, estava a Província *de São João*, ocupando as duas margens do Amazonas pela terra adentro com "grandes cidades"; aqui se deu o famoso combate com os *Canuri* ou *Conduris*, aparentemente comandados por uma dúzia de mulheres guerreiras, cuja tribo (as "Amazonas", por associação ideal à mitologia grega) vivia cinco a sete jornadas ao norte, na Bacia do Nhamumdá. Os *Tapajós*, no baixo curso do rio homônimo, eram uma tribo muito numerosa (Heriarte, desta vez, convenhamos, com provável exagero, lhe atribui 60 mil guerreiros), provavelmente descendente das populações que fizeram a famosa cerâmica de Santarém. Da foz do Maicuru (Monte Alegre) à do Jauarí vivia uma tribo de índios de grande estatura ("mais altos que os espanhóis) que tingiam todo o corpo de preto e eram canibais; o seu cacique chamava-se Aripuna, nome cujo sufixo indica a cor preta em Tupi.

6. O antigo modo de vida das tribos do Rio Amazonas

Nas páginas precedentes traçamos um quadro da origem e distribuição do homem americano pela Bacia Amazônica, sua divisão em famílias linguísticas, as linhas mestras da sua evolução cultural, algumas ideias a respeitos dos efetivos demográficos e a localização dos principais grupos tribais. Vimos também as características principais do meio geográfico, as diferentes formas de adaptação humana que ele condicionou, o papel que ele teve na história da ocupação europeia e os efeitos dessas últimas sobre as sociedades indígenas. Resta agora falar sobre a cultura dos povos indígenas: quais eram as bases materiais da sua existência, como se organizavam social e politicamente, quais eram as formas da sua vivência espiritual. Aqui, mais do que nas seções anteriores, é difícil fazer uma síntese que não ponha a perder toda a diversidade e a riqueza do mundo indígena. Seria impossível resumir em poucas páginas todas as modalidades com que se apresentam, em mais de uma centena de tribos, as atividades econômicas, o ciclo diário e anual da vida familiar e social, a divisão etária e social do trabalho, as formas de chefia na paz e na guerra, a tecnologia e os valores estéticos, o lazer e a literatura oral, as normas morais e as crenças religiosas. Qualquer inventário dessa natureza que coubesse nos limites desse capítulo não iria além do superficial e do banal e não poderia substituir alguns manuais e compêndios de fácil acesso ou não especialista.

Retomando, porém, a distinção já assinalada entre a ecologia da várzea e a da terra-firme, verifica-se que a maioria das monografias e dos bons manuais, por tratar de tribos atuais ou recentes, referem-se quase exclusivamente aos ecossistemas da terra-firme. As tribos que habitavam a várzea, por outro lado, embora também diferindo entre si, apresentam-se, no seu conjunto, como constituindo o que poderíamos chamar uma superárea cultural distinta das populações da terra-firme. O panorama cultural da várzea, por ser pouco conhecido e por enriquecer o quadro referencial necessário à compreensão do mundo com que o europeu se defrontou na América, justifica receber aqui um tratamento preferencial. Quanto ao modo de vida das tribos da terra-firme, pelas razões apontadas no parágrafo anterior, remetemos o leitor ao apêndice bibliográfico em que, de uma produção científica que hoje beira os cinco mil títulos, selecionamos uma pequena amostra representativa. A obra de referência essencial é, naturalmente, a *Bibliografia Crítica da Etnologia Brasileira*, em três volumes. O modo de vida na várzea do Amazonas será agora descrito abordando sucessivamente a organização social, as atividades de subsistência e as manufaturas, o comércio e as relações intertribais, os cerimoniais e as crenças religiosas, tudo de uma maneira fragmentária e pouco sistemática porque a qualidade da informação hoje disponível é desigual.

Organização social

Os primeiros cronistas falaram em *províncias* governadas por *senhores*, geralmente sugerindo um poder político centralizado. Mesmo fazendo abstração dos termos e conceitos ocidentais, temos algumas evidências da existência de sistemas políticos em nível regional. O "senhor Aparia" da Aldeia de Aparia Grande, nas proximidades de Letícia e Tabatinga, era reconhecido como tal desde Aparia Menor, no Baixo Napo, até a foz do Jandiatuba (São Paulo de Olivença). Esse *senhorio* Aparia quinhentista não era outro senão a tribo dos Omágua ou Cambeba, que

> governavam-se por principais nas aldeias e no meio dessa província, que é dilatada, há uma principal, ou rei deles, a que todos obedecem em grandíssima sujeição e lhe chamam *Tururucari*, que quer dizer o seu Deus e ele por tal se tem (Heriarte, 1975, p. 185-186).

Uma modalidade de poder político supralocal encontrava-se também no Rio Negro, onde os índios "têm um Principal [...] que é como o Rei, por nome Tabapari. Tem debaixo do seu domínio muitas aldeias de diversas nações e delas é obedecido com grande respeito" (Heriarte, 1975, p. 182). Quatro tribos do Alto Amazonas, os Omágua, Tukuna, Peva e Cavachis (?) reconheciam prestígio diferenciado a algumas famílias ou linhagens; "será difícil que um jovem ou uma moça desta classe superior case com quem não lhe seja igual na estima das gentes, nem os anciãos a quem cabe ajustar os casamentos dos nobres concordariam facilmente" (Chantre y Herrera, 1901, p. 83).

> [...] na terra dos *Zetes*, parcialidade dos Omáguas [...] casava-se com a mulher do cacique morto o irmão segundo [...] porque acreditavam ou imaginavam haver uma espécie de razão ou conveniência de que o irmão segundo sucedesse ao primeiro no ofício e que a capitania não fosse degradada da dignidade de que havia gozado na vida de seu marido (Chantre y Herrera, 1901, p. 115).

Os Iruris do Baixo Madeira tinham linhagens estruturadas hierarquicamente e circunscritas a territórios específicos:

> Governam-se as aldêas dos Irurizes com principaes electivos de tal sorte que o mais capaz entre elles é o que succede pela morte de seu principal; e em as aldêas só os que são parentes podem ter casa à parte, porque os vassallos moram em roças dos que os governam, com que as

> aldêas contem somente principaes, os quaes elegem sobre si um cabo, que é como cabeça de todos. Havia [...] cinco aldêas grandes [...] porem estas cinco continham mais de vinte aldêas, porquanto cada roça daquelles principaes era uma boa aldêa de vassallos (Bettendorff, 1910, p. 464-465).

Entre os Tapajós, cada aldeia de 20 ou 30 casais tinha um chefe, "e a todos os governa um Principal grande sobre todos, de quem é mui obedecido" (Heriarte, 1975, p. 180). Apesar da poliginia ser usual e das severas punições impostas pelos Tapajós às mulheres adúlteras, há evidências de que nessa tribo as mulheres, pelo menos quando pertencentes a determinadas linhagens, podiam gozar de *status* privilegiado; o caso mais conhecido é de Maria Moacara,

> princesa desde seus antepassados de todos os Tapajós, e chamava-se Moacara, quer dizer, fidalga grande, porque costumam os índios, além de seus Principais, escolher uma mulher maior nobreza, a qual consultam em tudo como um oráculo, seguindo-a em seu parecer (Bettendorff, 1910, p. 172).

A posse de escravos aprisionados em guerra era frequente, mas só após a conquista, pela demanda dos colonos, eles adquiriram um valor de troca que fez do apresamento maciço de inimigos uma atividade econômica importante para muitas tribos. Os Omágua só matavam, entre os cativos, os chefes e os mais valentes, para prevenir insurreições; os demais eram incorporados à comunidade, onde cada chefe de família tinha um ou dois escravos domésticos, geralmente muito bem tratados. Os Tupinambá de Pernambuco, que na segunda metade do século XVI migraram para o Médio Amazonas à procura da *terra-sem-males*,

> conquistaram os seus naturais avassalando-os e com o tempo se casaram uns com os outros e se aparentaram; mas não deixam de (*re*) conhecer os naturais a superioridade que os Tupinambarana têm neles [...]. Têm a sete e a oito mulheres. Aos que estão debaixo do seu domínio lhes dão as filhas pro mulheres (Heriarte, 1975, p. 181).

Manufaturas

O algodão era cultivado, fiado e tecido principalmente no Alto Amazonas, onde os Omágua e as tribos vizinhas vestiam "roupas de algodão pintadas a pincel e as índias costumavam calçar botinas e meias-mangas feitas de algodão, trabalhadas com muita habilidade e empastadas com um piche negro" (Vásquez de Espinosa, 1948, p. 337). Em todo o Alto Amazonas era comum o adorno pessoal com pequenas lâminas de ouro de aluvião, fornecido pelas tribos dos Rios Negro e Alto Japurá. No Médio e Baixo Amazonas as roupas eram desconhecidas; usavam-se enfeites de fibras trançadas, penas e tiras de algodão, além do *muiraquitã*, pedras esverdeadas geralmente lapidadas em forma de pequenos animais. As ferramentas e utensílios domésticos eram machados de pedra, facas e raspadores de osso, pedra, concha, casco de tartaruga, espinhas de peixe e madeira. Nas armas também havia diferenças regionais: em todo o Alto Amazonas era usado o propulsor de dardos, que os cronistas chamam *palheta* ou *estólica*; abaixo do Rio Negro predominavam arco e flechas, envenenadas ou não, além de sarabatanas, lanças e tacapes. Na guerra saíam ao rio flotilhas de até 200 canoas, os guerreiros protegidos por longos escudos de pranchas de madeira ou couro de jacaré; nos combates corpo a corpo eram também usados pequenos escudos redondos de couro de anta ou de peixe-boi. Os utensílios e recipientes domésticos de cerâmica eram os mais variados: "fazem grandes olarias em que fabricam tinas, panelas, fornos em que assam suas farinhas, caçarolas, jarras, alguidares e até sertãs (*assadeiras rasas*) bem formadas" (Acuña, 1941, p. 114).

A grande tradição policrômica das culturas arqueológicas persistia em algumas tribos: na "Aldeia da Louça", algo debaixo da foz do Coari, Carvajal opinou ser essa cerâmica

> a melhor que já se viu no mundo, porque a ela nem a de Málaga se iguala. É toda vidrada e esmaltada de todas as cores, tão vivas que espantam e, além disso, os desenhos e pinturas que fazer nela são tão compassados que com naturalidade eles trabalham e desenham tudo como o romano (Carvajal; Rojas; Acuña, 1941, p. 47).

Havia muitas especializações locais; os Caripuna e os Zurina da margem direita do Amazonas, entre o Purus e o Madeira, faziam excelentes trabalhos em madeira, como bancos zoomorfos, propulsores e ídolos entalhados. Os Mutayus do Rio Maués ou do Andirá eram especialistas em fabricar machados de pedra, essenciais e apreciados pela escassez dessa matéria-prima na várzea: "os fazem mui curiosos e constantemente se dedicam a lavrá-los" e os forneciam aos Tupinambarana, de quem eram tributários (Acuña, 1941, p. 120 e 130). Com as cuias polidas e pintadas, faziam-se vasilhames leves e resistentes, e algumas tribos, notadamente os Yurimágua e os da região de Monte Alegre (Rio Curupatuba), especializaram-se na sua fabricação para o comércio. No século XVIII, as cuias de Monte Alegre, muito procuradas pela população cabocla e branca, eram decoradas com motivos europeus e chegaram a ser exportadas para Portugal em quantidades consideráveis.

Comércio e relações intertribais

Os primeiros cronistas deixam clara a existência de alianças e de rivalidades tradicionais entre os grupos da várzea e entre esses e os da terra-firme. Os Omágua, mediante incursões guerreiras, mantinham grandes áreas despovoadas a montante e a jusante do seu território. Machiparo, provavelmente o nome quinhentista dos Aisuari, tinha com os Omágua "uma rivalidade de longa data"; já com os seus vizinhos de rio abaixo (que Carvajal denomina *Omágua* ou *Oniguayal*, mas que deviam ser o Yurimágua ou "Solimões"), os de Machiparo mantinham relações amistosas: os seus cacique "são amigos e se juntam para dar guerra a outros senhores que estão terra adentro e os vêm diariamente atacar em suas casas" (Carvajal; Rojas; Acuña, 1941, p. 37). Os Tupinambara eram intrusos recentes no Médio Amazonas e apesar da relação senhorial que mantinham com os seus vizinhos foram por eles assimilados em poucas gerações. Os Conduris da "província de São João" (a Bacia do Baixo Nhamundá e Trombetas) estavam numa posição que os cronistas definem de "vassalagem" em relação a uma tribo do Alto Nhamundá, que uma tradição pan-amazônica dizia ser de mulheres guerreiras, as *coniupuyara* ou *cunhãpuiára*, em que os europeus identificaram as amazonas. Os primeiros cronistas são unânimes quanto à existência de uma rede de caminhos, mais do que simples trilhas, que saíam das aldeias ribeirinhas para o interior e serviam ao comércio intertribal. Os Aisuari de Machiparo tinham

> muitas casas cheias de pescado seco, que eles levam a vender pelo sertão e têm suas contratações com outros índios. Vão os caminhos muito abertos, de muito seguidos, porque corre muita gente por eles (Nunes, 1950, p. 100).

O Capitão Altamirano, da expedição de Ursua e Aguirre, descreveu alguns destes caminhos entre o Tefé e o Coari: eram "largos e bons, feitos à maneira daqueles dos Incas do Peru, exceto pelas paredes", ou seja, não tinham muretas laterais; a cada três léguas tinham pousadas com "índios de serviço para os viajantes que iam das províncias de Machiparo e de outras regiões próximas para a terra adentro comerciar com os de outras nações" (Espinosa, 1948, p. 385-386).

Os rios permitiam vencer grandes distâncias com regularidade; os Manaos do Médio Rio Negro faziam expedições anuais ao Solimões passando em canoa do Urubaxi ao Japurá na época das enchentes; traziam lâminas de ouro do Içana, urucu, raladores de mandioca, redes de miriti, cestos e tacapes "que lavaram curiosamente", e os forneciam aos Aisuari, Ibanoma e Yutimágua (Fritz, 1918, p. 379-380).

Da mesma forma, diversas tribos do Rio Branco, do Negro e do Médio e Alto Amazonas relacionavam-se, no século XVII, através de circuitos comerciais em cuja extremidade os holandeses da Guiana introduziam armas e ferramentas e recebiam escravos capturados para o trabalho nas plantações. Um desses circuitos, descrito por Samuel Fritz, tinha como principais agentes os Cauari ou *Caburicena* que viviam entre o Solimões para adquirir dos Yurimágua umas contas de caracóis "mais apreciadas por aquelas gentes do que as contas de vidro". Com essas contas compravam, em alguma tribo do interior, escravos que levavam para o Norte; atravessavam o Rio Negro junto à foz do branco, onde entregavam os escravos aos Guaranágua ou *Uaranacoacena*, que, por sua vez, os forneciam aos holandeses em troca de armas e ferramentas (os holandeses subiam o Essequibo e o Rupununi e encontravam os Guaranágua nas cabeceiras do Rio Branco). As ferramentas europeias passavam, então, dessa tribo para os Cauauri e desses aos Yurimágua (Fritz, 1918, p. 93). O engajamento de tribos tão afastadas num sistema regular e multidirecional de trocas comerciais não deixa muitas dúvidas quanto à existência de um padrão preexistente de relações intertribais no qual veio inserir-se o trânsito de mercadorias europeias (Porro, 1987).

Religião

As informações dos primeiros cronistas sobre a vida religiosa dos índios referem-se principalmente a cerimônias e rituais; o horror às idolatrias e o receio da censura parece ter inibido maiores notícias sobre crenças e mitos. Os Omágua de Aparia "adoram e têm por seu deus ao Sol, que chamam Chise" (Carvajal, 1941, p. 31); para Métraux, *chise* em Guarani (idioma muito semelhante ao Tupi falado pelos Omágua) significa *estrelas*. Acreditavam num ser supremo, Sumé-Tupã (*Zumi-Topana*, escre Fritz), sem dedicar-lhe nenhum culto particular. Os Yurimágua e os Aisuari acreditavam num personagem de poderes excepcionais, o *Guaricaya*, que assumia formas animas e humanas sempre aterrorizantes. Faziam-lhe uma cabana na mata, onde levavam bebidas como ofertas e os doentes para serem curados. Quando ele chegava à aldeia não podia ser visto por mulheres e crianças; os homens o recebiam ao som de umas flautas especiais, submetendo-se em seguida a um ritual de punição em que o Guaricaya os chicoteava para torná-los valentes (Fritz, 1918, p. 61).

Nas práticas funerárias era comum a ingestão das cinzas do morto por parentes e amigos. Os Tapajós depositavam o morto numa cabana especial, acompanhado dos seus bens pessoais e com o rosto coberto por uma máscara de tecido; depois de decomposta a carne, moíam os ossos e deles faziam uma bebida (Heriarte, 1975, p. 180). Guardavam, porém o corpo mirrado de um de seus antepassados, que chamavam Monhangarypy, quer dizer, primeiro pai, lhe iam fazendo suas honras com suas ofertas e danças já desde muitíssimos anos, tendo-o pendurado debaixo da cumieira de uma casa como a um túmulo a modo de caixão (Bettendorff, 1910, p. 354).

Em Carvajal há a descrição daquilo que parece ser um ritual propiciatório que antecede a batalha:

> andavam entre essa gente em canoas de guerra quatro ou cinco feiticeiros, todos pintados de branco e com as bocas cheias de cinzas, que atiravam para o ar, tendo nas mãos uns hissopes com os quais iam jogando água ao rio à maneira de feitiços, e depois de ter dado uma volta em nossos bergantins fazendo isso, chamavam os homens de guerra e começavam a tocar suas cornetas, trombetas de pau e tambores com grande gritaria e nos atacavam (Carvajal, 1941, p. 43-44).

O episódio se passa em Machiparo e, na versão de Oviedo, esses feiticeiros seriam mulheres.

Ídolos esculpidos em madeira eram muito comuns; os dos Aisuari eram chamados *tururucari*, uma informação de Heriarte (Heriarte, 1975, p. 185), por sinal suspeita, pois o autor diz também que esse era o nome do chefe supremo dos Omágua, que falavam idioma diferente dos Aisuari; aos ídolos dos Aisuari eram sacrificados os prisioneiros de guerra. Os Carabayana da região de Manacapuru

> não comem carne, que lho vedam os ritos das suas leis, excto carne humana, de que são mui carniceiros. Têm ídolos de pau mui curiosos, e cada um tem o ídolo que adora em sua casa, sem terem casa particular para eles. Têm muitos feiticeiros, que servem de sacerdotes de ídolos (Heriarte, 1975, p. 183).

Já os Yurimágua ou seus predecessores da *Aldeia da Louça* tinham uma casa-templo com dois ídolos tecidos com folhas de palmeira, de estatura gigantesca e com as orelhas grandes e furadas (Carvajal, 1941, p. 47). Há notícias de surtos messiânicos ligados à situação de crise e penúria que acompanhou a ocupação do Alto Amazonas pelos portugueses no fim do século XVII. A figura central desses surtos foi o Padre Samuel Fritz, a quem o papel de messias não parece ter de todo desagradado:

> A opinião que esses índios têm de mim deve-se a que eles pensam ser eu um homem de natureza diferente dos demais e que eu não irei morrer [...]. Os terremotos e os eclipses que ocorreram nesses anos eles os atribuem a mim, dizendo em lágrimas que nós (*os Aisuari*) levamos o Pai (*Fritz*) a matar o sol por nossa causa [...]. A convicção geral dos índios era de que eu havia causado a turbidez das águas como sinal do meu desgosto por eles não terem vindo viver rio acima com me haviam prometido (Fritz, 1918, p. 105-106).

Bettendorff afirma, corroborando o depoimento de Fritz, que, por ocasião do tremor de terra que abalou o Médio Amazonas em 1690, havia entre os índios no Rio Urubu uma expectativa milenarista:

> Há por aquelas partes grandes feiticeiros a quem chamam pajés; estes dizia [...] que os índios se haviam de converter em brancos e os brancos em índios (Bettendorff, 1910, p. 493-494).

Assinala-se, para concluir, que nessas notícias fragmentárias encontramos elementos que ampliam a perspectiva histórica sobre algumas instituições sociais indígenas atuais ou do passado recente. Assim, o culto ao Guaricaya, com flautas sagradas, interdição às mulheres e flagelação ritual, é um óbvio precedente das chamadas "festas de Jurupari", cerimônias ligadas à afirmação do domínio dos homens sobre as mulheres em muitas sociedades amazônicas. E as crenças messiânicas que associam a cataclismologia a um sentimento de culpa pela crise social que, por fim, é resolvida com a inversão das relações de dominação, obedecem a um padrão recorrente no Alto Amazonas até os dias de hoje.

Capítulo II
A Amazônia e a cobiça dos europeus

Eduardo Hoornaert

1. O lucro

Por volta de 1540, a Amazônia começou a ser conhecida na Europa. A viagem de Orellana se situa entre 1540 e 1542, a de Pedro de Ursúa entre 1560 e 1561 e a de Lope de Aguirre na mesma época. Esta notícia apareceu envolta numa linguagem fantástica, superlativa e maravilhosa. O cronista de Orellana, o Frei Gaspar de Carvajal, deu à sua narrativa o título: "Relación del Nuevo Descubrimiento del Famoso Rio Grande de las Amazonas", sugerindo que a presença das mulheres amazonas foi testemunhada na beira deste rio. O cronista de Pedro Teixeira na sua viagem de volta de Quito a Belém, o Padre Cristóbal de Acuña, volta a intitular seu relato: "Nuevo Descubrimiento del gran rio de las Amazonas". Todos usavam adjetivos ao falar do rio: famoso, grande, máximo, fantástico. Estamos em plena "visão do Paraíso", da qual tratou o historiador Sérgio Buarque de Hollanda. Na Amazônia encontram-se os três grandes mitos americanos: o Príncipe Dourado (El Dorado), a Lagoa que é o berço de todo o sistema fluvial atlântico, e as mulheres Amazonas. Eis o paraíso perdido, o mundo sem mal, o "novo mundo" por excelência, onde "não há calor nem frio" (*non ibi aestus, non ibi frigus*), a terra de São Tomé, onde a humanidade vai renascer na felicidade e na paz.

O que impressiona em tudo isso é o contraste entre a vivência indígena da Amazônia, que era – ao que tudo indica – de calma e tranquilidade, e a vivência europeia da mesma realidade. Isso nos leva a pensar que o paraíso estava a mente dos invasores, e não tanto na realidade objetiva, isto é, parece que a ânsia que se criou em penetrar o famoso rio era motivada pela experiência da vitalidade de um novo modelo mercantilista de lucro rápido e sensacional, da riqueza fabulosa encontrada quase por acaso e de forma alucinante. Terras onde o indígena tinha vivido por séculos numa grande harmonia com a natureza foram de repente vasculhadas, queimadas, pesquisadas, com uma febre e um nervosismo que pervade os documentos que nos restaram daquela época.

O capitalismo foi vivido naqueles tempos como um mito grandioso de "descobertas". Tudo é descobrimento, sobretudo, o descobrimento do ouro. Não há quase nenhum texto que não fale ou pelo menos aluda ao ouro. O misto de devoção e ambição, de culto a Cristo e culto ao bezerro de ouro está na origem da empresa colonial da Amazônia, com em muitas outras áreas de expansão do sistema mundial no século XVI. Numa petição feita pelo Capitão Simão Estácio da Silveira a Madrid, em 1626, onde ele pede a abertura da Amazônia pelo caminho de escoamento da prata do Peru, se lê:

> Todas as terras ao longo do Rio Maranhão são muito povoadas de índios. Estes são mais importantes, a meu ver, que as minas de Potosí. Eles desejam muito conhecer e receber a nossa santa fé. Eu desejo, pois, lhes fazer conhecer nossa religião e os levar à fé. Isso será o melhor serviço que eu possa render a Deus. E a Espanha lucrará essas terras, esse novo caminho e a grande riqueza dessas regiões cheias de pedras preciosas e de prata (RIHGB 1918, p. 91-99).

Neste, como em muitos outros textos, se enuncia claramente a concordância entre os sistemas da religião (ganhar almas para Cristo) e os do sistema (lucrar outro, prata, pedras).

Não é de se admirar que a partir de 1580 começam a surgir estabelecimentos franceses, holandeses, irlandeses e ingleses em torno do estuário do Amazonas, pois a Espanha tem suas atenções voltadas para o ouro de Potosí no Peru e as minas do México. Assim, entre o Rio Oiapoque e as proximidades do Rio Tapajós proliferam pequenas companhias comerciais que traficam urucu, sementes oleaginosas, madeiras, peixe-boi, peixe salgado, tabaco, cana, açúcar e aguardente. Essa realidade já é típica do sistema mundial capitalista: a Espanha considera a região como fazendo parte do seu "império", mas na realidade os lucros vão para empresas particulares de diversas nações europeias. Eis o mercantilismo, a primeira fase do capitalismo.

2. A constituição de uma área periférica do sistema mundial moderno

A primeira nação europeia que conseguiu organizar essa penetração de grupos mercantilistas em torno da embocadura do rio e nas regiões vizinhas, foi a França que, sob o comando do senhor de La Ravadière, articulou o projeto da formação de uma França Equinocial do Transatlântica e conseguiu fundar uma cidade, São Luís do Maranhão, no ano 1612, reunindo mercantilistas aí estabelecidos desde 1594. Mas a "Nova França" só durou três anos. O Estado português, que já tinha sólidas bases no Brasil, começou a invocar a famosa divisão do mundo ocidental entre Espanha e Portugal baseada no Tratado de Tordesilhas (1493), e armou uma expedição, liderada por Alexandre de Moura, que atingiu a cidade de São Luís em 1615. Naquele tempo, o Estado português estava imbuído de uma ideologia imperialista e tomou a sério a conquista da Amazônia. O Capitão Castelo Branco foi encarregado de ocupar o resto do litoral pelo Norte, saindo no dia de Natal. Chegou ao Pará no dia 12 de janeiro de 1616 e se instalou numa ponta de terra proeminente da Baía Guajará, num "presépio", ou seja, forte de madeira. Sob aparências humildes escondeu-se um projeto ambicioso, o que se prova pelo nome dado ao local por Castelo Branco: "Feliz Lusitânia" e "Nossa Senhora de Belém do Grão-Pará" (do grande rio).

Imediatamente, Alexandre de Moura criou as capitanias do Maranhão, do Pará e do Cumã, na intenção de proteger a posse e defendê-la, pelo menos juridicamente. Entre 1616 e 1647, os portugueses tiveram que lutar contra a presença das feitorias holandesas na região, o que conseguiram quando destruíram a última feitoria holandesa no litoral do Amapá. Ao mesmo tempo, foram expulsos os ingleses e os irlandeses. Acontece que os comerciantes mercantilistas não entendiam nada acerca dos limites traçados por Tordesilhas e assim foram avançando muito além destes. Aos poucos, a administração do Estado português foi apoiando esses avanços e – para facilitá-los – desmembrou as capitanias do Maranhão, Pará e Cumã do Brasil, ligando-as diretamente a Portugal sob o nome "Estado do Maranhão" (1621). Oficialmente, a capital era São Luís, mas muitos governadores preferiram atuar em Belém, mais perto da boca do grande rio. Até aqui a conquista de novas terras na região foi realizada por guerrilheiros e verdadeiros exterminadores de nações indígenas, como veremos adiante. Impressionante observar que o rei não se importou com a origem eticamente duvidosa de suas conquistas ultramarinas, mas imediatamente sancionou-as, dando autoridade aos novos donos do poder na Amazônia, como Bento Maciel Parente, filho do terrível exterminador dos indígenas Tupinambá no litoral entre São Luís e Belém. Em 1626, o referido Bento Maciel Parente recebeu o título pomposo de "governador e capitão do Rio Amazonas", juntamente com o regulamento que passamos a citar aqui:

> Eu El-Rei encarrego a Bento Maciel Parente de fazer esta descoberta e conquista do Rio Amazonas. Eu o encarrego de escolher os religiosos entre os que vivem na Capitania do Pará para acompanhá-lo nesta expedição. Entendo que sejam religiosos muito devotados ao serviço de Deus e que trabalham na melhor forma para manter os índios em paz e obediência às minhas ordens (Códice 7.627 [s. d.], f. 132-134).

O rei ainda foi além: começou a conceder sesmarias na Amazônia, instigando, assim, a livre matança de índios que vivessem nas terras "doadas" por ele, e a articular capitanias hereditárias na Amazônia. Acontece que tudo isso era fácil no papel, difícil na realidade. Só algumas capitanias prosperavam, como a de Camutá (mais tarde Cametá) que conseguiu criar uma povoação mais ou menos estável. Em outros casos, o projeto fracassou.

Essa fundamental dificuldade em organizar convenientemente uma área periférica na Amazônia se traduz pelo número grande de fortes construídos em toda a região: só na ilha de São Luís havia quatro, na baía de São Luís outros cinco, em torno de Belém oito, em torno de Macapá outros oito, além dos situados nas cabeceiras dos Rios Branco, Negro, Solimões, Guaporé, Vila Bela e nas confluências do Rio Negro (atualmente Manaus), Pauxis (atualmente Óbidos), Tapajós (atualmente Santarém), Paru etc. A Amazônia portuguesa ficou sendo uma área predominantemente militar e geopolítica, menos aproveitável economicamente: as "drogas do sertão" nunca conseguiram rivalizar com a cana-de-açúcar no Nordeste brasileiro, por exemplo, ou mesmo com a nascente economia do gado no interior nordestino. Mesmo assim, o Estado português conseguiu segurar a posse que, segundo uma lei muito respeitada na época, ficou reconhecida oficialmente pelo Tratado de Madri, em 1750. Essa lei se chama a lei do *uti possidetis* (os que conseguem ocupar uma região são considerados donos legítimos dela), lei típica do sistema mundial em expansão e que desconhece totalmente os direitos indígenas.

3. O extermínio dos indígenas

A terceira lei do mercantilismo expansionista na Amazônia visava diretamente os antigos habitantes da região. Já o cronista de Orellana, o frei dominicano Carvajal, tinha observado em 1542 que as várzeas do grande rio, assim como as terras firmes, eram bastante povoadas, e essa é a informação de todos os cronistas. Acontece que a entrada de mercantilistas no grande rio era tão desordenada e violenta que ela resultou, na prática, numa imensa matança brutal e sem registro histórico escrito. O sangue correu em abundância e nunca saberemos ao certo o que aconteceu nas matas, nos furos, nos igarapés, nos canais do imenso rio que conserva o segredo de tantas abominações.

Considerado em conjunto devemos dizer que o processo de genocídio começou já em 1604, quando Pero Coelho atacou os indígenas da Serra do Ibiapaba, no atual Estado do Ceará. Os estudiosos relatam que os índios desta serra, depois denominados *Timbira*, foram "tocados" por quase 250 anos antes de serem definitivamente exterminados: em 1728 foram localizados em Oeiras (PI), mais tarde em Aldeias Altas (atual Caxias do Maranhão) e em Pastos Bons, no ano 1811, em Grajaú, no Maranhão, onde foram eliminados pelos anos 1850. Este longo e doloroso martírio ainda espera por seu historiador para que possa servir de memória ao povo do Maranhão e da Amazônia em geral.

Mas foi sobretudo depois da fundação de Belém, em 1616, que começaram os martírios. O cronista Berredo relata como Pedro Teixeira agia, qual um Cortez no México, matando e incendiando a região entre São Luís e Belém à procura de uma ligação terrestre estável entre ambas as vilas, o que se tornara imperioso – do ponto de vista dos invasores – diante da possibilidade de um bloqueio marítimo dos portos de Belém e São Luís por nação inimiga. Este Pedro Teixeira, que ao lado de Bento Maciel, Jerônimo de Albuquerque e Antônio de Albuquerque era um dos grandes exterminadores do *povo Tupinambá*, andava acompanhado de criminosos portugueses chamados na época "degredados", ou seja, emigrantes forçados e que ele arregimentava sob o nome de soldados, e de índios chamados "Tapuia", inimigos dos Tupinambá. Diante da violência da tropa de Teixeira, os índios se revoltaram em Cumã, Caju, Mortigura, Iguape, Guamá, mas estas revoltas serviram apenas de pretexto para novas incursões e novos massacres. Em 1619, o líder Tupinambá Cabelo de Velha atacou a Cidade de Belém, o que foi motivo para um "castigo" exemplar: Pedro Teixeira foi autorizado a sair com quatro embarcações, muitas canoas, 100 soldados e grande número de índios "domésticos" para fazer guerra ofensiva nos lugares onde viviam os indígenas: "E as suas aldeias reduzidas a cinzas serviram também para os aparatos da vitória" (Berredo, 1749, p. 476).

Podemos multiplicar os exemplos de castigos, guerras justas, entradas, tropas de resgate, descimentos, que todos se igualam na crueldade e desumanidade, mas basta dizer – para o intento de nossa narrativa aqui – que os Tupinambá estavam exterminados pelos anos 1635. O desaparecimento destes índios possibilitou a realização dos sonhos mercantilistas: a coleta de "drogas" como o cacau, o urucu, o cravo, a canela, o anil, as sementes de óleo, as raízes aromáticas, o puxuri, a baunilha, as madeiras.

O terceiro povo amazonense que veio a ser martirizado pela brutalidade da invasão foi o povo *Aruan*, também chamado *Nheengaíba* (povo que fala mal) pelos de língua tupi. O missionário Antônio Vieira declarou que havia 29 grupos deste povo na Ilha Marajó e circunvizinhanças, enquanto Bettendorff, outro missionário jesuíta, falou em sete grupos apenas. Desconhecemos dados mais precisos acerca destes martírios Nheengaíba, embora tenhamos as informações de Antônio Vieira[1].

Em 1639, chegou a vez dos *Tapajós* serem martirizados. Em 1626, Pedro Teixeira esteve com eles, mas como eles se mantinham amistosos em relação aos portugueses não houve represálias. Acontece que eles não queriam deixar suas terras e, por isso, Bento Maciel Parente lhes declarou guerra em 1639. Colocados entre a morte ou a dominação, os Tapajós escolheram a segunda opção, foram desarmados, encurralados e obrigados a fornecer 1.000 escravos aos portugueses, entre filhos e aliados. Para evitar a escravidão, os Tapajós passaram a colaborar na escravização de outros grupos, a fim de atingir o número de 1.000 índios "de corda". O martírio deste povo terminou nos anos 1820-1840, quando foram completamente extintos. O antropólogo Curt Nimuendaju lhes dedicou um bonito trabalho (Boletim do Museu Parense 1948, p. 93-106).

---

1. Antônio Vieira fala da "pacificação" dos Nheengaíba, sobretudo nas suas Cartas como as 65, 66, 67 e 68 (cf. Leite, 1943 I, p. 549-571 e IX, p. 244).

Ainda temos que mencionar os *Goiá* e *Araé*, habitantes do atual território de Goiás, encontrados pelos bandeirantes Bartolomeu Bueno da Silva em 1647. Depois de um século de resistência foram reduzidos à escravidão e exterminados pelos garimpeiros de Vila Boa de Goiás (atualmente Goiás Velho) (Souza, 1874, p. 438).

Assim, mencionamos aqui, brevemente, cinco martírios amazonenses, ou seja, cinco casos de genocídio no período entre 1604 e 1647: os Timbira, os Tupinambá da costa, os Aruan ou Nheengaíba, os Tapajós e os Goiá e Araé. Certamente não conseguimos relatar tudo, mas ficam pelo menos estas palavras como sugestão de um resgate mais completo da memória cristã dos martírios amazonenses, que apenas começam quando o período que estudamos aqui termina, em 1655. O que nos parece espantoso em tudo isso é o número de mortos que cada um dos exterminadores europeus carregou na sua consciência ou inconsciência. Escreve Adélia Engrácia: "Há registros de que Bento Maciel teria massacrado e levado ao cativeiro mais de 500 mil índios" (Oliveira, 1983, p. 176). Os números dados por Antônio Vieira também são espantosos: 2 milhões de mortos (Hoornaert, 1977, p. 405). E João Daniel, mais tarde, deu também números muito elevados, em relação às escravizações no Rio Negro pelos meados do século XVIII. Exagero dos tempos "barrocos"? Vontade de impressionar? Ou realidade? Quem ousará dizê-lo?

4. A funcionalidade da religião católica

Assim como acontecera na colonização do litoral nordestino, assim também na Amazônia a ação missionária foi insistentemente solicitada pelo próprio governo português. No Regulamento feito entre o rei de Portugal e o Capitão Bento Maciel Parente, em 1626, já citado aqui, percebe-se como o rei insiste na presença de religiosos católicos na conquista da Amazônia. Uma das mais famosas leis da expansão mercantilista se verifica aqui: *Cuius régio, illius et religio* (o dono da região é igualmente dono da religião nela praticada). A unificação cultural da colônia com a metrópole sob a prática de uma só religião se verifica em todas as partes por onde se ramifica o sistema mundial capitalista na sua fase mercantilista. A política da unificação cultural pela religião tem uma vantagem dupla: de um lado produz um discurso discriminatório diante de concorrentes colonialistas de outras nações europeias que são taxados de hereges, como no caso dos ingleses, holandeses e mesmo franceses. Do outro lado, essa política permite desmantelar as organizações indígenas que pudessem subsistir sob as lideranças dos seus próprios chefes indígenas. Daí por que o maior inimigo do missionário sempre foi o pajé, pois este matinha a coesão entre indígenas em nome da religião antiga.

Assim, vemos os missionários religiosos acompanharem, passo a passo, os militares que ganham terras para o sistema. Os franciscanos acompanharam a expedição de Jerônimo de Albuquerque para a conquista do Maranhão e estiveram desde 1617 em Belém, onde se instalaram no sítio do Una. Os carmelitas estiveram desde 1615 em São Luís e a partir de 1626 em Belém, onde construíram um convento na Rua do Norte, atualmente Siqueira Campos. Os jesuítas, desde 1615 em São Luís, só atuaram no Pará mais tarde, em 1636, e só fixaram residência em 1653, primeiro em Campina (bairro de Belém), mais tarde junto ao forte. Os mercedários estiveram ausentes da história de São Luís, mas existiram em Belém desde 1639/1640, onde tiveram um grandioso convento. Com a penetração mercantilista, os religiosos se espalharam rapidamente pelo complicado sistema fluvial do Baixo Amazonas, desde o Amapá até o Rio Tocantins. Eis as três instâncias que conquistaram a área amazonense para o sistema mundial: os soldados com seus *fores* (casas fortes, fortalezas), os comerciantes com suas feitorias e os padres com suas aldeias de índios. O soldado fechava os caminhos para concorrentes de outras nações europeias, o comerciante abriu o caminho de exportação para a metrópole e o padre segurava a presença de mão de obra.

Um documento emanado da administração central do Estado português e datado em 1693 patenteia a importância que este atribuía ao trabalho missionário:

A conversão dos índios é o maior serviço que se possa dar a Deus. A ação missionária é indispensável neste Estado e ela deve estender-se por toda parte. O capitão-ouvidor deve favorecer e ajudar os esforços dos missionários nestes rios. Se um capitão se encontra onde não há missionários, ele deve procurá-los e esta ação contará para receber honras militares durante a sua vida. As honras militares são igualmente adquiridas pelo serviço que o militar presta a Deus como obreiro do Senhor. Este exemplo levará os índios a respeitarem a Deus. Tudo o que o capitão fará para estender a obra do Senhor será considerado como um grande serviço ao Rei. Se o missionário necessita de soldados, o capitão os deixará à sua disposição (Regulamento para Capitães-Ouvidores, 1963).

O texto é posterior ao período estudado por nós, mas, mesmo assim, esclarece a ideologia subjacente à empresa colonial na Amazônia, segundo a qual o Reino de Deus se identifica como reino de Portugal e os interesses da religião são idênticos aos do Estado português. Os índios, de qualquer modo, são englobados neste discurso, que em nenhum momento considera sua personalidade própria, enquanto povo e enquanto projeto histórico.

5. A lei de iniciativa privada e a função do Estado

Aparentemente a invasão da Amazônia é obra do Estado português, mas acontece que a realidade é bem diferente. Como já mostramos aqui, foram mercadores individuais de diversas nações europeias que penetraram de início no espaço amazônico. Este movimento foi depois sancionado pelos respectivos Estados, dos quais os mencionados mercadores dependiam. No sistema capitalista o que precede é a lei do mercado, o resto vem atrás. O governo apenas sanciona e protege o movimento, tentando canalizá-lo em benefício das empresas privadas da própria nação, e não de nações estrangeiras. Eis a força e ao mesmo tempo a profunda desumanidade do sistema capitalista: não há controle político eficaz diante das forças liberadas pela abertura de novos mercados e novas fontes de renda. Daí por que as leis humanitárias sempre falham num sistema como este, pois a primeira lei, absolutamente primordial, é a lei do lucro e a da procura do lucro.

Temos alguns exemplos típicos desta lei na história religiosa da Amazônia. Como veremos adiante, a práxis cristã na Amazônia condenava a escravidão dos indígenas. Ora, para tornar essas práxis eficaz os missionários frequentemente apelavam para o rei, que representava o Estado colonizador, contra os colonos, que representavam os interesses privados. Ora, por estranho que pareça, os colonos acabaram vencendo apesar das leis e dos regulamentos emanados de Lisboa, das bulas emanadas de Roma, como a do Papa Urbano VIII de 1639 sobre a liberdade dos índios na América (Beozzo, 1983b, p. 103-105). Estes textos generosos ficaram o mais das vezes letra morta, não por causa da insensibilidade dos cristãos, mas simplesmente porque a lei do próprio sistema não comporta esse tipo de ponderações humanitárias. Foi erro histórico dos missionários que atuaram na Amazônia não ter entendido isso e ter concentrado grande parte dos esforços na conscientização do pessoal da administração do Estado português, em vez de criar na colônia uma força suficientemente grande que pudesse se opor à força do sistema, e colocar nisso todos os esforços.

O eminente historiador Capistrano de Abreu também parece não ter analisado essa lei do capitalismo ao afirmar, nos seus "Capítulos de história colonial": "Com os índios só havia duas políticas racionais: ou deixá-los aprisionar à vontade como então se fazia, ou proibir expressamente toda e qualquer escravidão" (Abreu, 1976, p. 116).

Concordamos com a lógica do raciocínio de Capistrano de Abreu, mas duvidamos que o Estado português tivesse naqueles tempos força política suficiente para "proibir expressamente toda e qualquer escravidão". As tergiversações da política portuguesa em assuntos indigenistas provam de forma convincente que a lógica do sistema capitalista escapa ao controle político. Eis toda a questão da ética num sistema capitalista: conseguir suficiente controle político sobre ações privadas governadas pela prática do *laissez faire, laissez aller* (deixem fazer, deixem acontecer).

Essa realidade fez com que as próprias ordens missionárias caíssem numa flagrante contradição: enquanto defendiam os índios, e por causa disto entraram em conflito com os colonos, elas mesmas pertenciam ao mundo dos colonos, possuíam fazendas e engenhos, escravos e escravas. A ordem dos carmelitas foi pioneira no cultivo da cana-de-açúcar na Amazônia, cujo ciclo se situa entre 1621 – com a chegada dos colonos açorianos no Pará – e 1761. Os carmelitas mantinham um engenho chamado Santa Tereza de Monte Alegre, no Guamá, cujo início deve ser situado em 1627. Lá existiam muitos escravos e índios "domésticos". Na formação de uma aristocracia do açúcar no Pará, os carmelitas foram importantes. Também os jesuítas participavam desta aristocracia, antes no Maranhão – pelo Rio Itapecuru – do que no Pará. Mas no Pará também sempre tiveram suas fazendas ao lado de suas aldeias.

Ao lado dos índios domésticos esses empreendimentos agrícolas sempre tiveram alguns negros, chamados "peças de Guiné". Embora a primeira leva regular de negros só chegasse em Belém no ano 1692 (145 escravos), todas as feitorias desde o início da colonização sempre tiveram alguns poucos negros. Só que o preço do negro era muito alto e seu tráfico desorganizado. Podemos supor que as ordens missionárias também dispunham de negros, como aliás foi o caso do Nordeste.

Outro negócio mercantilista que contou com a colaboração dos religiosos foi a procura de ouro. Para tanto se organizaram algumas expedições, como a do "rio do ouro", limite entre possessões de Portugal e de Espanha, organizada entre 1647 e 1650, ou a "viagem de ouro" descrita pelo Padre Antônio Vieira que dela participou, em 1656, e durante a qual faleceu o Padre João de Souto Maior, sem ter encontrado o cobiçado metal.

Estas e outras participações de missionários nas iniciativas privadas de caráter tipicamente capitalista deram à obra das ordens religiosas na Amazônia o caráter ambíguo que sempre teve. Frequentemente a vontade dos missionários, enquanto indivíduos, pendia para a defesa dos indígenas e dos pobres em geral, enquanto a estabilidade das ordens religiosas sugeria a aliança com os poderosos do sistema.

6. Conclusão

Entre 1540 e 1655 verifica-se na Amazônia a estruturação de uma área periférica do sistema mundial capitalista. Se em 1540 encontramos o mundo indígena intacto, articulado em diversos sistemas autônomos, isolados, de subsistência, denominados "aldeias", em 1655 o quadro era bem diferente: a Amazônia virou uma área intensamente vasculhada por rios e igarapés, furos e canais, florestas e campos. Uma febre se apossou da Amazônia: a febre do ouro, de pedras preciosas, de drogas do sertão, de índios cativos, de lucro. Nessa nova estruturação da sociedade tudo tinha que ser recolocado. Entre indígenas, degredados, colonos brancos e missionários travava-se uma luta sem tréguas pelo "lugar" na nova sociedade. Quem vai ficar por cima? Quem vai ficar por baixo? O resultado, em 1655, é mais ou menos o seguinte: na base do edifício, os índios militarizados, funcionando ou como remeiros, ou flecheiros, ou coletores, ou mesmo escravos domésticos. Por cima deles, os degredados feitos soldados de fortificações, os comerciantes, os colonos. Mais para cima, os missionários que mantêm o equilíbrio da construção, de um lado tornando o contato com os índios mais humanos, mas de outro lado defendendo os interesses do sistema. Na cúpula, o capitão, mais tarde governador, que defende o poder político num Estado estruturalmente fraco, pois toda a iniciativa está nas mãos de empresas privadas. O rei de Portugal, distante e distraído, não intervém muito neste período, isso em contraste com o período pombalino, quando a administração do Estado central colonialista procurou tomar em mãos os destinos da Amazônia. Podemos dizer que em 1655 as regras do jogo já estão combinadas. O jogo propriamente dito pode começar. Entraram no modo de pensar das pessoas que participam deste novo projeto, especialmente dos indígenas, alguns conceitos novos, dantes completamente desconhecidos, como propriedade privada, lucro, especialização no trabalho, dinheiro, avanço técnico, rivalidade, concorrência, submissão e autoritarismo, marginalização.

O que impressiona em tudo isso é como na Amazônia algumas leis gerais do capitalismo foram aplicadas com um rigor e uma disciplina muito grandes. Aludimos às leis do lucro primordial que praticamente não conhece nenhuma restrição; à do *uti possidetis*: os invasores são considerados donos dos terrenos ou da região que conseguiram ocupar, sem considerações éticas acerca dos direitos de outros ou especialmente dos primeiros habitantes; à da funcionalidade da religião que é verdadeiramente o cimento da nova sociedade; à do *laissez faire, laissez aller*: as forças políticas são insuficientes para reprimir a cobiã de empresas privadas; e, sobretudo, à do extermínio ou pelo menos da marginalização dos que "não prestam" ou não querem colaborar na base de um sistema que só beneficia os de cima.

Diante deste quadro, situa-se a prática cristã na Amazônia. Ela foi particularmente forte e conseguiu até certo ponto abalar a nascente sociedade.

Capítulo III
Os principais grupos missionários que atuaram na Amazônia brasileira entre 1607 e 1759

Carlos de Araújo Moreira Neto

1. Franciscanos ou jesuítas?

É sabido que os jesuítas foram pioneiros na entrada aos territórios que mais tarde constituíram o Estado do Maranhão e Grão-Pará, separado formalmente do Estado do Brasil. Na verdade, os primeiros jesuítas que entraram no Maranhão anteciparam-se até aos capuchinhos que participaram da fundação de São Luís, em 1612, e foram os principais artífices religiosos do projeto *France-Équinoxiale*. Sabe-se mais que esses jesuítas, os padres Luís Figueira e Francisco Pinto fizeram por terra, ao longo do ano de 1607, o mesmo roteiro que, no século anterior, haviam feito os índios Caeté (Tupinambá), que abandonaram o litoral por causa das perseguições dos portugueses e se refugiaram na Serra do Ibiapaba e na ilha de São Luís.

João Lúcio de Azevedo, em *Os Jesuítas no Grão-Pará* (1930), chamou atenção para a visão geopolítica dos jesuítas que associavam dados objetivos sobre o conhecimento do interior a mitos indígenas, tudo resultando na

> vaga aspiração de um império religioso [...]. Esse império já então começava a ser realidade no Paraguai, e pelo curso do Amazonas que, segundo os cartógrafos da época, levava por um lago interior ao Rio da Prata – fácil seria aos dois ramos distintos da Companhia darem-se as mãos (Azevedo, 1930, p. 43).

Os jesuítas tiveram uma acolhida promissora entre os Tupinambá da Serra do Ibiapaba. A perspectiva messiânica dos padres somava-se às esperanças edênicas dos índios, não só em relação ao mítico Lago Paraopava (cf. cartografia relativa ao Lago do Paraopava em "As Bandeiras do Paraopava", 1977), mas quanto à história das migrações desses índios e à redefinição do papel e do poder religioso dos padres.

Claude d'Abbeville, o capuchinho francês que escreveu poucos anos depois (1614) a história da conquista francesa do Maranhão, da qual participou como missionário, relatou a migração dos Tupinambá de Pernambuco ao Maranhão, somando a ela a aventura dos jesuítas que teriam dirigido o movimento como "profetas". Na verdade, trata-se de dois acontecimentos distintos, separados por dezenas de anos. O que é real, mesmo na mente dos índios, é a assimilação de alguns jesuítas de maior prestígio à figura dos *caraíbas* ou grandes pajés. Tal foi o caso do Padre Francisco Pinto, morto no Maranhão pelos índios Cararijus, possivelmente por instigação dos franceses, como supõe Serafim Leite (1940, p. 31). O que é certo é que, antes e principalmente depois de sua morte, o Padre Francisco Pinto foi convertido pelos Tupinambá em uma espécie de *caraíba* de grande poder chamado *Amanayára* (senhor das chuvas), a quem levavam oferendas e pediam graças, como boas chuvas e colheitas.

O capítulo de Abbeville, na tradução de Sérgio Milliet, intitulado "História de certo personagem que se diria ter descido do céu", é expressivo dessa espécie de contaminação da história objetiva por mitos indígenas:

> Há sete anos, mais ou menos, certo personagem, cujo nome e qualidades calarei por mais de uma razão, sabendo que os índios Tupinambá, que habitavam antes no Trópico de Capricórnio, haviam refugiado na Ilha do Maranhão e regiões circunvizinhas para escapar ao domínio dos portugueses, saiu de Pernambuco com um seu companheiro, alguns portugueses e de oito a dez mil índios, entre mulheres e crianças, todos da mesma nação. Não se sabe se suas intenções eram boas ou se o guiava um intuito mau. Mas foi, por certo, estranha resolução, ou particular objetivo, que o levou a empreender tão longa

viagem de 500 a 600 léguas através de florestas tenebrosas, horríveis desertos e grandes incômodos, e também a aprender a língua dos ditos índios de modo a dela se servir tão perfeitamente quanto os naturais do país. Fez o trajeto por pequenas jornadas, acomodando-se aos mais fracos de sua comitiva. Alimentou-se esta, durante a viagem, unicamente de raízes que extraíam da terra, de frutos escolhidos nas árvores, de peixes e pássaros que apanhavam e de outras espécies de animais, e também de farinha que carregavam; e quando esta lhes faltava, paravam para plantar a mandioca e se demoravam no lugar até que estivesse no ponto para a fabricação da farinha. Nada representava para essa pobre gente a fadiga de tão longa e penosa viagem, de tal modo, respeitavam o personagem e tal amizade lhe tributavam por ter ele adquirido entre os índios a reputação de profeta (Abbeville, 1945, p. 65).

Após a morte de Francisco Pinto, o Padre Luís Figueira retornou ao Ceará, daí ao Rio Grande do Norte e, posteriormente, a Pernambuco. Levou consigo a borduna, com que os índios mataram Francisco Pinto que, como informa Bettendorff, "até o dia de hoje se guarda, com muita veneração e lembrança eterna, no Colégio da Bahia de Todos os Santos" (Bettendorff, 1910, p. 42).

A expulsão dos franceses do Maranhão foi completada com a chegada, em fins de 1615, da armada de Alexandre de Moura. Este foi acompanhado por dois jesuítas, os padres Manoel Gomes e Diogo Nunes, que lideravam cerca de 300 índios guerreiros das aldeias da Companhia, em Pernambuco. Como informa Lúcio de Azevedo, esses dois jesuítas abandonaram o Maranhão, em março de 1618, hostilizados pelos moradores.

O Padre Luís Figueira voltou ao Maranhão, em 1622, liderando um grupo de jesuítas que se encarregariam da catequese dos índios. A oposição dos moradores, que já se anunciara contra os padres Manoel Gomes e Diogo Nunes, tornou-se mais clara com a missão chefiada por Luís Figueira. A observação de Serafim Leite na *História da Companhia de Jesus no Brasil* esclarece esse ponto:

Mas era conhecido que a questão dos índios dividia os pareceres no Maranhão, e os moradores em geral preferiam ter as mãos livres para os menear à vontade. Para cortar a possíveis obstáculos, os padres iriam com o novo capitão-mor, Antônio Moniz Barreiros, em cujo Regimento se inscreveu uma cláusula, da qual iria nascer em moldes efetivos a missão do Maranhão. A cláusula era que o P. Luís Figueira seria conselheiro do Governo (Leite, 1943, p. 104).

Anteriormente, pela Carta Régia de 20 de junho de 1618, que criava o Estado do Maranhão, os franciscanos da Província de Santo Antônio eram enviados junto com o primeiro governador, com primazia da ação missionária no Maranhão:

> Vy a consulta do Conselho de minha fazenda e os mais papeis que com ella vierão sobre materias do Maranhão [...] e hey por bem que o governo do Maranhão se separe do Brasil [...]. E considerando quam importante he ao serviço de Deos e meu enviarem-se desse reino religiosos aquellas partes para tratarem de agmento de nossa sancta fee e da conservação do gentio nella e celebrarem os Officios divinos me pareçeo q'estes Religiosos devem ser de Sam Francisco da Provincia de Sancto Antonio a que compete aquella commissão: os quaes hirão com o novo governador no numero q'parecer necessario: E para esse effeito tratareis com o seu provincial que nomee os que ouverem de yr que serão de virtude exemplar e de experiência e letrados (Studart, 1921, p. 190-191).

Ocorre que entre a data dessa Carta Régia e a chegada do governador Francisco Coelho de Carvalho, junto com os missionários franciscanos no Maranhão, passaram-se mais de seis anos. Finalmente, em agosto de 1624 chegou o governador a São Luís, acompanhado dos missionários, de que era superior Frei Cristóvão de Lisboa, irmão do historiador Manoel Severim de Faria. Frei Cristóvão, que haveria de ficar conhecido por suas cartas e, mais do que isso, pela autoria do primeiro tratado de história natural sobre o Brasil, *História dos Animais e Árvores do Maranhão*, tinha também o encargo de comissário do Santo Ofício, incumbência geralmente reservada aos jesuítas, como diz Lúcio de Azevedo. No Maranhão, os franciscanos encontraram

Luís Figueira e seus dois colegas jesuítas, que aí estavam desde 1622. Iniciou-se, assim, uma longa pendenga entre as duas ordens que discutiram longamente a questão das prioridades e dos acertos na condução da catequese aos índios.

Se a primazia entre as duas ordens era objeto de dúvida e de disputa no Maranhão, a prioridade dos franciscanos no Pará parece incontestável. Já no ano seguinte à fundação de Belém, quatro franciscanos aí se encontravam, como diz Ferreira Reis:

> Eram eles Frei Antônio de Merciana, Frei Cristovão de São José, Frei Sebastião do Rosário e Frei Felipe de São Boaventura. Pela ordem régia de 20 de junho de 1618, foram encarregados do trato com a gentilidade. Já desde agosto do ano anterior montavam hospício no Una, de onde passariam, em junho de 1626, para o convento que ergueram em Belém (Reis, 1942, p. 11).

A presença dos jesuítas na Amazônia iniciou-se em 1636 quando Luís Figueira, vindo do Maranhão, chegou a Belém e deu início ao trabalho missionário, percorrendo o Tocantins, o Pacajá e o Baixo Xingu. No Tocantins, o Padre Luís Figueira visitou Cametá, onde os jesuítas pretendiam fundar casa e cinco ou seis aldeias pelo rio acima. Viajou depois para Gurupá, próxima à foz do Xingu, onde foi fundada a Aldeia de Maturu. Visitou, também, duas pequenas aldeias na foz do Pacajá. De volta a Belém, em meados de 1636, encontrou cartas chamando-o a Lisboa. Em 1637, estava na capital portuguesa, onde publicou seu conhecido *Memorial sobre as terras e gentes do Maranhão, Grão-Pará e Rio das Amazonas*, que influenciou muito as decisões do Conselho de Estado sobre a administração eclesiástica, as missões e aldeias de índios do Estado do Maranhão. Com respeito a estas últimas, o rei decidiu que

> para a conversão das aldeias, assim no espiritual como no temporal, convinha que os administradores delas fossem também religiosos da Companhia: Hei por bem que no Estado do Maranhão tenham os ditos religiosos a administração das aldeias dos Índios (Alvará de 25 de julho de 1638; Leite, 1940, p. 215).

Em 1640, terminou o domínio espanhol sobre Portugal e, consequentemente, sobre o Brasil e o Maranhão. A presença de padres espanhóis na expedição de Pedro Teixeira, que voltava de Quito a Belém, estimulou o novo governo português a confiar aos jesuítas a direção virtual da ação missionária na Amazônia, fundando casas no Maranhão, em Belém e em Cametá. Luís Figueira conseguiu recrutar, nos vários colégios da Companhia em Portugal, 14 missionários, todos portugueses, a quem se deveriam somar mais dois, do Maranhão. O navio alcançou a Ilha do Sol, nas proximidades de Belém, onde encalhou e, mais tarde, foi destruído pela maré. Parte dos passageiros, entre os quais Luís Figueira e outros padres, tomaram uma jangada e, com ela, foram dar à Ilha de Marajó, onde os índios Aruan, em guerra com os portugueses, os mataram a todos. Pela segunda vez fracassavam os intentos jesuíticos de estabelecer missões no Maranhão e no Pará. A empresa do Maranhão, da Companhia de Jesus, seria retomada dez anos depois, sob a direção do Padre Antônio Vieira, que emprestaria a ela a qualidade de sua inteligência e dedicação à causa do índio.

O importante, agora, é anotar o fato de que os jesuítas, a despeito das derrotas iniciais, haviam, desde o começo, alcançado das autoridades espanholas e portuguesas uma situação de privilégio e de grande autoridade, que souberam aproveitar, desenvolvendo, nos 100 anos que separam o início do período de Antônio Vieira da expulsão, com Pombal, em 1759, uma obra missionária de extrema importância e alcance. Resta dizer, finalmente, que já em 1630, no Maranhão, os franciscanos da Província de Santo Antônio haviam desistido do trabalho com índios, possivelmente pela presença e pelo prestígio crescente dos jesuítas. O mesmo aconteceu mais tarde, na Amazônia, a despeito da reconhecida prioridade dos franciscanos nessa região.

2. Periodização da atuação jesuítica na Amazônia

A história das missões jesuíticas na Amazônia pode ser dividida em três fases ou períodos; a primeira é caracterizada pelas tentativas de implantação de um sistema de missões no Maranhão e na Amazônia, à semelhança do que vinha fazendo, desde 1549, a

Companhia de Jesus no Estado do Brasil. Esta fase iniciou-se com a expedição dos Padres Francisco Pinto e Luís Figueira à Serra do Ibiapaba (1607) e terminou com a morte de Figueira e de seus companheiros às mãos dos índios Aruan, de Marajó (1643). A segunda fase teve a marcá-la a presença e a influência política e ideológica de Antônio Vieira e durou dez anos, de 1652 a 1662, quando os jesuítas foram expulsos pela primeira vez do Estado do Maranhão. Entre os anos de 1660 e 1680, houve um período de concessões e acomodações, ao final do qual foram os padres da Companhia de Jesus expulsos novamente, no curso da rebelião liderada por Beckman (1684).

A terceira fase, finalmente, bem mais longa e tranquila, ocorreu entre a volta dos jesuítas ao Maranhão (1685) e o processo final da expulsão da Companhia do Estado do Maranhão e do Brasil, pelo governo Pombal, em 1759.

É importante notar que as duas primeiras fases foram encerradas por acontecimentos traumáticos, com a morte ou a expulsão dos missionários. Objetivamente, constituem fracassos graves que exigiram um recomeço penoso, a partir da etapa inicial. Na terceira fase – ao contrário – a Companhia de Jesus cresceu em número de membros e em poder, expandindo suas missões por toda a Amazônia e o Maranhão. Adicionalmente, missionários, colonos e autoridades coloniais, entendem-se e cooperam na construção de uma ordem social comum.

Os índios – que permaneceram na base da ordem social como a maioria absoluta da população e os únicos supridores da força de trabalho da colônia – não eram mais obstáculo ao entendimento dos jesuítas e de várias outras ordens religiosas com colonos e dirigentes da sociedade colonial. Lúcio de Azevedo descreveu o processo de transformação pós-Antônio Vieira que alterou radicalmente os métodos e valores éticos da Companhia de Jesus nos últimos anos do século XVII e na primeira metade do século seguinte:

> Por uma dessas capitulações de consciência, em que os jesuítas são exímios, acharam meio de entender que quanto mais larga fosse a porta dos cativeiros lícitos, tanto mais

escravos entrariam na Igreja e se poriam a caminho da salvação. Assim, concordando com a prática da escravidão, acompanhavam as tropas e, como árbitros, decidiam da justiça das presas. Nessa concessão estava a ruína da sua obra e, o que mais foi, também da sua fama. Ninguém jamais os livrará da pecha de haverem diretamente concorrido para a destruição da raça infeliz, que pretendiam salvar (Azevedo, 1930, p. 169).

Alice Canabrava mostrou que a "traição" a Vieira, operada por dois de seus auxiliares jesuítas, Jorge Benci, autor da *Economia Cristã dos Senhores no Governo dos Escravos*, editada em 1705, e João Antônio Andreoni (o Antonil de *Cultura e Opulência do Brasil por suas Drogas e Minas*, 1711), ocorreu ao mesmo tempo em São Paulo, no Maranhão e no Pará, e não é, portanto, um evento episódico, mas uma correção de rumos, operada com deliberação e permanência na política da Companhia de Jesus sobre índios, já referida atrás por Lúcio de Azevedo. O resultado final foi a missão com características empresariais, tão comprometida com as operações de produção, comércio e lucro de seus estabelecimentos, quanto qualquer outra agência econômica colonial:

> Assim que foram conhecidos em São Paulo os termos da Lei de 1º de abril de 1680 que mandavam entregar aos padres da Companhia de Jesus a administração espiritual dos índios e formar aldeias e missões no sertão, fez-se logo sentir a resistência dos paulistas [...]. Em consequência, os jesuítas se dispunham a abandonar o Colégio de São Paulo. Dada a gravidade do problema, em reunião convocada na Bahia pelo provincial Antônio Oliveira, deliberou-se sobre a conveniência de permanecer o Colégio dos jesuítas na Vila de São Paulo. O resultado foi a proposta enviada ao Geral em julho de 1682, no sentido do seu abandono [...]. Esboçou-se, então, na Bahia, entre os jesuítas, um movimento contrário à proposta do provincial, favorável à permanência do Colégio em São Paulo e à utilização do gentio pelos moradores da vila. Do grupo dissidente participavam Andreoni e outros padres, entre os quais o italiano Jorge Benci e o flamengo Jacobo Rolland. A estes se referia o comentário posterior de Vieira, defensor ferrenho da liberdade do índio, de que nenhum dos principais opositores tinha nascido em Portugal ou no Brasil.

As novas idéias abalaram as convicções do novo provincial, Alexandre de Gusmão, eleito em 1684. Em sua primeira visitação como provincial, veio ter a São Paulo em março de 1685 para examinar *in loco* os acontecimentos e decidir sobre eles. Firmou então o compromisso com os paulistas, de advogar sua causa ante o Geral da Companhia e de obter licença para que pudesse ir ao sertão buscar índios "com o pretexto de os trazer ao grêmio da Igreja e alimentá-los com o leite da fé". Servia de secretário o Padre Jorge Benci que deve ter sido incumbido da redação do compromisso. Mais ainda, foi em São Paulo, na mesma oportunidade, em contato com os sertanistas maiorais da terra, que o mesmo padre elaborou os termos da representação à Corte, em defesa da administração dos índios pelos paulistas. As condições não eram apenas inesperadas; significavam uma posição nova oficialmente assumida pelos jesuítas, sob a responsabilidade do provincial, quanto ao problema da escravização do gentio (Canabrava, 1967, p. 15).

Os jesuítas envolvidos na questão estavam entre os de maior prestígio no Brasil. Andreoni, por exemplo, conheceu Vieira em Roma e, sob a influência do espírito e talento intelectual do grande jesuíta, decidiu-se a acompanhá-lo ao Brasil, embarcando em 1681, em Lisboa, com o mesmo Vieira. No Brasil, foi reitor do Colégio da Bahia por duas vezes e chegou ao cargo de provincial. Sua posição declarada em favor da escravização dos índios atraiu a oposição de Vieira, como diz Serafim Leite, "encontrando Vieira na sua frente, contra ele se manifestou sistematicamente por informações a Roma e por atos no Brasil" (Leite, 1943, v. VII, p. 120).

Benci foi pregador, professor e procurador do Colégio da Bahia. Como visitador local e secretário do provincial, esteve em São Paulo para negociar com os colonos e a Câmara a questão da escravização dos índios.

Vieira faleceu na Bahia, com quase 90 anos, em 1697. Com sua morte, encerra-se a carreira de uma das maiores e mais generosas personalidades portuguesas. Sua morte marca, adicionalmente, o abandono, pela Companhia de Jesus, de toda pretensão em defender as liberdades e direitos dos índios. Pela Lei de 21 de dezembro de 1686, chamada Regimento das Missões, "que lhes entregava o governo espiritual das aldeias, senão também o temporal e político, objeto de suas antigas e constantes diligências" (Azevedo, 1930, p. 187–188), os jesuítas transformaram-se nos árbitros incontestes da questão indígena no Estado do Maranhão e Grão-Pará, não só como missionários, mas como utilizadores e sublocadores do trabalho e das pessoas dos índios.

3. O período profético da missão jesuítica (1607-1686)

A entrada dos jesuítas na Amazônia foi precedida pelos intentos pioneiros de Luís Figueira, já referidos, que esteve na região em 1636 e aí morreu nas mãos dos índios da Ilha de Marajó, em 1643, em companhia de outros membros da Ordem. Em 1640, na viagem de regresso de Quito do Capitão-mor Pedro Teixeira vieram os jesuítas espanhóis Cristobal Acuña e Andrés de Artieda, que deixaram relações de sua viagem, mas pouco demoraram no Pará. A presença permanente de jesuítas na Amazônia iniciou-se em 1653 com a ida dos Padres João de Souto Maior e Gaspar Fragoso, enviados do Maranhão pelo Padre Antônio Vieira. O próprio Vieira, superior dos jesuítas, viajou para a Amazônia, ainda naquele ano de 1653.

Documentos da época, transcritos por Serafim Leite, dão conta das resistências da Câmara do Pará à presença dos jesuítas, mesmo nesse estágio inaugural, e esclarecem as concessões que estes estavam dispostos a fazer. Em primeiro lugar, uma Carta do Rei D. João IV à Câmara do Pará:

> Eu El-Rei vos envio muito saudar. Ordenei aos religiosos da Companhia da Província do Brasil que, por serviço de Deus e meu, tornassem a esse Estado e fundassem nele as Igrejas necessárias com o intento de doutrinar e encaminhar ao gentio dele a abraçar nossa Santa Fé, principal obrigação minha nas conquistas. E, porque lhes será de grande ajuda vosso favor e assistência, vos encomendo muito, e mando que lha deis em forma que tenha eu muito que vos agradecer. Escrita em Lisboa, a 23 de setembro de 1652. *Rei*. O Conde de Odemira. Para os oficiais da Câmara do Pará (Leite, 1943, v. II, p. 208).

A despeito do apoio enfático do rei às missões jesuíticas na Amazônia, a Câmara do Pará estabeleceu cláusulas restritivas a essa atividade com a concordância do Padre Souto Maior:

> Aos 26 do mês de janeiro de 1653 anos, nesta Cidade de Belém, Capitania do Grão-Pará, estando presentes os oficiais da Câmara e o padre reitor João de Souto Maior, que vinha *fazer casa para ensinar a Doutrina e Latim aos filhos dos moradores*, pelo procurador do Conselho foi dito ao dito padre reitor, que havia de assinar um termo, em que não havia de entender com escravos dos brancos, a que o dito padre reitor disse que ele queria assinar o dito termo de em tempo nenhum entender com escravos de brancos, nem ainda queria administração de índios forros, mais que ensinar-lhes a Doutrina, e que para isso levava muito em gosto, que este termo se fizesse; e declarou mais, que esta obrigação ficava nos mais, que viessem a suceder-lhe. E assinou com os ditos oficiais (Leite, 1943, v. II, p. 208-209).

O Padre Antônio Vieira chegou a São Luís em 16 de janeiro de 1653. Como disse Lúcio de Azevedo,

> partira de Lisboa com intuito de concórdia. Assim, pois, havia rejeitado a proposta de se confiar a um dos missionários o emprego de *pai dos cristãos*, que se ia criar à imitação da Índia, emprego – dizia ele – de mui dificultosa execução e mui odiosa, por constituir o titular curador e nato defensor dos índios, a quem estes recorressem das vexações dos seculares. Além disso, e o que é mais significativo, desistiam das provisões antigas, que lhes entregavam a administração dos índios, como os levara o Padre Luís Figueira, que, a não ter perecido em caminho, encontrava oposição séria dos colonos. Menos ambiciosos, pediam somente a concessão de terreno para igrejas, e duas aldeias de indígenas, uma no Maranhão, outra no Pará, para se valerem delas em seu serviço, embarcações e entradas do sertão. Neste propósito de viver em paz com os moradores, iam os padres resolutos a não bulir na questão delicada dos cativeiros, e nisso assentaram logo que chegou Vieira ao Maranhão (Azevedo, 1931, v. I, p. 214-215).

Ocorre que o capitão-mor do Maranhão, que viajara nessa época a São Luís, levava em suas instruções – feitas certamente por inspiração de Vieira – ordem terminante de pôr em liberdade todos os índios cativos.

> Publicada a lei por pregoeiro, ao som do tambor, nas ruas, afluiu o povo à Câmara em protestos. A primeira ideia foi que se obrigassem os jesuítas a retratarem-se. Fez-se às pressas um escrito ao capitão-mor, com o pedido que a lei se suspendesse, enquanto se requeria para a corte a revogação. O Estado não podia sustentar-se sem índios; os atuais escravos eram legítimos, os cativeiros lícitos, os selvagens gente bárbara e inimiga, que convinha submeter por defesa e coagir ao trabalho por utilidade comum. Assinaram o papel todos os presentes capazes de escrever: a nobreza, os plebeus, dois vigários-gerais, sendo um o do Pará, em nome dos eclesiásticos, e os superiores dos carmelitas e capuchos, que tinham seus conventos no Maranhão, contentíssimos de verem em aperto os seus rivais jesuítas. Faltava assinarem estes; assim o exigiam os protestantes que, em tropel, para esse fim, se dirigiram ao colégio. Recusaram os padres, e era o que queriam os adversários. Levantou-se voz que, vindo eles com o fim de causar a ruína do Estado, deviam ser expulsos. O procurador da Câmara, Jorge de Sampaio, bradava que os pusessem fora, no mar, em duas canoas rotas; os marinheiros da caravela em que tinha chegado Vieira viram-se assaltados do povoléu em fúria, que os queria matar; foi aqui que o capitão-mor acudiu (Azevedo, 1931, v. I, p. 217).

De comum acordo com o Capitão-mor Baltazar de Souza, Vieira aceitou a suspensão da lei e a revisão da justiça dos cativeiros. Para tanto, foi organizada uma junta de que o próprio Vieira era membro. Por voto da junta muitos índios foram declarados forros, o que, porém, não modificava sua condição de cativos, submetidos a trabalhos forçados por seus senhores, com a promessa de salários jamais cumprida.

Em carta ao Rei D. João IV, de 20 de maio de 1653, Vieira mostrou que, para os índios, as distinções formais entre servidão e liberdade são meramente ilusórias e não alteram o caráter essencial da situação colonial:

> Os moradores deste novo mundo (que assim se pode chamar) ou são portugueses ou índios naturais da terra. Os índios, uns são gentios, que vivem nos sertões, infinitos no número e diversidade de línguas; outros são pela maior parte cristãos, que vivem entre os portugueses. Destes que vivem entre os portugueses uns são livres, que estão em suas aldeias, outros são parte livres, parte cativos, que moram com os mesmos portugueses e os servem em suas casas e lavouras, e sem os quais eles de nenhuma maneira se podem sustentar [...]. Os índios que moram em suas aldeias, com títulos de livres, são muito mais cativos que os que moram nas casas particulares dos portugueses, só com uma diferença, que cada três anos têm um novo senhor, que é o governador ou capitão-mor que vem a estas partes, o qual se serve deles como de seus, e os trata como alheios, em que vêm a estar de muito pior condição que os escravos, pois ordinariamente os ocupam em lavouras de tabaco, que é o mais cruel trabalho de quantos há no Brasil. Mandam-nos servir violentamente a pessoas e em serviços a que não vão senão forçados, e morrem lá de puro sentimento; tiram as mulheres casadas das aldeias e põem-nas a servir em casas particulares, com grandes desserviços de Deus e queixas de seus maridos, que depois de semelhantes jornadas muitas vezes se apartam delas; não lhes dão tempo para lavrarem e fazerem suas roças, com que eles, suas mulheres e filhos, padecem e perecem; enfim, em tudo são tratados como escravos, não tendo a liberdade mais que no nome (Vieira, 1925, v. I, p. 306).

As propostas de Vieira ao soberano representavam uma acomodação dos jesuítas aos interesses dos colonos. No quadro dessa política de apaziguamento explica-se a atitude concessiva dos Padres João de Souto Maior e Gaspar Fragoso no Pará e, mais tarde, as expedições já referidas dos Jesuítas Francisco Gonçalves e Manuel Pires ao Rio Negro em 1657 e 1658 em expedições para o descimento de escravos índios.

Hostilizado pelos colonos maranhenses e bloqueados, pelo capitão-mor, seus intentos de expedição aos índios do interior, Vieira transferiu-se ao Pará, aonde chegou em 5 de outubro de 1653.

O capitão-mor do Pará, Inácio do Rego Barreto, sugeriu quase imediatamente a Vieira uma entrada no Rio Tocantins que, como diz Lúcio de Azevedo, ocultava um ardil:

> O capitão-mor pretendia mostrar ao missionário de quão pouco valor eram, nas paragens remotas do sertão, os diplomas conferidos na corte pelo monarca. De par com Antônio Vieira, que era o cabeça principal das missões, o Ferreiro Gaspar Cardoso ia como chefe militar e político. Da desigualdade de condição de cada um, do antagonismo de poderes, haviam de brotar necessariamente conflitos; mas o que fazia impossível qualquer acordo era a ideia, que cada um tinha, do objeto principal da expedição. Gaspar Cardoso, instruído pelo capitão-mor, desprezava os protestos do missionário, prosseguindo desassombradamente em seu plano. O chefe temporal fazia escravos, o religioso buscava neófitos; aquele convinha a violência, este somente de brandura podia usar. Prejudicando-se mutuamente em seus intentos, o soldado com atos, o padre com discursos, chegaram afinal ao rompimento inevitável. Em certo ponto, Vieira mostrou os papéis, firmados pelo soberano, que estabeleciam a sua autoridade, e invocou as ordens, que Inácio do Rego, à última hora, dera por disfarce ao capitão. Aí respondeu este que as ordens de el-rei não podia, que as do capitão-mor não as queria guardar (Azevedo, 1930, p. 66).

Os conflitos e as decepções enfrentados pelos jesuítas no Maranhão e no Pará motivaram a decisão de Vieira, apoiada por seus companheiros, de que ele regressasse a Lisboa na primeira oportunidade para levar ao rei de viva voz os empecilhos e as resistências dos colonos e autoridades do Estado do Maranhão ao trabalho missionário dos jesuítas.

Em 13 de junho de 1654, Vieira estava de volta ao Maranhão onde pregou na Festa de Santo Antônio seu famoso sermão aos peixes, sátira violenta ao ânimo, às intrigas e apetites dos colonos. Logo depois, talvez no dia imediato, Vieira embarcou para Lisboa. Nem nessa viagem o missionário encontrou a paz. O navio quase naufragou nos Açores e, posteriormente, os passageiros foram aprisionados por um corsário holandês que após alguns dias os abandonou em uma das ilhas. Privados de tudo, os viajantes permaneceram aí mais de dois meses, até que conseguiram ser transportados a Lisboa por um navio inglês.

O contato de Antônio Vieira com o Rei D. João IV reativou o prestígio e a influência do antigo conselheiro sobre o monarca, que conseguiu o atendimento dos pontos essenciais que estimava necessários para uma política mais justa na Amazônia. Em primeiro lugar, conseguiu que as capitanias autônomas fossem unificadas num governo único com sede em São Luís. A sugestão de Vieira está em uma carta ao rei de 4 de abril de 1654: "Digo, senhor, que menos mal será um ladrão que dois, e que mais dificultoso será de achar dois homens de bem que um só".

Dois dias depois, escreveu o missionário ao rei sugerindo, de modo muito claro, o monopólio virtual da Companhia de Jesus na condução dos negócios indígenas: "Que o cargo dos índios se encomende a uma só religião [...]. E que esta seja de mui qualificada e segura virtude, de grande desinteresse, de grande zelo pela salvação das almas, e letras mui bem fundadas [...]".

Em terceiro lugar, Vieira apoiou com ênfase a escolha do novo capitão-general do Estado do Maranhão nascido no Brasil e que se distinguira nas guerras contra os holandeses, como reafirmou depois em carta do Pará, em 6 de dezembro de 1655: "Muito cristão, muito executivo, muito amigo da justiça e da razão, muito zeloso do serviço de Sua Majestade e, sobretudo, muito desinteressado".

Estas e outras sugestões foram comunicadas a uma junta de teólogos presidida pelo arcebispo de Braga com a presença dos prelados das ordens religiosas que atuavam no Maranhão e Pará. Vieira representava os jesuítas. Nesta junta foi aprovada uma nova lei sobre os cativeiros e liberdades indígenas promulgada em abril de 1655. Organizou-se, ao mesmo tempo, o Tribunal ou Junta de Missões e Propagação da Fé, que se reunia em estabelecimento jesuítico de Lisboa e foi sempre um poderoso instrumento nas mãos dessa ordem religiosa.

Vieira, vitorioso, partiu de Lisboa em abril de 1655, chegando em São Luís um mês depois. Quase ao mesmo tempo aportava na capital do Estado do Maranhão o novo capitão-general, André Vidal de Negreiros.

As novas instruções sobre a política a seguir em relação aos índios foram analisadas, em seus dispositivos e em suas consequências, por João Lúcio de Azevedo:

> A lei, que André Vidal de Negreiros levava ao Pará-Maranhão, ainda que de alguma forma melhorava a condição dos índios, não os libertava por inteiro da violência dos colonos. As autoridades perdiam a faculdade de fazer guerra ofensiva a qual, mesmo justificada, ficava dependente de aprovação régia, e com isso se estancava uma fonte copiosa de cativeiros; mas permanecia o direito à guerra defensiva, e não faltariam sofismas para considerar tal a mais injusta agressão de parte dos portugueses. Como na lei antecedente, o governador não podia pôr capitães nas aldeias, nem fazer a repartição dos índios; também lhe era vedado ocupá-los em serviço próprio, especializando-se, como singularmente penosa, a lavoura do tabaco. Estas proibições, que com maior razão se estendiam às autoridades subalternas, iam dar resultado negativo; e os prejudicados desforram-se com vantagem, mandando ao sertão expedições clandestinas, cujas presas vendiam por alto preço aos moradores. Tal como a lei de 1653, a de agora decretava o cativeiro perpétuo dos selvagens tomados em justa guerra, quer feita pelos portugueses, quer pelos índios entre si; e dos que fossem encontrados como se dizia, *à corda*, aguardando sacrifício, que era a sorte comum dos vencidos [...]. Não é de presumir que o esclarecido espírito de Vieira se deixasse render de tão grosseiros sofismas. A liberdade absoluta e incondicional era o que ele buscava. Cumpria, porém, atender às necessidades da colônia, que por falta de braços ativos não podia prosperar, e aos hábitos inveterados da população que, em sua indolência, se escravizara ao trabalho forçado dos indígenas. Também, por mais inclinados que os amigos do jesuíta, e acima deles o próprio rei, estivessem a satisfazer-lhe os ideais, não ousariam patrocinar a reno-

vação das ordens, que já tinham ocasionado um levante na colônia. Entretanto, alcançara já uma grande vantagem, no tocante aos resgates. Pelas novas disposições ficava a coberto de casos semelhantes aos que, em 1653, tinham feito abortar as duas tentativas de catequese, contrariadas sucessivamente pelos capitães-mores do Maranhão e do Pará. Agora tocava ao superior das Missões designar onde e quando tinham de se fazer as entradas, e propor o cabo da escolta, para a tropa de resgates. O governador não podia recusar a força armada, nem alterar a época e o destino das expedições. Mas a principal vitória fora na parte relativa aos índios livres. As aldeias, que antes eram sujeitas a seus capitães, quase sempre mamelucos nomeados pelo governador, ou, conforme a lei abolida, aos principais, que os mesmos índios escolhiam entre si, passavam à administração dos missionários, por cuja autoridade necessariamente se anulava qualquer influência estranha sobre esses magistrados indígenas (Azevedo, 1930, p. 75-77).

Chega a surpreender a determinação e a audácia com que Vieira se empenhava na defesa dos índios contra quaisquer opositores, mesmo os mais altamente situados na colônia e na corte. Um de seus sermões célebres, proferido durante sua estada em Lisboa, trata do verbo *rapio*, conjugado por todos os modos, "porque furtam por todos os modos da arte". Vindo do Estado do Maranhão, o padre tinha endereço certo para sua retórica que não excluía sequer os reis: "nem os reis podem ir ao paraíso sem levar consigo os ladrões, nem os ladrões podem ir ao inferno sem levar consigo os reis. Isto é o que hei de pregar". Este foi o sermão pregado na Sexta-Feira Santa, chamado do bom ladrão. Perante um auditório em que estavam membros da corte, juízes, ministros e conselheiros da coroa, a oração de Vieira deve ter tido o sabor detestável de uma acusação direta:

> Furtam pelo modo infinitivo, porque não tem fim o furtar com o fim do governo, e sempre lá deixam raízes, em que se vão continuando os furtos. Estes mesmos modos conjugam por todas as pessoas; porque a primeira pessoa

do verbo é a sua, as segundas os seus criados, e as terceiras quantos para isso têm indústria e consciência. Furtam juntamente por todos os tempos, porque do presente (que é o seu tempo) colhem quanto dá de si o triênio; e para incluírem no presente o pretérito e futuro, do pretérito desenterram crimes de que vendem os perdões, e dívidas esquecidas de que se pagam inteiramente; e do futuro empenham as rendas e antecipam os contratos, com que tudo, o caído e não caído, lhe vem a cair nas mãos. Finalmente, nos mesmos tempos não lhe escapam os imperfeitos, perfeitos, mais-que-perfeitos, e quaisquer outros, porque furtam, furtavam, furtaram, furtariam, e haveriam de furtar mais se mais houvesse. Em suma, que o resumo de toda esta rapante conjugação vem a ser o supino do mesmo verbo: a furtar, para furtar. E quando eles têm conjugado assim toda a voz ativa, e as miseráveis províncias suportado toda a passiva, eles como se tiveram feito grandes serviços tornam carregados de despojos e ricos; e elas ficam roubadas e consumidas... Em qualquer parte do mundo se pode verificar o que Isaías diz dos príncipes de Jerusalém; os teus príncipes são companheiros dos ladrões. E por que? São companheiros dos ladrões, porque os dissimulam; são companheiros dos ladrões, porque os consentem; são companheiros dos ladrões, porque lhes dão os postos e os poderes; são companheiros dos ladrões, porque talvez os defendem; e são, finalmente, seus companheiros, porque os acompanham e hão de acompanhar ao inferno, onde os mesmos ladrões os levam consigo (Azevedo, 1931, v. I, p. 269-271).

Esta longa transcrição de textos de Vieira, ou sobre ele, foi necessária para definir os obstáculos que, desde o primeiro momento, se antepunham à obra dos jesuítas no Estado do Maranhão. Ela explica as razões e os interesses de seus opositores e, de outro lado, a tenacidade e a bravura com que Vieira denunciava os agravos contra os índios e seus autores. Na verdade, Vieira queria mais e não recuava das revelações mais comprometedoras e das esperanças mais desmesuradas.

Vieira intervinha no julgamento da justiça dos cativeiros, pessoalmente e através do Governador André Vidal de Negreiros. Não tardaram, em consequência, as primeiras resistências e revoltas dos colonos e autoridades da Capitania do Pará. Em Gurupá, por exemplo, os moradores, que viviam todos do tráfico de escravos índios, com o auxílio dos soldados da fortaleza, prenderam dois jesuítas que aí se achavam e foram deixá-los nas proximidades de Belém. Os culpados foram prontamente submetidos a inquérito, por ordem do governador, e degredados para o Estado do Brasil e para a Índia. O capitão da Fortaleza de Gurupá e outros oficiais, que haviam cometido excessos nas tropas de resgate, foram presos e alguns, como o primeiro, remetidos ao reino. O mesmo aconteceu com o próprio capitão-mor do Pará, demitido e respondendo, em Lisboa, por culpas semelhantes. A despeito dessas vitórias, Vieira não se enganava quanto ao número e ao poder de seus inimigos. E o que diz numa carta ao rei, em 8 de dezembro de 1655, do Pará: "Temos contra nós o povo, as religiões, os donatários das capitanias-mores, e igualmente todos que nesse reino e neste Estado são interessados no sangue e no suor dos índios".

Por oposição a esses conflitos, de resto inevitáveis, em que se desgasta e se compromete, Vieira desenvolveu intensa atividade missionária:

> Em 1655 tem lugar a primeira missão aos Tupinambá, então demorando à margem do Tocantins: mais de 1000 selvícolas são descidos nessa ocasião. Em 1657, missão ao Rio Negro; em 1659, outra vez ao Tocantins. No mesmo ano, Vieira consegue reduzir as tribos de Marajó. O feito é extraordinário e quase milagroso. O que não tinha alcançado a força das armas, obtém-no a doçura do evangelizador [...]. Era a conquista de suma importância para a colônia; por ela as portas do Amazonas ficam definitivamente cerradas aos holandeses. Em 1660, Vieira vai por terra do Maranhão à Serra de Ibiapaba, em visita ao lugar do martírio de Francisco Pinto [...]. Com que fim? Levar-lhes os benefícios da vida civilizada, trazê-los à fé religiosa, sem a qual não há salvação. Mas no tundo do peito abriga ambição mais larga, e, sobretudo, mais digna de sua imaginação grandiosa; reunir sob a égide de Cristo essas tribos; arrancá-las ao cativeiro e à destruição;

> modelá-las na obediência segundo as formas da perfeição mundana, como ele e os seus tinham sido modelados na perfeição devota; defendê-los dos vícios, da tirania da raça opressora; e suscitar na América um povo escolhido, vassalo do mesmo rei, sujeito porém à regra sublime da Companhia, no que ela pode adequar-se aos interesses humanos (Azevedo, 1930, p. 88-89).

Em meio a esses grandes trabalhos, e esperança, Vieira foi surpreendido pela fatalidade. Em 6 de novembro de 1656 morreu em Lisboa o Rei D. João IV, seu grande amigo e protetor. Antes, em setembro do mesmo ano, o Governador Vidal de Negreiros, seu maior apoio na colônia, desesperançado de ver frutificar sua política, resignou ao governador do Maranhão e foi assumir a Capitania de Pernambuco. Assim, em pouco mais de um mês, todo o suporte oficial que conferia a Vieira, ademais de seus méritos próprios, uma situação verdadeiramente excepcional, na metrópole e na colônia, desapareceu. O que se seguiu foram embates cada vez mais frequentes e ásperos com os colonos, as autoridades locais e os representantes das diversas ordens missionárias. A partir de 1659, a situação tornou-se crítica:

> Regressando de Ibiapaba, fora Antônio Vieira ao Pará para organizar as missões do Alto Amazonas. Fez-lhe a Câmara uma representação, expondo a situação difícil da capitania e requerendo, na forma da lei de 1655, se dispusesse uma entrada ao sertão, para os resgates. Respondeu ele compridamente, rebatendo as alegações do senado. Desde 1655, tinha havido entradas todos os anos, e em alguns mais de uma, descendo-se para cima de três mil índios forros e 1800 cativos, cujos serviços gozava comunidade; as causas dos males que todos padeciam eram múltiplas, e aos vereadores competia removê-las; a mortandade dos índios enorme, e por esse motivo assim continuariam as coisas, *enquanto se não introduzissem escravos de Angola*, como se fazia no Brasil. pois a questão dos servos era – e o próprio Vieira advogando a introdução dos africanos implicitamente o confessava – a pedra angular de todo o edifício social (Azevedo, 1930, p. 91-92).

O governador, D. Pedro de Melo, aliado dos jesuítas, mas pessoalmente corrompido e indeciso, com o aumento da tensão e o desvalimento em que se encontravam os missionários, passou-se para o lado dos vereadores e colonos. Cartas comprometedoras de Vieira, contra autoridades e ordens religiosas – como os carmelitas – foram interceptadas e delas se distribuíram cópias na colônia e foram lidas em sessão da Câmara. Mesmo antes dessas intrigas, que se referiam pessoalmente a Vieira, os moradores de São Luís, estimulados por vereadores e colonos, invadiram o colégio da Companhia e sequestraram todos os missionários, como narrou o biógrafo de Vieira, Padre André de Barros:

> Não parava isto nas pessoas dos índios, levando-os como escravos para suas lavouras e serviço, sem paga, sem doutrina, sem sacramentos; mas passando a insolência a outros excessos, com que os afrontavam, e a Deus, ofendendo com público escândalo suas mulheres e filhas; e porque os padres da Companhia se opunham a tantas injustiças e devassidão, padeceram aqui, a que vamos a referir e depois na corte as injúrias, e falsos testemunhos que nela divulgou escandalosamente o procurador, que veio por parte daquele rebelde povo. Para evitar, pois, tantos danos, mandara entregar el-rei ao cuidado da Companhia de Jesus todas as aldeias dos índios, para que debaixo da sua regência fosse o serviço da república, cristão e não ímpio. Não pôde a cobiça tirânica dos homens daquele estado ver assim rebatido o seu fogo, sopeado o seu licencioso orgulho. Subiu, ainda, a muitos eclesiásticos esta chama: e impacientes uns e outros romperam em fúrias, com que em sedicioso motim, desprezadas todas as leis divinas e humanas, executaram um delito, que afrontou a cristandade, a fé, a religião e o nome português. Era o mês de maio do ano de 1661, quando os moradores da Cidade de São Luís do Maranhão com força de armas e violência sacrílega, investiram ao colégio da Companhia de Jesus; e, como o puderam fazer os turcos ou hereges, prenderam ao reitor e mais religiosos, e pondo-lhes as mãos violentas, os levaram presos a uma casa secular. Ali os tiveram muitos dias com indecências grandes e muito estranhas, a quem professa a mais recatada modéstia (Barros, 1858, p. 193).

Como nota Lúcio de Azevedo,

> não valeu a formalidade de virem os padres à Câmara dar explicações. Eles, invocando a lei de 1655, recusaram; mas qualquer que fosse a resposta não evitariam a expulsão, que era objeto decidido. Tudo se levantava contra os jesuítas. Os religiosos das outras ordens, expelidos da rendosa administração dos índios, animavam à revolta; o clero secular, por ciúme, também a favorecia. Falou-se em atacar o colégio. Aos populares que hesitavam, por ser pecado pôr mão em pessoa eclesiástica, o vigário da Matriz dissipou o receio da excomunhão. Regressando ao Pará, consistiu o primeiro cuidado de Vieira em promover a reconciliação com a Câmara [...], rogou-lhes que, para obstar ao sobressalto, a que daria causa entre o povo a notícia dos tumultos, quando divulgada, se impedisse toda a comunicação com a vizinha capitania; *como se faz com os lugares empestados*, acrescentava [...]. A 17 de julho explodiu no Pará a latente agitação. Foi após uma procissão religiosa. Os amotinados dirigiram-se à Câmara, exigindo-lhe a nomeação de um juiz do povo, cargo novo na capitania, e que no Maranhão aparecera, pela primeira vez, na ocasião dos últimos tumultos. Em seguida, persuadidos que a presença do magistrado popular legalizava os atos de revolta, fizeram como lá: tomaram de assalto o colégio onde prenderam os religiosos (Azevedo, 1930, p. 96-98).

Preso com os outros missionários e metido à força, com os mesmos, em um navio, carregado "pelo governador (Pedro de Melo) com o produto dos negócios e rapinas, que as regalias do posto lhe facilitavam", Vieira foi transportado a Lisboa.

Terminava, assim, a experiência missionária do grande jesuíta na Amazônia:

> Antônio Vieira não tinha de voltar às paragens, onde por tanto tempo lidara; tão pouco lhe seria concedido ver adiantar a empresa, de que tinha sido o fundador e obreiro principal. Os sonhos gerados na embriaguez das passadas vitórias esvaíam-se em fumo. Após uma derradeira promessa da fortuna, o indefeso lutador ia ver arruinadas todas as suas esperanças. Exilado da corte, perseguido,

> encarcerado, cerceado do livre uso da eloquência, que era a sua faculdade mais viva, conheceu a amargura dos que, no último quartel da vida, não têm o consolo de um filho [...]. Algumas vezes lhe seria dado ainda erguer a voz em favor dos selvagens; ver solicitados e atendidos os conselhos de sua longa experiência. Mas o que montava isso para quem na mente arrojada desenhara criações tão soberbas? (Azevedo, 1930, p. 99-100)

Expulso com os outros jesuítas do estado do Maranhão, Vieira confiadamente esperava da Rainha D. Luísa de Gusmão, viúva de D. João IV e regente do reino, a reparação da violência e sua recondução ao posto. Isso não ocorreu, entretanto: as desditas do missionário, em mãos dos colonos, completaram-se com alterações radicais na política da corte. Em julho de 1662 assumiu o trono D. Afonso VI, deslocando do poder a mãe, D. Luísa de Gusmão. Irremediavelmente afetado no corpo e na mente por males de origem, o novo soberano cercou-se de áulicos aproveitadores, afastando do governo os antigos conselheiros e favoritos do pai e da rainha regente. No número desses estava Antônio Vieira. As decisões contrárias ao jesuíta não se fizeram esperar.

Inicialmente, foi declarada uma espécie de anistia ou perdão amplo a todos os participantes da rebelião do Estado do Maranhão. Os jesuítas voltavam à região, mas sem os poderes e privilégios de outrora. Na verdade, todas as ordens missionárias foram excluídas da administração temporal dos índios. Outras disposições privilegiaram a ação das Câmaras e dos párocos locais, como se pode ver da Provisão de 12 de setembro de 1663, trazida triunfalmente de Lisboa pelo procurador Jorge de Sampaio:

> Nem os religiosos da Companhia de Jesus, nem outros quaisquer tenham jurisdição sobre os índios. Nenhuma das ordens monásticas poderá ter a seu cargo aldeias de índios forros, que serão governadas pelos principais. A distribuição dos serviços far-se-á por meio de um repartidor eleito cada ano pela Câmara. O pároco de cada aldeia indicará os índios que hão de servir. As entradas ao sertão tenham lugar quando requeridas pelas Câmaras, e estas

nomearão os cabos. Repetem-se, além disso, os preceitos das leis anteriores, de não poderem os governadores, capitães-mores e mais autoridades fazer resgates para utilidade própria (Azevedo, 1930, p. 130).

As medidas se completam com a proibição, imposta ao Padre Antônio Vieira, de voltar ao Maranhão, "por não convir ao serviço de El-Rei". E essas punições representavam, simplesmente, as preliminares de uma série de ameaças e agravos sobre o grande jesuíta. Este, na múltipla condição de favorito e conselheiro do rei, de diplomata, de intelectual, de missionário de índios, de pregador e de visionário, havia feito um número substancial de inimigos poderosos, a começar pelo novo rei, D. Afonso VI, que tinha fundadas razões para detestá-lo. Mas tinha, também, adversários que não o perdoam, em ordens e instituições religiosas de grande poder, como os dominicanos e o Tribunal do Santo Ofício, onde esses gozavam de presença permanente e decisiva. É o caso, por exemplo, de Frei Domingos de S. Tomás, que Vieira atacara no célebre *Sermão da Sexagésima* e que, agora, lançava-se contra ele, do púlpito e privadamente, através de denúncias.

E não faltavam contrários na própria Companhia de Jesus, desafiados por seu extraordinário prestígio intelectual e político, pelo radicalismo e heterodoxia de suas ideias sobre índios e cristãos-novos e pela audácia e virulência de sua retórica. Do número desses, que se revelariam em etapa posterior, já foram indicados alguns, como Andreoni e Benci. Basta referir agora o Padre Simão de Vasconcellos, provincial e cronista do Estado do Brasil (1655-1658) e que, na época dos fatos descritos, encontrava-se em Lisboa, levando os originais de sua *Chronica da Companhia de Jesus do Estado do Brasil*, para imprimir. Vieira foi contra a publicação que, "em seu parecer, pelo estilo, não faria honra às letras dos jesuítas, e não se devia por isso consentir. De igual opinião era o Padre Baltasar Teles, e se mostravam outros" (Azevedo, 1931, v. II, p. 10).

É expressivo o fato de que o livro de Simão de Vasconcellos, a despeito dessas opiniões contrárias (ou, talvez, precisamente em virtude delas), tenha sido editado em 1663 e dedicado "À Majestade do Muito Alto e Poderoso Rei de Portugal D. Affonso VI". Mas há, também, indicações de que os dois jesuítas se separavam por razões mais substanciais que as de estilo ou competição literária. Sabe-se que, por volta de 1645, Simão de Vasconcellos "[...] começou a manifestar as suas ideias sobre as terras da Companhia e a catequese dos índios: as terras que se vendessem; os índios que se descessem, mas só isso, e que se entregassem logo ao governador e ao bispo" (Leite, 1943, p. 27).

A formulação anti-indígena bastava para garantir ao cronista a oposição permanente de Antônio Vieira. Como quer que seja, Vieira foi desterrado para o Porto e mantido em confinamento mais ou menos forçado em casas da Companhia até ser formalmente denunciado ao Tribunal do Santo Ofício, como autor de proposições heréticas em obras como *Esperanças de Portugal, Quinto Império do Mundo*, e outras culpas. Entre outubro de 1665 e dezembro de 1667, o jesuíta esteve preso nos cárceres da Inquisição. O caráter francamente político do processo é explicitado pelo fato de que as ações contra Vieira se limitaram à precisa duração do reinado de D. Afonso VI. Este foi obrigado a renunciar em 23 de novembro de 1667, sendo substituído por seu irmão, o príncipe D. Pedro, na qualidade de regente. Poucos dias depois, Vieira foi solto e viajou, logo após, para Roma. Permaneceu aí até 1676, quando obteve finalmente, do papa, um Breve que o punha permanentemente a salvo da Inquisição. Regressou a Lisboa e, cinco anos depois, em 1681, voltou definitivamente ao Brasil (Bahia), onde ficou até sua morte, com 89 anos, em 1697.

Antes de partir de volta ao Brasil, Vieira sugeriu à coroa: os decretos de 1680 que devolviam aos missionários o governo das aldeias, a despeito da oposição do primeiro bispo do Maranhão, D. Gregório dos Anjos, que chegara a São Luís no ano anterior e que se empenhava, ativamente, em expedições de comércio. A intervenção de Vieira, antes de sua partida ao Brasil, representou uma retomada transitória do favor real; por ela o missionário "pela última vez tivera voto preponderante nas coisas da pública administração".

Assim, a balança pendeu, mais uma vez, em favor dos jesuítas, contra os interesses e a opinião das demais ordens missionárias e do bispo, das Câmaras e dos colonos e dos governos provinciais. O agravante dessas condições, somado a outras causas, como o monopólio mercantil imposto pela "Companhia do Maranhão", em 1684, tudo conduziu à revolta antijesuítica dos colonos, liderados por Manuel Beckman. Mais uma vez, foram os padres expulsos do Maranhão, num conflito de duração curta, logo esmagado pelo Governador Gomes Freire de Andrade, que mandou executar Manuel Beckman e o mais implicado de seus seguidores, o velho Procurador Jorge de Sampaio.

4. O período empresarial da missão jesuítica (1686-1759)

A volta dos jesuítas ao Maranhão culminou com a aprovação de uma nova legislação, o *Regimento das Missões*, Lei de 21 de dezembro de 1686, que lhes entregava

> não só o governo espiritual das aldeias, senão também o temporal e político, objeto de suas antigas e constantes diligências. Sobre esta última parte de suas atribuições, diversas contendas haviam de suscitar-se mais tarde.
>
> Os missionários pretendiam o domínio absoluto dos índios, sempre contestado pelos colonos; a metrópole resolvia que a lei cogitava somente da administração interna, política e econômica das aldeias, sem prejuízo da jurisdição do governador e mais autoridades do Estado. E, entretanto, os religiosos, desprezando as intimações, continuavam a usar largamente dos poderes discricionários de que […] se julgavam investidos pelo Regimento.
>
> Os pontos de maior importância, em que este se afastava das disposições anteriores, eram, além do citado governo temporal, os seguintes: abolia-se o privilégio da Companhia de Jesus, que excluía as outras ordens religiosas

das missões e entradas no sertão; criava-se um registro de matrícula, e mudava-se a forma da repartição dos índios; concediam-se 25 casais a cada um dos missionários, para o serviço das aldeias, em vez de ser repartida por eles a terça parte de todos os descimentos, conforme a lei de 1680; por último [...] criavam-se dois lugares de procurador dos índios para conhecer dos cativeiros, um na Cidade de São Luís, outro em Belém, ambos nomeados pelo governador, mas escolhidos cada um de uma lista de dois nomes pelo Superior da Companhia. Tanto valia isto, como entregar diretamente nas mãos desta toda a jurisdição relativa aos cativeiros (Azevedo, 1930, p. 187-188).

O Regimento das Missões marca o momento da passagem dos jesuítas de uma posição de defesa das liberdades indígenas, inspirada por Vieira, a uma política concessiva aos interesses coloniais, favorável aos cativeiros. Já foi narrada, no começo desse texto, a origem e consequências dessa reversão de rumos, iniciada em São Paulo, e propagada a todo o Brasil e Maranhão, por influência de Jorge Benci e João Antônio Andreoni e sancionada pelo provincial, Alexandre de Gusmão. A oposição de Vieira não haveria de provocar mais efeitos que a elaboração de um de seus últimos e mais inspirados textos, o *Voto sobre as Dúvidas dos Moradores de S. Paulo acerca da Administração e dos Índios*, que é de 1694.

A Companhia de Jesus, a partir dessa data, assumiu, definitivamente, o caráter "empresarial" de suas atividades na Região Amazônica. Sob esse novo signo ela prosperou, material e socialmente, como a mais prestigiosa instituição em operação nessa área até a crise final, no regime pombalino, que promoveu a expulsão definitiva de seus missionários, seguida da própria extinção da ordem.

A sucessão de leis e atos administrativos que se seguiram ao Regimento das Missões destina-se a compensar os colonos pelo exclusivismo daquele Regimento. Tal é o caráter da Lei de 28 de abril de 1688 que restabeleceu os cativeiros. Um balanço feito por Lúcio de Azevedo, com base em documentos da época, mostrava que em toda a vasta região que se estendia dos limites do Ceará até as fronteiras espanholas do Solimões, englobando todo o Estado do Maranhão e Grão-Pará, nos anos imediatamente anteriores ao regime pombalino, não havia mais que nove povoações de brancos. Dessas, três eram vilas de donatários, em adiantado estado de decadência e abandono. Eram essas as povoações de Cumá ou Alcântara, Caeté e Cametá. Pertenciam à coroa as cidades de Belém e São Luís; a Vila da Mocha, no Piauí; Icatu e Tapuitapera, no Maranhão; e Vigia, no Pará.

Ao lado disso, contrastando com esse quadro de abandono e miséria, havia, no Estado do Maranhão, mais de 60 aldeias de índios missioneiros, onde

> se aglomeravam os restos das nações menos bravias, desaparecendo a olhos vistos, ao contato dos brancos, e sob a influência fatal da escravidão. Por uma avaliação posterior pode-se computar em 50 mil almas, aproximadamente, o número desses indígenas (Provisão de 15 de maio de 1721, manuscrito do Arquivo Público do Pará).

Uma informação do Governador Francisco Xavier de Mendonça Furtado, no início da era pombalina, revelou o número e a distribuição das aldeias de índios do bispado do Pará, segundo as diversas ordens religiosas:

> Compõe-se este bispado (do Pará) de 63 aldeias, administradas todas pela maneira seguinte: 19 pertencentes aos religiosos da Companhia de Jesus, 15 aos religiosos do Carmo, 9 aos da Província de Santo Antônio, 7 aos da Província da Conceição, dez aos da Província da Piedade, e três aos religiosos de Nossa Senhora das Mercês. No que respeita ao número de pessoas, de que elas se compõem, não posso informar à Vossa Majestade com certeza, porque sendo Vossa Majestade servido mandar, por muitas ordens, que os missionários me deem todos os anos listas juradas dos índios das aldeias, não me foram presentes este ano mais que as do Carmo e da Companhia, e nestas não incluem mais que os índios capazes de trabalho, exceptuando velhos e rapazes; porém, pelas notícias que tenho adquirido, creio que algumas têm 800 e mais almas, e que nenhuma terá menos de 50 (Azevedo, 1930, p. 228-229).

Vieira, num texto clássico, de 1678, referiu-se às causas da imensa depopulação que afetava os índios da Amazônia pelo efeito conjunto dos descimentos, da opressão colonial e das epidemias que começavam a devastar a região:

> [...] pois, sendo o Maranhão conquistado no ano de 1615, havendo achado os portugueses desta Cidade de São Luís até o Gurupá mais de 500 povoações de índios, todas muito numerosas, e algumas delas tanto, que deitavam quatro e cinco mil arcos, quando eu cheguei ao Maranhão, que foi no ano de 1652, tudo isto estava despovoado, consumido e reduzido a mui poucas aldeolas, de todas as quais não pôde André Vidal ajuntar 800 índios de armas, e toda aquela imensidade de gente se acabou, ou nós a acabamos em pouco mais de 30 anos, sendo constante estimação dos mesmos conquistadores que, depois de sua entrada até àquele tempo, eram mortos dos ditos índios mais de dois milhões de almas, donde se deve notar que todos estes índios eram naturais daquelas mesmas terras, onde duas coisas: a primeira, os achamos, com que se não pode atribuir tanta mortandade, à mudança e diferença do clima, senão ao excessivo e desacostumado trabalho e à opressão com os sertões tratados. A segunda, que neste mesmo tempo, estando os sertões abertos e fazendo-se contínuas entradas neles, foram também infinitos os cativos, com que se enchiam as casas e as fazendas dos portugueses, e tudo se consumiu em tão poucos anos. Seja a última máxima a causa única e original de toda esta destruição e miséria, a qual não foi nem é outra, que a insaciável cobiça e impiedade daqueles moradores e dos que lá os vão governar, e ainda de muitos eclesiásticos que, sem ciência nem consciência, ou julgavam por lícitas estas tiranias ou as executavam como se o fossem, não valendo a muitos dos tristes índios o serem já cristãos ou vassalos do mesmo rei, para não lhes assaltarem suas aldeias e as trazerem inteiramente cativas, sem mais direito (como eu ouvi aos mesmos capitães daquelas tropas) que o de poderem mais que eles. E não era possível, nem parece o será, que a justiça divina não acuda por sua providência, e que o castigo de um Estado fundado em tanto sangue inocente pare só na presente miséria (Vieira, 1951, p. 326-327).

Em que pese o exagero do cômputo dos dois milhões de mortos indígenas em pouco mais de 30 anos – repetido, aliás, por Vieira em dois ou três outros escritos seus – a avaliação é significativa do preço pago pelos índios ao impacto duplo das missões e do domínio colonial. A essas causas se somam os processos epidêmicos que, a partir de 1724, agiram com maior intensidade sobre os índios e a população colonial na Amazônia. Há, a propósito, um texto clássico de 1749, *Noticia Verdadeyra do Terrivel Contagio...*, de autor anônimo, mas identificado por Rubens Borba de Moraes como Manoel Ferreira Leonardo, familiar do bispo do Pará, Frei Miguel de Bulhões, que descreve a epidemia do sarampo de 1748. Esta epidemia afetou, principalmente, índios, mestiços e escravos negros do Pará, desorganizando totalmente a produção e distribuição de alimentos, com a consequente fome que atingiu todos os setores da vida regional:

> A tão elevado grao subio o mal, que já todas as cazas lamentavam a perda de todas as suas riquezas. Tal senhor houve, deu à terra mais de cem escravos, entre pretos, e malucos, caboucos e mestiços. Não havia nos Conventos sepulturas para mortos; servião os campos de campa aos cadaveres. [...]. Enfim não houve Tapuya, ou quem delle tivesse sangue, que não padecesse a força deste contagio. Servio de privilegio aos filhos do Reyno. [...]. Ainda muita gente se ausentou para as suas rossas, às quaes também chegou parte do contagio. Cada dia erão continuas as lembranças dos mortos. [...]. Nos mais mantimentos se experimentou o mesmo excesso da carestia, toda causada pela morte dos índios, que estes são os que conduzem para a Cidade quanto nella se precisa. [...]. Ja nao haviao pretos, que levassem os defuntos; porque ou temerosos do contagio, ou menos compassivos da dor, ausentavão se de semelhantes actos. Os escravos erão levados pelos mesmos Senhores, e os hião lançar às féras nos matos vezinhos à Cidade, como a Perí, e São Józé, outros ao mar, nas portas das Igrejas, e finalmente outros expostos à misericórdia dos vivos. [...]. Dezejosos todos de saberem o numero dos mortos, principiarão a extrahir memorias dos Reverendos Parochos das duas Freguezias, a Sé, e o Rosário da Cam-

> pina, e se soube chegavão ao numero de sinco mil pessoas, exceptuando todos os escravos dos Conventos, da Vigia, Cametá, como também das fazendas dos: Rios Guamá, Guacará, Moajú, Majuaaí, Capim, e outros muitos. Passando das roças às Missoens, na Gorupatuba, que he dos Religiosos Capuchos da Piedade, falecerão seis seiscentas pessoas; na de Marivá dos Religiosos do Carmo trezentas; e finalmente todas tem chegado ao ultimo extremo; esta he a causa, porque são poucas as canoas, que vem á Cidade, porque lhes faltão os remei ros. Tudo isto, com a mayor certeza, excede o numero de quinze mil mortos; sem fazer lembrança dos Certoens, que como vivem incognitos pela impenetrabilidade dos matos, parece impossível fazer se expecifica memoria ("Noticia Verdadeyra..." 1749).

Enquanto os índios minguavam e desapareciam por efeito conjunto das causas já apontadas, as missões floresciam e, entre elas, as dos jesuítas que assumiam, sem o espírito e o compromisso ético de Vieira, uma posição de franco engajamento nas atividades materiais de produção e comércio de bens coloniais:

> Usando dos mesmos processos de cativeiro e domínio, aplicados pelos seculares, os padres logravam acrescentar os seus estabelecimentos, ao passo que os dos simples colonos minguavam, até à extrema decadência. Escravos eram os índios em poder destes, como no daqueles, e em ambas as partes o trabalho violento. Não era talvez menor a tirania do religioso, na missão, que a do lavrador, na fazenda. [...]. As missões enriqueciam, portanto, e as dos jesuítas sobrepujavam a todas, em número e valor das propriedades. Nesta época, possuíam eles, na Capitania do Pará, nove fazendas rurais; no Maranhão, seis de criação de gado, e sete outros estabelecimentos agrícolas: daí retiravam copioso produto de farinhas, algodão, açúcares, aguardentes e cacau. Faziam salga de peixes, com que alimentava a sua gente, e realizavam capital, vendendo muito disso. Utilizavam as riquezas da floresta, cortando madeiras e fabricando embarcações. As mulheres dobravam novelos, teciam panos de algodão; e, por esta sorte, cunhavam o dinheiro da terra. O engenho de Mocajuba, adquirido por compra, rendia-lhes cada ano para mais de duas mil arrobas de açúcar, que se avaliavam a 2$500 réis; no Maranhão, outro engenho dava

duas mil canadas de aguardente. A extração das salinas por cinco mil alqueires. Nas pastagens havia quatro mil cabeças de gado, número para aquele tempo importante (Azevedo, 1930, p. 235–236).

A consolidação do Regime das Missões em um projeto econômico tão opressivo quanto o implantado pelos colonos haveria de contribuir para seu prejuízo final, na medida em que os missionários, mais preocupados com o domínio temporal sobre os índios que com a implantação de um regime protetivo que os defendesse das agressões coloniais, perdiam o suporte ético e político para suas ações. O desenvolvimento desse estado de coisas haveria de levar os jesuítas, já no início da era pombalina, a um episódio que é, a um só tempo, o produto da lógica inexorável do sistema e a suprema ironia que culmina a obra desses religiosos, anteriormente defensores estritos das liberdades e direitos indígenas e, nessa fase terminal, seus piores opressores e mais prósperos beneficiários desses mesmos bens e pessoas. Em 1752, o Governador Mendonça Furtado informava que os jesuítas, arrogantes, recusavam os índios, mesmo para o serviço real. Interferiam diretamente na execução da justiça e, mais de uma vez, opuseram-se ao próprio uso da força militar, enviada para forçá-los a obedecer a lei.

Um último fato é expressivo. Na Vila da Mocha, no Piauí, que então ainda fazia parte do Estado do Maranhão, ao proceder a uma demarcação de áreas, que afetava ou disciplinava a enorme expansão das fazendas da Companhia, um ouvidor se viu atingido pelo ato de excomunhão lançado pelo superior jesuíta, que considerava a intervenção da autoridade uma lesão inaceitável aos direitos e privilégios da Igreja.

5. Os franciscanos

As ordens religiosas que trabalharam com índios na Amazônia nos séculos XVII e XVIII, além dos jesuítas, foram os franciscanos, divididos em três ramos: os da Província de Santo Antônio, os da Piedade e os da Conceição da Beira e Minho; os carmelitas e os mercedários.

Como ficou dito, os franciscanos de Santo Antônio foram os primeiros chegados à Amazônia. Em 1617, havia quatro missionários dessa ordem estabelecidos em Belém. Eram Frei Antônio de Merciana, Frei Cristóvão de São José, Frei Sebastião do Rosário e Frei Felipe de São Boaventura. Em meados de 1618, foram encarregados, por ordem régia, do trabalho com os índios. Numa relação sobre as coisas pertencentes à conservação e ao aumento do Estado do Maranhão, do capitão-mor do Pará, Jácome Raimundo de Noronha, em 1637, é ressaltada a conveniência de entregar aos franciscanos de Santo Antônio o cuidado dos índios, seduzidos e revoltados pela intromissão de estrangeiros na Amazônia, como holandeses, ingleses e franceses:

> A cousa mais necessária que há naquellas partes para ter o gentio dellas sogeito, é visitalos e amparalos dos religiosos Capuchos de Santo Antonio aos ques todo o gentio tem em muita veneração, e os amão como o unico remedio de suas necessidades, porque conhecem delles a charidade com que os tratão e os perigos, em que se poem para os defenderem assi na paz como na guerra, o que tem experimentado bem em todos as que ouve naquella conquista, que sempre nella se acharão por seu remédio os religiosos desta Religião como foi nos principios. E tomadas do Maranhão aos Francezes o Pe. frey Cosme, e frey Manoel, e na continuação das guerras do Para o Pe. frey Antonio da Merçeana, e o Pe. Costodio frey Christovão de Lx^a (Lisboa) e o Pe. frey Christovão de S. Joseph, e todos os mais religiosos se offerecerão sempre aos trabalhos daquella conquista e de prezente tem ido ao descobrimento do grande Rio das Amazonas por onde se navega até a Cidade de Equitu (Quito) no Peru, o Pe. frey Augusto e na ultima guerra contra os olandeses no Torrego, e na guerra do Rio Phillipe, donde forão desbaratados, e tomadas suas fortalezas em toda se achou o Pe. frey Luiz d'assunpção dando animo e consolação aos Portugueses, e grande estimação de sy a todo o gentio por onde Convem a S. Magde. para segurança daquelles grandes Portos, e navegações mandar os dittos religiosos deste Rn^o (reino) em quantidade para acodirem a tam perlongada conquista, e mãdar que sejão estimados, E venerados dos

> governadores, e Capitães, e que serão castigados os delictos que contra elles se tem cometidos naquella conquista tanto contra o serviço de Deos, e de S. Magde. para que com este castigo se deo exemplo a todos os gentios e para que cresça entre elles o amor, e reverencia que lhe tem (Studart, 1921, p. 49-50).

Os franciscanos conseguiram, em 1666, aldear, perto de Belém, em três grandes povoações, os índios Aruan da Ilha de Marajó, os mesmos que haviam dizimado a expedição jesuítica do Padre Luís Figueira e que continuavam em guerra com os portugueses. Num esforço de pacificação e atração se distinguiu Frei Manoel do Espírito Santo. Antes disso, em 1662, os franciscanos dedicavam-se a atrair índios das áreas disputadas pelos franceses da Guiana, no Jari e no Cabo do Norte, conseguindo remover, para junto de Belém, alguns índios desse último local.

Também entre a boca do Amazonas e do Nhamundá estenderam suas atividades os missionários franciscanos, fundando e mantendo as aldeias de Menino Jesus, Anaratuba, Bocas, Caviana, Urubucuara, Acapary e Paru. A expansão das missões das diversas ordens deu origem a sucessivas decisões régias em 1687, 1693, 1694, 1707 e 1714, com o propósito de fixar as áreas e os limites da ação das diferentes congregações missionárias. Sabe-se que, em 1707, ficaram os frades de Santo Antônio com as missões do Marajó, São José, Bom Jesus e Urubucuara. Em 1715, entretanto, uma reclamação da Província da Conceição revogou ou limitou essa concessão. Esses frades ou capuchos da Conceição da Beira e Minho, como eram habitualmente referidos, chegaram a Belém em 1706 e logo principiaram a trabalhar com índios, principalmente na região disputada pelos franceses da Guiana. O comissário da província, Frei João de Santo Antônio, requereu das autoridades de Lisboa apoio a essa atividade, inclusive escolta militar para os descimentos de índios. Por ordem régia do próprio ano de sua chegada à Amazônia, os capuchos da Conceição conseguiram que fossem divididas, em seu benefício, as aldeias controladas pelos frades de Santo Antônio. A Reunião da Junta de Missões, no ano seguinte, formalizou essa partilha, cabendo aos capuchos da Conceição as aldeias de Cayã, Conceição, Carajá, Marajó e Tuerê. Entre essa data e a inauguração do período pombalino, que encerrou a atividade das missões, prosseguiram as desavenças e a competição desses dois ramos da ordem franciscana, com resultados variáveis para um e outro, conforme a perspectiva ou as simpatias dos governantes. O terceiro ramo da ordem franciscana estabelecido na Amazônia foi o da Província da Piedade, atraído à região por Manoel Guedes Aranha, capitão-mor de Gurupá, que havia entrado em conflito com os jesuítas. Esses frades chegaram a Belém em fins de 1693 e dirigiram-se imediatamente a Gurupá, que seria o centro coordenador de suas atividades missionárias. Foi rápida a expansão dos frades da Piedade, como se pode ver pelos dispositivos da Carta Régia de 19 de março de 1693, que dividia o espaço entre as diversas ordens missionárias:

> Aos religiosos da Província da Piedade, que hão de assistir no Gurupá, mando assinalar por distrito todas as terras e aldeias, que estiverem junto da fortaleza e assim todas as demais terras, que ficam para cima da Aldeia de Urubucuara e subindo o Rio das Amazonas se compreenderão no seu distrito os Rios do Xingu, das Trombetas, e do Gueriby, que têm muitas aldeias em paz, e muito mais por domesticar.

Como informa Ferreira Reis, apoiado em dados do bispo do Pará, D. Frei João de São José Queiroz, os frades da Piedade obtiveram êxitos sensíveis:

> montando aldeamentos, operando descimentos, convertendo dezenas de tribos, explorando rios, como o Trombetas e o Nhamundá, disciplinando o gentio com que tomavam contato ou sobre que recaía sua atenção mais direta. Só em 1727, no Trombetas, conseguiram reduzir toda a massa gentílica, distribuída em mais de duas dezenas de tribos, que se espalhavam até a zona tida como fronteira da colônia holandesa do Surinam. Frei Francisco de S. Marcos foi o herói desse feito. Como de outros o foram Frei Manoel de Marvão, Frei Francisco de Alvor, Frei Alexandre de Portel. Além do hospício de Gurupi,

mantiveram os Piedosos o de São José, que levantaram em Belém, o de Arapijó, onde aldearam os Nambibares, os Capunas e Manins; o de São João Batista dos Tocantins, o de São João Batista dos Jamundazes, o de Pauxys, onde nuclearam os Arapiuns, os Ondorizes e Coriatis; os de Santa Cruz de Aracajus, que agremiou os Manaos; os Carascoratis e os Apamás; os de São Braz de Motutu com os Torazes; o de São Francisco de Gurupatuba, com os Apamás, os Tapuyassus, os Goncares; e o de Santa Bárbara de Croamamena, com os Tapiquonás e os Nambicuáres. Desses núcleos, resultariam povoados e vilas que ainda hoje são um documento da atuação dos frades: Monte Alegre, então Gurupatuba; Óbidos, então Pauxys; Faro, então Nhamundá; Porto de Mós, então São Braz; e Alenquer, então Sorobiú (Reis, 1942, p. 36-37).

6. Os mercedários

A Ordem de Nossa Senhora das Mercês, ou dos mercedários, é congregação religiosa de origem espanhola, que se encontrava em atividade no vice-reino do Peru desde o século XVI. Quando o Capitão-mor Pedro Teixeira, do Pará, esteve em Quito, em 1639, após ter subido com uma expedição todo o curso do Amazonas, dirigiu-se ao provincial da ordem, pedindo-lhe que destacasse alguns missionários para o trabalho no Pará, obra a que prometia todo o apoio possível. O provincial, Frei Francisco Muñoz de Baana, acedeu ao convite e designou alguns religiosos para acompanhar a expedição de Pedro Teixeira. Eram eles Frei Afonso de Armijo, Frei Pedro de la Rua Cirne e os irmãos leigos João da Mercê e Diogo da Conceição. No caminho, a expedição foi alcançada por outros dois frades da ordem. Dois outros participantes da primeira leva de mercedários, Frei Afonso de Armijo e o leigo Diogo da Conceição, faleceram antes de chegar a Belém. Já em 1640, sob a direção do Frei Pedro de la Rua Cirne, começou a construção do Convento e Igreja das Mercês, obra modesta e precária, substituída em meados do século XVIII pelo monumental conjunto projetado por Antônio Giuseppe Landi e executado por Frei Lino José Freire.

Chegados à Amazônia brasileira, no mesmo ano em que Portugal recuperava sua independência face à Espanha, era natural que as autoridades coloniais, e da própria metrópole, considerassem, com suspeição, a presença dos frades de Quito. Frei Pedro Cirne foi chamado a Lisboa para levar, de viva voz, as informações requeridas pelo novo rei, D. João IV.

Por Alvará de 9 de dezembro de 1645, o rei autorizou a permanência dos mercedários no Pará, assegurando aos missionários a proteção e o apoio do governo para o desenvolvimento de suas atividades. Estas foram iniciadas no Rio Urubu e no Rio Negro:

> Assim, em 1663, Frei Teodósio da Veiga penetrou o Urubu, afluente da margem esquerda do Amazonas, tomando contato com a gentilidade regional. Logo a seguir, organizou um núcleo no Rio Negro, o núcleo de Aruim, com os Tarumás, núcleo que seria, mais tarde, transferido para a foz do Jahu, a Cidade de Airão. Ainda no Rio Negro, trabalhou Frei Raimundo das Mercês. No Baixo Amazonas, estabeleceram as aldeias de Amatary, Anibá e Uatumã. Na costa boreal do Marajó, situaram um povoado. Os de Anibá e Uatumã prosperando pouco, juntaram as respectivas populações em uma só, na Aldeia de Saracá, originando o que seria depois a vila e atual Cidade de Silves. Em 1693, por ocasião de ser fixado o limite territorial da ação de cada Ordem, os mercedários foram mantidos nas duas casas do Rio Negro e Urubu, autorizando-se-lhes, mais, a tomar conta do vale do Rio Negro, na hipótese dos jesuítas não o quererem: – E querendo os padres da Companhia este tal distrito, tendo para ele missionários competentes, o deixareis à sua disposição com a advertência porém que fareis conservar nele os dez religiosos das Mercês que atualmente estão fazendo missões por esta parte. E quando os padres da Companhia não queiram o tal distrito ou não mandem para ele os padres que forem necessários, procurareis que os das Mercês continuem a missão que têm, a qual nunca lhes será tirada (Reis, 1942, p. 31-32).

Sabe-se que na divisão ulterior dos territórios missionários, o Rio Negro coube aos carmelitas e não aos jesuítas. Os mercedários abandonaram, em consequência, Aruim, concentrando seu trabalho no Baixo Amazonas, expandindo-se para os limites orientais da capitania, erguendo casas nas vilas da Vigia e de Cametá. Essas que, juntamente com as vilas do Caieté e Gurupá e a cidade de Belém, constituíam os únicos núcleos de "brancos" da Amazônia portuguesa em 1750, tinham, naturalmente, outro público e outros interesses a oferecer aos mercedários. Desenvolveram aí, pois, um trabalho semelhante ao que já realizaram em Belém, abrindo escolas para os filhos dos colonos, a título de noviços, ensinando "bons costumes e latim" (Reis, 1942, p. 30).

A atitude das autoridades coloniais e da corte de Lisboa em relação aos mercedários sofreu modificações e contradições ao longo do tempo, elogiando-os em certos momentos para, em outros, censurá-los e mandá-los "expelir" da região. Já em fins do século XVII, no governo de Gomes Freire de Andrade, no curso de uma dessas iniciativas, saiu em sua defesa um "requerimento de 108 cidadãos e povo feito ao governador", o que, em si mesmo, é revelador das tendências desses missionários.

Sabe-se, também, que, em 19 de dezembro de 1712, a Coroa fazia-lhes advertência severa e os ameaçava de expulsão

> se não produzissem mais e melhor e intimando o comissário dos religiosos a visitar, como faziam os superiores das outras comunidades, os distritos de Amatary, Urubu e Saracá [...]. Em 13 de abril de 1723, o monarca ordenou que se retirassem das missões, acusando-os de "maos religiosos" e de se estarem a servir dos índios como "escravos para as suas grangeirias e commercios" (Reis, 1942, p. 32-33).

Os mercedários conseguiram sobreviver a tais intentos oficiais e, no governo pombalino, às vésperas da abolição do Regime das Missões, encontravam-se ainda na Amazônia. Assim, em setembro de 1754, segundo documento oficial da ordem, na Aldeia do Anibá encontrava-se o Padre André de Matos; na Aldeia de Saracá, o Padre Frei Severo de São José e Frei Antônio Gonçalves; na Aldeia do Gurupy, no extremo oriental do Pará, os Padres Frei Manoel da Cunha e Frei José de Almeida. O Comissariado Geral da Ordem das Mercês, no Convento de Belém, era exercido por Frei Félix da Silva.

7. Os carmelitas

Os carmelitas encontravam-se em São Luís desde os primeiros anos da reconquista portuguesa; em 1616 já se tinham estabelecido nessa Cidade de onde, em 1627, recebendo do Capitão-mor Bento Maciel Parente doação de casa em Belém, estenderam à Amazônia seu trabalho. O comissário provincial da Ordem em São Luís, Frei Francisco da Purificação, transferiu-se para Belém à frente dos primeiros carmelitas. Wermers adverte para o fato de que, originalmente, os carmelitas não eram missionários de índios:

> Os carmelitas, embora tivessem sido dos primeiros religiosos a entrar na conquista do Maranhão, na armada de Alexandre de Moura, e o Conselho fosse de parecer que o rei devia dar licença de poderem fazer uma casa no Maranhão (S. Luís) e outras no Grão-Pará (Belém), sempre estiveram afastados das missões, privilégio dos franciscanos e jesuítas, ou separadamente, ou em conjunto. Significativa é a observação do Procurador das Missões da Companhia – os religiosos do Carmo terão muita religião e virtude, mas não têm por instituto serem missionários [...] (Wermers, 1965, p. 531).

Sabe-se, por exemplo, que o Rio Negro, que seria o território mais importante da ação missionária carmelita, foi alvo de expedições jesuítas por volta de 1657, associados a escoltas armadas para garantir o descimento de índios. A própria penetração missionária na região do Rio Negro esteve vinculada à atração adicional dos descimentos de servos indígenas. As crônicas do período registram entre 1657 e 1658 entradas de jesuítas na região. Estas expedições estavam sob o comando dos Padres Francisco Velloso, Manoel Pires e Francisco Gonçalves – com a escolta que mandava o governador para resgatar escravos; e os padres para que com a fala e as práticas aos índios os movessem a que voluntariamente quisessem deixar aquela bárbara vida e fazer-se cristãos. Na verdade, a participação dos padres estendia-se ao julgamento sobre os casos que podiam ocorrer de cativeiro lícito ou ilícito. Como testemunha o cronista jesuítico André de Barros, aqueles missionários

> [...] navegaram pelo dito Rio das Amazonas e subiram até o Rio Negro, jornada que de ida e volta conta mais de 1000 léguas; e finalmente se recolheram desta entrada ao sertão com 600 escravos licitamente resgatados; vindo tantas almas, ainda que cativas dos homens, a poderem lograr a liberdade dos filhos de Deus [...]. Mandou pelo Rio das Amazonas ao Padre Francisco Gonçalves e com ele o Padre Manoel Pires, que no ano antecedente, como dissemos, tinha feito a mesma entrada [...]. Levando ao passar das capitanias do Estado canoas e procuradores, para que todos lograssem, dos escravos que fizessem, a sua competente parte [...]. Chegou a tropa até o Rio Negro, como no ano antecedente, mas os fortes ministros ou soldados da Companhia de Jesus passaram avante para explorarem e se informarem das gentes que por ali se espalhou o Criador. Quatorze ou 15 meses durou essa missão e se acolheu ao Pará com 600 ou 700 índios, julgados reta e solicitamente por escravos (Barros, 1858, p. 156-161).

A prioridade da Companhia de Jesus no Rio Negro foi superada pela presença das missões carmelitas nessa área, trecho que lhes coube na repartição da Amazônia entre as principais ordens religiosas missionárias, em fins do século XVII.

Num texto sobre o significado histórico do ciclo missionário carmelitano na Amazônia (1693-1755), Hoornaert escreveu:

> Ao estudar a impressionante atuação dos religiosos carmelitas no extremo Norte, mais precisamente no Rio Negro e no Rio Solimões, ficamos logo alertados pelo caráter cíclico da mesma. Tudo começa pela *Nova repartição das missões*, documento régio enviado ao governador do Maranhão no dia 19 de março de 1693, segundo o qual "tudo que fica para o Sul do Rio Amazonas" é repartido para os jesuítas, enquanto as bandas do Norte do rio ficam para os demais religiosos que têm convento no Pará: os mercedários, franciscanos de Santo Antônio, franciscanos da Piedade, carmelitas. O rei decreto estava recebendo muitas queixas acerca do abandono em que se encontravam os aldeamentos ao longo do imenso Rio Amazonas e quis iniciar uma política indigenista mais ativa. A iniciativa do

comprometimento dos frades carmelitas nas missões proveio indubitavelmente do Estado colonizador português, não dos próprios religiosos, condição diretamente decorrente do sistema do padroado que regulava a obra missionária na sua totalidade. Isso não significa que os religiosos não estivessem imbuídos de espírito missionário, mas simplesmente que era o Estado português que estruturava a obra missionária (Hoornaert, 1980, p. 321).

Será também devido às maquinações do Estado português – mais que à espontânea competição entre as duas ordens religiosas – que carmelitas e jesuítas tenham, reiteradamente, aparecido na história das missões de índios da Amazônia, entre fins do século XVII e meados do século XVIII, como instituições divergentes e até contrárias no que se refere à defesa das liberdades indígenas e na orientação do trabalho catequético.

Como quer que seja, é indispensável notar que a expansão e o prestígio de uma ordem foram geralmente debitados à situação de desvalimento oficial, de marginalização e até de exclusão da outra. A história da Amazônia tem vários exemplos expressivos do caráter sibilino da política colonial portuguesa que, alternativamente, prestigia ou discrimina uma ou outra dessas duas principais ordens religiosas missionárias.

O incidente com o jesuíta alemão Samuel Fritz, a serviço das missões espanholas da Companhia de Jesus na Amazônia, tem importância no esclarecimento dos complicados jogos político-diplomáticos com que as metrópoles coloniais da América do Sul se enfrentavam na disputa pelos territórios contestados da Amazônia.

Um balanço feito em 7 de fevereiro de 1693 pelo Conselho Ultramarino, provocado por representação da Câmara do Pará no ano anterior, concluiu que, em cerca de 100 aldeias ou povoações diversas de índios, a maioria não tinha missionários. Dos missionários presentes na época do levantamento, dez eram jesuítas, que, pelo menos em dois casos, tinham presença eventual e incerta, como na Aldeia de Tapinambazes (Tupinambá) e na Aldeia de Guamá. Algumas outras já tinham sido assistidas por missionários jesuítas e encontravam-se de momento abandonadas, como a Aldeia dos Ururizes, no Rio Madeira, e a Aldeia do Cabo do Norte. Duas outras, a Aldeia dos Aruan e a Aldeia dos Joanes, na Ilha de Marajó, estavam confiadas a franciscanos da Província de Santo Antônio. Três aldeias do Anibá e mais de 20 aldeias do Rio Urubu estavam confiadas a missionários das Mercês. Em resumo: existiam jesuítas nas aldeias de Mortegura, duas aldeias de Cametá, Aldeia dos Bocas, Aldeia dos Nheengaíba (Aricuru), Aldeia do Xingu, Aldeia dos Tupinambarana, Aldeia de Urubuquara e Aldeia de Gurupatuba, "cujo missionário assiste a toda a região do Rio Tapajós" (Wermers, 1965, p. 537-549).

Este quadro pouco animador representava o preço pago pelos jesuítas às duas expulsões sofridas, uma na época de Vieira, outra em 1684. O resultado foi a nova repartição das missões ao governador do Maranhão. Esta Carta Régia é transcrita abaixo:

> Para Antonio de Albuquerque Coelho de Carvalho. Sobre mandar separar distritos e encarregar aos Padres de Santo Antonio as missões do Cabo Norte.
>
> Antonio d'Albuquerque Coelho de Carvalho. Amigo. Eu El Rei vos envio muito saudar. Considerando eu que os Padres da Companhia não podem satisfazer a todas as Missões de que são encarregados assim pelo que elles mereprezentarão como por me pedirem especialmente que os houvesse de aliviar do que pertencem ao Cabo do Norte inculcando para ellas os Religiosos de Santo Antonio pela communicação e entrada que tem com os Indios que ocupão estas terras; por terem da parte delas hum Hospicio, e varias rezidencias e mandando vêr este negócio na Junta das Missões emprezença de Gomes Freire d'Andrade e sendo-me prezente pela dita Junta que eu devia condecender na petição dos ditos Padres da Companhia, e mandar separar districtos assim para elles, como para os de Santo Antonio, e também para os da Piedade que novamente vão tratar das Missões, e para os quaes mandei fazer hum Hospício junto da Fortaleza do Gurupá.
>
> Fui servido resolver a dita separação dos districtos, e de encarregar aos Padres de Santo Antonio as Missões do

Cabo do Norte; tudo na maneira seguinte. Aos Padres da Companhia mando assinalar por districto tudo o que fica para o Sul do Rio das Amazonas terminando pela margem do mesmo Rio, e sem lemitação para o interior dos Certões por ser a parte principal de maiores consequencias do Estado com a razão de serem os mais antigos nelie, e de grande attenção que merecem as suas muitas virtudes. Aos Padres de Santo Antonio mando assenalar por districto tudo o que fica ao Norte do mesmo Rio das Amazonas, e o Certão chamado cabo do Norte para que descorrendo pela margem do dito Rio compreendão os Rios de Jary, do Parú, e de aldea de Urubucuara, que hé missão dos Padres da Companhia e nella se limitará o districto dos ditos Religiosos de Santo Antônio quanto ao dito Rio das Amazonas ficando-lhe sem limitação todo o interior do Certão deste districto. Aos Religiosos da Pro-vincia da Piedade que hão de assestir no Gurupá mando assinalar por districto todas as terras, e aldeas que estiverem junto da For-taleza, e assim todas as mais terras que ficão para sima da aldea de Urubucuará e subindo pelo Rio das Amazonas se compreenderão no seu districto os Rios do Xingú, dos Trombetas e de Gueriby que tem muitas aldeas de paz e muitas mais para domesticar.

Deste Rio de Gueriby pela margem do Rio das Amazonas se fará outro districto que compreenda o Rio Urubu, e o Rio Negro, e os mais que houver dentro da demarcação dos meus Domínios.

E querendo os Padres da Companhia este tal districto tendo para elle Missionários competentes o deixareis a sua desposição com advertencia porem que fareis conservar nelle os dois Religiosos das Mercês que actualmente estão fazendo missão por esta parte pois me avizaes que a fazem com inteira satisfação.

Enquanto os Padres da Companhia não queirão o tal districto, ou não mandem para elle os Padres que forem necessarios procurareis que os das Mercês não só continuem a missão que tem a qual nunca lhe será tirada sem culpa maz que fação outras tendo Religiosos capazes deste santo Exercício, por que não sendo assim he mais conveniente ao serviço de Deos nosso senhor e meu que se não fação novas Missões. Nesta mesma materia dos districtos Mepareceu adevertir-vos quanto ao districto dos Padres da Companhia que nas Missões delles serão muito uteis aos Padres Estrangeiros pelo grande fervor de espirito com que se empregão nellas, Quanto aos Padres de Santo Antonio que tirando elles os Indios do Certão do Cabo do Norte e parecendo-lhe assistir-lhe nas partes aonde forem aldeados o possão fazer sem embargo de serem de districtos differentes; por que estes tais Indios devem se reputar sempre da sua repartição ao menos athé sefazerem capazes, e seguros de receberem outros Padres e isto mesmo se entenderá para com os mais Religiosos. Também mepareceu adevertir-vos que muitos rios que desagoão no das Amazonas dentro dos districtos que ficão nomeados vem cortando as terras dos mesmos districtos, e que o gentio que habita nas bocas dos Rios, he o que custuma deduzir com o seu exemplo, epratica aos que vivem no interior dos Certões pelo que se vê ser declaração destes mesmos districtos que pelos rios que se acharem dentro delles possão continuar os Missionários que os assistirem não obstante que por este modo excedão a sua demarcação. Ultimamente Mepareceu adevertir-vos não ser conveniente que os Indios do Rio Xingú se apartem delle, antes convirá que praticando-se pelos Missionários se haja de povoar com elles amargem do dito rio fazendo-os Aldear para que domesticados e reduzidos a minha obediencia sepossão conhecer as riquezas do Certão do dito rio que promete não só a tradição dos que fallão nellas, maz o credito que merece a Historia que compôs o Padre Christovão da Cunha; e assim convirá que no melhor modo possivel se povoem de aldeas as margens deste e dos mais rios para a comunicação e mais facil entrada no Certão. Esta repartição dos districtos he a que se julgou mais conveniente, e de mais facil execução na junta das Missões á vista das vossas cartas e da informação de Gomes Freire. Assim mesmo o communicareis na Junta das Missões desse Estado, epodereis mudar e alterar della o que se entender que não pode ter pratica, ou que de sua execução pode ter maiores inconvenientes que as utilidades que se procurão e de como assim ofareis me dareis conta. Escrita em Lisboa a 19 de março de 1693. Rey. (Livro Grosso-1, p. 142-144).

Um dos pontos mais sensíveis de toda esta vasta região é a área ao norte do Amazonas, incluindo a Bacia do Rio Negro e demais territórios até a fronteira espanhola. Os jesuítas negaram-se a assumir o encargo sob a alegação de que não tinham missionários disponíveis. Como acentua Wermers, a razão era outra: "não quizeram conflitos com os confrades espanhóis das missões de Quito". Já anteriormente, os carmelitas haviam substituído os jesuítas na antiga missão da Serra do Ibiapaba. O governador do Maranhão foi contra esta substituição, segundo carta do vigário provincial dos carmelitas do Maranhão, na qual "queixa-se de que Sua Majestade não ocupe nas Missões os seus religiosos, para o que alega muitas razoins. E ultimamente pede a Sua Majestade lhe conceda as missoins daquellas serras" (Wermers, 1965, p. 542).

O resultado foi a decisão real comunicada em Carta de fins de 1694 pela qual o rei informa ao governador a nomeação de Frei Manuel da Esperança para vigário provincial dos Carmelitas no Maranhão:

> no qual concorrem todos os requisitos necessários, para se confiar dele a eleyção dos seus subditos, que quizerem ser missionários, & assim sou servido de lhe encarregar muyto especialmente [...] procure com o mayor exame, & cuidado de empregar os seus, que julgar mais capazes deste exercício nas ditas missões dos ditos Rios Negro, & da Madeira [...] (Wermers, 1965, p. 542).

No começo de 1697, Frei Manuel da Esperança acompanhou o Governador Antônio de Albuquerque Coelho de Carvalho numa visita inicial às missões confiadas aos carmelitas. Na Missão de Abacaxis, no Rio Madeira, foram surpreendidos com a notícia da presença de espanhóis no Rio Solimões. O governador enviou, então, uma escolta militar para acompanhar e proteger os missionários nessa região fronteiriça.

Os incidentes de fronteira entre espanhóis e portugueses no Solimões tinham relação direta com a expansão das missões jesuíticas da Província de Quito que chegavam até essa área contestada. O Padre Samuel Fritz trabalhava aí desde 1685 ou 1686, estendendo sua missão desde a boca do Rio Napo até a Barra do Rio Negro por um espaço de 250 léguas. Estas compreendiam não menos de 28 aldeias de índios Omágua, com centro na redução de São Joaquim. Como informa Gonzalez Palencia, citado por Rodolfo Garcia, o Padre Samuel Fritz, sob o pretexto de tratar de problemas de saúde, viajou em 1689 até Belém do Pará. Na verdade, os motivos reais, como informa a mesma fonte, estavam no conflito de fronteiras e nas expedições portuguesas para escravizar índios:

> Quizo convertir á los Jurimaguas, Azuares, Lliras é Ibanomas; pero encontró serias dificultades para agruparlos, por el miedo que éstos teniam á los portuguéses, que acostumbrabam á robarlos y venderlos como escravos en Pará. Este fué causa de que hiciera un viaje para protestar ante el Gobernador de Pará, teniendo que navegar unas mil legoas (Garcia, 1917, p. 359).

O Padre Samuel Fritz chegou à cidade de Belém do Pará em 11 de setembro de 1689, onde permaneceu por quase dois anos, 19 meses dos quais detido no colégio dos jesuítas. Durante todo esse tempo Fritz não cessou de proclamar os direitos da coroa espanhola sobre toda a Região Amazônica, baseado na bula do Papa Alexandre VI. À argumentação dos títulos de domínio português do Capitão-mor Pedro Teixeira, de 1639, tomando posse da chamada *Aldeia do Ouro*, retrucava que esta, embora sancionada pela audiência de Quito, não fora confirmada pelo Rei Filipe IV. Finalmente, em abril de 1691, chegou à decisão real, mandando repor o Padre Fritz em suas missões à custa do erário público, o que foi feito só em julho, viajando o jesuíta acompanhado de uma escolta militar e de remeiros índios. Ainda nessa viagem de volta, Fritz entrou em disputa com os soldados que o acompanhavam sobre os limites das colônias de Portugal e Espanha na Amazônia.

Estes antecedentes explicam as decisões e as providências do governador do Maranhão, Antônio de Albuquerque Coelho de Carvalho, propondo a entrega da região do Solimões aos missionários carmelitas portugueses. Em carta de Antônio de Albuquerque ao rei, em 20 de julho de 1697, o governador do Maranhão relata que estando no certão do Ryo das Amazonas [...] pouco distante das naçois dos Coxiguarâs, e Cambebas, mandando chamar os seus principais, para os ouvir, e advertir da obrigação de Vassalos de S. Magestade me noteciarão, que às suas Aldeas vinha algumas vezes o Padre Samuel da Companhia de Jezu, missionário da Jurisdição de Quito, a persuadillos que se retirassem para a sua vezinhança, pello mesmo Ryo asima, por pertencerem a Coroa de Castela aquellas terras, cuja jurisdição chegava thé o Ryo Negro, ameassando os, que se por sua vontade o não fizessem, os levaria voluntariamente, de que estavão receosos, por o anno passado haver chegado cô soldados o dito Padre, que he o mesmo, que V. Magestade foi servido mandar daqui restituir a Quito; e propondo eu essas razois ao Provincial do Carmo Frei Manoel da Esperança, que minha companhia havia ido a vezitar as suas Missões do Ryo Negro; pedindolhe me desse dahy um dos seus Religiosos Missionarios para logo o mandar meter de posse da missão daquellas Aldeas, em companhia dos mesmos Principais, e se introduzir nellas, vt° ficarem na mesma banda do seu districto, pelo Ryo asima, ao que não só differio, mas ahinda se offereceo para fazer esta deligencia, de tudo tomar informação; e levando consigo hum Religiozo; os despedi logo com hum cabo, e soldados para sua guarda, com ordem, que se fizesse o pocivel, por chegarem a paragem em que antigamente se tinha posto o marco, que devidia as juridiçois, e mais que da dita ordem consta cuja cópia será com esta presente a V. Magestade, e a resposta do protesto feito pello dito Padre Samuel, que no mesmo chegou àquellas aldeas com o pretexto de vezitalas, e avistarce com alguns moradores desta capitania, que aly andavão na colheita do Cacáo; mas como o Provincial do Carmo tivese já tomado posse, armado altar, e se estivessem preparando madeiras para hua Igreja, depois de alguns argumentos se despedio o Padre Samuel, advertido da forma com que naquellas partes devia portarce, e querendo o Provincial do Carmo, e dito Cabo chegar com elle ao lugar, que o gentio noteceava terce posto antigamente o marco, sinco dias de jornada dahy pelo Ryo asima; lhe empedio hua repentina doen-o ça, em brancos e Indios, que os obrigou a retirar com a morte de alguns, escapando o Religiozo, que naquela missão havia de ficar milagrozamente; e nesta cidade o

Provincial; com o qual estimtendo ajustado, mandarce o mesmo missionário infalivelmente para as ditas aldeas, a escolher citio mais saudavel por serem aquelles commumente doentios, e intoleravel a quantidade de mosquitos; e parece justo que sendo V. Magestade servido deve mandar agradecer ao Provincial do Carmo o zello com que neste particular se ouve alem de o merecer pello com que se porta nas obrigações, que lhe ocorrem, boa reforma em que tem os seus Religiozos, o augmente da Missão do Ryo Negro, sem que para esta jornada se a lhe dece ajuda de custo; de espero que V. Magestade seja servido, mandarme ordenar, o como devo haver-me com o dito Padre Samuel, se elle, ou os daquella Coroa, Missionarios; para não faltar ao serviço de V. Magestade, e conservação de seus domínios [...] (Garcia, 1917, p. 365).

A ação dos carmelitas no Rio Negro realizou-se com o estabelecimento de oito aldeias iniciais: Santo Elias do Jaú, Aracari, Comaru, Mariuá, São Caetano, Cabuquena, Pararuá e Dari, onde trabalharam missionários como Frei José de Santa Maria, Frei Martinho da Conceição, Frei Sebastião da Purificação, Frei André de Souza, e o irmão leigo Mateus de Santo Antônio. Entre os grupos atraídos para as missões carmelitas estavam os Manao, submetidos depois de muitos conflitos com os portugueses. A resistência Manao foi personalizada na figura de Ajuricaba e de outros chefes, reprimidos duramente no governo de João da Maia da Gama (1722-1728). Os sobreviventes que não foram escravizados pelos portugueses da expedição de Belchior Mendes de Morais e outros chefes de bandeiras, foram atraídos para as missões carmelitas por Frei Matias de São Boaventura. Mais ou menos à mesma época foram aldeados os Baré e os Baníua em Santo Eliseu de Mariuá (Barcelos) que seria mais tarde a capital da Capitania de São José do Rio Negro.

Enquanto isso continuavam no Solimões os conflitos de fronteira com índios e jesuítas espanhóis, em torno do domínio sobre os índios Omágua (Cambeba), Jurimágua, Tarumá, Ibanoma e outros. Wermers historia com detalhes os incidentes que marcaram o início e a expansão das missões carmelitas no Solimões. Nesse processo teve especial importância o vigário provincial Frei Vitoriano Pimentel, nomeado em 1701. De Frei Vitoriano conhece-se uma *Relação sobre as Missões*, que Wermers extrata em seu texto e cujo manuscrito se conserva no Arquivo Histórico Ultramarino de Lisboa. Os conflitos com os jesuítas espanhóis continuaram ao longo de toda a primeira década do século XVIII, estimulados como sempre pelo Padre Samuel Fritz, que era agora superior das missões e residente em Quito. Sua ação se realizava principalmente por meio do Padre João Batista Sana, que

> atualmente residia nas vizinhanças dos Rios Negro e Solimões. Viera este pelo Rio das Amazonas abaixo, praticando a nação dos Cambebas, sugerindo-lhes que estavam fora dos limites do Maranhão. O mesmo intentava fazer com os Solimões, mas ficou impedido pelos missionários do Carmo (Wermers, 1965, p. 559).

A conselho dos carmelitas, o governador resolveu construir uma casa forte na fronteira para impedir o acesso dos missionários espanhóis. Ao mesmo tempo foi determinada, por ordem real, a prisão de Fritz, Sana e quaisquer outros missionários da mesma origem que fossem encontrados nos domínios portugueses. Nos últimos dias do ano de 1709, o governador informou que os padres referidos vieram ao Solimões com uma tropa de 80 homens, prenderam um missionário carmelita com outros cinco portugueses, pondo fogo nas igrejas e mais casas das aldeias. Sabe-se por comunicação do governador do Maranhão ao Conselho Ultramarino em 24 de novembro de 1711 que a força militar enviada em represália prendeu o Padre Sana e mais 20 castelhanos, parte dos quais estava presa em Lisboa. Como o missionário carmelita e os demais portugueses continuavam presos, propunha o governo uma negociação para a troca dos prisioneiros.

Concluiu Wermers que

> quanto à disposição do governador de ficarem os carmelitas naquela missão, deve-se-lhe comunicar que obrou bem, suposta a dificuldade de não poderem ir para ela os da Companhia de Jesus. E aprovada, igualmente, a medida que tomou, de enviar soldados para auxiliarem os missionários (Wermers, 1965, p. 563).

8. O Regimento das Missões de 1686

O *Regimento das Missões* fazia, entretanto, concessões às outras ordens religiosas, que passavam a ter direito às entradas no sertão e ao estabelecimento aí de missões novas. Pela *Lei das liberdades indígenas*, de 1º de abril de 1680, estabelecia-se que os missionários tinham direito, para seu sustento, da terça parte de todos os índios descidos dos sertões. Pela nova lei concedia-se a eles, em lugar disso, 25 casais de índios para cada um dos missionários. Finalmente criava-se em São Luís e em Belém o cargo de procurador dos índios, que deveria opinar sobre os cativeiros. Eram nomeados pelo governador, mas escolhido, cada um, entre dois nomes fornecidos pelo superior da Companhia de Jesus. Isso dava aos jesuítas o controle completo do processo e da decisão final sobre a validade dos cativeiros indígenas.

Pela nova lei, os missionários entravam na posse exclusiva das aldeias, de onde foram excluídos os moradores brancos e mestiços. Com isso, interrompeu-se o comércio e as seduções dos índios pelos colonos. Toda a vida social e econômica das aldeias girava em torno dos missionários, únicos intermediários entre essas comunidades e o sistema colonial.

A Lei de 28 de abril de 1688 procurava amenizar as carências dos colonos, impostas pelo Regimento das Missões, restabelecendo a permissão de cativar índios:

> Escravos seriam os índios legitimamente apresados; os que estivessem amarrados à corda para o suplício; os que já fossem escravos dos outros índios; estes últimos, porém, com a reserva de serem cativados em guerra justa, ficção em que se amparava a iniquidade destas leis. Mais tarde houve quem levantasse a dúvida de serem legítimos os cativeiros dos que, já sendo escravos de outros selvagens, não estivessem, como se dizia, à corda. Mas a este parecer a oposição foi geral, e os próprios jesuítas alegavam – "que era o mesmo que impossibilitar-se à mercê, e nunca poder avultar o número dos resgates, por serem esses muito raros". Efetivamente, os bárbaros, perdido o gosto da antropofagia, preferiam permutar contra merca-

dorias os prisioneiros, e isto era poderoso incentivo a que nunca entre eles acabassem as guerras. Na mesma ocasião se determinou que todos os anos houvesse resgates, correndo as despesas por conta da Fazenda Real. Os índios, que desta maneira fossem cativos, eram remetidos às Câmaras, e, por intermédio destas, repartidos aos moradores (Azevedo, 1930, p. 190).

D. João V começava o seu longo reinado em 1706, que só terminou com sua morte em 1750. Os 60 e poucos anos que separam o Regimento das Missões, de 1686, do término do reinado de D. João V em 1750, marcaram, a um só tempo, a época da máxima expansão e prosperidade das missões e a gestação dos problemas que colocaram fim a esse regime, com o advento da política pombalina em meados do século XVIII.

Há um curto governo no Estado do Maranhão e Grão-Pará, entre 1718 e 1722, de Bernardo Pereira de Berredo, que sintetiza esses problemas e tensões entre os missionários e o mundo colonial da Amazônia e que criou as bases para a alteração radical do sistema, com a exclusão dos missionários como árbitros da questão indígena.

Por volta de 1721, o Conselho Ultramarino insistia com Berredo que se fizessem anualmente os resgates de escravos indígenas "sob pena de uma demonstração digna desta culpa", como diz Lúcio de Azevedo (1930, p. 192). Aparentemente, Berredo não se inclinava muito para esta solução de emergência, espécie de estágio intermédio entre a política protecionista e exclusivista dos missionários e a insaciável cobiça dos colonos sempre prontos a submeter ao estado servil índios de qualquer origem ou procedência. Alguns trechos dos *Anais Históricos* reprovam duramente os excessos cometidos por colonos e administradores coloniais do passado e denunciam as condições infra-humanas da vida dos servos indígenas, que continuavam a morrer como moscas. A imagem histórica que nos ficou de Berredo é traçada, em larga medida, pelos missionários de seu tempo e mais comprometida ainda pela associação desastrosa que manteve com o procurador do Senado da Câmara de Belém, Paulo da Silva Nunes, nos anos de sua permanência em

Lisboa. Não parece haver dúvida de que tenha Berredo apoiado as pretensões do procurador no pleito político entre os colonos e os missionários, como se vê da extensa documentação publicada por Melo Morais. Entretanto, não parece menos certo que Berredo não se tenha deixado envolver nas intrigas e calúnias do procurador que acabara conduzido ao cárcere,

> aonde o levaram dívidas, atos de burla e, sem dúvida, perseguição de adversários, que dificilmente perdoavam. Por espaço de oito anos curtiu ele a sua miséria nas enxovias do Limoeiro, em Lisboa, de onde somente saiu para a cova (Azevedo, 1930, p. 226).

Geralmente, Berredo é descrito como um governante submisso à vontade e aos interesses dos colonos, exploradores permanentes do trabalho de índios escravizados. Certamente não menos submisso foi Berredo em relação aos valores e interesses da metrópole na condução da política colonial do Maranhão. Há razões objetivas para apoiar esse julgamento: Berredo fez "guerras justas" e injustas contra grupos indígenas como os Torá, os Juma e diversos índios do Maranhão, escravizou vários em proveito próprio e, após sua volta a Lisboa, teve relações com o procurador dos colonos do Maranhão, Paulo da Silva Nunes, a quem estendeu o amparo de seu prestígio e relações como fidalgo da casa real.

Por outro lado, causa espécie que um governante determinadamente favorável aos interesses dos colonos tivesse seu governo tão pouco valorizado pela Câmara do Maranhão que esta, já no primeiro ano de seu governo, solicitasse que ele não ultrapassasse a duração do triênio a que fora limitado por mandado real, mas que, na prática, como ocorreu com seus antecessores e sucessores, era renovado habitualmente. Não menos expressiva e clara é a posição de Berredo como historiador, verberando a barbaridade da ação de governantes e colonos do Maranhão contra índios, de que é expressivo o retrato que fez de Pero Coelho de Souza. Adicionalmente, de modo contrário à imagem que ficou de sua atitude para com os missionários, Berredo geralmente trata com elogios a ação dos jesuítas no Maranhão e no Pará. Especialmente laudatória é a imagem que registra de Antônio Vieira e de outros missionários no século anterior no Maranhão e na Amazônia.

Provavelmente as posições ou oposições de Berredo aos jesuítas e à sua política se deviam menos à insensibilidade e cupidez do governante, que a razões de Estado, como a questão das fronteiras. Este era um tema dominante na política de D. João V e culminou, no reinado de seu sucessor D. José I, na expulsão daqueles missionários do Estado do Maranhão e do Brasil.

Do mesmo modo, a curta administração de Berredo no Maranhão esteve preocupada com o reconhecimento dos limites e das regiões pouco conhecidas daquele domínio e atenta permanentemente aos perigos implícitos na ação recíproca de missionários e autoridades coloniais dos demais domínios confrontantes ao seu Estado. Testemunho disto é o incidente envolvendo o jesuíta espanhol Samuel Fritz e que, datando embora de governo anterior (1708), teve repercussões importantes sobre sua própria administração no Maranhão. Durante o governo de Berredo acumularam-se as tensões que conduziram à revolta liderada por Ajuricaba, índio Manao do Rio Negro, esmagada duramente pela força das armas em 1723, já no governo de Maia da Gama, e que fora atribuída, pelos portugueses, às maquinações dos holandeses do Suriname. Vizinhos destes eram os franceses da Guiana que reivindicavam territórios até a foz do Amazonas e sobre cujos intentos dedicou Berredo comentários, atos e preocupações, enquanto governador do Maranhão.

No Sudoeste do território da Amazônia portuguesa, as missões jesuíticas e espanholas dos formadores do Madeira com o Mamoré, o Beni, o Madre de Dios e o Guaporé, iriam determinar a primeira expedição portuguesa ao longo de todo o difícil curso do Rio Madeira, até as missões castelhanas de Moxos e Baures, em 1722. Realizada já no governo de João da Maia da Gama, que o sucedeu no Estado do Maranhão, esta expedição pioneira foi organizada pela administração Berredo e chefiada por Francisco de Mello Palheta.

Com isso, já entramos na questão das reformulações da missão católica do início do século XVIII, assunto que será tratado no capítulo VI desta *História da Igreja na Amazônia*.

Capítulo IV
O breve período profético das missões na Amazônia brasileira (1607-1661)

Eduardo Hoornaert

1. Os primeiros franciscanos sob Frei Cristóvão de Lisboa

Desde os inícios os missionários, sobretudo franciscanos e jesuítas, se viram envolvidos na trama da violência que caracterizava a primeira colonização e tiveram que tomar posição. Há muitos indícios de que o ambiente em São Luís e Belém era bastante conturbado na época, entre outros o fato da renúncia de diversos párocos das duas primeiras paróquias de toda a Amazônia: Nossa Senhora da Vitória do Maranhão (fundação 1616) e Nossa Senhora da Graça em Belém do Pará (fundação 1617). Não se conhece bem a história destas paróquias, mas do que se sabe pode-se tirar a conclusão de tensões, conflitos, querelas (Rubert, [s. d.], p. 194-195). Também não conhecemos bastante a história dos inícios dos carmelitas e dos mercedários na região para podermos afirmar algo mais seguro. O que é de melhor conhecimento é a atuação dos franciscanos, graças ao trabalho de Kiemen (1954), e a dos jesuítas, graças à obra de Serafim Leite (Leite, 1943). Aqui seguiremos, pois, o estudo do Frei Matias Kiemen.

Logo após a fundação da cidade de Belém, no dia 28 de julho de 1617, chegaram quatro franciscanos na intenção de "tomar conta" dos índios. Estes eram os primeiros sacerdotes católicos que atuaram de maneira organizada na Amazônia e, por isso, podem ser comparados com os seis primeiros jesuítas que vieram com

115

Nóbrega à Bahia em 1549. Ora, eles encontraram um ambiente tão pesado que só entre 1618 e 1620 houve nada menos do que seis mudanças de governo na cidade. Houve um grupo de moradores que reclamou contra o Capitão Castelo Branco por causa de sua crueldade diante dos indígenas e a este grupo se juntou prontamente Frei Antônio da Merciana, abrindo a igreja dos franciscanos para refúgio das pessoas que foram perseguidas pelo capitão (Kiemen, 1954, p. 21). As crueldades não pararam e houve por causa disso revoltas organizadas pelos Tupinambá com o intento de expulsar definitivamente os brancos, nos anos 1618-1619. A reação militar portuguesa foi tão violenta que os Tupinambá nunca mais tiveram condições de reagir e tiveram que se conformar com a escravidão nas cidades de São Luís, Belém, assim como nas fazendas dos seus novos donos. Uma dessas revoltas Tupinambá, famosa, foi liderada por Guaimiaba, chamado também Cabelo de Velha, e ameaçou seriamente a presença portuguesa (1619).

No meio destas lutas, Frei Antônio da Merciana escreveu uma carta ao rei de Portugal, datada de 27 de novembro de 1618. Essa carta só existe em manuscrito, até hoje. Eis um trecho:

> Por que essa revolta dos índios contra os brancos? Por causa das provocações contínuas de soldados e outros brancos. Dois brancos foram mortos porque faziam resgates por ordem do Capitão Francisco Caldeira. A estupidez do capitão contribuiu para esses excessos. Desde a nossa chegada estes índios foram sempre molestados (Frei Antônio da Merciana, 1618).

Mas a coisa não parou por aí. Em 1621, o controle da capitania passou às mãos do sanguinário Bento Maciel Parente, como prêmio pelo extermínio dos Tupinambá. Só para resgatar a recordação deste inimigo do povo amazonense, basta registrar aqui que no mês de junho de 1622 ele mandou prender e matar 24 chefes indígenas (Oliveira, 1983, p. 175-176).

Diante de quadro tão desumano, um colono, chamado Manuel de Souza d'Eça, solicitou a rei uma assistência religiosa mais assídua, ao que a Coroa respondeu mandando para o Maranhão

Frei Cristóvão de Lisboa, franciscano, que ficou durante 12 anos, entre 1621 e 1636, assumindo a responsabilidade de superior das missões com poderes quase episcopais, já que não havia nenhum bispo atuando em toda a região.

Em 1636, Frei Cristóvão de Lisboa voltou a Portugal depois de ter experimentado as amarguras do trabalho missionário na Amazônia. Frei Cristóvão começou com entusiasmo e pediu oficialmente ao rei, numa carta datada de 17 de outubro de 1623, o favor de abolir o ofício dos capitães leigos nas aldeias. Eis a questão da administração temporal das aldeias colocada na Amazônia, como já fora colocada no Nordeste e por toda parte na América onde se começara a trabalhar na defesa dos indígenas. Existia uma lei, datada de 11 de setembro de 1611, permitindo aos leigos a livre circulação nas aldeias, com as consequências que todos podem supor: escravização, imposição de trabalhos forçados. Frei Cristóvão escreve:

> Os capitães têm os olhos voltados exclusivamente para o seu proveito temporal, de sorte que maltratam os índios de diversas formas. Eles os sobrecarregam de trabalhos, sem pagar o junto preço pelo labor, eles mesmos ousam tirar dos índios suas esposas e filhas. Eles tratam os índios com aspereza e rigor imoderado, sem ajudá-los nas suas necessidades. Pelo contrário, eles nem dão tempo suficiente para que os índios cuidem de seus próprios campos com os quais os índios se sustentam a si mesmo e mesmo aos portugueses. Sendo exclusivamente interessados no trabalho dos índios, eles não fornecem oportunidade para o ensino cristão, mesmo sabendo que a instrução na santa fé é o primeiro motivo pelo qual Sua Majestade, com tanta despesa dos cofres reais, deseja a conquista destas regiões (Kiemen, 1954, p. 29-30, tradução nossa).

Após tomar os devidos conselhos, o rei concordou com a proposta de Frei Cristóvão, passando uma nova lei no dia 15 de março de 1624 que abolia o sistema de capitães leigos nas aldeias. Mas aí começou o calvário de Frei Cristóvão, pois os moradores não quiseram acomodar-se às ordens emanadas da longínqua Lisboa e começaram a acusar o frei de traidor. Ele viajou para o Rio Tocantins em missão, certamente também para esfriar a cabeça, e quando voltou teve a coragem de promulgar a lei na igreja matriz de Belém, ameaçando com a excomunhão eclesiástica os que continuassem a entrar nas aldeias. A revolta da Câmara Municipal e dos moradores foi geral. Para evitar o pior, Frei Cristóvão cedeu. Entrementes, 20 novos franciscanos tinham entrado no Maranhão e no Pará, mas nem todos aguentaram o clima de tensão, de sorte que se procurou um *"modus vivendi"*. Mesmo assim, foram os franciscanos que conseguiram, em primeiro lugar, a administração temporal das aldeias indígenas na Amazônia.

Após 1624, o movimento franciscano na Amazônia se acomodou sempre mais e Frei Cristóvão passou os últimos nove anos de sua missão num clima espiritual bem diferente dos primeiros três anos, os anos da primeira prática cristã organizada na Amazônia.

2. Os primeiros jesuítas com Luís Figueira

Apesar da boa atuação dos franciscanos, foram os jesuítas que tiveram na Amazônia, entre 1622 e 1759, a atuação mais forte. A jovem Companhia de Jesus atraía na época vocações excepcionais como a de Luís Figueira (1575-1643). Os grupos de missionários articulados em torno de Figueira, e mais tarde de Vieira e de Bettendorff, são realmente de excepcional valor humano e sua produção literária, entre outras, testemunha isso.

Deve-se a Luís Figueira o mérito de conseguir a primeira equipe missionária imbuída de um espírito de luta pela defesa dos marginalizados na Amazônia. Nascido na cidade de Almodóvar, em Portugal, no ano de 1575, Figueira entrou na Companhia de Jesus aos 17 anos, como era de praxe naqueles tempos. Enviado a Olinda, PE, foi mestre de língua tupi e escreveu uma *Arte da língua brasílica* que, segundo Couto de Magalhães, foi a melhor das que foram redigidas. Publicada em Lisboa no ano 1621, essa *Arte* teve sete edições: 1621, Lisboa; 1687, Lisboa; 1754, Lisboa; 1795, Lisboa; 1851, Bahia; 1878, Leipzig e 1880, Rio. Essa obra foi realmente usada como manual de língua tupi por diversas gerações de missionários, apesar da perseguição pombalina contra o uso do tupi no Brasil. Nos anos 1607-1608, Figueira realizou a famosa viagem à serra maranhense para a colonização portuguesa. O historiador da Companhia de Jesus no Brasil, o Padre Serafim Leite, lhe dedicou um livro (Leite, 1940).

Ao iniciar a missão jesuítica no Maranho, em 1622, Luís Figueira conhecia a triste realidade aí existente. No ano anterior, o Padre Manuel Gomes tinha escrito uma carta acusando as autoridades do Pará de haverem matado mais de 30 mil indígenas (Kiemen, 1954, p. 22); e alguns anos antes, em 1617, o índio Amaro, catequizado pelos jesuítas do Nordeste, tinha liderado uma revolta em Cumã, perto da Ilha de São Luís, matando os 30 soldados da guarnição local e ameaçando a permanência dos moradores portugueses na região. Foi neste clima de tensão que chegou a equipe jesuítica em 1622, com oposição dos moradores, porque o posicionamento dos jesuítas na questão indigenista já era bastante conhecido. Só foi possível o acordo entre jesuítas e moradores após Figueira ter assinado um termo "que não se meteria a tirar os índios domésticos, fossem ou não fossem verdadeiros escravos, nem trataria desses assuntos, salvo se a consciência e obrigação assim o requeresse" (Beozzo, 1983b, p. 33). Assim, os jesuítas encontraram o campo bem fechado, sobretudo do lado do Pará onde não conseguiram se estabelecer antes dos anos 1650, no tempo de Vieira.

Como as coisas estavam fechadas do lado dos colonos, os jesuítas procuraram contato com outros segmentos da sociedade: os capitães, os soldados das fortificações, os índios remeiros ou flecheiros já adestrados dentro do sistema colonial. Os jesuítas passaram a apoiar sistematicamente as revoltas indígenas, com as consequências que todos conhecem: expulsão do Pará em 1661 e do Maranhão em 1684. Eles chegaram a estas posições porque enfrentaram em São Luís e, mais tarde, em Belém, a maior força organizada da colônia: a Câmara Municipal, antiga instituição portuguesa que migrou à América com os colonos e aqui defendia os interesses dos produtores mercantilistas, sobretudo após a chegada dos açorianos, depois de 1618, que sistematicamente plantavam cana-de-açúcar, fumo e outro produtos de exportação. A ação dos jesuítas logrou efeito e no ano 1626 já estavam suficientemente estabelecidos para poderem inaugurar a Igreja Nossa Senhor da Luz, em São Luís, com um grandioso sermão de Luís Figueira que exaltava na hora a "nova igreja do Maranhão" (Hoornaert, 1977, p. 81). No mesmo ano, Figueira iniciava uma escola de ler e escrever na cidade e foi sendo aceito aos poucos pelos moradores. Após dez anos de árduo trabalho, em 1637, os jesuítas pediam às autoridades do reino a criação de um bispado no Maranhão com um bispo "missionário", evidentemente jesuíta. No ano anterior, Figueira tinha viajado ao Rio Xingu, no Pará, e estava impressionado pela imensidão da tarefa missionária que se abria aí para os jesuítas. Assim formulou-se a ideia de uma viagem do próprio Figueira ao reino de Portugal à procura de novos missionários e de leis mais favoráveis aos indígenas. Interessante é observar que tanto os franciscanos sob Frei Cristóvão de Lisboa como os jesuítas sob Luís Figueira orientam seus esforços no mesmo sentido: o do fortalecimento do controle político oficial sobre as forças soltas da economia de exportação na colônia.

Em Portugal, a luta de Figueira foi igualmente árdua, pois encontrou oposição tanto da parte da poderosa Mesa de Consciência e Ordens como do bispo da Bahia. Mesmo assim, conseguiu em 1638 um Alvará Régio "que dava aos jesuítas o controle das aldeias indígenas em vista de sua evangelização e catequese e, também, a jurisdição eclesiástica sobre a área amazônica" (Beozzo, 1983b, p. 33). Após resolver essa questão, Figueira se dedicou à convocação de um grupo de jovens missionários que tivessem disposição de partir para o Maranhão. Ele conseguiu 14 companheiros e embarcou com eles no dia 30 de abril de 1643 com destino a São Luís. Mas como o porto de São Luís estava, na época, ocupado pelos holandeses, a embarcação mudou de rumo e se dirigiu a Belém, por um mar reconhecidamente perigoso e traiçoeiro. Perto da Ilha de Marajó, a caravela naufragou e todos morreram, menos Francisco Pires que depois trabalhou na Itapecuru, onde os jesuítas tinham fazendas (Leite, 1940, p. 64).

A morte trágica deste grupo excelente atrasou sobremaneira a atuação dos jesuítas na Amazônia que só conseguiram tomar novo impulso com o grande Antônia Vieira. Mesmo assim, a memória deste grupo missionário em torno de Luís Figueira é importante para a Igreja no Brasil e na Amazônia, pois a prática deles foi uma semente de esperança. Acreditamos que este naufrágio merece uma recordação por parte da Igreja no Brasil, ao lado do naufrágio do Beato Inácio de Azevedo e companheiros, recordado no dia 17 de julho.

3. Diversas entradas de missionários jesuítas sob Antônio Vieira

Depois do contratempo de 1643, o maior impulso de prática cristã na Amazônia foi dado sob inspiração do grande missionário Antônio Vieira (1608-1697), cuja rica personalidade se abre para diversos horizontes: a arte oratória e a epistolar, a diplomacia, a geopolítica, a organização interna da Companhia de Jesus no Brasil e no Maranhão, a teologia e, sobretudo, a missão. Somos daqueles que afirmam ter sido Vieiro em primeiro lugar um missionário inspirado pela mensagem de Jesus e sensibilizado pelo sofrimento dos pequenos e humildes. Entre 1652 e 1660 houve diversas entradas de missionários na região; em 1652 chegaram 15 ao Maranhão, com Vieira, dos quais diversos o acompanharam a Belém no ano seguinte; em 1655 chegou mais outro grupo, organizado por Vieira no reino; em 1659 chegaram outros, e também em 1660. Estamos de novo diante de pessoas de grande valor, entre as quais se destacam J.M. Gorzoni, Pedro de Pedrosa, Antônio Pereira, Jódoco Pires, Francisco Pires, Salvador do Vale, Francisco Veloso e Gonçalo de Veras.

Claro que nem tudo deve ser atribuído a Vieira. Concomitantemente aos acontecimentos envolvendo Figueira os jesuítas no Maranhão tiveram um papel ativo na luta contra os holandeses, entre 1641 e 1644, conseguindo, assim, simpatia por parte dos moradores e da Câmara. Foram organizando aldeias e fazendas pela Ilha de São Luís, pelos Rios Pindaré, Mearim, Itapecuru, em Tapuitapera (atualmente Alcântara) e em Tutoia (pelo Sul). Mesmo no Pará, os jesuítas já tinham penetrado e formado a Aldeia de Itacuruçu (Veiros), no Rio Xingu, a partir de 1636.

O que estaca em jogo era a definição dos aldeamentos indígenas e sua caracterização, ou como cativeiro forçado pela força persuasiva dos missionários através de presentes, promessas, manipulação religiosa, ou como projeto de uma libertação que incluía necessariamente o desmantelamento das "leis" do capitalismo periférico, enunciadas na primeira parte deste capítulo: o lucro, a escravidão, a propriedade privada, as guerras, a discriminação contra os indígenas. Concretamente, os jesuítas já tinha na época diversos e importantes aldeamentos na região: Curupatuba (atualmente Ponta de Pedras), Gebué (atualmente Barcarena), Mortigura (atualmente Conde), Sumaúma (atualmente Beja), Araticum (atualmente Oeiras) (Oliveira, 1983, p. 189-190).

Interessante é observar que os três grandes missionários da Amazônia que procuraram defender os indígenas tentaram uma luta jurídica junto aos organismos oficiais do Estado português: Frei Cristóvão de Lisboa conseguiu em 1624 que o Estado colonizador suspendesse as leis de 1611, Padre Luís Figueira foi ao reino articular o Alvará de 1638 e o Padre Antônio Vieira foi também a Portugal conseguir a Lei de 1655, o famoso Regimento das Missões. Nestes esforços junto ao poder público, os missionários esqueceram outros aspectos que a sua defesa dos indígenas poderia ter assumido, como veremos na conclusão.

Não podemos terminar esse relato acerca dos missionários jesuítas que atuaram na Amazônia no tempo de Vieira sem resgatar a memória de dois excelentes missionários: Antônio Pereira (1638-1687) e João Maria Gorzoni (1627-1711).

Antônio Pereira era um jovem maranhense que se sentiu atraído pelos jesuítas e teve realmente uma vida movimentada na missão.

No ano 1655 foi admitido por Vieira na Companhia de Jesus, aos 17 anos. Participou ativamente dos tempos turbulentos que culminaram na expulsão dos jesuítas e foi ao reino com Vieira em 1661, com apenas 23 anos. Em 1663, voltou à América, com destino à Bahia e a Pernambuco, mas no ano seguinte já conseguiu entrar de novo na sua terra natal, onde foi missionário pelos rios Pindaré (MA) e Tapajós (PA). Ficou implicado no "motim do Estanco", outra perseguição contra os jesuítas em São Luís do Maranhão, em 1684. Morreu em 1687 na fronteira com a Guiana Francesa, no Amapá, com apenas 49 anos. Antônio Pereira foi uma vocação nascida na Amazônia, e sua vida merece um estudo mais aprofundado (Leite, 1940, p. 9, 37-38, 257-263, 315).

João Maria Gorzoni nasceu na Itália (Sermide, Mântua), entrou na Companhia de Jesus com 20 anos e embarcou para a Amazônia em 1659, com 32 anos de vida. Trabalhou no meio das populações indígenas por mais de 50 anos e teve um imenso campo de trabalho missionário, pelos Rios Pindaré, Tapajós, Xingu, Madeira, Negro, Solimões, atraindo os indígenas com sua gaitinha e sua simplicidade. Numa carta ao padre geral da Companhia, Gorzoni se queixa das perpétuas perturbações dos moradores, que querem ser senhores absolutos dos indígenas. A vida deste missionário, devidamente pesquisada, certamente nos há de revelar muitas novidades acerca do modo de agir dos missionários naqueles tempos (Leite, 1940, p. 8; 276-278).

Já dissemos num outro estudo (Hoornaert, 1981, p. 63-74) que o Estado do Maranhão na época dos acontecimentos aqui relatados parecia um cenário com atores: a Câmara Municipal, representando os interesses dos moradores; o rei, representante dos interesses do Estado português colonizador ou pelo menos organizador oficial da colonização; os missionários, que estavam diante de uma dupla perspectiva: ou defender os interesses dos moradores ou lutar pelos interesses dos indígenas; os índios já aldeados cristãmente; os índios selvagens. No fundo, o choque de uma prática cristã com os interesses locais se concentrava em torno da construção de uma nova sociedade na Amazônia, com novos papéis sociais e nova redistribuição das relações de trabalho, com novos lugares de acomodação dentro do edifício social. Os índios eram, evidentemente, as vítimas de tudo isso e não é por acaso que toda a querela se concentrava em torno deles. Qual a atitude cristã mais eficiente? Como ajudar realmente os índios? Havia possibilidade de praticar a caridade cristã e ao mesmo tempo respeitar as leis do sistema mundial? A análise da práxis de Antônio Vieira talvez possa esclarecer esta questão.

4. O período maranhense de Antônio Vieira (1652-1661)

> Os colonos são roubadores da liberdade dos índios; a colônia é obra de ladrões.

Ninguém pode ignorar o peso da personalidade de Antônio Vieira nos trabalhos apostólicos dos jesuítas na Amazônia entre 1652 e 1661. Foi um grande período, cuja memória não podemos perder. Quem quiser aprofundar o seu conhecimento acerca da coragem e da força de Vieira, leia os sermões proferidos na ocasião dos conflitos, sobretudo quatro: Sermão do Primeiro Domingo de Quaresma, na cidade de São Luís, em 1653; Sermão de Santo Antônio, na mesma cidade, em 1654; do Bom Ladrão, em Lisboa no ano 1655; Sermão da Epifania, na mesma cidade de Lisboa, em 1662, após sua expulsão da Amazônia. O leitor atento encontrará aí as expressões mais proféticas que já foram usadas em relação aos sofrimentos dos empobrecidos no Brasil e na imensa Amazônia, junto com análises do sistema mundial capitalista que não perderam nada em atualidade.

Durante os anos que passou na Amazônia, Vieira participou de cinco missões, expedição mistas entre evangelização e captura de indígenas, conforme se praticavam naquela época. A primeira foi pelo Rio Itapecuru atrás de índios Ibajara (carta ao rei de 4 de abril de 1654); a segunda, pelo Tocantins, que resultou numa grande decepção para Vieira; a terceira, denominada "jornada de ouro", atrás do precioso metal, mais uma decepção; a quarta viagem foi a que deu mais satisfação ao missionário, denominada Missão dos Nheengaíba, na Ilha de Marajó, relatada numa carta ao rei de 28 de novembro de 1659: nela, Vieira fala em 100 mil índios convertidos; a quinta missão se dirigiu à Serra da Ibiapaba, no atual Estado do Ceará, em 1560.

Desta sua participação em expedições militares dirigidas contra os indígenas, Vieira guardou profundas e amargas impressões, um misto de sentimento de incapacidade diante de tantos crimes cometidos contra inocentes e sentimento de revolta. Suas cartas e sermões são eloquentes nesse ponto:

> Digo que sim e torno a dizer que sim: que vós, que vossas mulheres, que vossos filhos e que todos nós nos sustentássemos de nossos braços. Porque melhor é sustentar do suor próprio do que do sangue alheio. Ah! Fazendas do Maranhão, que se esses mantos e essas capas se torceram, haviam de lançar sangue (Haddad, 1939).

Essa mistura de sentimentos o acompanhou até Lisboa, depois de sua expulsão, quando elaborou, no sermão da Epifania pregado na capela real em Lisboa no ano 1662, a teologia do valor primordial da pessoa humana, sustentado diante da Corte Real que um índio valia mais do que todo o império português:

> Não pesa tanto um império como uma ovelha. Para o império basta meio rei, para uma ovelha é necessário todo. E que pesando tanto uma ovelha, que pesando tanto uma só alma, haja consciências eclesiásticas e seculares que tomem sobre seus ombros o peso da perdição de tantas mil? Venturoso Herodes, ou menos desventurado, que já de hoje em diante não serás tu o exemplo dos cruéis [...] (Haddad, 1939, p. 249).

E certamente se lembrou de suas desventuras com o pessoal das Câmaras de São Luís e de Belém ao dizer no mesmo sermão:

> Sabeis quando foge o que não é verdadeiro pastor? Foge quando vê injustiças e em vez de bradar contra elas, as cala; foge, quando devendo sair a público em defesa da verdade, se esconde e esconde a mesma verdade debaixo do silêncio (Haddad, 1939, p. 233).

O que fez com que a vida de Vieira na Amazônia entre 1652 e 1661 fosse tão turbulenta foi seu posicionamento diante das expedições de "resgate" de índios. Após ter vivenciado a entrada do Capitão Cardoso no Rio Tocantins, em 1654, Vieira escreveu ao rei no dia 4 de abril de 1654, conforme já mencionamos aqui, e se incompatibilizou com as autoridades locais. Assim, procurou o apoio viajando ao reino, onde conseguiu importantes leis a favor dos indígenas, no ano 1655. Em 1658 conseguiu um trato não violento com os Nheengaíba e exultou de alegria, mas sua alegria durou pouco, pois a partir de 1659 as forças da política local se uniram para conseguir sua expulsão, o que foi realizado em 1661.

Foi diante dessas decepções que Vieira chegou a formular suas duas teses acerca da vida no Maranhão:
- os colonos são roubadores da liberdade dos índios;
- a colônia é obra de ladrões.

4.1 Os colonos são roubadores da liberdade dos índios

Foi pelo contato direto com as situações concretas em São Luís e Belém, assim como no interior, que Antônio Vieira chegou a formular de maneira contundente sua revolta, assim como os jesuítas Gonçalo Leite e Miguel Garcia tinham feito no Nordeste. Essa revolta inspirou Antônio Vieira ao pronunciar seu primeiro sermão em São Luís, no primeiro domingo da quaresma de 1653. Estava ouvindo-o praticamente a cidade toda, já que a fama de Vieira como pregador oficial na capela real em Lisboa se propagara por toda parte. E Antônio Vieira aproveitou da ocasião para dizer o que certamente pesava na consciência de muitos no Maranhão:

> No Evangelho o demônio ofereceu todos os reinos do mundo por uma alma. No Maranhão não é necessário ao demônio tanto bolsa para comprar todas, não é necessário oferecer reinos, não é necessário oferecer cidades, nem vilas, nem aldeias. Basta acenar o diabo com um tupujar de pindoba e dois tapuias, e logo está adorado com ambos os joelhos. Oh, que feira tão barata! Negro por alma, e mais negra ela que ele! Esse negro será seu escravo esses poucos dias que viver, e tua alma será minha escrava por toda

eternidade, enquanto Deus for Deus. Este é o contrato que o demônio faz conosco! (Hoornaert, 1977, p. 308).

Vieira confessa que teve receio em ofender as pessoas ao dizer verdades tão pesadas, mas ele se lembrou das palavras do Profeta Isaías: "Brada e não cesses, levanta a tua voz como trombeta, desengana o meu povo, anuncia-lhes seus pecados". Aí ele continua:

> Sabeis, cristãos, sabeis nobreza e povo do Maranhão, qual é o jejum que quer Deus de vós essa Quaresma? Que solteis as ataduras da injustiça e que deixeis ir livres os que tendes cativos e oprimidos. Estes são os pecados do Maranhão, estes são os que Deus manda que vos anuncie. Cristãos, Deus me manda desenganar-vos e eu vos desengano da parte de Deus. Todos estais em pecado mortal, todos viveis e morreis em estado de condenação e todos vós ides direto ao inferno. Já lá estão muitos, e vós também estareis cedo com eles, se não mudardes de vida (Haddad, 1939).

Acreditamos que Antônio Vieira não estava exagerando, pois toda a sociedade recentemente estabelecida no Maranhão repousava sobre os alicerces do trabalho forçado imposto ao índio. Era como a estátua de Nabucodonosor: ouro na cabeça, lama nos pés. O índio vivia esmagado na base desta construção erigida pelos brancos. Ora, os missionários lembraram que o problema do índio é o problema da sociedade toda, é o problema da base sobre a qual se constrói a prosperidade. Roubando a liberdade do índio o sistema, na realidade, está definindo as pessoas de outras terras, de outras culturas, como sendo propriedade sua, direito seu.

4.2 A Colônia é obra de ladrões

Queremos copiar aqui um trecho do "Sermão do Bom Ladrão" que o Padre Antônio Vieira pregou em 1655, na Igreja da Misericórdia em Lisboa, diante de um público certamente comprometido com a empresa colonial, para mostrar até que ponto ia a coragem e intrepidez daquele pregador em acusar o mal que se praticava na Amazônia, pois este sermão foi pronunciado após três anos de permanência de Vieira na região:

> Encomendou El-Rei D. João o Terceiro a São Francisco Xavier o informasse do estado da Índia. E o que o santo escreveu de lá, sem nomear os ofícios nem pessoas, foi que o verbo *rapio* (roubar) na Índia se conjugava por todos os modos...O que eu posso acrescentar, pela experiência que tenho, é que (na América) se usa igualmente a mesma conjugação. Conjugam por todos os modos o verbo *rapio*, porque furtam por todos os modos da arte. Tantos que lá chegam, começam a furtar pelo modo indicativo, porque a primeira informação que pedem aos práticos é que lhes apontem e mostrem os caminhos por onde possam abarcar tudo. Furtam pelo modo imperativo, porque como têm o mero e mixto império, todo ele aplicam despoticamente às execuções da rapina... Furtam pelo modo conjuntivo, pois juntam o seu pouco cabedal com o daqueles que manejam muito... Furtam pelo modo potencial, porque sem pretexto nem cerimônia usam de potência. Furtam pelo modo permissivo, porque permitem que outros furtem e eles compram as permissões. Furtam pelo modo infinitivo, porque não tem fim o furtar com o fim do governo e sempre lá deixam raízes em que se vão continuando os furtos... Finalmente, nos mesmos tempos não lhes escapam os imperfeitos, perfeitos, mais que perfeitos, e quaisquer outros, porque furtam, furtavam, furtaram, furtariam e haveriam de furtar mais, se mais houvesse. Em suma que o resumo de toda esta rapante conjugação vem a ser o supino do mesmo verbo: a furtar, para furtar. E quando eles têm conjugado assim toda a voz ativa e as miseráveis províncias suportado toda a passiva, eles, como se tivessem feito grandes serviços, tornam carregados de despejos e ricos; e elas ficam roubadas e consumidas (Haddad, 1939, p. 397-398).

Temos aqui uma excelente análise do sistema mundial capitalista nas suas repercussões em áreas dependentes e periféricas: o roubo institucionalizado, a impunidade, a inoperância do poder central na metrópole, a iniciativa privada. Todos os missionários têm sustentado essa tese de que a colônia é obra de ladrões, embora nem todos tivessem a arte oratória e sintática de um Vieira. Eis como termina esse memorável sermão de Vieira:

Rei dos Reis e Senhor dos Senhores, que morrestes entre ladrões para pagar o furto do primeiro ladrão: para que os ladrões e os reis se salvem, ensinai com vosso exemplo e inspirai com vossa graça a todos os reis que não elegendo, nem dissimulando nem consentindo nem aumentando ladrões, de tal maneira impidam os furtos futuros e façam restituir os passados, que em lugar de os ladrões os levarem consigo, como levam, ao inferno, levem eles consigo os ladrões ao paraíso, como Vós fizestes hoje: *Hoodie mecum eris in Paradiso*! (Haddad, 1939, p. 413).

5. Conclusão

Com estes últimos questionamentos, já estamos entrando na parte conclusiva deste nosso capítulo acerca da práxis cristã na Amazônia entre 1540 e 1655. Fica bem claro para quem nos acompanhou nestas páginas que essa práxis cristã chegou a um impasse ou pelo menos se aproximou dele, pois Vieira e seus companheiros foram expulsos da Amazônia em 1661, enquanto em 1684 recomeçaram as perturbações em torno da ação específica dos jesuítas sob o nome de "motim do Estanco".

Aos poucos, tudo se concentrou em torno do projeto aldeamento. Criado na fronteira da expansão do sistema mundial capitalista da época, o aldeamento se constituiu aos poucos em mecanismos que abria duas possibilidades, uma faca de dois gumes. Nas mãos dos capitães militares, o aldeamento evidentemente nada mais era do que um acampamento militar de adestramento de indígenas e fornecimento de mão de obra para o sistema. Nas mãos dos primeiros missionários, o aldeamento abria perspectivas diferentes, pois os missionários foram se sensibilizando pelos inúmeros sofrimentos dos índios – temos muitos testemunhos disso – e passaram a ser os "pais dos índios", os protetores, os defensores da liberdade dos índios, os seus advogados no reino. Isso era sumamente perigoso para o sistema, sobretudo em se tratando de uma área de difícil controle como era a área amazônica, tanto por causa dos concorrentes mercantilistas de outras nações europeias que não a portuguesa como por causa da imensidão e impenetrabilidade da impressionante rede fluvial. Os jesuítas foram importantes, pois começaram a acreditar na alternativa política criada na América portuguesa pelos aldeamentos. Essa nova fé dos missionários que os fazia realmente irmãos dos índios era baseada numa espiritualidade nova, que não era herança dos ensinamentos recebidos na Europa, mas sim conquista das experiências vividas ao longo de um convívio muitas vezes doloroso e duro com a vida cotidiana dos índios aldeados. Há uma ternura pelos curumins e cunhatãs[2], pelos meninos das aldeias e pela dor dos pobres que aflora nos textos jesuíticos da época, um sentimento de fraternidade que vira revolta diante das injustiças sofridas por estes povos. A convivência criou a espiritualidade e a espiritualidade criou a teologia: estamos aqui diante da trajetória de uma teologia da libertação, já no século XVII.

Os vexames sofridos não se limitavam aos jesuítas apenas: todos os que tomavam a defesa dos índios foram atingidos. Frei Cristóvão de Lisboa foi proibido de publicar a Lei de 1624, Padre Luís Figueira obrigado a assinar o termo de 1622 dizendo que não ia se meter no tocante aos índios "domésticos", Padre Antônio Vieira forçado a voltar ao reino em 1661. Se fosse apenas um só missionário que tivesse dificuldades com as autoridades, poderíamos pensar em violência de temperamento etc., mas na Amazônia os conflitos eram tão repetidos que não se pode invocar este tipo de explicação.

Contudo, temos que ser rigorosos ao analisar a história da Igreja. Qual a prática cristã realmente eficaz, não só em termos de esperança para o futuro – uma perspectiva de certo modo fundamental que não pode ser esquecida – mas também em termos de real mudança das condições de vida, sobretudo dos marginalizados e empobrecidos? Para responder a este tipo de perguntas temos que focalizar a meta concreta que os missionários tinham diante

---

2. A expressão é do Padre Pedro de Pedrosa, que atuou no Rio Pindaré (cf. Leite, 1943, p. 35-36).

dos olhos ao defender os índios. Ora, como observou com agudeza José Oscar Beozzo no seu estudo sobre "Leis e Regimentos das missões" (1983b), os missionários travavam, sobretudo, um combate jurídico por leis e alvarás que respeitassem os direitos dos índios. Ora, como escrevemos já no segundo capítulo, é pensamento nosso que foi erro histórico dos missionários na Amazônia o "ter concentrado grande parte dos esforços na conscientização do pessoal da administração do Estado português, em vez de criar na colônia uma força suficientemente grande que pudesse opor-se à força do sistema" (cf. cap. 2).

Temos que explicar aqui nossa posição. Acreditamos ser correto dizer que os missionários apoiavam as forças de controle político sobre o movimento mercantilista. Ora, é lei básica do capitalismo a precedência do movimento econômico, seja mercantilista ou outro, sobre os eventuais controles. Não há registro histórico de controle político eficiente que tivesse conseguido proibir o avanço das forças mercantilistas diante de motivos de ordem humanitária ou cristã, em toda a história capitalista na periferia do sistema. O que exatamente caracteriza o capitalismo periférico é a ineficácia de controle político sobre o movimento econômico, e nisso o capitalismo se distingue de sistemas anteriores, como o feudalismo, por exemplo, ou o sistema escravista romano e outros. O próprio rei de Portugal dependia das forças mercantilistas para sobreviver como rei, e assim ele acabava sempre apoiando os mercantilistas contra os missionários, embora não explicitamente. No sistema mundial capitalista – e isso se aplica plenamente a Portugal no século XVII – o Estado sempre "toca o segundo violino". O primeiro violino está nas mãos das forças livres do comércio e da exportação/importação, no nosso caso representadas pela Câmara de São Luís e de Belém, exatamente o grupo organizado que entrou em choque com os missionários. O Estado português simplesmente não dispunha das forças suficientes para coibir a escravização dos indígenas, mesmo se casualmente os "atores" concretos (reis, ministros, autoridades) estivessem pessoalmente contrariados com essa escravização.

Mas então, onde os missionários daquele tempo podiam ter encontrado forças de resistência e libertação no seu campo de ação que era a Amazônia? Exatamente onde eles nunca as procuraram: no pajé, na liderança religiosa antiga. Enquanto os missionários catequizavam os índios nas aldeias, formou-se ocultamente uma força que hoje denominamos "religião popular", "cultura popular", "religiosidade popular". A religião antiga não desapareceu diante da catequese católica, ela simplesmente se escondeu sob símbolos católicos. Mas com toda a astúcia que caracteriza os oprimidos na sua luta pela sobrevivência cultural, a reinterpretação da religião católica pelos índios passou largamente despercebida aos missionários. Estes perceberam, de certo, que algo acontecia, mas qualificavam este algo como sendo superstição, ignorância, sincretismo, atraso cultural. Assim, os indígenas e seus descendentes, os mestiços, tiveram que articular sua identidade e sua resistência através da religião mestiça, popular, marginalizada e desqualificada.

Essas considerações levam irremediavelmente para o campo teológico e fogem, por conseguinte, do assunto destas páginas. Os missionários do século XVII não estavam teologicamente preparados para aceitar a resistência diante de seus ensinamentos por parte dos indígenas como sendo "obra do Espírito Santo". A eclesiologia deles não conservava os temas da "Igreja a partir de Abel, o injustiçado" ou da "Igreja a partir de Abraão, o homem da fé" ou, ainda, da "Igreja a partir de Moisés, o libertador dos escravos". Mesmo assim, é bom lembrar aos leitores de hoje que estes temas eclesiológicos foram abordados antigamente pelos Padres da Igreja, e permanecem atuais.

Capítulo V
A era missionária (1686-1759)

Hugo Fragoso

1. Espaço histórico-geográfico e populações indígenas da Amazônia

A história da Igreja na Amazônia, durante quase todo o período colonial, girou, de modo ordinário, em torno de dois grandes polos: a política de ocupação, da corte portuguesa, e a ação cristianizadora dos missionários religiosos. Essa política de ocupação e essa ação cristianizadora se desenvolveram dentro de um espaço histórico--geográfico e abrangeram todo um mundo étnico-populacional.

Procuraremos apresentar, em linhas gerais, a marcha histórica da conquista portuguesa na Região Amazônica, e quais as nações indígenas que nesse período "foram conquistadas para Deus e para o rei de Portugal".

O *espaço histórico-geográfico* em que se desenvolveu a ação da Igreja nesse período, era caracterizado como uma fase especial da conquista e da expansão portuguesa. Depois de um período de "exploração" da Região Amazônica, segue-se todo um projeto de ocupação desse espaço geográfico. A grande viagem "exploratória" de Pedro Teixeira (1637-1639) foi feita num momento estratégico da política portuguesa, ou seja, nos últimos anos do "domínio espanhol".

Em 1640, Portugal sacudira o jugo de Espanha, com toda uma carga de ressentimentos, face a uma situação constrangedora para o sentimento nacional português, a qual perdurara por espaço de 60 anos. O confronto entre os dois mundos em expansão – o mundo espanhol e o português – viera desde a fase das descobertas, e se fora acentuando, à proporção que o projeto conquistador português ia "abocanhando" regiões que, por direito contratual, pertenceriam à Espanha. Este projeto histórico do expansionismo da corte portuguesa foi, alguns séculos mais tarde, muito bem sintetizado no hino das Congregações Marianas do Brasil:

> Do Prata ao Amazonas,
> do mar às Cordilheiras
> cerremos as fileiras,
> soldados do Senhor!

O grande sonho português era empurrar, pela parte do Norte, as fronteiras da América portuguesa até as Cordilheiras Andinas. E os principais instrumentos desse expansionismo seriam os missionários. E isso porque o papel dos bandeirantes era ordinariamente semelhante à função de um rolo compressor a demolir as resistências que se lhes opunham; mas a tarefa da "ocupação real" seria através das "missões", pois o critério da futura demarcação de limites, entre a América portuguesa e espanhola, seria o linguístico-cultural. A América portuguesa iria até onde se falasse a língua lusitana. E foram os missionários os instrumentos dessa expansão cultural.

De forma que a caracterização desse período histórico é, em primeiro lugar, a da *expansão para o Ocidente "rumo às Cordilheiras"*.

Outro aspecto específico dessa expansão portuguesa nesse momento histórico, é o que se refere à contraexpansão holandesa. Portugal, sob o domínio espanhol, sofrera, em grande parte de seu império colonial, a invasão holandesa, como um ato de hostilidade à Espanha. A partir de 1640, quando o Estado português se emancipou do domínio espanhol, foi colocado inicialmente em uma situação estranha: seu território colonial estava, em boa parte, ocupado pela Holanda que, de alguma sorte, era sua aliada, por ter um mesmo "inimigo comum": a Espanha. Mas, cedo se deu o confronto entre a política colonial portuguesa e o expansionismo holandês. Em 1654, foram os holandeses expulsos do Nordeste brasileiro, o que encorajou os portugueses a intensificarem a luta no "front" amazônico, onde os holandeses vinham forçando o avanço de conquista daquela região. É sintomático que a corte portuguesa tenha nomeado para governador do Maranhão justamente a André Vidal de Negreiros (1655-1658), o herói da guerra holandesa no Nordeste.

Igual perigo para o expansionismo português constituiu a pretensão francesa de ocupar a costa e os pontos estratégicos da Capitania do Cabo Norte, ou seja, a região que compreendia, em grande parte, o atual território do Amapá. Em dois pontos se centralizava o projeto português para garantir a conquista dessa região: a aliança com os índios que ali habitavam, e a ação missionária dos religiosos, para afastar os índios da amizade com os franceses. Foi graças à concretização desse projeto, respaldado pela força das armas, que os portugueses garantiram para o Brasil toda essa região até o Rio Oiapoque.

Para consolidar o seu plano de conquista da Amazônia, a corte portuguesa usou a tática de *ocupação dos principais pontos estratégicos nessa região*. Antes de tudo, era preciso garantir a segurança da "porta de entrada" para os interiores amazônicos, através da posse da Ilha de Joanes (Marajó), vencendo a resistência dos índios locais, procurando sua aliança através dos missionários religiosos, bem como fortificando a ilha contra os possíveis ataques estrangeiros. Missionários jesuítas e, posteriormente, franciscanos, foram os instrumentos principais da "pacificação" dos índios, sobretudo Aruan e Sacaca.

Ponto estratégico para a região do Cabo Norte e garantia da margem esquerda do Amazonas em sua desembocadura era Macapá com sua fortificação e aldeamentos a seu serviço, sob orientação dos missionários religiosos. Ainda em 1751, já no fim da "era missionária", o rei recomendava que

> tanto esta fortaleza como todas as demais, que se fizerem para defensa e segurança deste Estado, se hão de fazer de forma e modo que não pareça receio dos nossos confinantes (Instruções Régias, §28).

De grande importância, também, para guarnecer a entrada do Amazonas era a Fortaleza do Gurupá, a cujo serviço estariam os índios dos aldeamentos circunvizinhos. De grande valor estratégico, podemos igualmente citar Cametá, uma espécie de porta a impedir as invasões estrangeiras.

Por fim, devemos ainda ressaltar a importância da Fortaleza de Pauxis (Óbidos), para segurança de toda a região do Médio Amazonas. Também ali a segurança repousaria, em grande parte, na ajuda dos índios dos aldeamentos vizinhos, que no caso estavam sob os cuidados dos franciscanos da Piedade.

Em 1652, tinha o governo português extinto o Estado do Maranhão, vinculando-o ao governo geral do Brasil. Mas dentro de poucos anos (1655) reconheceu a necessidade de enfrentar o projeto amazônico como um projeto específico, restaurando o Estado do Maranhão, justamente sob o governo de André Vidal de Negreiros. E reconhecendo a importância de Belém como ponto de apoio para a execução desse projeto, transferiu o rei de Portugal, em 1673, de São Luís para Belém, a capital do Estado do Maranhão.

O governo do Estado do Maranhão exerceria sua administração nas três capitanias reais: Pará, Maranhão e Piauí, e por meio de lugar-tenentes, de sua confiança, nas capitanias pertencentes a donatários, nomeados pela corte régia. Assim, a administração era repartida por várias dessas capitanias de donatários, constituídas através de tempos diversos: Cumá, Joanes (Marajó), Caeté, Gurupá, Cabo Norte, Cametá, Rio Negro, Gurupi.

Procuraremos, em linhas gerais, apresentar as tribos indígenas que habitavam a região, sob o influxo da conquista territorial e missionária, neste período. Muitas dessas tribos, o mais das vezes, não eram constituídas de grandes "nações", mas sim de pequenos grupos de uma associação maior, com a mesma cultura comum. Assim, por exemplo, os índios Karib não tinham, em geral, tendência para grandes aglomerações étnicas. Dispersavam-se em pequenos grupos, que chegavam a um máximo de algumas centenas de índios, conforme escreve Frickel (1958).

Igualmente, lembra o mesmo autor que "nem todos os nomes mencionados pelos índios como designações tribais são, de fato, autodeterminações dessas tribos". E conclui: "Aliás, é discutível se o índio possui realmente denominações étnicas no sentido que damos ao termo".

Sob o alcance da *ação jesuíta*, segundo Serafim Leite (1943), estavam em épocas diversas as seguintes "nações" indígenas:

Nas imediações do Rio Itapicuru: os Uruati, Ubirajara, Caicaiz, Guanaré, Aranhi. No Rio Pindaré, os índios Guajara, os Amanajó, além de outros cujas denominações não foram transmitidas pelas crônicas. Nas margens e imediações do Parnaíba, os Caribuce, Caicaice, Aindoduce, Guacinduce, Critice, Anapuru.

Os seguintes agrupamentos indígenas se distribuíam pela Capitania do Pará. Na Ilha de Joanes (Marajó) e regiões circunvizinhas, os Nheengaíba (ou Ingaiba), Aruã, Anajá, Maupuaí, Mamaianá, Mapuá, Paucacá, Guajará, Pixipixi, Sacaca. Pelo litoral e interiores da Capitania do Cabo Norte: os Tucuju, Maraúna (ou Maraunu) e outros. No Tocantins e no Araguaia, os Potiguara, Inheigara, Poqui, Aruaqui, Guaraju, Caatinga, Jaguari (ou Guarari), Tocaiúna (ou Taquenhuna), Oroeporá etc. Nas imediações do Xingu, os Caoaniz, Curibari, Murua, Pira-quiri (ou Piriquiri), Juruna, Tacanhape, Jacipoia.

Na região do Rio Tapajós: os Tapajós, Aretuz, Arapium, Tapiruense, Corariense, Corberei, Tupinambarana. No Rio Cambeira e nas circunvizinhanças, os Iruris, T'arumá, Maraguás, Aripuanã, Onicoré, Tororis, Vanta, Guajari, Purupuru, Guarece, Capaná, Jāoem, Pama, Cajaripuná, Guaraju, Camateri, Jaguaretu, Pureru, Curupu, Mani, Torá (ou T'oratorar), Arara, Aruaxi, Muca, Mura, Unicoré, Terari, Anhangatinga, Aripuanã, Cujé, Titua, Guaipina, Muragua, Pixuna, Carapaiana, Maraguá, Mo-guiriria, Aigobiriá, Periquito, Yencoaria, Mucaiona, Apanaria, Suariraná, Mongaú, Paramuriá, Surridiria, Urubucoara, Sapium, Uniniá, Guaranaguá, Abuaturiá, Uipitiá, Riauiá, Acaicaniá, Pi-rapeiguá, Abuqué, Jacarauá, Piraguá, Piritia, Auetiriá, Uematré, Mariarõi, Itixinguaniá, Abucaoiniá, Muriciru, Janhanguá, Sacori, Matiá, Mutriutré, Arixaruí, Muraá, Mateupu, Ocpiporia, Iguaiuá, Maniquera, Abariá.

137

No Rio Solimões, os Andirás, Curiató, Maguás, Abacaxi, Suriname, Omágua, Iurimágua, Aizuruare. Nas imediações do Rio Negro e tributários: os Aruaqui, Condoriz, Manau, Inuirana, Cabuuri.

Ainda podemos acrescentar outras tribos que estiveram sob a ação dos jesuítas: os Mamaianás, Oricheca, Pacajá, Uruatí, Ubirajara, Caicaí, Guanaré, Aranhi, Comandi, Saporé, Neutu, Aitoariá, Aneuguá e outros.

Boa parte do espaço geográfico trabalhado pelos jesuítas depois foi entregue a outros religiosos, entre os quais os *franciscanos*, após a divisão das missões, no ano de 1693. Os documentos franciscanos dão notícia das seguintes tribos, sob o alcance de sua ação missionária (Fragoso, [s. d.]): na Ilha de Marajó, os Maracanu, Aroaqui, Goianás, Abaiate, Muacara, Aroari, Marauanó (ou Maraunu), Joatá, Guiara, além dos já citados Arua, Sacaca e Nheengaíba. Na margem esquerda do Rio Amazonas, os Acarapi, Mapuá (ou Mapaú), Aparaí, Urucuiana, Aracaju, Apama, Carapeuara, Tapuiassu, Gonçari, Juripari. Nos Rios Paru e Gurupatiba, os Guiapi. No Rio Jari, os Tucuju, Maniba, Conchinchina. Na foz do Xingu e suas imediações, os Capuná, Mamim, Nambibar, Tupinambá, Suma, Torá. Na região do Surubiú, os Apama, Abaré, Orossan, Tauiponá, Nambicoara, Manau. No Rio Nhamundá, os Babuí, Nhamundá, Parocoató, Uaboí. Em Pauxis (Óbidos), os Arapium, Coriati, Caondoriz, Mepuri, Janatuã. No Rio Uramucu, os Aroaqui, Curacurati e Giramota.

Os *carmelitas* ocuparam o espaço geográfico, sobretudo dos Rios Solimões, Negro e Branco, dedicando-se às populações indígenas já atingidas pelos jesuítas e arregimentando para suas missões vários outros grupos. Tribos que estiveram sob os cuidados missionários dos carmelitas foram: os Tucumau, Canauriz (ou Cananir), Sarubapense, Carapizena, Cambelá (ou Cambeba), Tabaja, Tupinambarana, Manau, Passé, Baré, Baniba (ou Bauíba), Caburicena, Coeuana, Carahiaí, Iuma, Caraiá, Crichaná, Baiana, Uariquena, Tarumã (ou Turumá), Mamôa, Paramão, Carajahi, Japiuá, Jaruna, Baniuá e vários outros (Prat, 1941).

Os *mercedários* desenvolveram sua atuação missionária nos aldeamentos dos Abacaxi, Anibá, Saracá, Urubu e vários, nas imediações do Rio Negro (Castro, 1968).

2. O projeto português de "dilatar a fé e o império" na Amazônia

Todo o projeto da expansão portuguesa no Além-mar foi muito bem sintetizado no lema *dilatar a fé e o império*. Este projeto encontrava uma aplicação toda especial na Região Amazônica, onde a dilatação das fronteiras da fé e do império português foi a característica do expansionismo lusitano.

Na Provisão Régia, em forma de lei, de 1º de abril de 1680 – que constituía um verdadeiro programa de consolidação da conquista e do estabelecimento missionário – o rei sustenta que seu principal intento na Região Amazônica:

> é dilatar a pregação do Santo Evangelho e procurar trazer ao grêmio da Igreja aquela dilatada gentilidade cuja conversão Deus nosso Senhor encarregou aos senhores reis destes reinos ("Anais da Biblioteca Nacional", 1948, p. 53).

É sintomático que o rei não alegasse, como fundamento jurídico de seu direito a esta "expansão" da fé e do império (numa região que, pelo Tratado de Tordesilhas, deveria pertencer à Espanha), uma atribuição a si confiada pelos papas, mas sim um encargo do próprio "Deus nosso Senhor". Esta alegação do rei de Portugal faz-nos remontar à então propalada aparição de Cristo, no Campo do Ourique, a Dom Afonso Henriques, quando Jesus teria prometido "fundar em Portugal o seu reino". Lembremos dos célebres sermões do Padre Vieira, desenvolvendo toda uma mística do império universal de Cristo, que haveria de se estabelecer em todo o orbe, por meio dos reis de Portugal. E é dentro desse pensamento, que nos documentos régios se fala muitas vezes que, pela conversão das diversas nações da Região Amazônica, "se poderia fazer grande serviço a Deus e aumentar-se esse Estado" ("Anais da Biblioteca Nacional", 1948, p. 41). E na Carta Régia de 16 de março de 1679 ele afirmara que "quando houver razões que me movam a alterar as minhas ordens, sempre se considerará no meio que for mais conveniente ao serviço de Deus e conveniência desses moradores" ("Anais da Biblioteca Nacional", 1948, p. 48-49). O rei, por conseguinte, fundamentava o seu projeto de expansão colonialista na Região Amazônica, não num direito ou atribuição a si confiada pelo pontífice romano, mas numa missão divina especial.

O expansionismo português tinha, pois, como principal suporte ideológico o *cristianismo missionário*. E daí, era a Igreja o instrumento precípuo do projeto colonizador. E nesse contexto, o cristianismo missionário se revestiu de um aspecto "dominador", muito mais expansionista que o tão propalado espírito guerreiro islamita. Pois, como mostram os historiadores, a religião de Maomé não forçava "o infiel" à conversão, uma vez que "o crente" deixava de pagar os impostos públicos. Para o islamismo, era melhor continuar "o infiel" em sua infidelidade, desde que estivesse sob a dominação dos crentes. Enquanto isso, o cristianismo missionário português, embora alegasse que a "conversão" nunca poderia ser forçada, criava, no entanto, todo um contexto de condicionamentos, que a "liberdade de conversão" era praticamente uma utopia.

Através de todo esse período do expansionismo português na Amazônia, a Igreja foi instrumentalizada para a concretização do projeto colonial. Ainda no final desse período, ou seja, no ano seguinte ao Tratado de Madri (1750), as Instruções Régias dirigidas a Francisco Xavier de Mendonça Furtado, governador de todo o Estado do Maranhão ou Grão-Pará, recomendavam "que por meio das mesmas missões se cultivem, povoem e segurem os vastíssimos países do Pará e Maranhão".

Esse projeto expansionista dos reis de Portugal precisava de uma *falange especializada*, que se dedicasse de corpo e alma "ao serviço de Deus e de Sua Majestade", no labor de dilatar as fronteiras da fé e do império. Essa falange era formada de modo especial pelos religiosos. Mas, entre as várias ordens religiosas, era a Companhia de Jesus a que encontrava a preferência dos reis de Portugal, durante quase todo esse período. Mesmo às vésperas do conflito entre o governo pombalino e os jesuítas, as Instruções Régias, em 1751, recomendavam a Francisco Xavier de Mendonça Furtado que na região do Cabo Norte ele devia dar prioridade aos jesuítas por serem eles "os mais caridosos com os índios" (Azevedo, 1930, p. 422-423). No entanto, por várias vezes, recomendara o rei aos superiores da Companhia de Jesus, que deviam pôr nas missões padres portugueses, e não estrangeiros, "que não somente para o governo político, mas para o espiritual não têm a conveniência dos naturais" ("Anais da Biblioteca Nacional", 1948, p. 64). E a recomendação do rei fora mais longe, ao instar com os mesmos superiores de estabelecerem noviciado em São Luís do Maranhão, "pois é certo que serão mais idôneos e capazes deste ministério (missionário) os sujeitos que se criaram naquele clima, e em idade que lhes seja mais fácil aprender as línguas" ("Anais da Biblioteca Nacional", 1948, p. 54).

Além da razão alegada – de ser a Companhia de Jesus a ordem religiosa mais bem preparada para o ministério missionário –, ainda alegavam os reis, quando lhes davam exclusividade, que o faziam "por ser conveniente que o ministério da conversão se faça por uma só religião, pelos graves inconvenientes que tem mostrado a experiência haver em se fazerem por diversas" ("Anais da Biblioteca Nacional", 1948, p. 51-56).

E já o Padre Vieira, escrevendo ao rei, a 6 de abril de 1654, insinuara a conveniência de confiarem-se as missões entre os índios com exclusividade à Companhia de Jesus: "Que o cargo dos índios se encomende a uma só religião [...] e que esta seja de mui qualificada e segura virtude, de grande desinteresse, de grande zelo pela salvação das almas, e letras mui bem fundadas" (obra citada em Azevedo, 1930, p. 73). Aliás, a Carta Régia de 21 de outubro de 1652, ao Padre Vieira, que embarcava para o Maranhão, dava-lhe "carta branca" para um trabalho de exclusividade junto aos índios:

> [...] e façais as missões, pelo sertão e paragens que tiverdes por mais convenientes, ou por terra, ou levando os índios convosco, descendo-os do sertão, ou deixando-os em suas aldeias, como então julgardes mais necessário à sua conversão [...] (obra citada em Azevedo, 1930, p. 167-168).

Mas a simpatia real pendeu, em algumas ocasiões, para os franciscanos da província portuguesa de Santo Antônio. Assim, por exemplo, inicialmente a Provisão Régia de 15 de março de 1624 confiara aos franciscanos a administração das aldeias do Pará (Leite, 1943, v. IV, p. 37). E por várias vezes o rei estendeu aos franciscanos da Província de Santo Antônio os mesmos elogios feitos aos jesuítas. Ambos "são virtuosos e exemplares, bem-procedidos e zelosos do serviço de Deus, e de Vossa Majestade", disse em 1730 o ex-governador João da Maia da Gama, numa espécie de ressonância à opinião do rei (Baena, 1839, p. 504). No entanto, quando a necessidade exigia que se confiasse o encargo das missões entre os índios a outras ordens religiosas, o rei alegava, como o fez na divisão das missões em 1693, que o motivo que o levou a fazer essa repartição foi o fato de se terem alargado as fronteiras da conquista.

Em síntese, a entrega das missões aos religiosos, nesse período, teve as seguintes *tramitações*. Em 1655, foram as missões indígenas entregues aos jesuítas, com exclusividade, dois anos depois que a administração espiritual das mesmas tinha sido repartida entre várias ordens religiosas. Tal exclusividade provocou ressentimentos e protestos dos franciscanos, carmelitas e mercedários.

No ano de 1655, houve uma revolta contra os jesuítas, por parte dos colonos, resultando na expulsão momentânea para fora do Maranhão, dos religiosos da Companhia de Jesus. Nova expulsão dos jesuítas por parte dos colonos se deu em 1661, sendo eles reintroduzidos no Maranhão em 1662. No entanto, não lhes foi entregue novamente a administração das aldeias, na modalidade como vinha sendo anteriormente. Em 12 de setembro de 1663, o rei perdoava os colonos por causa da expulsão dos jesuítas e punha uma pedra sobre o problema ("Anais da Biblioteca Nacional", 1948, p. 31-32), continuando, porém, os jesuítas com administração espiritual dos aldeamentos. Mas agora já não tinham exclusividade, pois dela participariam outras ordens religiosas. A administração civil dos aldeamentos ficaria com capitães seculares, a serem nomeados pelas Câmaras (obra citada em Leite, 1943, v. IV, p. 61).

Em 1674, a Carta Régia de 1º de março falava do trabalho dos franciscanos da província portuguesa de Santo Antônio nas missões do Maranhão, dando a entender que não havia então exclusividade da administração jesuíta ("Anais da Biblioteca Nacional", 1948, p. 35).

Em 1680, tornou o rei a insistir na exclusividade jesuíta, em vista dos inconvenientes de se conceder a administração das aldeias a várias ordens religiosas ("Anais da Biblioteca Nacional", 1948, p. 51-56). Esta lei teve como fonte inspiradora o Padre Vieira (obra citada em Leite, 1943, v. IV, p. 62-63).

A 7 de abril de 1681, o rei determinou a criação da Junta de Missões, no Maranhão, o que alargou o campo da coparticipação administrativa dos aldeamentos.

Em 1684, deu-se uma nova expulsão dos jesuítas do Maranhão, tendo como causa principal o problema do governo temporal dos índios. Em 1685, os jesuítas retornaram ao Estado do Maranhão, mas exigindo um Regimento das Missões como condição para continuarem no trabalho missionário daquela região (obra citada em Leite, 1943, v. IV, p. 76 e 90).

Em 1688, a Carta Régia de 2 de março, dirigida ao governador do Maranhão, falava da repartição das missões no Cabo Norte, entre os jesuítas e os citados franciscanos, já efetuada, em 21 de dezembro de 1686. E, por fim, em 1695 se fez a grande divisão das missões do Grão-Pará, entre jesuítas, franciscanos de Santo Antônio e da Piedade, religiosos carmelitas e mercedários ("Anais da Biblioteca Nacional", 1948, p. 83-84).

"Reduzir os índios à nossa Santa Fé católica" e "trazê-los à obediência de Sua Majestade" era toda uma tarefa de concretização do projeto colonial da corte portuguesa.

Para *"reduzir" os índios a Deus e ao rei*, o primeiro passo a ser dado era o estabelecimento de relações de amizade com os índios. Isso, ao menos, no projeto teórico do rei, pois, em termos de realidade, a ganância insaciável dos colonos, em busca da mão de obra escrava, fazia com que tal intenção do rei ficasse quase sempre em letra morta. Para obstar que a ganância dos colonos fosse um empecilho à consecução dessas relações amistosas com os índios, eram instrumentalizados os missionários religiosos, a fim de neutralizarem a ação nefasta dos colonos.

A Provisão de 17 de outubro de 1653 determinava que as entradas aos sertões fossem sempre acompanhadas de religiosos, com o objetivo da conversão dos índios ("Anais da Biblioteca Nacional", 1948, p. 19-21). Esta determinação régia repetiu-se várias vezes, como em 1693 e 1721 (Azevedo, 1930, p. 191).

As entradas aos sertões tinham geralmente os objetivos de proceder ao "descimento" dos índios, fazer resgates de escravos, ou dar combate aos mesmos índios. Quanto ao primeiro caso, ou seja, o "descimento" de índios para os aldeamentos, os religiosos iam geralmente de boa vontade. Mas nos dois outros casos, na maioria das vezes eles se recusavam a acompanhar as tropas.

As leis régias insistiam no bom tratamento aos índios, nesse primeiro contato, a fim de que "com a esperança do bom tratamento [...] (se possam) mais facilmente reduzir à nossa Santa Fé católica e trazer à sociedade civil em aldeias e habitações" ("Anais da Biblioteca Nacional", 1948, p. 51-56). A Provisão de 1º de abril de 1680 recomendava, reagindo a uma série de abusos anteriores, que "os religiosos que forem a elas (as missões interiores) não levarão gente de guerra, por que o estrondo das armas não afugente os índios" ("Anais da Biblioteca Nacional", 1948, p. 54-55). E determinava também que "os índios que os hão de acompanhar e conduzir sejam criados com a sua doutrina, sujeição e obediência", "porque sendo os mesmos índios (acompanhantes) os intérpretes e instrumentos da conversão dos gentios", mais facilmente poderão os índios das selvas serem persuadidos a aceitarem a Fé cristã.

Este plano de entabular relações amistosas com os índios, para mais facilmente aceitarem descer para os aldeamentos, era o mais das vezes obstaculado pela mentalidade de "pacificação" dos índios por meio das armas. Os governadores achavam muitas vezes mais eficiente conseguir o temor e a admiração dos índios pela exibição de força do que pelo método missionário de persuasão.

Um segundo passo na tarefa de "redução" dos índios era o de trazê-los para os aldeamentos dos missionários religiosos, ou, por vezes, conduzi-los logo para o serviço régio ou dos colonos. Era todo um processo de "desenraizamento" dos índios, e que muitas vezes provocava o fenômeno "estranheza da terra", mencionado por missionários e por documentos régios, chegando por isso a morrer muitos índios.

Além disso, desalojar os índios de suas terras significava a conquista dessas terras para o domínio dos reis de Portugal. Mas a Provisão de 1º de abril de 1680 tem uma determinação sobre o direito dos índios às suas terras, que destoa de todo o modo de proceder do processo conquistador. Ali o rei determina:

> Hei por bem que sejam (os índios) senhores de suas fazendas como o são no sertão sem lhes poderem ser tomadas nem sobre eles se lhes fazer moléstia, e o governador com parecer dos ditos religiosos (da Companhia) assinalarão aos que descerem do sertão lugares convenientes para neles lavrarem e cultivarem e não poderão ser mudados dos ditos lugares contra sua vontade, nem serão obrigados a pagar foro ou tributo algum das ditas terras, ainda que estejam dadas em sesmaria a pessoas particulares, porque na concessão destas se reservaria sempre o prejuízo de terceiro, e muito mais se entende e quero se entenda ser reservado prejuízo e direito dos índios, primários e naturais senhores delas ("Anais da Biblioteca Nacional", 1948, p. 53).

Essa declaração de que os índios eram os donos "primários e naturais" de todas as terras dadas em sesmaria aos colonos era algo surpreendente no contexto da conquista das terras dos índios. Atrás desse texto legal, deveria estar a mão de algum jurista bem-intencionado ou de algum missionário.

Em termos de realidade, as terras, onde os índios residiriam nos aldeamentos, estariam sob a proteção dos missionários, que procurariam defender a propriedade coletiva dos índios, mas se o interesse dos colonos ou do serviço régio entrasse em conflito com o interesse dos índios, sempre estes últimos é que deveriam ceder. A grande verdade histórica é que os índios perderam suas terras já antes da descoberta do Brasil, quando o Papa Alexandre VI as doou aos reis de Portugal e de Espanha.

A "redução" dos índios se dava muitas vezes pela força. Primeiramente por meio das tropas de resgate que, na prática, eram verdadeiras caçadas humanas em busca de escravos índios. A Provisão régia de 20 de julho de 1647 justificava a "redução" pela força no caso de resgates, quando os índios estavam "em cordas" para serem devorados. Alegava o rei que, do contrário, esses índios seriam devorados

> resultando disto perderem-se suas almas, e que se resgatar o dito gentio assim condenado e prisioneiro, se seguiriam dois bens, que era reduzi-los à nossa Santa Fé e livrá-lo da morte, e terem os brancos quem os sirva em suas roças e canaviais [...] ("Anais da Biblioteca Nacional", 1948, p. 23).

A legitimidade do cativeiro em caso de resgate vigorou em quase todo esse período de que tratamos, com algumas pequenas exceções.

O outro caso de "redução" pela força era quando os índios fossem prisioneiros de "guerra justa". Veremos mais detalhadamente esse caso ao tratarmos do problema da escravidão do índio.

Subjacente a todo esse projeto, que reduzia o índio a "mão de obra" para a construção do império colonial português, havia um conceito ou *"visão do índio"* por parte da corte régia e das autoridades locais.

Através dos documentos régios, transparece uma figura de índio que, antes de tudo, é um selvagem ou um bárbaro. Na Provisão de 1º de abril de 1680, o rei recomenda aos jesuítas que

> penetrem quanto possível nos ditos sertões e façam neles as residências necessárias convenientes, levantando igrejas para cultivarem os ditos índios na fé e conservarem nela, e para que vivam com a decência cristã e deixem seus bárbaros costumes ("Anais da Biblioteca Nacional", 1948, p. 53-54).

E o cúmulo dessa barbaridade de costumes era considerada a "antropofagia". O selvagem costume de comer carne humana dava até o direito aos portugueses de escravizarem tais índios ou os seus prisioneiros. A Lei de 17 de outubro de 1653 determinava explicitamente que uma das causas que justificavam a escravidão dos índios era "se os índios comerem carne humana sendo meus súditos" ("Anais da Biblioteca Nacional", 1948, p. 19-21). No tocante a esta visão do índio como "antropófago", já foi muito bem dito que desde o dia em que foi estabelecida essa brecha na lei, "legitimando" a escravidão, todos os índios passaram a ser vistos como antropófagos pelos olhares insaciáveis dos colonos ou das autoridades locais.

O procurador das Câmaras do Pará e Maranhão, Paulo da Silva Nunes, expressando o pensamento dessas Câmaras, dirigiu-se ao rei, aí por volta de 1735, nesses termos:

> (Os índios não são) verdadeiros homens, mas brutos silvestres incapazes de se lhes participar a fé católica [...]. Bárbaros, esquálidos, ferinos e abjetos, às feras em tudo semelhantes, exceto na efígie humana [...]. Se os etíopes podem ser cativados, por que não podem sê-lo os índios do Maranhão? (obra citada em Azevedo, 1930, p. 200-206)

Claro que tal caricatura do índio é apresentada com exagero, mas a visão do índio como bruto e selvagem era a mentalidade comum que estava atrás do projeto conquistador e do processo de "desindianização".

A desindianização dos silvícolas envolvia, no pensamento do rei, deixarem os índios "os seus bárbaros costumes" e passarem a viver "com a decência cristã" e ao modo dos "civilizados". Daí, era preciso desenraizar os índios de suas selvas, destruir o sistema tribal, fazendo assim com que "o índio deixasse de ser índio". E nesse processo de desindianização, um ponto que mereceu um enfoque especial foi o da língua indígena. No projeto real, a língua portuguesa seria a meta a se alcançar. Mas devia-se proceder por passos, sendo, por isso, conveniente que primeiro os missionários aprendessem a língua dos índios, para depois então fazê-los passar para o uso da língua dos civilizados.

Neste processo de passagem da língua indígena para a portuguesa, os missionários unificaram as línguas indígenas sob a denominação de língua geral, que se tornaria de tal modo comum, que no dizer dos cronistas "a usavam os meninos e as mulheres portuguesas ainda no confessionário" (obra citada em Leite, 1943, v. IV, p. 311).

Como, porém, a imposição da cultura do conquistador era um dos instrumentos mais sutis de dominação, os missionários foram acusados por Francisco Xavier de Mendonça Furtado de terem excogitado, por meio de língua geral, "uma diabólica invenção" (obra citada em 1943, v. IV, p. 311). Foi com esse mesmo intuito que o dito procurador das Câmaras do Pará e Maranhão, Paulo da Silva Nunes, propôs ao rei que ele deveria proibir o uso da língua geral, pois, além de ser um empecilho para o cristianismo, não era ela de utilidade prática, uma vez que havia uma infinidade de línguas e os missionários nos descimentos deveriam servir-se de intérpretes. O rei deveria ordenar a imposição do ensino e do uso da língua portuguesa (Melo Morais, 1858, v. III, p. 337-350).

A isso objetava o ex-governador do Maranhão, João da Maia da Gama, escrevendo ao rei em 1730, que havia utilidade prática no uso da língua geral, pois o índio

> poderá ouvir e ser ensinado do padre a língua portuguesa um quarto de hora ou meia, ou uma cada dia, e o resto do dia e da noite passa falando, conversando e tratando com os outros índios, e com este contínuo trato geral, que a portuguesa, e assim parece justo, que na geral se doutrinem; mas recomendando-se aos prelados que aos pequenos e já aldeados, façam falar português uns com os outros, e dar-lhes alguma palmatoada, quando os ouvir falar pela língua [...] (Melo Morais, 1858, v. IV, p. 258).

No projeto régio, os índios, sendo súditos do império português, deviam falar a língua do império. A Provisão de 12 de setembro de 1727 e a Lei de 15 de junho de 1752 ordenavam aos missionários que ensinassem aos índios a língua portuguesa, pois eles eram "vassalos" do monarca (Baena, 1839, p. 17). E não somente razões jurídicas ou culturais eram invocadas para a imposição da língua portuguesa aos índios, mas até razões de ordem religiosa. O já citado Francisco Xavier de Mendonça Furtado, irmão do Marquês de Pombal, argumentou que a língua portuguesa era veículo necessário para o entendimento do Evangelho, e que os índios não poderiam compreender a doutrina cristã, a não ser através da língua portuguesa.

Para a construção do edifício do império português, precisava-se da mão de obra indígena. Nos documentos régios, na argumentação das autoridades locais, nas queixas dos colonos, havia sempre a mesma insistência: sem a mão de obra indígena o Estado não poderia manter-se. Daí, através de todo o período de que tratamos, as leis régias fizeram toda uma acrobacia de argumentação, ora para justificar a escravidão indígena, ora para mostrar a conveniência do trabalho livre dos índios. Assim, por exemplo, a Provisão Régia de 10 de novembro de 1647 determinava que os índios do Maranhão eram livres e que poderiam servir livremente a quem quisessem e melhor pagasse o seu salário. E argumentava o rei que houve grande prejuízo em se darem os índios em "administração",

> porquanto os portugueses a quem se dão essas administrações usam tão mal delas que os índios que estão debaixo das mesmas administrações em breves dias de serviço, ou morrem à pura fome e excessivo trabalho ou fogem pela terra adentro e a poucas jornadas perecem, tendo por essa causa perecido e acabado inumerável gentio no Maranhão, no Pará e em outras partes do Estado do Brasil ("Anais da Biblioteca Nacional", 1948, p. 17-18).

Poucos anos depois, a Lei de 17 de outubro de 1653 alegava, com a maior sem-cerimônia, que a Provisão Régia concedendo liberdade absoluta aos índios

> não resultou em utilidade alguma, antes causou grande perturbação nos moradores [...] por ser dificultosíssimo e quase impossível de praticar dar se liberdade a todos sem distinção [...]. (E determina o rei os casos em que os índios poderão ser cativados): Se os gentios meus súditos faltarem às obrigações que lhe foram impostas e aceitadas

nos princípios de suas conquistas, negando os tributos ou não obedecendo, quando forem chamados para trabalharem em meu serviço ou para pelejarem contra meus inimigos; [...] se comerem carne humana sendo meus súditos, [...] como também poderão ser (cativados) aqueles gentios que estiverem em poder de seus inimigos atados à corda para serem comidos e meus vassalos os remirem daquele perigo com as armas ou por outra via; (e também poderiam ser tidos como escravos os índios) que se tomarem em guerra justa ou por via de comércio ou resgate ("Anais da Biblioteca Nacional", 1948, p. 19-21).

Na Lei de 9 de abril de 1655, o rei alega que o objetivo de tais leis referentes aos índios é "a conservação espiritual do Maranhão"; e as disposições legais, entre as quais a de 1653, foram elaboradas "por muitas pessoas teólogos e juristas das maiores letras e virtudes de meus reinos e mais versados nos negócios desta qualidade". E acrescenta o rei mais um caso em que os índios poderão ser cativados: "Se impedirem a pregação do Santo Evangelho, porque são obrigados a deixá-lo pregar, ainda que não possam ser constrangidos com armas a aceitá-lo, e crê-lo" ("Anais da Biblioteca Nacional", 1948, p. 25-28).

Uma reviravolta nos argumentos régios se deu na célebre Lei de 1º de abril de 1680. O rei reconheceu inicialmente que "para o bem público e conservação do Estado do Maranhão haja nele cópia e gente de serviço de que se valham os moradores". Por esta razão se cuidou da introdução de escravos negros da Costa da Guiné. Porém, era assegurada a liberdade dos índios "para que removido o temor dos injustos cativeiros que até agora padeciam e com esperança do bom tratamento [...] (se possam) mais facilmente reduzir à nossa Santa Fé católica e trazer à sociedade civil em aldeias e habitações". E concluiu o rei que quer atalhar o abuso da escravidão dos índios, que está "impedindo por esta causa a conversão daquela gentilidade",

> e tendo mostrado a experiência que suposto sejam lícitos os cativeiros por justas razões de direito [...], contudo que são de maior ponderação as razões que há em contrá-

rio para os proibir em todo o caso, cerrando a porta aos pretextos, simulações e dolo com que a malícia, abusando dos casos em que os cativeiros são justos, introduz os injustos, enlaçando-se as conveniências não somente em privar da liberdade aqueles a quem a comunicou a natureza e que por direito natural e positivo são verdadeiramente livres, mas também nos meios ilícitos de que usam para este fim ("Anais da Biblioteca Nacional", 1948, p. 58).

Poucos anos mais tarde, o rei voltou atrás e novamente concedeu o direito de escravizar os índios, nos casos de guerra "justa" e resgate. E isso porque o plano de substituir o escravo índio pelo escravo negro não dera o resultado esperado, tanto pelo elevado preço de um escravo negro, quanto pela sua raridade. Basta dizer que, pela Carta Régia de 16 de fevereiro de 1691 ao governador do Maranhão, se determinava que fossem pagos um mil réis por cada cabeça de índio "resgatado" e mais de três mil réis de direitos ("Anais da Biblioteca Nacional", 1948, p. 117-118). Enquanto isso, em 1695, custava um escravo negro 55 mil réis em São Luís do Maranhão ("Anais da Biblioteca Nacional", 1948, p. 153).

Em vista das conveniências mencionadas, persistiram as exceções legais (guerra "justa" e resgate) para a escravização legítima dos índios. Até que, em 1741, o Breve do Papa Clemente XIV, "*Immensa Pastorum*", dirigido aos bispos do Brasil, condenava a escravidão dos índios. Este breve não pôde ser publicado no Maranhão. Disse o Marquês de Pombal, alguns anos mais tarde, que foi sustada sua publicação para impedir tumultos inevitáveis por parte dos colonos (obra citada em Azevedo, 1930, p. 225).

Foi com o novo plano pombalino para a Região Amazônica que se decretou a liberdade absoluta dos índios, sem nenhuma exceção, em 1755 ("Coleção de Legislação Portuguesa", 1830, p. 369-376).

O projeto régio para a conquista e conservação da Amazônia, neste período de que tratamos, está condensado de modo especial em dois diplomas régios: a Lei de 1º de abril de 1680 e o Regimento das Missões do Maranhão, de 1686.

Na Lei de 1680, determinava o rei:
- que todos os índios resgatados como escravos fossem colocados nos aldeamentos, sob o encargo dos missionários;
- que os índios dos aldeamentos não prestassem serviço às obras públicas ou aos colonos mais de dois meses cada vez;
- que o salário desses índios contratados para o serviço real ou dos colonos fosse depositado antes que eles começassem a trabalhar;
- que se restituíssem aos missionários jesuítas a administração temporal e a espiritual dos aldeamentos e das entradas para os sertões;
- que os governadores assinalassem lugar e terras aos índios que descessem dos interiores, e que eles tivessem pleno direito de posse sobre essas terras;
- que os índios homens aldeados fossem divididos em três turmas, ficando sempre um terço nas terras comuns, e um terço para as expedições dos missionários aos sertões, além do outro terço empregado para o serviço real ou dos colonos;
- que a repartição dos índios se fizesse pelo bispo e pelos prelados dos capuchos e por uma pessoa nomeada pela Câmara (volume citado em "Anais da Biblioteca Nacional", 1948, p. 51-56).

O Regimento das Missões, de 21 de dezembro de 1686, continha as seguintes determinações:
- os missionários religiosos terão o governo político e temporal dos aldeamentos, ou seja, das "missões";
- os missionários religiosos têm a obrigação de acorrerem com os índios de seus aldeamentos para a defesa do Estado;
- igual obrigação têm os citados religiosos de acorrerem com os seus índios para a "justa" guerra contra outros índios;
- também devem os missionários só consentir que morem nas missões os próprios índios, e de forma alguma os colonos;
- obrigação dos ditos religiosos é também fornecer índios de seus aldeamentos para o serviço régio e dos colonos, mas sob salário;

- um dever que se impõe aos missionários é de defender a liberdade dos índios sob o seu encargo;
- cuidar do aumento e conservação dos índios dos seus aldeamentos é outra obrigação dos missionários religiosos;
- têm também obrigação de trazer dos sertões novas;
- aldeias fixando-as em lugares acomodados aos índios e à colonização;
- devem os missionários estabelecer intercâmbio comercial entre os índios de seus aldeamentos e os colonos;
- como tarefa dos missionários figura, de modo especial, formar os índios para a vida de trabalho;
- os missionários deverão conservar nos aldeamentos os novos índios trazidos dos sertões, pelo espaço de dois anos, que é o tempo necessário para a sua doutrinação na fé;
- e, por fim, os religiosos, que têm sob o seu encargo as missões entre os índios, poderão ter para o seu serviço próprio determinados aldeamentos, a serem estabelecidos pela lei (Beozzo, 1983a, p. 114-120).

Entre os muitos aspectos dignos de nota no projeto que se esconde atrás da Lei de 1680 e do Regimento das Missões, convém ressaltar o de que os índios não eram apenas mão de obra na construção do império cristão português, mas, de modo especial, eram instrumentos da consolidação e da defesa desse mesmo império. Desde o início da conquista amazônica sentiu-se que, sem a participação ativa dos índios "reduzidos a Deus e ao rei", era impossível garantir a conquista da Região Amazônica. Daí, a obrigação grave que tinham os índios cristianizados, de acorrerem em defesa do Estado. E o que é mais grave é que esses índios cristãos eram mobilizados para lutar contra seus irmãos de sangue, que viviam na "infidelidade" e hostilizavam o império português. Aliás, desde o início da colonização, um ponto importante da estratégia portuguesa consistia em dividir os índios, jogando um grupo contra outros. Era o princípio de "dividir para imperar". Mas o que apresenta aqui um problema de suma gravidade é que a fé cristã era instrumentalizada como motivação dessa "guerra santa" de índios contra índios.

E no que se refere ao aspecto jurídico dessa legislação que colocava nas mãos dos religiosos missionários "o governo temporal e espiritual", isso acarretou todo um mundo de contestação tanto pelos colonos como pelas autoridades locais. Este conflito culminou com o governo pombalino, quando os missionários foram acusados de terem criado "um Estado dentro do Estado".

3. Colonos e índios: dois mundos em confrontação

Toda a concretização do projeto colonial visava, em primeiro lugar, a *utilidade da colonização* e não a dos índios, a não ser enquanto um benefício feito ao índio redundasse em proveito do plano conquistador.

Houve, em todo esse período, um conflito constante entre colonos e missionários, sobre o que seria em termos reais "a utilidade da colonização". E a autoridade régia, sobretudo por meio do Conselho Ultramarino, sempre procurou habilmente fazer uma conciliação entre colonos e missionários, no que toca ao problema dos índios.

Para a ótica da corte régia, missionários, colonos e autoridades locais eram todos "instrumentos da colonização". O que importava era harmonizar os interesses desses três grupos de "colonos". Se as determinações reais pareciam tantas vezes mostrar preferência pelos "colonos missionários", o seu intento último era providenciar, através dos missionários, de uma maneira mais prática e eficaz, o bem dos outros colonos "seculares". Assim, por exemplo, a concessão aos religiosos de terem o governo temporal e espiritual dos aldeamentos dava aos missionários um poder absoluto sobre os índios, mas, por outro lado, os missionários teriam a obrigação de desenvolver uma série de atividades em função do bem dos colonos e do projeto conquistador.

A posição dos colonos frente à questão dos índios estava, pois, em primeiro lugar, marcada pelo *interesse de ter "mão de obra barata"*, ou mesmo de graça. E esse interesse se demonstrou, de maneira ordinária, como insaciável. Tal posição tinha como pressuposto a visão que os colonos tinham do índio. Um conceito de índio como ser infra-humano daria toda uma base jurídica para a escravização do índio.

Lembremos que aquela visão paradisíaca do índio que Pero Vaz de Caminha expressa ao rei, em sua carta de 1500, pintando-o como bom e inocente, foi logo sucedida por uma imagem negativa. Assim, por exemplo, Pero Magalhães Gandavo, escrevendo por volta de 1573 o seu *Tratado da Terra do Brasil*, e manifestando uma mentalidade já de muito sedimentada entre os colonos, assim se expressa:

> Seu alfabeto não tem F (Fé), nem L (Lei) e nem R (Rei) e assim vivem bestialmente sem ter conta, nem peso, nem medida. Não dão a vida a nenhum cativo, todos matam e comem. Finalmente que são estes índios mui desumanos e cruéis, não se movem a nenhuma piedade: vivem como brutos animais sem ordem nem concerto de homens, são muito desonestos e dados à sensualidade e entregam-se aos vícios como se neles não houvera razão de humanos. [...]. Havia muitos destes índios pela costa junto das Capitanias, tudo enfim estava cheio deles quando começaram os portugueses a povoar a terra; mas porque os mesmos índios se alevantaram contra eles e faziam-lhes muitas traições, os governadores e capitães da terra destruíram-nos pouco a pouco e mataram muitos deles, outros fugiram para o sertão, e assim ficou a costa despovoada de gentio ao longo das Capitanias. [...]. A primeira coisa que pretendem (os moradores) alcançar são escravos para lhes fazerem e granjearem suas roças e fazendas, porque sem eles não se podem sustentar na terra: e uma das coisas por que o Brasil não floresce muito mais, é pelos escravos que se alevantaram e fugiram para as suas terras e fogem cada dia: e se estes índios não foram tão fugitivos e mutáveis, não tivera comparação a riqueza do Brasil [...] (Gandavo, 1924, p. 40; 48; 49; 53).

Com o mesmo pressuposto de os índios serem infra-humanos, a fim de poder melhor justificar a sua escravização, escrevia sobre a Região Amazônica o já citado Paulo da Silva Nunes, procurador das Câmaras do Pará e Maranhão, por volta de 1735, afirmando que os índios não eram "verdadeiros homens", mas sim "brutos silvestres" tendo apenas a efígie humana a distingui-los dos animais da floresta. E concluía sua argumentação dirigida ao rei: "Se os etíopes podem ser cativados, por que não podem sê-lo os índios do Maranhão?" (obra citada em Azevedo, 1930, p. 200-206).

O principal embaraço à insaciabilidade dos colonos em reduzir os índios à mão de obra barata ou gratuita, foram justamente os religiosos, e entre eles de um modo todo especial os padres da Companhia de Jesus. Escreve Lúcio de Azevedo que *"a luta entre eles (os jesuítas) e a população leiga é o fato central*, em torno de que todos os mais gravitam" (Azevedo, 1930, p. 8-9). Ou, como escreve Fernando de Azevedo:

> As perseguições que sofreram os jesuítas, no Pará e no Maranhão, donde por duas vezes, em 1661 e 1684, foram expulsos, e a tremenda ofensiva de acusações e calúnias, mostram a intensidade a que atingiu a luta obstinada dos jesuítas contra os colonos escravistas e a sua decisão inabalável de não sacrificar, em obséquio aos poderosos, os ideais de respeito à liberdade dos índios (citado em Pacheco, 1968, p. 34).

O ex-governador João da Maia da Gama (1722-1728), escrevendo ao rei em 1730, afirmava que os colonos eram insaciáveis, querendo que se lhes dessem todos os índios. Seria a ruína dos aldeamentos e das missões dos índios atender-lhes a todas as exigências (obra citada em Melo Morais, 1858, v. IV, p. 258). E o próprio rei, quase um século anteriormente, ao justificar a Lei de 10 de novembro de 1647, proibindo de modo absoluto a escravidão dos índios, argumentava que os colonos

> usam tão mal delas (administrações sobre os índios) que os índios que estão debaixo das mesmas administrações em breves dias de serviço, ou morrem à pura fome e excessivo trabalho ou fogem pela terra adentro e a poucas jornadas perecem (volume citado em "Anais da Biblioteca Nacional", 1948, p. 17-18).

Diante dos empecilhos colocados pelos missionários às pretensões dos colonos, estes procuravam acusar os religiosos perante as autoridades locais ou mesmo perante o rei. Assim, por exemplo, o procurador das Câmaras do Pará e Maranhão, Paulo da Silva Nunes, em 1728, propusera ao rei que se retirasse das mãos dos religiosos a administração dos índios, pois os aldeamentos se tinham tornado verdadeiras feitorias de negócios e os missionários comerciavam com quantias fabulosas. Na sua pretensão de monopolizar o serviço dos índios, os religiosos negavam-nos aos colonos (obra citada em Melo Morais, 1858, v. III, p. 337-350).

O já citado Lúcio de Azevedo argumenta que os missionários pretendiam o domínio absoluto dos índios, encontrando por parte dos colonos a contestação a tal pretensão. E o rei procurava equilibrar os extremos através das autoridades locais (obra citada em Azevedo, 1930, p. 188-235). E conclui o mesmo autor, que os índios eram "forçados" a trabalhar, quer estivessem em poder dos colonos ou dos missionários religiosos. Mas o desinteresse pessoal destes últimos conflitava com a ganância dos colonos, pois o produto do trabalho dos índios sob o poder dos colonos era dissipado numa vida indolente ou "transferido à metrópole na bagagem dos funcionários".

Os colonos encontraram um forte apoio a suas acusações, a partir de 1751, na pessoa do Governador Francisco Xavier de Mendonça Furtado, quando do conflito deste com os missionários. Ele queixou-se ao rei que, por causa do monopólio dos religiosos sobre o trabalho dos índios, "este Estado, e principalmente esta Capitania, acha-se reduzida à extrema miséria. Todos os seus moradores estão na última consternação" (obra citada em Azevedo, 1930, p. 288). Mas o intuito de Mendonça Furtado era bem outro que o pretendido pelos colonos, ou seja, o governador se propôs acabar com todo o trabalho escravo dos índios.

As razões do conflito dos colonos com os missionários, em parte se fundamentavam no contraste entre a *prosperidade dos aldeamentos e a miséria das povoações dos colonos*. E realmente os números, que denunciavam esse contraste, eram por vezes chocantes. Assim, por exemplo, cm 1720, o Pará tinha 54.216 índios aldeados em 63 missões; só nas vizinhanças de Belém havia 12.680 índios aldeados (obra citada em Melo Morais, 1858, v. III, p. 298). Nesse tempo no Maranhão e no Pará havia umas nove povoações de brancos, que nos cálculos do procurador das Câmaras destas capitanias não passavam de 4.000 casais (obra citada em Azevedo, 1930, p. 200–206). As povoações dos brancos estavam em franca decadência, enquanto os aldeamentos prosperavam satisfatoriamente.

E de lembrar, porém, a argumentação de Lúcio de Azevedo, de que o produto do trabalho dos índios, sob a administração dos missionários, era revertido em benefício do próprio aldeamento, enquanto o fruto do trabalho dos colonos ou era dissipado numa *"dolce vita"*, ou então enviado para a metrópole.

O serviço dos colonos era sempre um objetivo de todas as determinações régias, referentes ao trabalho dos índios. Mas este serviço acobertou quase sempre o pretexto para a exploração e escravização do índio. Pois, o escravo do sertão, mesmo se comprado (o mais das vezes era conseguido à maneira de contrabando), nunca excedia o preço de quatro mil réis, enquanto que para pagar o salário ao índio livre, em 20 meses de trabalho se gastava a mesma quantia. E no caso do índio escravo, o colono ficava com ele por anos a fora.

O Padre Vieira, pregando em São Luís do Maranhão, no ano de 1653, retratou bem esse quadro de *exploração do trabalho do índio pelos colonos*, mesmo quando a lei permitia a escravidão legítima, em caso de resgate e guerra justa:

> Todo o homem que deve serviço ou liberdade alheia, e podendo-a restituir, não restitui, é certo que se condena: todos, ou quase todos os homens do Maranhão devem serviços e liberdades alheias, e podendo restituir não restituem; logo todos ou quase todos se condenam...Ah! se agora se abrissem essas sepulturas e aparecesse aqui algum dos que morreram neste infeliz Estado, como é certo

que ao fogo das suas labaredas havíeis de ler claramente esta verdade...Ah! fazendas do Maranhão, que se esses mantos e essas capas se torceram, haviam de lançar sangue! O dinheiro desta terra pano de algodão, e o preço ordinário por que servem os índios e servirão cada mês são duas varas (220cm) de pano, que valem dois tostões! Coisa indigna de se dizer, e muito mais indigna de que, por não pagar tão leve preço, haja homens de entendimento e de cristandade que queiram condenar suas almas e ir ao inferno (Vieira, 1909, v. XV, p. 165-198).

Nessas palavras do Padre Vieira está todo o quadro do sistema de trabalho desumano a que eram submetidos os índios mesmo quando esse trabalho tinha o nome de "serviço livre sob salário". Ele também retrata muito bem o que era a ganância insaciável dos colonos, que mesmo podendo ter escravos "legítimos" dos sertões, achavam mais fácil o serviço "livre" dos índios, pois consegui-lo era mais cômodo, e na prática envolvia menos responsabilidade. E mais fácil ainda era a prática ordinária de escravizar o índio ilegalmente.

4. A visão da Igreja sobre a conquista dos índios "para Deus e para o rei"

A mística da conquista dos índios para Deus e para o rei de Portugal foi muitas vezes fundamentada no próprio direito divino, independente de qualquer concessão especial, por parte dos romanos pontífices. Como vimos atrás, o rei, em sua Provisão de 1º de abril de 1680, que envolve um verdadeiro plano de harmonização dessa conquista para Deus e para o rei, argumenta que seu principal intento "é dilatar a pregação do Santo Evangelho e procurar trazer ao grêmio da Igreja aquela dilatada gentilidade cuja conversão Deus nosso Senhor encarregou aos senhores reis destes reinos". De forma que o projeto colonial é aí apresentado como cumprimento de uma determinação divina.

Essa mística que fundamentava a dilatação da fé e do império num mandamento do próprio Cristo aos reis de Portugal foi longamente desenvolvida pelo Padre Vieira em mais de um dos seus sermões. Assim, diz ele explicitamente:

> O dia em que Cristo apareceu a El-rei D. Afonso Henriques, e fundou o reino de Portugal, foi aos vinte e quatro de julho de mil cento e trinta [...]. Mais diz o mesmo Texto (da crônica sobre essa aparição), e o mesmo Cristo nele em duas partes. Na primeira, que ele como fundador dos reinos, fundava o de Portugal, para que o seu nome fosse levado a nações e gentes estranhas [...]. Na segunda, que para uma grande messe, que havia de colher em terras muito remotas, tinha escolhido por seus segadores os portugueses.

E acrescenta Vieira, numa comparação arrojada, dando o mesmo valor jurídico à missão dos reis de Portugal como à missão dos papas:

> Assim como o mesmo Cristo fundou a sua Igreja em São Pedro, e seus sucessores, assim fundou o seu império em D. Afonso e sua descendência [...]. Assim como Cristo, sendo um só, tem duas coroas, assim há de vir tempo em que tenha dois vigários que o representem na terra: um coroado com a coroa de ouro, que é o poder e a jurisdição espiritual, outro coroado com a coroa de prata, que é o poder e jurisdição temporal (Vieira, 1909, p. 165-198).

Esta mística que o Padre Vieira expressava em seus sermões, claro que não era, nesses termos, compartilhada por todos os membros da Igreja. Mas o sentimento profundo de uma inseparabilidade entre a nação portuguesa e o cristianismo católico era compartilhado por todos. E essa inseparabilidade provinha de algo mais profundo e anterior às concessões pontifícias feitas aos reis de Portugal, como arautos do Evangelho entre os infiéis.

O *encargo explícito confiado pelos papas aos reis de Portugal* vinha como que dar forma jurídica e canônica a essa mística. E é bem sintomática a concessão feita pelo Papa Nicolau V (1447-1455), na bula *"Romanus Pontifex"*, aos reis de Portugal:

> Não sem grande alegria chegou ao nosso conhecimento que o nosso dileto filho Infante D. Henrique, incendido no ardor da fé e zelo da salvação das almas, se esforça como verdadeiro soldado de Cristo por fazer conhecer e venerar em todo o orbe, até os mais remotos lugares, o

nome gloriosíssimo de Deus, reduzindo à sua fé não só os sarracenos inimigos dela, como também quaisquer outros infiéis [...]. Por isso nós, tudo pensando com a devida ponderação, por outras cartas nossas concedemos ao dito Rei Afonso a plena e livre faculdade, entre outras, de invadir, conquistar, subjugar quaisquer sarracenos e pagãos, inimigos de Cristo, suas terras e bens, a todos reduzir à servidão e tudo aplicar em utilidade própria e dos seus descendentes [...][3].

Esta bula de Nicolau V talvez seja o maior documento de sacralização da "conquista para Deus e para o rei de Portugal". A conquista simplesmente não tem limites, envolvendo o apropriar-se da terra dos pagãos e o reduzi-los à escravidão.

Quando da descoberta da América, o Papa Alexandre VI, depois de ter doado aos reis de Portugal e de Espanha as novas terras por descobrir, encarregou à real consciência dos ditos reis, pela bula *Inter caetera*, de 4 de maio de 1493, a obrigação de enviar missionários para as conquistas, que o mesmo papa lhes tinha dado de presente:

> Mandamo-vos, em virtude da santa obediência, que assim como prometeis, e não duvidamos o cumprireis, destineis às terras e ilhas sobreditas varões probos e tementes a Deus, doutos, instruídos e experimentados, para doutrinar aos ditos indígenas e moradores na fé católica [...] (Mondreganes, 1951, p. 429).

Como se vê pelas concessões pontifícias, não se tratava de duas missões paralelas – a do rei e a da Igreja – mas sim de uma única missão sob o encargo do rei. Esta missão evangelizadora dos reis de Portugal nas terras por eles conquistadas no além-mar encontrava sua formulação jurídica adequada no Padroado régio.

É dentro desse contexto que se deve compreender o estatuto jurídico que o rei promulgou para os missionários que converteriam os índios "à nossa Santa Fé católica": as leis e o Regimento das Missões do Maranhão, em 1686.

---

3. Arquivo da Torre do Tombo, maço 7 de bulas, n. 29.

Esse estatuto jurídico sobre as missões do Maranhão procurava regulamentar *a harmonização entre a ação evangelizadora e a colonizadora*. Aliás, é de modo especial na legislação sobre as missões que pode bem perceber-se como evangelização e colonização não eram duas atividades paralelas, mas se interpenetravam de tal modo, que era difícil estabelecer uma linha divisória entre ambas.

Essa legislação não era apenas uma espécie de "diretório das missões", mas tinha força de lei, com todas as suas consequências, desde a advertência ao missionário transgressor, até a sua punição pelo afastamento das missões. E é também de notar que as determinações régias eram vistas com um prisma de tal sacralidade, que não eram discutidas, pois era pacífico e princípio de que "ninguém julga o rei".

Não se deve esquecer, também, o que atrás já acentuamos, ou seja, que a legislação régia referente às missões era elaborada sob o influxo dos membros da Igreja. É isso o que diz explicitamente o rei ao esclarecer, na Lei de 9 de abril de 1655, o modo como eram essas leis elaboradas: "por muitas pessoas teólogos e juristas das maiores letras e virtudes de meus reinos e mais versados nos negócios desta qualidade".

Além do Regimento e das leis sobre as missões, havia um órgão especial que tentava, na realidade concreta, estabelecer a harmonização entre a atividade missionária e o projeto colonial: era a Junta das Missões. Servia como tribunal consultivo para o rei acerca dos problemas específicos das missões, os quais iam surgindo no contexto real. Aí pelos meados do século XVII, por influxo da Companhia de Jesus, foi criado em Lisboa o Tribunal ou Junta das Missões e Propagação da Fé, tribunal este que inicialmente funcionou na Casa jesuíta de São Roque. Como uma espécie de desdobramento desse tribunal, havia no Brasil várias juntas das missões, sendo uma delas localizada no Estado do Maranhão ou Grão-Pará. Era um instrumento para as autoridades da Igreja e do Estado enfocarem o problema das missões em face da colonização. Basta dizer que dele faziam parte o bispo, os prelados religiosos que tinham missões na região, o governador e as autoridades civis relacionadas com o problema dos índios e das missões. É bom que se lembre que a Junta das Missões, no que se refere à sua competência específica, estava acima da autoridade do próprio governador.

Essa busca de harmonização entre a atividade missionária e o projeto colonial não se conseguia tão facilmente, no domínio da realidade concreta. No âmbito jurídico, enquanto o fundamento último da legislação era a vontade do "rei, meu senhor"[1], a harmonização se procedia mais facilmente; no domínio da realidade, a coisa era bem diferente, sobretudo quando se tratava do confronto entre as autoridades eclesiásticas e as autoridades civis subalternas. Assim como a história das missões na Região Amazônica foi um constante conflito entre religiosos e colonos, de igual modo tal conflito se dava entre os missionários (através de seus prelados) e as autoridades locais. A Junta das Missões era um desaguador comum desses conflitos.

A razão principal de tais confrontos era a prioridade que davam ao problema os missionários ou as autoridades civis. Para os missionários, podemos dizer que, de uma maneira geral, a prioridade estava na evangelização. Imbuídos que estavam de toda uma espiritualidade que colocava o temporal em segundo plano, em face do espiritual, não podiam permitir que os interesses dos colonos ou das autoridades locais prevalecessem sobre os interesses do Evangelho. Essa atitude dos missionários, quando agiam a partir de uma "espiritualidade", era de algum modo paradoxal diante do que dissemos antes, no tocante à sua ação missionária dentro do projeto colonial. E que o "modo canônico e jurídico" do agir missionário podia facilmente harmonizar-se com o projeto colonial, enquanto que o "fundamento espiritual" da evangelização e os "interesses da colonização" não encontravam facilmente um denominador comum. Pois, dentro da espiritualidade prevalecia o princípio: "De que vale ao homem ganhar o mundo inteiro, se vier a perder sua alma?" (Mt 16,26).

A adesão dos missionários ao projeto colonial, enquanto ele pretendia *retirar os índios das trevas da selvageria e levá-los à luz da civilização*, não era uma simples aceitação de uma ideia vinda de fora, mas sim a expressão de uma autoconvicção. A Igreja portuguesa, como a europeia de então, estava plenamente convicta de que os índios viviam nas trevas do paganismo e da barbárie. Tudo isso que nós chamamos hoje de ordem de "valores culturais" próprios, não era visto senão como um acervo de desvalores. A visão que os missionários tinham dos índios não estava muito distante da visão dos colonos. Procedia dos missionários a célebre caracterização dos índios pela ausência em seu alfabeto das três letras: F. R. e L., ou seja, os índios não tinham nenhuma Fé (F), mas viviam à maneira de irracionais. Não tinham Rei (R) vivendo sem organização social e sem autoridade. E não tinham Lei (L), pois sua vida era movida apenas pelos instintos e paixões.

A partir dessa visão do índio, que tinham os missionários, claro que fazia parte integrante de seu trabalho missionário acabar com aquilo que eles chamavam de "costumes bárbaros" e "ritos gentílicos", isto é, devia ser destruído tudo aquilo que hoje nós chamamos de sistema de "valores culturais" indígenas. Ou por outras palavras: o índio devia deixar de ser índio. E por conseguinte, a "desindianização" fazia parte integrante da evangelização.

Para os missionários, "civilização" era o modo de ser do homem da *"civitas"*, ou seja, do homem europeu. "Selvageria" era o modo de ser do homem da "selva". E "os costumes cristãos" não se coadunavam com o modo barbárico do homem da selva". De forma que "civilizar" e "cristianizar" eram dois aspectos de uma mesma atividade missionária. Nesse sentido, vêm bem a peito as palavras de Ranke: "A conquista transformou-se em missão, a missão em civilização". De forma que se repetia aquilo que Lúcio de Azevedo afirmou, comparando a ação missionária na Região Amazônica com a atividade dos monges e clérigos da Idade Média: como na Idade Média se tinham visto prelados e sacerdotes guerreiros, "agora veremos os padres exploradores e geógrafos, atravessando terras, discorrendo pelos rios, perscrutando as florestas, sendo em toda parte, no mundo novo, as avançadas sentinelas da civilização" (obra citada em Azevedo, 1930, p. 5).

Uma das expressões da civilização, em que os índios deveriam ser inseridos, era a língua portuguesa. Aliás, como vimos atrás, o ensino do português era uma exigência das determinações dos reis de Portugal, em vista dos índios serem seus "vassalos" e, sobretudo, porque seria através desse instrumento da língua portuguesa que a corte régia iria garantir o fundamento jurídico de sua conquista em regiões que, pelo Tratado de Tordesilhas, deveriam ser de Espanha. Pois, em 1750, quando no Tratado de Madri se procurou delimitar as fronteiras da América portuguesa e espanhola, o critério decisivo foi este: a América portuguesa vai até onde se falar o português.

Mas para os índios chegarem ao conhecimento da língua portuguesa, deviam os missionários primeiramente conhecer as línguas indígenas. E, sobretudo, porque a primeira evangelização se daria através da língua do próprio índio.

Nessa busca de conhecimento das línguas indígenas, os missionários revelaram em seus escritos muitos valores existentes nos povos indígenas da Amazônia. Claro que os missionários, ao escreverem dicionários, gramáticas e trabalhos catequéticos nas línguas indígenas, estavam intencionando propriamente colocar nas mãos dos que iam trabalhar nas missões um instrumental para a catequização dos silvícolas. Seu intento não era de *per si* revelar valores culturais dos índios. Mas, mesmo assim, escreve com razão J. Lúcio de Azevedo: "O que se veio a saber, acerca dos índios, em tempos passados; quanto até nós chegou de sua história, de seus usos, de sua linguagem [...] tudo se tem de buscar nos anais das ordens religiosas, particularmente da Companhia de Jesus" (1930, p. 260).

Serafim Leite cita as seguintes obras de filologia indígena na Região Amazônica, obras essas da autoria de missionários jesuítas: "Arte da Língua Brasílica", pelo Padre Luís Figueira (Lisboa, 1621); "Catecismo da Língua Geral, na Língua dos Nheengaíbas, na dos Bócas, na dos Jurunas, e na dos Tapajós", pelo Padre Antônio Vieira; "Catecismo dos Ingaíbas", pelo Padre Manuel Nuncs; "Catecismo na Língua dos Tapajós e dos Urucuçus", pelo Padre Bettendorff; "Catecismo da Doutrina Cristã em Língua Geral", pelo Padre José Vidigal; e um "Catecismo em Língua Indígena" da autoria do Padre Antônio Pereira (obra citada em Leite, 1943, v. IV, p. 313-315).

Queremos aqui citar também alguns trabalhos dos missionários franciscanos (OFM) por serem pouco conhecidos, no que se refere às línguas indígenas da Amazônia.

Frei Joaquim da Conceição, que trabalhou nas missões do Grão-Pará, nos fins do século XVII e começo do século XVIII, deixou escrito um "Confessionário nas Línguas dos Indios Marunu, Aruã e Aracaju", além de uma "Explicação Breve dos Mistérios mais Essenciais da nossa Santa Fé", em língua Aruã. Frei José da Natividade compôs um "Catecismo da Doutrina e Mistérios da nossa Santa Fé para Governo Espiritual dos Índios Aruãs e Maraunus". Frei Boaventura de Santo Antônio, falecido em 1697, escreveu um "Vocabulário do Idioma Sacaca, com apêndice da Doutrina Cristã", na língua dos mesmos índios. Também na língua Sacaca escreveu ele um "Confessionário com Admoestações sobre os Mandamentos"', um "Breve Diálogo sobre a Doutrina Cristã, em língua Goyana", uma "Arte da Língua dos Aruãs" e também a "Arte da Língua Comum, a que chamam Geral, com um Confessionário nessa mesma língua". Frei João de Jesus escreveu, depois de 1719, "Práticas e Doutrinas sobre os Sacramentos, Mandamentos e Mistérios da nossa Santa Fé", "Via Sacra", "Doutrina contra as Superstições e Feitiçarias", "Arte para os que principiam a aprender a Língua dos Aruãs" e "Vocabulário da Língua Geral". Frei Pedro de Santa Rosa compôs, depois de 1714, um "Confessionário Escrito em Língua dos Aracajus". Frei Mateus de Jesus Maria escreveu, depois de 1726, um "Vocabulário da Língua Brasílica", "Das coisas mais necessárias aos Missionários" que assistem entre os Gentios, "Cartapácio dos Verbos da mesma Língua", "Vocabulário da Língua Aruã", "Vocabulário com Advertências pertencentes à Gramática da Língua Geral", "Arte da Língua Aruã" (Fragoso, [s. d.], p. 119-160).

As obras supracitadas são apenas dos jesuítas e dos franciscanos da província portuguesa de Santo Antônio. Se acrescentarmos o que terão escrito os franciscanos da Província da Piedade, os da Província da Conceição, os religiosos carmelitas, os missionários mercedários, poderemos imaginar o que legaram os missionários à posteridade sobre os valores culturais das línguas indígenas da Amazônia.

Os missionários em sua atividade "civilizadora" foram várias vezes advertidos pelo rei de terem negligenciado o ensino da língua portuguesa. E o Governador Francisco Xavier de Mendonça Furtado acusou os missionários religiosos em geral de terem deixado os índios na ignorância da língua lusitana. Alegava ele não ter encontrado índios nas ex-missões dos religiosos, que soubessem os mandamentos da Lei de Deus, ou o Credo em português. E se pergunta estupefato: "Como poderão os índios compreender o Evangelho de Nosso Senhor Jesus Cristo sem o veículo necessário da língua portuguesa?" ("Carta ao Governador Francisco Xavier", [s. d.])

Um problema todo especial referente à harmonização do projeto cristianizador com o projeto colonial, era *a questão da liberdade dos índios*. Já vimos como o projeto colonial encarava os índios como "mão de obra" para a construção do edifício do império português na Amazônia. Toda a questão, na prática, girava sobre a conveniência, ou não, do trabalho livre ou escravo dos índios. Através de todo o período de que aqui tratamos, as determinações régias fizeram toda sorte de acrobacia, para ora justificar o trabalho livre, ora legitimar o trabalho escravo. E segundo afirmava o próprio rei, na elaboração das suas leis entrava a consulta a teólogos juristas e homens competentes em assuntos indígenas.

É de lembrar antes de tudo que, no pensamento da Igreja de então, a escravidão era coisa pacificamente admitida. Todo o problema consistia em determinar quando a escravidão era "legítima" ou "ilegítima". Daí resulta que os missionários da Região Amazônica não podiam ter pensamento diferente: admitiam a legitimidade da escravidão nos casos em que o direito ou a lei vigente a justificavam.

Além disso, era imposição da lei civil que os missionários deviam observar inviolavelmente as determinações dos reis. E só para citar os Estatutos Provinciais dos franciscanos da Conceição, que determinavam claramente: "Em tudo o mais se portarão como verdadeiros religiosos zelando muito a honra de Deus, pureza de nossa Santa Regra, e leis de Sua Majestade" ("Estatutos da Província da Conceição", 1735, p. 208-209). De forma que, tanto por parte da lei estatutária dos religiosos, como por imposição explícita da lei régia, eles deviam observar as leis vigentes sobre a liberdade dos índios.

Por outro lado, porém, essas mesmas leis régias determinavam, várias vezes, que era obrigação dos religiosos que trabalhavam nas missões proteger a liberdade dos índios. Atrás de tais determinações estava a experiência de que o grande perigo concreto da liberdade indígena eram os colonos. Na sua insaciabilidade por índios escravos, não só alargavam as brechas em que a lei permitia a escravidão, como desrespeitavam habitualmente a própria lei vigente. É nesse contexto real que vale a afirmação de Rocha Pombo, de que quase toda a história colonial do Brasil amazônico se caracterizou pela luta entre os colonos e os missionários, por causa da defesa da liberdade dos índios, defendida pelos religiosos (Pombo, [s. d.], p. 431). E Lúcio de Azevedo ainda se expressa mais categoricamente: "A luta entre eles (os jesuítas) e a população leiga é o fato central, em torno de que todos os mais gravitam" (obra citada em Azevedo, 1930, p. 8-9).

Mas, se os missionários acusavam os colonos de abusarem da liberdade dos índios, os colonos por sua vez revidavam a acusação, apontando os religiosos como monopolizadores do braço escravo indígena. E tal acusação se apoiava no contexto especial criado pelo

Regimento das Missões e outras leis particulares, que colocavam quase toda a administração dos índios dos aldeamentos em mãos dos religiosos, o que significa dizer que também a direção do seu trabalho. Daí, insistirem os colonos, quando os missionários se negavam a satisfazer todos os seus desejos na concessão de índios para o serviço dos moradores, que assim procediam os religiosos porque conservavam os índios dos aldeamentos exclusivamente para sua própria utilidade.

Lúcio de Azevedo escreve sobre tais acusações dos colonos contra os missionários, que *tanto em poder dos colonos como dos religiosos os índios eram obrigados ao trabalho "forçado"*. A diferença prática, no entanto, consistia em que o desinteresse pessoal dos missionários os levava a aplicarem o produto do trabalho indígena na manutenção dos aldeamentos, e, desse modo, a riqueza econômica criada pelo trabalho "forçado" dos índios vinha incorporar-se ao patrimônio coletivo dos índios (Azevedo, 1930, p. 235).

Ao se mencionar a expressão "trabalho forçado", é bom ter em mente que as determinações da lei régia sempre impunham aos missionários a obrigação de educarem os índios no trabalho metódico, procurando afastá-los daquilo que a mentalidade comum de então classificava como "indolência congênita" dos índios. E a educação no trabalho metódico, para o modo de ser dos índios, que "trabalhavam para viver, e não viviam para trabalhar", envolvia um verdadeiro "trabalho forçado".

Dentro desse contexto conflitivo, situam-se também as acusações feitas pelo próprio rei aos religiosos, no tocante ao abuso da liberdade dos índios. Assim, por exemplo, no ano de 1721, o rei acusou todos os religiosos da Região Amazônica, mas acrescentava que tal procedimento dos religiosos lhe constava por acusações que lhe tinham sido feitas, sem, no entanto, indicar sua procedência. Alguns anos mais tarde, em 1729, Frei Antônio de Santa Maria, ex-comissário da província franciscana de Santo Antônio, defendia os religiosos em geral, de tais acusações. E afirmava que o verdadeiro motivo por que os colonos acusam os missionários de abusarem da liberdade dos índios é justamente porque eles a defendem contra a ganância dos colonos ("Cód. CXV/2-12", [s. d.]). A este testemunho em defesa dos missionários acrescenta-se a defesa dirigida ao rei, por parte do bispo do Pará, Dom Bartolomeu do Pilar, nesse mesmo ano de 1729, acusando os colonos de praticarem grandes abusos contra a liberdade dos índios nas missões ("Carta do bispo do Pará ao rei", 1729).

Vários anos mais tarde, ou seja, por volta de 1747, o rei voltou a acusar a Junta das Missões do Pará de favorecer o abuso da liberdade dos índios (Instruções régias, [s. d.], §5º). Mas as acusações mais fortes foram feitas pelo irmão do Marquês de Pombal, Francisco Xavier de Mendonça Furtado, como governador do Maranhão. Acusava ele os religiosos de que

> naquele tempo (meados do século XVII) eram pela liberdade (dos índios), porque não tinham as religiões cativo algum; agora são elas que, se não têm todos, têm certamente a maior parte. [...]. Toda a administração da justiça, que devera ter os governadores e ministros, está nos regulares [...]. Eles têm o senhorio universal de todos os índios deste estado (obra citada em Azevedo, 1930, p. 226).

Estas últimas acusações se situam dentro do conflito final, entre o governo pombalino e os religiosos missionários, e é simplesmente creditada aos religiosos toda a imperfeição das leis e do Regimento das Missões.

5. Como os índios viam os conquistadores da espada e da cruz

Desde o primeiro contato dos índios com os conquistadores na Região Amazônica um dos aspectos que mais lhes chamou a atenção foi a *brutalidade do sistema que os portugueses queriam impor aos índios, sob o nome de civilização.* Tal brutalidade era, em regra geral, a tônica de toda a técnica de dominação dos conquistadores.

No primeiro contato com os portugueses, no início da colonização, em Belém, os índios se mostraram pacíficos e acolhedores. Mas a experiência real foi, desde o início, brutal. Os Tupinambá, diante dos maus-tratos dos portugueses e de suas dissensões internas, foram-se tornando cada vez mais hostis, recusando-se a estabelecer relações de paz com quem a traía e nem sequer tinha paz interna. Diante da atitude dos Tupinambá, Jerônimo Fragoso de Albuquerque fez uma expedição a fim de puni-los, e "praticou tais extermínios, que nunca mais ameaçaram a povoação" de Belém.

Igualmente, a expedição de Pedro Teixeira, umas duas dezenas de anos depois, encontrou na foz do Rio Madeira muitos Tupinambá, filhos e descendentes de 84 aldeias, que, conforme se dizia, tinham fugido de Pernambuco, para se subtraírem às crueldades dos colonos.

O primeiro contato dos índios da foz do Rio Negro, onde haveria mais tarde um grande foco de resistência indígena, foi também desfavorável, por ocasião da referida expedição de Pedro Teixeira, quando os soldados queriam a todo custo subir o rio para fazer escravos, a fim de se compensarem do custo da expedição. Não fosse a interferência de Acuña, padre jesuíta, teriam praticado as maiores desordens em relação aos índios do Rio Negro.

Semelhante comprovação de um primeiro contacto com os conquistadores, como experiência de traição e brutalidade, foi o caso dos pacíficos Tapajós. Eram esses índios muito amigos e inofensivos, mas logo que partiu a expedição de Pedro Teixeira, Bento Maciel desencadeou uma luta contra eles, praticando toda sorte de excessos, desde a escravização até a violação de suas mulheres. Diante de tal procedimento, os índios Tapajós assumiram uma atitude de inimigos figadais dos seus opressores.

Não somente no primeiro contato com os conquistadores, podiam os índios perceber a face brutal daquilo que aqueles chamavam de "civilização". Também sofriam na própria carne tal brutalidade, através de todo o processo de inserção no sistema dos conquistadores. Os descimentos dos índios dos sertões para os aldeamentos eram feitos sob um pacto entre índios conquistadores, mas quantas vezes esse pacto era apenas um engodo. E o que dizer das tropas de resgate! Eram verdadeiras caçadas humanas, como tantas vezes falam os documentos. E os descimentos forçados, quando se tratava de índios rotulados pelos conquistadores como "antropófagos"?

Uma vez "descidos" para os aldeamentos, engenhos, fazendas dos colonos ou para as obras públicas, os índios tomavam contato com toda uma experiência de trabalho "violentador" de seu modo de ser, trabalho que, o mais das vezes, tomava a forma simplesmente de escravidão.

E como os índios encarariam a nova experiência de viver, até certo ponto, "confinados" nos aldeamentos, tendo deixado a liberdade da floresta? Os documentos falam, às vezes, que muitos índios morriam "estranhando a terra". O que se esconde atrás dessa expressão que para os conquistadores e missionários parecia tão simples?

A nova experiência nos aldeamentos corresponderia para os índios ao que os missionários tinham prometido, antes de "descê-los" dos sertões? E ao virem dos seus sertões, adivinhariam os índios todo o processo de "desaculturação" e dominação a que seriam submetidos? Imaginariam os índios que não se trataria apenas de uma mudança de lugar – para vir morar nas proximidades dos brancos com as vantagens que isso lhes traria – mas que se tratava de todo um processo doloroso em que eles perderiam a sua "indianidade"?

Uma coisa que os índios devem ter percebido desde o início é que *o missionário era um "conquistador" mais brando*. Um "conquistador" que muitas vezes defendia os índios da ganância insaciável dos colonos. Um conquistador, cujo jugo era mais suave. Mas, em última análise, era um "conquistador" como os outros.

Quando os índios se rebelavam contra os brancos por causa dos excessos praticados contra eles, eram os missionários que vinham tantas vezes "reduzir" os índios à paz com os portugueses, paz essa que era novamente rompida pelos conquistadores. Diante disso, para muitos índios, os missionários estavam no partido dos outros conquistadores, embora usando métodos mais brandos.

Igualmente, podiam perceber os índios como as entradas de resgate – verdadeiras caçadas humanas – eram tantas vezes acompanhadas pelos missionários. E mesmo quando era reconhecida a ilegitimidade dos cativeiros assim praticados, eram quase sempre os índios colocados nos aldeamentos, e rarissimamente devolvidos à sua liberdade originária.

Uma vez descidos para os aldeamentos, os índios eram submetidos a um *processo de desindianização*, através dos missionários. Estes iriam "destruir" sua religião e sua ordem moral. Qual terá sido a estratégia de sobrevivência que os índios usaram a fim de salvar aquilo que eles consideravam valores próprios do seu povo? Os documentos históricos são muito parcos nesse sentido, pois, escritos sob a ótica dos missionários, apresentam apenas o aspecto em que os índios demonstravam satisfação com a nova religião dos conquistadores. Mas como em todos os outros casos de povos submetidos à prática da religião do conquistador, e obrigados a deixar a sua própria religião, a estratégia de sobrevivência era simplesmente ocultar aos conquistadores sua vivência religiosa própria.

A prática da nova religião uma vez "aceita livremente" era imposta sob as mais variadas penalidades, envolvendo até as punições físicas. Aqui se aplicava o direito vigente na Igreja: "Pelo Batismo professa o batizado a Fé Católica, a qual se obriga a guardar; e pode, e deve a isso ser constrangido pelos ministros da Igreja" ("Constituições primeiras", 1853).

A prática missionária de *"constranger" os índios convertidos ao cumprimento de seus novos deveres cristãos* foi por vezes bastante rigorosa. Muitos religiosos mandavam açoitar os neófitos e metê-los em troncos, não somente quando cometiam faltas consideradas graves por esses missionários, mas até mesmo nas pequenas faltas. E tanto que o rei mais de uma vez teve de aconselhar moderação para com os índios, como o fez nas Cartas Régias de 20 de novembro de 1699 e de 11 de janeiro de 1701. Advertia o rei que tais castigos poderiam provocar o espírito de vingança e represália (obra citada em Azevedo, 1930, p. 179).

Aliás, o "constrangimento" dos índios ao cumprimento dos deveres assumidos como cristãos não era apenas consequência de uma pedagogia de alguns missionários, mas, como dissemos atrás, era uma "imposição canônica". E mais ainda, era uma necessidade da política de "unidade nacional" que considerava a religião católica o principal fator dessa unidade. Para manter essa "unidade nacional" existia todo o aparato da Inquisição, com seu olhar vigilante e intimidador. O *Livro da Visitação do Santo Ofício da Inquisição ao Estado do Grão-Pará* (1763-1769) mostra todo um procedimento inquisitorial, atingindo de modo especial os índios, em suas práticas consideradas "criminosas".

A nova religião que os missionários pressupunham aceita livremente pelos índios e a cujo cumprimento podiam ser constrangidos, seria vista pelos índios como uma libertação ou como uma forma sutil de dominação? Como veriam os índios a salvação que lhes era prometida: uma salvação na outra vida, decorrente de todo um processo de despojamento de sua indianidade aqui na terra?

O que deve ter despertado a atenção dos índios era o fato de que os seus irmãos de sangue, que aceitavam o cristianismo, passavam para o partido dos conquistadores. E isso era manifesto de maneira especial no caso das guerras contra os índios não cristãos, guerras que os conquistadores chamavam de "justas". Os índios dos aldeamentos deviam ser mobilizados pelos missionários para guerrearem os outros índios. E se pensarmos o que no contexto real se chamava de guerra "justa"! Era considerada guerra "justa" pela lei, em primeiro lugar, a guerra de legítima defesa, ou seja, quando os índios pagãos invadissem as povoações e terras do rei; nesse caso era lícito guerrear os índios agressores e reduzi-los à escravidão. Igualmente era considerada uma guerra "justa" defensiva, quando os índios pagãos impedissem aos missionários a entrada para os sertões, a fim de pregarem o Evangelho.

Ora, se pensamos no conceito de "terras pertencentes ao rei", veremos quanto esse termo era impreciso, sobretudo aos olhos dos índios, que viam suas terras serem tomadas pelos conquistadores e se julgavam no direito de reavê-las. Mas o estranho era o caso de guerra "justa" contra os índios que impediam pregação do Evangelho. Que sabiam os índios pagãos sobre o que seria pregação evangélica? E o que é mais grave ainda, é que a guerra "justa" também podia ser desencadeada contra esses índios pagãos, quando eles atacassem os companheiros dos missionários, que iam aos sertões pregar o Evangelho. Ora, os índios acostumados a tantas traições, embustes, pretextos mais variados para serem guerreados e reduzidos à servidão, facilmente poderiam pensar que tais grupos de "pregadores evangélicos" eram mais um grupo que os viria atacar.

A lei falava também dos casos de guerra "justa" ofensiva, ou seja, quando houvesse indício certo e infalível de que os índios pagãos brevemente iriam invadir as terras do rei, e não houvesse nenhum outro meio de dissuadi-los. Também era lícita a guerra ofensiva quando os índios pagãos tivessem praticado incursões contra as terras do rei, e se negassem a prestar reparação condigna. Nesses casos, podia-se fazer guerra "justa" contra tais índios e reduzi-los à servidão.

Em todas essas especificações da lei, tinham os missionários a obrigação de mobilizar seus índios aldeados para enfrentarem os seus irmãos de sangue. Não resta dúvida que para muitos índios tal atitude seria considerada uma verdadeira traição à causa de seu povo.

A visão que os índios tinham da civilização dos conquistadores, com toda a brutalidade que tantas vezes a acompanhava, envolvia também *alguns aspectos que poderiam parecer positivos aos índios*. Também a religião dos conquistadores, enquanto estava a serviço do projeto colonial, destruía todos os valores religiosos dos índios, sua moral e seu sistema tribal; por outro lado, enquanto essa mesma religião envolvia algo acima dos conquistadores, apresentava de igual modo aspectos positivos para os índios.

Uma das características de muitas tribos indígenas que estiveram sob os cuidados missionários dos religiosos, conforme testemunho desses mesmos missionários, era uma ânsia de aprender algo mais, ou seja, de progredir. Assim, por exemplo, os Aruã, os Sacaca, os Maraunu e tantos outros que são explicitamente citados. Barbosa Rodrigues, no *Santuário Mariano*, escrevendo sob informações de missionários do Grão-Pará, diz:

> Os índios (do aldeamento da Conceição, em Marajó) estimavam com muito fervorosa devoção a doutrina daqueles padres (franciscanos). Estes são seus mestres em tudo [...]. Têm ali escola, onde os ensinam a ler e a escrever e cantar, onde também aprendem as raparigas índias. E como têm habilidade, tudo aprendem perfeitamente [...]. Alguns rapazes aprendem o ofício de entalhadores com tal perfeição, que fizeram um grande e formoso retábulo para a sua igreja com tão perfeita arquitetura que em nada são inferiores às da corte. Também se dedicam à escultura e para tudo mostram grande habilidade (Rodrigues, [s. d.], v. IX, p. 395-398).

Outra vantagem que lhes trazia a civilização dos conquistadores, ou melhor, a maneira como eles eram inseridos no projeto colonial, era a promoção de uma ideia socializante. Recolhidos nos aldeamentos, e muitas vezes trazidos de várias tribos diferentes, os índios podiam ampliar uma conceituação socializante, que tinham dentro do âmbito da tribo, para uma dimensão maior, envolvendo seus vários irmãos de outras tribos. Isto, porque nos aldeamentos imperava a socialização como sistema comum, econômica e socialmente.

Será, porém, no âmbito religioso que poderemos apontar várias vantagens que os índios poderiam experimentar, não propriamente ao serem inseridos na sociedade "cristã", que os relegava a segundo plano e os "desindianizava", mas num núcleo e semente de valores, que poderiam ser desenvolvidos na direção de uma maior plenificação.

Nos documentos dos missionários, sobretudo jesuítas, se fala que os índios aceitavam "a catequese com tanta facilidade que esta parece corresponder a uma estrutura inerente ao processo que estão vivendo" (Hoornaert, 1976, p. 341-357).

Falamos atrás que havia uma defasagem entre o proceder jurídico dos missionários e sua espiritualidade evangélica. À luz das leis de Sua Majestade, os missionários aceitavam pacificamente inserir-se no projeto colonial, com o que ele envolvia de dominação e opressão sobre os índios. Mas à luz de sua espiritualidade evangélica, tinham os missionários outra linguagem e outra ordem de valores. Essa mesma defasagem se concretizava no tocante à pedagogia missionária. Se, por um lado, o missionário podia parecer aos olhos dos índios como "um conquistador mais brando", por outro lado, havia no seu procedimento para com os índios "um algo mais", que os atraía. Claro que os índios não faziam distinções acadêmicas entre a mensagem cristã que os missionários lhes transmitiam e o seu contratestemunho de conquistadores. Porém, em sua intuição, podiam os índios perceber "um algo mais" nessa mensagem evangélica que estava em discordância com a brutalidade do sistema colonizador.

Em primeiro lugar, o valor *pessoa humana* que, embora conculcado pelos conquistadores, era uma semente, que num ambiente especial poderia germinar e conduzir a uma valorização maior da pessoa do índio.

A partir desse valor *pessoa humana*, desdobrava-se a ideia cristã de *filhos de Deus*. Era esta, também, uma semente de fraternidade, que poderia ser o germe de uma nova sociedade mais igualitária e mais solidária que a sociedade brutal dos conquistadores.

E, por fim, o cristianismo lhes incutia uma esperança, não apenas numa vida além do horizonte de nossa existência, mas também lhes inculcava, no meio de toda a desesperança em que eram mergulhados, uma esperança nova, a partir do sentido mais profundo da "vida humana", o que não haveria de deixar de repercutir já na existência aqui na terra.

6. A nova sociedade cristã formada pelas populações indígenas

O aspecto inicial, que nos chama a atenção nessa nova sociedade cristã, que brota dos aldeamentos indígenas, é que ela era *uma Igreja de povos que deviam deixar sua identidade étnica*. O projeto colonial envolvia "desfazer-se" desses povos, para "criar" outra condição étnica dentro da sociedade colonial. E isso se explica pelo fato de que Portugal, dispondo de uma população insignificante face a um meio mundo a conquistar, não conseguiria dominá-lo verdadeiramente se esses povos conservassem sua identidade étnica.

Antropólogos, como Darcy Ribeiro, chamam a atenção para o que representava a identidade étnica dos índios face à identidade étnica do português. Os índios tinham uma identidade própria, que remontava a 20 mil, a 30 mil anos, e mais. Enquanto o português tinha uma identidade que não passava de uns quatro séculos, àquela altura dos acontecimentos, e essa identidade ainda estava, em grande parte, em formação. O português, como o europeu em geral, pode ser denominado como um "povo sem cara", sem uma identidade étnica bem definida, como resultante de um processo de fusão civilizatória.

Igualmente chamam os antropólogos a atenção para o que representava o valor linguístico dos índios, em confronto com os europeus. Em toda a Europa, só havia propriamente um grupo linguístico: o indo-europeu, enquanto no Brasil havia uns 40 ou mais grupos linguísticos.

O índio devia deixar de ser índio, para se tornar "brasileiro" e "cristão". Devia deixar de ser índio, enquanto devia perder os valores de sua indianidade. Mas, no período missionário de que tratamos, ele ainda não se tornava plenamente "brasileiro" e "cristão". Tal tentativa foi feita pelo governo pombalino, que procurou tirar dos índios todas as conotações indígenas, que eram tidas como inferiores, para revestir o índio totalmente da roupagem portuguesa e "cristã".

A Igreja indígena que emergiu dos aldeamentos era *uma Igreja marginalizada social e culturalmente*, o que envolvia também a marginalização no âmbito religioso. Era uma Igreja de "neófitos". E a categoria de "neófitos" era aplicada na época, não apenas a indivíduos particularmente, mas a povos inteiros. Eram os "cristãos-novos", em contraposição aos "cristãos-velhos". Os "cristãos-novos" (neófitos) não podiam, pelo direito canônico de então, ser admitidos ao sacerdócio, à vida religiosa nem a postos de administração na Igreja. Eram, em suma, "cristãos de segunda categoria".

O Governador Francisco Xavier de Mendonça Furtado, a partir de 1751, quando do conflito do governo pombalino com os religiosos missionários, acusou a estes de conservarem os índios em regime de minoridade face aos portugueses. E entre outras coisas, alega que os missionários não colocavam sobrenome nos índios dos aldeamentos num sinal manifesto de sua inferioridade diante dos brancos. E por isso o governo pombalino propõe equiparar os índios aos portugueses, tanto na sociedade civil como na organização eclesiástica. Daí ele ter elevado os aldeamentos à categoria de "vilas ou povoados" com os mesmos direitos das vilas e povoados de Portugal. Igualmente, elevou as missões à categoria de paróquias, igualando os índios aos brancos na sociedade eclesiástica.

Convém lembrar, no entanto, que esse projeto pombalino, tão humanitário à primeira vista, envolvia, por outro lado, a completa "desindianização" dos mesmos índios. Era preciso que o índio se revestisse da roupagem portuguesa e falasse o português (mesmo compulsoriamente), para gozar o direito de "maioridade". O índio devia deixar de ser índio para poder ser "de maior". Isso era, em suma, o mesmo pressuposto do sistema missionário até então vigente: a indianidade representava uma categoria inferior.

A Igreja dos índios era, pois, *uma Igreja de segunda classe, enquanto expressão de indianidade*. E era, ao mesmo tempo, uma Igreja "paralela".

Era uma Igreja paralela, enquanto se constituía numa organização fora da jurisdição dos bispos. Aliás, a isenção das "paróquias missionárias" da jurisdição dos bispos não era nenhuma novidade, mas uma jurisprudência que já vinha de muitos séculos. Essa "isenção" do poder episcopal significava, em última análise, "união direta com a jurisdição pontifícia". Tal isenção tinha toda uma história, vinda desde a Idade Média. O Concílio de Trento, no século XVI, a reconhecera, no tocante às missões. E as determinações dos concílios eram consideradas também leis civis no reino de Portugal.

Na Capitania do Maranhão, com o advento do primeiro bispo, Dom Gregório dos Anjos, em 1679, houve um princípio de controvérsia entre o bispo e os religiosos, no tocante à jurisdição episcopal sobre as missões. Mas já com Dom Gregório essa controvérsia não foi adiante. Igualmente com os bispos subsequentes, até Dom Antônio de São José (1756-1778), as relações entre missões dos religiosos e o bispo não tiveram grandes estremecimentos. E isso, em parte, porque a grande concentração das missões se tinha deslocado para a Capitania do Pará, e não era muito prático e funcional insistir na jurisdição do bispo naquelas paragens longínquas, que se estendiam até o Rio Solimões e o Rio Negro.

Com a ereção canônica, porém, da Capitania do Pará em bispado, a coisa mudou de feição. O primeiro bispo do Pará, Dom Bartolomeu do Pilar (1721-1733), conseguiu do rei de Portugal a aprovação de um programa de governo pastoral, que envolvia quatro pontos básicos, no que se referia às missões: 1) que os missionários nos aldeamentos não pudessem confessar sem licença do bispo, 2) que o bispo tivesse o poder canônico de visitar os aldeamentos, 3) que o bispo pudesse suprir um aldeamento de novo missionário, quando o prelado religioso não o fizesse, 4) e que o bispo devia ter um lugar especial na Junta das Missões. Esse programa pastoral de Dom Bartolomeu do Pilar foi aprovado pela Carta Régia de 21 de março de 1725.

Contra tal jurisdição do bispo no âmbito das missões dos índios, protestaram os superiores dos missionários jesuítas e franciscanos, de modo especial. Recorreram ao governador do Grão-Pará, a fim de que interviesse junto ao bispo, no sentido de este se abster de visitar os aldeamentos dos índios. O bispo prometeu aos religiosos que iria lhes garantir os privilégios de isenção até que o rei desse uma decisão definitiva do problema.

Os religiosos se valiam da seguinte argumentação, a fim de impugnar a jurisdição do bispo sobre as missões. O Concílio de Trento, quando submetia à jurisdição dos bispos as paróquias e outras circunscrições de cura d'almas, queria referir-se aos que por justiça exerciam a cura d'almas, e não aos que por caridade exerciam o seu ministério sacerdotal. De igual modo, acrescentavam os religiosos, a côngrua que recebiam era a título de simples "esmola", não correspondendo *de jure* aquilo a que eles teriam direito. Além disso, suas igrejas, sendo "regulares", como tais eram isentas da visitação dos bispos (Morais, 1858, p. 376-400).

A tal recurso por parte dos religiosos, responde o rei, a 30 de março de 1730, reconhecendo o direito dos missionários regulares de serem isentas da visitação do bispo aos aldeamentos sob seus cuidados, pois não eram paróquias "na forma do direito", mas podiam considerar-se como simples parte integrante da residência dos missionários. Essa argumentação régia, de cunho jurídico-canônico, se fundamentava, no entanto, em razões de ordem prática, referentes à administração dos aldeamentos dentro de seu projeto colonial. O rei, em carta de 2 de setembro de 1684, recomendava ao bispo do Maranhão que respeitasse o governo dos jesuítas nas missões

> porque a utilidade de serem governadas as ditas aldeias com toda a jurisdição pelos ditos padres é tão notória e de tal modo própria, essencial e unida com a conservação e liberdade dos índios (*Anais da Biblioteca Nacional*, 1948, p. 6).

Tal conflito entre os missionários dos aldeamentos indígenas e os bispos continuou, com as soluções da corte régia, ora favorecendo uma parte, ora pendendo para outra, conforme as conveniências do seu projeto colonial. Foi no governo pombalino que a isenção dos aldeamentos indígenas foi completamente extinta, ficando as missões, então elevadas a paróquias, sob a jurisdição dos bispos.

Essa tentativa do governo pombalino de unificar a Igreja dos índios com a Igreja dos conquistadores foi mais uma expressão jurídico-canônica que uma realidade igualitária. Os índios, embora considerados com os mesmos direitos civis e eclesiásticos que os brancos, no entanto continuaram com a marca de inferioridade de sua origem indígena. E agora era ainda maior a exigência de eles se despojarem de toda a indianidade para poderem realmente viver e conviver com e como os outros cristãos portugueses.

A unificação da Igreja dos índios com a Igreja dos conquistadores era uma meta a ser conseguida sobretudo pelas *expressões religiosas da Igreja indígena dentro dos moldes da cultura dos conquistadores*.

O aportuguesamento dos índios era exigência não só do processo civilizatório, mas também do processo evangelizador.

Embora os missionários da Amazônia reconhecessem em muitos povos indígenas uma "habilidade" e "aptidão" para aprenderem as expressões da cultura portuguesa, no entanto eram os índios, de maneira geral, considerados como desprovidos de cultura. Aquilo que hoje em dia chamamos de valores ou padrões culturais indígenas, eram vistos quase exclusivamente sob o prisma negativo de "costumes bárbaros" ou "ritos gentílicos". Daí, a necessidade de uma pedagogia cristã que fosse retirando paulatinamente os índios do seu paganismo e os revestindo da cultura cristã. Pois, a língua portuguesa era considerada o verdadeiro veículo do cristianismo, embora se admitisse a língua indígena numa primeira fase pedagógica.

Já foi dito que a evangelização dos índios dava um enfoque maior na "cabeça" que no "humano global" do índio. Aliás, não era um problema específico da catequese indígena, mas um método comum da catequese de então. A "doutrinação" envolvia toda uma transmissão repetitiva das "verdades cristãs". Muitos missionários afirmavam que as "elevadas verdades" da doutrina cristã encontravam dificuldade de entrar na cabeça dos índios, em decorrência de sua pouca inteligência. Assim, por exemplo, o superior dos carmelitas, Frei Francisco de Santo Elias, em carta ao rei, a 3 de outubro de 1747, alegava que a inteligência dos índios era de tal modo limitada, que muitos não conseguiam aprender a doutrina cristã, embora lhes fosse ensinada ao longo de toda a sua vida. Afirmação semelhante fez o comissário dos franciscanos da Província de Santo Antônio, Frei Afonso da Expectação, atribuindo igualmente à pouca inteligência dos índios a dificuldade encontrada na sua doutrinação.

E nós nos perguntamos se o problema principal não estava no método de doutrinação intelectualista e abstracionista. Pois a maneira de expressar-se do índio era mais concretista; sua visão dos problemas não abrangia um conjunto sistemático de "verdades teóricas", mas se fixava nos detalhes concretos da realidade.

A busca de encaminhar a Igreja dos índios para uma futura unidade com a Igreja dos conquistadores situava-se de maneira especial na moralização dos índios.

Partindo do pressuposto de que os índios viviam dominados por "costumes bárbaros e pagãos", os missionários se julgavam no dever de afastá-los desses costumes e fazê-los adquirir os "costumes cristãos". O costume que de início chocava os missionários era a nudez dos índios. Era considerada como causa e expressão de uma forte "sensualidade" congênita aos povos indígenas. Daí, ser preciso vesti-los para, assim, andarem como os cristãos portugueses.

Em resumo, podemos dizer que as expressões religiosas, a partir da cultura dos conquistadores, envolviam um *intelectualismo* decorrente da tônica que se dava na "doutrinação"; um *moralismo* expresso, em grande parte, no modo de ser cultural europeu, que repelia sob o nome de "costumes bárbaros" e "ritos gentílicos", muitos valores culturais indígenas; uma vida litúrgica, em sua maior parte, revestida de um *ritualismo* estranho à cultura dos índios, e de uma linguagem esotérica, que era a língua latina.

Mas se estas manifestações religiosas da Igreja dos aldeamentos se orientavam, em última análise, para uma unidade com as manifestações religiosas dos brancos, envolviam, no entanto, *alguns aspectos típicos das expressões indígenas*, fruto de um certo espírito de adaptação dos missionários.

Em primeiro lugar, as manifestações comunitárias exprimiam de modo especial a maneira de ser dos índios. Podia-se retrucar que as expressões eclesiásticas, sobretudo no domínio da liturgia, eram por sua natureza comunitárias. Mas o que diferenciava as expressões religiosas indígenas, era que elas eram expressões comunitárias "existenciais", enquanto as expressões da Igreja oficial (Igreja dos brancos) eram "canônico-juridicamente" comunitárias, pois, no íntimo, a religiosidade dos brancos, enquanto exprimia uma piedade pessoal, tinha um cunho individualista. Todo o modo de ser indígena, caracterizado por seu aspecto essencial comunitário, encontrava sua manifestação nas procissões, nas festas religiosas, nos cantos comunitários, a que os missionários davam um destaque especial.

Em segundo lugar, o uso da língua indígena, numa primeira fase do processo evangelizador, envolvia uma boa margem de adaptação à índole cultural dos índios, índole essa de que sua língua era, de modo especial, uma expressão concreta. Ou, por outras palavras, a língua dos índios envolvia uma maneira concretista de expressar-se, refletindo todo um mundo real da vivência dos índios. Igualmente, as línguas indígenas expressavam uma visão de realidade, não num conjunto sistemático, mas nos seus detalhes concretos, como dissemos atrás. E, por fim, as línguas indígenas expressavam todo um modo de ser específico dos índios, ao passo que a língua portuguesa envolvia uma história própria do povo lusitano. Assim, os cânticos e as orações traduzidos para a língua dos índios se encarnavam na vida concreta dos povos indígenas.

Um aspecto todo especial que os missionários perceberam desde o início foi o pendor que os índios tinham para a música. Esse pendor era comum a todas as tribos do Brasil, como uma das expressões comunitárias. Dos índios do Maranhão dizia Frei Cláudio de Abbeville, capuchinho, que escrevia ao tempo da colonização francesa:

> Não lhes acontece jamais cantarem canções escandalosas ou torpes, como ocorre entre nós, onde certas canções cheias de licenciosidades se ouvem em detrimento da glória de Deus, da Igreja, da honra do próximo e dos bons costumes [...]. Seus cantos são em louvor de uma árvore, de um pássaro, de um peixe ou de qualquer outro animal

> ou coisa, e não contêm palavras escandalosas; mas principalmente cantam seus combates, suas vitórias, seus triunfos e outros feitos guerreiros, tudo no sentido de exaltar o valor militar. Cada canto tem sua melodia diferente e um estribilho que é repetido em coro ao fim de cada estrofe (Abbeville, 1975, p. 237).

E Simão de Vasconcelos escrevia dos índios da costa do Brasil:

> Nenhuma outra (coisa) satisfaz tanto esta gente, como a doçura do canto; nele põe a felicidade humana. Chegou a ser opinião de Nóbrega, que era um dos meios com que podia converter-se a gentilidade do Brasil, a doce harmonia do canto (Vasconcelos, 1977, p. 236-237).

E os missionários franciscanos, em Marajó, elogiavam as "lindas vozes" e a devoção dos índios nos cantos durante as festas religiosas (Rodrigues, [s. d.], v. IX, p. 394-395).

Para realçar mais este senso comunitário dos índios e seu pendor musical, os missionários procuravam fazer com que as festas litúrgicas, sobretudo dos santos padroeiros, ostentassem um fausto tal, que tornasse a religião atraente para o modo de ser dos índios.

Dentro dessa mesma linha de adaptação à índole dos silvícolas, procuravam os missionários, de modo especial os jesuítas, fazer com os índios representações teatrais ou simbólicas, vivenciando as festas de Natal, da Semana Santa, da Páscoa etc. Assim, por exemplo, a "Direção" para os aldeamentos jesuítas, elaborada por Vieira, depois de 1658, recomendava:

> Para que os índios fiquem capazes de assistir aos ofícios divinos, e de fazer conceitos da doutrina, como convém, se lhes consentirão os seus bailes nas vésperas dos domingos e dias Santos, até às dez horas ou onze da noite somente, e para que acabem os tais bailes, se tocará o sino, e se recolherão às suas casas (obra citada em Leite, 1943, p. 113).

Nos aldeamentos jesuítas era costume, conforme escreve Serafim Leite, armarem-se presépios durante o período dos festejos natalinos, para deste modo tornar mais perceptível aos olhos dos índios o mistério do Nascimento de Jesus (Leite, 1943, p. 241). Certamente o mesmo costume devia vigorar nos aldeamentos dos outros religiosos, sobretudo dos franciscanos, que tinham por tradição da Ordem a representação do presépio natalino.

Por fim, houve um esforço de encarnação dos valores evangélicos na vida cotidiana, através de cânticos e orações para as várias ocasiões do dia a dia dos índios. No Maranhão, o Padre Antônio Vieira introduziu o costume do cântico do Rosário de Nossa Senhora, em coros alternados (Leite, 1943, p. 242), todos os dias.

7. A Igreja dos conquistadores para a fé e para o império

A Igreja organizada hierarquicamente (coincidente com a Igreja dos brancos) – que podemos chamar de Igreja dos "conquistadores" como a Igreja dos índios era a Igreja dos "conquistados" – foi preparada no Maranhão ou Grão-Pará pelo longo e laborioso trabalho dos pioneiros da Igreja missionária. "É sempre depois que esses heróis obscuros que se chamam religiosos desbravavam com seus suores e seu sangue a fereza dos íncolas infiéis de um país, que se estabelece a hierarquia secular, a qual constitui principalmente o que se chama uma Igreja" (Silva, 1922, p. 36).

Essas palavras de Dom Francisco de Paula e Silva, na sua *História Eclesiástica do Maranhão*, afirmando que a Igreja hierárquica e organizada canonicamente "constitui principalmente o que se chama uma Igreja", bem expressam todo um sentido de Igreja vigente naquela época. Era a Igreja de primeira classe, em contraposição à Igreja de segunda classe, a Igreja missionária ou dos aldeamentos.

A criação da Igreja "propriamente dita", ou seja, em sua organização hierárquica, de *per si* orientava-se para todos os cristãos da Região Amazônica, o que quer dizer, também envolveria as populações indígenas. No documento de criação da diocese do Maranhão, em 1677, se diz que o motivo que levou a isso foi "a grandeza das províncias, dos lugares, e a salvação das almas dos seus habitantes". Reconhece-se que no Maranhão um labor missionário preparatório teve precedência, por "varões religiosos e outros ilustres, que lá trabalham na propagação da fé, conversão dos infiéis", e acrescenta:

> Nós, atendendo a seu pedido em prol desse povo, retirado das trevas do erro para a verdadeira luz e regenerado com o Santo Batismo e recolhidos ao grêmio da Santa Igreja, e que cresce todos os dias, e desejando propagar a religião nessas regiões longínquas [resolvemos criar a Diocese do Maranhão] (Silva, 1922, p. 52-56).

Embora se acentue, com tanta evidência, que a Igreja organizada hierarquicamente se orienta para todos os cristãos, e, por conseguinte, também para os índios dos aldeamentos, no entanto, dentro do contexto do Maranhão, *ela se orientou, de modo todo especial, para uma minoria dominante*. O rei excluiu categoricamente da jurisdição episcopal toda a Igreja missionária. Na Carta Régia de 30 de março de 1680, ele disse taxativamente que "esta (jurisdição) nem outra alguma temporal sobre os índios pertence ao bispo" (*Anais da Biblioteca Nacional*, 1948, p. 49-50).

Vimos anteriormente como os bispos de São Luís e de Belém, sobretudo estes últimos, insistiram em ter jurisdição sobre os aldeamentos ou missões dos índios. Conseguiram algumas concessões ocasionais, e não um verdadeiro poder jurisdicional sobre a Igreja missionária.

De forma que, em termos de realidade, a Igreja organizada hierarquicamente se orientava para uma pequena minoria dominante. Quando chega ao Maranhão o primeiro bispo, Dom Gregório dos Anjos, São Luís não tinha mais de dois mil habitantes. E esses, como comenta Dom Francisco de Paula, constituíam uma população mesclada, com alguns nobres de segunda categoria, com gente de guerra, colonos portugueses, aventureiros de toda espécie e caboclos mal ajeitados. Além dos padres e religiosos de vários hábitos. Referindo-se a essa cidadezinha, com toda essa mescla de moradores, expressa-se numa linguagem de alta ressonância jurídica o documento de criação da diocese:

Decernimos o título de *Cidade de São Luís* e de *cidadãos* a seus habitantes; erigimos em Catedral a Igreja de N. S. da Vitória, que será a Sé do Bispo de São Luís, e nela criará tantas Dignidades, Conezias, Prebendas, e outros Benefícios, quantos forem necessários [...] (Silva, 1922, p. 52-56).

Igual situação minoritária tinha na diocese do Pará a Igreja organizada hierarquicamente. Pelos fins da época missionária, quando começou o governo pombalino, toda a diocese do Pará só tinha sete paróquias, além das duas existentes em Belém. Enquanto isso, os aldeamentos sob a direção dos missionários religiosos somavam cerca de 60.

A tônica da Igreja da organização hierárquica está mais no jurídico-canônico que no humano e na realidade local. Quando pensamos no documento de criação da diocese de São Luís do Maranhão, vemos uma ênfase em realidades jurídico-organizativas, como a elevação a cidade, a criação das dignidades, conezias, prebendas e outros benefícios, "quantos forem necessários para o culto divino, dignidade da Igreja e honra do Clero" (Silva, 1922).

Essa tônica no que for "necessário à dignidade da Igreja é honra do Clero" transparece de modo especial na escolha dos bispos que dirigiram as dioceses de São Luís e Belém, escolhidos sob critérios não pastorais para aquela realidade amazônica. O primeiro bispo do Maranhão, Dom Gregório dos Anjos, era um homem letrado, doutor em Teologia, cientista, escritor, orador eloquente, qualidades estas que não eram lá muito necessárias para aquela realidade pastoral. Quase todos os bispos desse período, na sede de São Luís, eram formados em Teologia e oradores sacros de renome.

Escrevendo sobre o contraste entre a realidade pastoral da região e os candidatos escolhidos para exercerem o pastoreio naquele contexto, escreveu Dom Francisco de Paula:

> De ordinário, os prelados que aqui vinham, já eram homens maiores de 50 anos, e por isso mesmo, com hábitos contraídos, não lhes sendo mais possível amoldar-se às exigências da vida de sacrifício e de abnegação. [...]. Aqui precisava-se de missionário, de apóstolo, e não de letrado [pois, com tais critérios de escolha vinham para cá bispos

que] para conservarem o prestígio do falso modo de encarar o episcopado, precisavam de largas rendas, que se gastavam mais no luxo e na intriga da politicagem do que no bem das almas (Silva, 1922, p. 747).

A *Igreja dos conquistadores desejava ser também uma Igreja missionária*. No documento em que se erigia a diocese do Maranhão, em 1677, se expressa claramente este sentido missionário da Igreja, que se organizava hierarquicamente. Seu objetivo era "propagar a Religião nessas regiões longínquas" (Silva, 1922, p. 52-56).

A Igreja dos portugueses conquistadores se sentia uma Igreja missionária, não apenas como decorrência da "missão" que os papas concederam a Portugal, mas em vista de um mandamento do próprio Cristo. Dizia o Padre Vieira enfaticamente:

> [...] o reino de Portugal, enquanto reino e enquanto monarquia, está obrigado, não só de caridade mas de justiça, a procurar efetivamente a conversão e salvação dos gentios. Tem esta obrigação Portugal enquanto reino, porque este foi o fim particular para que Cristo o fundou e instituiu, como consta da mesma instituição. E tem esta obrigação enquanto monarquia, porque este foi o intento e contrato com que os Sumos Pontífices lhe concederam o direito das conquistas, como consta de tantas bulas apostólicas (Vieira, 1940, v. III, p. 355).

A orientação pastoral de então insistia em que a maneira mais eficaz de a Igreja dos brancos ser uma Igreja missionária era através do testemunho de vida. O que determinavam as *Constituições do Arcebispado da Bahia*, no seu n. 728, tinha um valor amplo para toda a atitude pastoral da Igreja em face dos neófitos e pagãos, também na Região Amazônica:

> E neste nosso arcebispado é isto (exemplo de vida cristã) necessário pelos muitos neófitos, pretos e boçais, que cada dia se batizam, e convertem à nossa Santa Fé, e das exterioridades, que vêem fazer os brancos, aprendem mais do que das palavras e doutrina, que lhes ensinam, porque a sua muita rudeza os não ajuda mais.

As ditas Constituições intuíam uma realidade, da qual tiravam uma consequência importantíssima (o testemunho de vida cristã), mas interpretavam essa realidade simplesmente como um sinal de inferioridade dos neófitos "rudes" e "boçais".

Também no que concerne aos índios, havia muitas vezes, por parte dos missionários, a observação de que eles tinham dificuldades de compreender "as altíssimas verdades" de nossa fé. Mas os missionários tinham um bom senso de realidade, ao não apelarem para um bom exemplo hipotético dos brancos face aos índios. Por isso, tomavam medidas práticas junto aos reis de Portugal, no sentido de afastarem os colonos do convívio com os índios nos aldeamentos. O Regimento das Missões no §4º determinava que "nas aldeias não poderão assistir, nem morar outras algumas pessoas, mais que os índios com as suas famílias, pelo dano que fazem nelas [...]".

Mas, os males decorrentes do contato com os colonos, por causa de seu contratestemunho de vida cristã, não podiam ser evitados no tempo em que os índios estavam de serviço junto aos colonos ou nas obras públicas. Era nesse período que o trabalho de catequese realizado pelos missionários nas aldeias sofria danos irreparáveis.

Um dos aspectos dessa Igreja que procura organizar-se juridicamente, é o aspecto das *tensões decorrentes da diversidade de interesses*. De um lado, o bispo em tensão com os religiosos jesuítas, franciscanos, carmelitas ou mercedários, em vista da jurisdição episcopal sobre os aldeamentos indígenas em mãos dos missionários religiosos. De outro lado, as tensões que surgiam entre os bispos e as autoridades civis: governador, ouvidor, representantes das Câmaras. Assim, por exemplo, o primeiro bispo do Maranhão, Dom Gregório dos Anjos, no zelo de salvaguardar suas prerrogativas episcopais, entrou em atrito com o governador. Ele era considerado por Dom Francisco de Paula como tendo sido "desse modo nesta terra o primeiro batalhador em prol das imunidades da Igreja e dos foros eclesiásticos, contra esse inominável recurso à Coroa" (Silva, 1922, p. 78).

Mas os conflitos entre os bispos e as autoridades civis decorriam também da excessiva interpenetração de competências, centro de um contexto que não correspondia ao figurino jurídico estabelecido na Europa. E a grande fonte de todos esses atritos era sempre a questão referente aos índios. Pois era em torno dessa problemática que girava toda a vida econômica, política e mesmo eclesiástica da colônia.

Era em torno desse ponto fundamental – a questão dos índios – que as autoridades da Igreja dos conquistadores se dividiam, normalmente, em três grupos: o bispo, os prelados religiosos e as autoridades civis. O bispo dificilmente se harmonizava com as autoridades regulares, por causa da questão de sua jurisdição sobre os aldeamentos indígenas. Igualmente, surgiam contínuos conflitos entre o bispo e o governador, ou o bispo e o ouvidor, por causa das prerrogativas canônicas do antístite, ou por causa da imprecisão de atribuições em muitos casos concretos que surgiam no contexto local. Também, não havia muita harmonia entre as autoridades civis e os prelados religiosos, por causa do problema do trabalho dos índios no serviço público, por causa da liberdade dos índios, por causa das expedições que eram enviadas aos sertões "à caça" de índios.

Foi no governo de Francisco Xavier de Mendonça Furtado, irmão do Marquês de Pombal, que se deu uma aliança estreita no Grão-Pará, entre o Bispo Dom Frei Luís de Bulhões e o governador. Essa aliança do bispo foi classificada por Lúcio de Azevedo como sendo atitude de "turiferário da família de Pombal". Pois o bispo se unira quase incondicionalmente ao projeto pombalino a fim de alijar os religiosos de qualquer administração sobre os índios e reduzi-los à jurisdição episcopal (Azevedo, 1930, p. 311).

Ao falarmos da Igreja dos conquistadores, não podemos deixar de falar de uma terceira Igreja – *a Igreja dos negros* – que nem sequer chegava a formar uma Igreja, como a formavam os índios, mas era apenas um *apêndice da Igreja dos brancos*. Além do que constituía então uma minoria no Maranhão e Grão-Pará.

Dizemos "Igreja-apêndice", porque no plano pastoral da Igreja colonial a evangelização dos negros constituía uma espécie de apêndice da evangelização dos brancos. Isso contrasta com o problema da evangelização dos índios, para a qual havia todo um projeto missionário, plano esse que era concretizado por uma série de leis e pelo Regimento das Missões.

Tal circunstância fazia com que a posição dos negros na comunidade eclesiástica correspondesse à sua posição na sociedade escravocrata colonial: um pária. Os escravos negros e os negros libertos, convertidos para o seio do cristianismo, não passariam de cristãos de terceira categoria. Neles ficava a marca indelével de sua descendência de "povo infiel". Sem medir todo o alcance de sua afirmação, Castro Alves, na sua poesia "Vozes d'África", bem expressa tal realidade: "Ó Cristo, embalde morreste sobre um monte,/O teu sangue não lavou de minha fronte/A mancha original!" Pois os negros, embora lavados pela água batismal, não ficavam purificados da "mancha original" de sua "procedência maldita" de Cam.

Na comunidade eclesiástica, eles eram como que filhos adotivos, e não filhos legítimos da Mãe Igreja. E, por isso, não poderiam ter acesso, como os filhos "legítimos" – os brancos – ao sacerdócio ou à vida religiosa.

A evangelização dos negros estava inserida no sistema de trabalho escravo, que quase não lhes deixava tempo para catequese e prática religiosa. Sua evangelização se inseriu mais propriamente nas condições da família patronal a que eles pertencem.

Como no caso dos índios, a evangelização dos negros exigia o despojamento de todos os seus valores religiosos e culturais, a fim de se revestir da cultura dos conquistadores. Como no caso dos índios, a perda de sua identidade étnica e cultural não lhes acarretava uma nova identidade "portuguesa". O negro seria sempre um negro, mesmo que submetido a todo um processo de "embranquecimento" cultural.

E o que é mais grave, a evangelização dos negros legitimava, à luz da palavra de Deus, a escravidão, a que eles foram reduzidos.

Apresentava-lhes, portanto, a imagem de um Deus-Pai dos brancos, que condenara os descendentes de Caim a serem escravos dos brancos. Era como reduzir Deus a uma espécie de "padrasto" dos negros.

O Evangelho que lhes era pregado era "o evangelho do conformismo" dos negros diante de todo um regime de opressão. Eles só se salvariam através do purgatório da escravidão aqui na terra. Tal evangelho, em suma, não era uma Boa-Nova, mas podia ser caracterizado como uma "Má Notícia".

Mas, por outro lado, havia certas *exigências referentes à evangelização dos negros*, que envolviam germes de uma futura "libertação", se tiradas as consequências que delas decorriam.

Essas determinações estão nas Constituições do Arcebispado da Bahia, que expressam uma legislação canônica que era válida, até certo ponto, também na Região Amazônica.

A primeira exigência canônica para o patrão era o reconhecimento do escravo negro como "filho de Deus". Essa dignidade, embora conculcada por todo um sistema de esmagamento, no entanto era núcleo de uma futura libertação.

Outra exigência que decorria do fato de o escravo negro não ser uma coisa do patrão, mas ser uma pessoa humana e um filho de Deus, era o tratamento humanitário que os patrões eram obrigados a dispensar aos seus escravos. "Letra morta" poderia se dizer; porém, havia algo a inquietar as consciências dos cristãos brancos no relacionamento com seus escravos negros.

A legislação canônica exigia também, da parte dos patrões, que eles empregassem todo o esforço pessoal para evangelizar eles mesmos aos seus escravos, ou enviá-los à paróquia ou capelania, onde eles seriam evangelizados. Embora, na prática, os patrões até se sentissem satisfeitos em que os negros fossem catequizados no "evangelho segundo os brancos", evangelho esse que legitimava escravidão e pregava o conformismo, no entanto, dentro do "Evangelho de Jesus Cristo", havia algo mais que a deformação que dele faziam os interesses escravocratas dos brancos. Esse algo mais era um germe de futura "libertação".

Prescrevia ainda a lei da Igreja que os patrões tinham obrigação de deixar livre aos escravos o dia de domingo. Tal prescrição poderia levar à ideia de que existia algo superior aos interesses econômicos dos patrões, e que os escravos não eram simples objetos para enriquecimento dos seus donos.

Havia uma outra determinação canônica, referente aos escravos negros que, se levada a sério, expressava um direito especial dos negros, superior ao direito dos patrões sobre a liberdade dos negros. Era a determinação de que os patrões deviam respeitar a liberdade de os escravos escolherem com quem quisessem se casar; essa determinação era complementada pela proibição de os patrões colocarem obstáculos à convivência matrimonial dos seus escravos, transferindo-os para outros lugares que impossibilitassem tal convivência. "Se levada a sério", dizia eu, pois na prática essa determinação era letra morta. Mas, daí podia-se extrair algo a bulir com as consciências dos patrões brancos.

Era, por fim, obrigação dos patrões mandarem celebrar missas pelos seus escravos falecidos. Era a complementação final da determinação de reconhecer nos escravos a dignidade de filhos de Deus e pessoas humanas, e não simples animais de carga.

Havia, entre todas essas determinações, uma que soava ironicamente diante do contexto real da escravidão negra: era que os patrões deviam cuidar que houvesse moralidade nas famílias de seus escravos. A ironia provinha do fato que todo o sistema escravocrata era imoral e fautor de imoralidade ("Constituições primeiras", 1853).

8. O fim da era missionária

O fim da "era missionária" é muitas vezes enfocado apenas sob o aspecto de um conflito ocasional entre o Marquês de Pombal e os jesuítas, conflito este que culminou com a expulsão dos padres da Companhia de Jesus. Tal expulsão não foi um acontecimento fortuito, mas se prendeu a todo um confronto entre dois mundos diversos: o mundo dos missionários e a ideologia do movimento pombalino. Tratava-se de *uma verdadeira revolução, com todo um contexto de causas* que provinham desde a corte régia até às circunstâncias específicas da realidade amazônica. Sustentam os autores jesuítas da História da Igreja Católica, que

> o primeiro alvo dos seus tiros (de Pombal) foram os jesuítas, que por meio de seus cinco confessores da corte, por meio de seus colégios e ministérios apostólicos e pelo prestígio de suas missões faziam sombra a estes sinistros planos do ministro (Llorca, 1953, p. 339).

Com a subida ao trono português de Dom José I (1750-1777), assumiu o cargo de ministro o Marquês de Pombal, que foi o verdadeiro governante de Portugal já que o rei era um homem fraco e sem personalidade. *Foi o Marquês de Pombal que desencadeou a revolução* que transformou o sistema missionário, não só na Região Amazônica, mas em todo o Brasil.

Lembremos que o Marquês de Pombal tem sido apresentado como uma espécie de precursor da Revolução Francesa, em decorrência de seus ideais iluministas. Ele teria combatido a força da nobreza e do clero e, de alguma forma, dado realce ao povo, ao promover a libertação absoluta dos índios e sua equiparação jurídica com os brancos. No entanto, Carnaxide afirma que Pombal

> não era um filósofo, um metafísico [...]. Era um homem prático. Em matéria ideológica não possuía uma orientação segura [...]. Combateu as três classes existentes, os três braços do Estado – clero, nobreza e povo [...]. Sua luta era contra a descentralização do poder (Carnaxide, 1979, p. 4).

Pretendia ele, "sectário do absolutismo teocrático", *enfeixar nas mãos do governante todos os cordéis da vida pública.*

Uma outra questão que explicaria a mudança de orientação da corte régia, no que toca ao seu projeto colonial na Região Amazônica, foi o problema econômico. Pombal, quando ainda ministro em Londres, como representante do governo português, já concebera um plano que, segundo o mesmo Carnaxide, consistia na imitação dos métodos econômicos britânicos, ou seja, na economia capitalista e industrial (Carnaxide, 1979, p. 45-47).

Para implantar uma economia capitalista, se fazia necessário dispor de uma acumulação de capitais. Sucedia que, na Região Amazônica, grande parte do peso da economia estava nas mãos dos religiosos que, detendo o governo temporal e espiritual dos aldeamentos, detinham também uma grande força econômica na Amazônia.

Logo no início do governo do Marquês de Pombal, o ex-ouvidor do Maranhão, João Antônio da Cruz, apresentava um relatório "do que contém o Estado do Maranhão", onde descrevia a situação econômica daquele Estado, fazendo uma menção especial das *fazendas e engenhos dos religiosos*. "Há em todo o Estado 31 engenhos reais de fazer açúcar", dos quais quatro são pertencentes aos carmelitas e jesuítas. O engenho "dos padres do Carmo, no Rio Itapecuru, com mais de 200 escravos, que não faz nada". Há "um dos padres da Companhia no Moju, e outro dos do Carmo no Guamá, ambos afamados pela muita quantidade de gente que conservam [...]". "E além destes (engenhos de açúcar) há em todo o Estado 120 engenhos de aguardente [...]. E só para esta fábrica (de aguardente) há aplicação suma, e dela também muito cuidam os regulares, a quem pertencem algumas das que estão declaradas".

O ex-ouvidor, ao enumerar os engenhos mencionados, insiste em que os dos religiosos têm uma situação peculiar pela "muita gente" que neles é empregada e pelo "muito cuidado" que a eles dedicam os regulares. Lúcio de Azevedo explica a razão por que as fazendas e propriedades dos religiosos prosperavam mais que a dos colonos. É que não só a maior capacitação dos regulares, e seu sistema comunitário, os colocavam em situação vantajosa sobre os colonos, mas também o fato de que o produto do trabalho nas fazendas e engenhos dos colonos – quando sobrava do esbanjamento de uma vida indolente – era enviado para a "terrinha" no Além-mar. Enquanto isso, os religiosos davam lição de como administrar e fazer prosperar suas fazendas (Azevedo, 1930, p. 188; 235).

Além desses engenhos, cita o ex-ouvidor 448 fazendas de gado vacum e cavalar em todo o Estado do Maranhão; e acrescenta:

com o que vêm a ter os regulares em todo o Estado 55 fazendas de gado vacum e cavalar. E no Pará são senhores, a Companhia, o Carmo e Mercês de quase tudo o que dá a grande Ilha de Joanes, no distrito do Marajó, e ainda que lá têm currais mais outras pessoas seculares, são todos pequenos em comparação com os regulares (Azevedo, 1930, p. 410-416).

Mas a força econômica dos religiosos estava na atribuição que lhes dava o Regimento das Missões, concedendo-lhes o governo temporal dos aldeamentos. Pois não adiantava os colonos terem fazendas ou engenhos, se lhes faltasse a mão de obra indígena. E o controle dessa mão de obra, na prática, estava em poder dos regulares.

Uma das ideias fixas de Pombal, em que seu irmão Francisco Xavier de Mendonça Furtado insistiu, *era acabar com o poder econômico dos religiosos*.

Já no início do governo pombalino, nas Instruções Régias que o rei enviara ao referido governador, afirmava o governante (leia-se: Pombal!):

> Como à minha real notícia tem chegado o excessivo poder que têm nesse Estado os eclesiásticos, principalmente no domínio temporal nas suas aldeias, tomareis as informações necessárias [...]. O interesse público e as conveniências do Estado que ides governar, estão indispensavelmente unidas aos negócios pertencentes à conquista e liberdade dos índios, e juntamente às missões (Azevedo, 1930, p. 416-427).

Esta ideia de *delenda Carthago*, o Marquês de Pombal muito bem a expressa em carta de 18 de fevereiro de 1754: "É impossível estabelecer a prosperidade do Estado, sem retirar aos regulares todas as fazendas que possuem" (Azevedo, 1930, p. 308).

E o irmão de Pombal apresentava uma solução prática, que seria a desapropriação de todas as propriedades rurais dos religiosos, prestando-lhes o rei uma compensação, por meio do fornecimento dos meios de subsistência. Desta maneira, argumenta o dito governador, aumentariam os fundos da Fazenda Real, com o produto dos dízimos, de que os missionários religiosos se tinham desobrigado. Igualmente, cresceria a renda das alfândegas pelos direitos incidentes nas mercadorias que os regulares enviam para o reino, isentas de tributação, por alegarem ser das missões. E desta forma, "de feitores de fazendas (se transformariam) em missionários e conquistadores de almas para o céu" (Barata, 1973, p. 41; 86-87). E concluía Mendonça Furtado, repisando na *delenda Carthago* de Pombal:

> Os regulares são o inimigo mais poderoso do Estado, e por isso mesmo que doméstico, ainda mais poderoso e nocivo [...]. O absoluto e prejudicialíssimo poder dos regulares, é a total ruína do Estado, e há de obstar o progresso de quantos estabelecimentos nele se quiserem fazer (citado em Azevedo, 1930, p. 308).

O *início do conflito* entre o irmão do Marquês de Pombal, Mendonça Furtado, e os missionários religiosos têm sua fagulha nas Instruções Régias, de que falamos acima. Com data de 31 de maio de 1751, essas Instruções Régias traziam a recomendação expressa de que deviam "ser guardadas secretamente" por Mendonça Furtado, "e só dela comunicareis ao governador do Maranhão os parágrafos que vos parecerem ser convenientes para o seu governo, na observância das minhas reais ordens" (citado em Azevedo, 1930, p. 416-427).

Se para o próprio governador da Capitania do Maranhão tais Instruções seriam em sua maior parte "secretas", muito mais o seriam para os religiosos missionários. Mas elas envolviam uma transformação substancial nas leis que, até então, vinham regendo os aldeamentos. Daí, os missionários haveriam de reagir às imposições de Mendonça Furtado, baseados na "lei vigente". Enquanto o mesmo Mendonça Furtado agia a partir dessa "carta branca" do rei, que lhe conferia poderes discricionários sobre toda a realidade da Região Amazônica.

Problema fundamental para "os negócios do Estado do Maranhão" eram considerados "os negócios pertencentes à conquista e à liberdade dos índios, e juntamente às missões". Era de tal magnitude o problema dos índios e dos aldeamentos que "a decadência, e ruína do mesmo Estado, e as infelicidades, que se têm sentido nele, são efeitos de se não acertarem, ou de se não executarem, por má inteligência, as minhas reais ordens (§2º)".

O intérprete oficial e autorizado dessa "inteligência das reais ordens" sobre os índios e os aldeamentos foi Mendonça Furtado, mas através de instruções secretas da corte, que escapavam ao conhecimento dos missionários. Daí, ser natural que os religiosos insistissem na interpretação que "oficialmente" vinha sendo dada.

E o que era mais grave é que Mendonça Furtado era portador de *uma lei que alterava substancialmente o regime de trabalho dos índios.* Assim diziam as Instruções:

> Sou servido declarar que nenhum desses índios possam ser escravos, por nenhum princípio ou pretexto, para o que hei por revogadas todas as leis, resoluções e provisões que até agora subsistiam, e quero que só valha esta minha resolução (§6º).

A seguir, as Instruções Régias davam um poder absoluto, até então desconhecido em autoridades subalternas ao rei, de modificar todo o sistema vigente de aldeamentos dos índios e regime de trabalho a serviço da colonização. E acrescentavam:

> Se encontrardes, nos regulares e pessoas eclesiásticas, alguma dificuldade sobre a mal entendida escravidão, que eles praticarem com os índios, como também no estabelecimento destes a jornais, para a cultura das suas terras, por não encontrarem nesse método tantas utilidades como no que até agora praticaram, os persuadireis da minha parte a que sejam os primeiros na execução das minhas reais ordens, porque os seus estabelecimentos, de todas ou da maior parte das fazendas que possuem, é contra a forma da disposição da lei do reino, e poder dispor das mesmas terras e em execução da dita lei, quando entenda que a frouxidão e tolerância, que tem havido nesta matéria, até serve de embaraço ao principal objeto, para que se mandaram a esse Estado as pessoas eclesiásticas (§10).

Aí o rei tocava um ponto sensível de grande parte dos religiosos, sobretudo dos jesuítas e carmelitas: suas propriedades fundiárias. Tem sido argumentado, numa posição apologética em prol dos religiosos, que essas propriedades fundiárias eram uma garantia para melhor execução da tarefa missionária, uma vez que davam aos religiosos uma certa autonomia financeira perante as autoridades governamentais. De outro lado, numa atitude de ataque indiscriminado aos religiosos, o rei (leia-se: Pombal) argumentava no sentido de que tais propriedades eram um "embaraço" ao dever missionário, pois a função de "feitores de fazendas" era incompatível com a tarefa de "missionários" e "conquistadores de almas para o céu [...]".

O Governador Mendonça Furtado tinha através das Instruções Régias uma "missão secreta" de investigar "o excessivo poder, que têm nesse Estado os eclesiásticos, principalmente no domínio temporal nas suas aldeias" e de informar "se será mais conveniente ficarem os eclesiásticos somente com o domínio espiritual", e se realmente os religiosos tinham "poder excessivo e grandes cabedais" (§14).

Essas Instruções Régias, embora colocassem sob suspeição os missionários religiosos, em geral, no entanto insistem que

> preferireis sempre os padres da Companhia, entregando-
> -lhes os novos estabelecimentos (no Cabo Norte) por me
> constar que os ditos padres da Companhia são os que tra-
> tam os índios com mais caridade, e os que melhor sabem
> formar e conservar as aldeias (§22).

Igualmente, o rei dá uma atenção especial ao projeto do Padre Malagrida S.J., em vista da "fundação de seminários para a mocidade" (§24). Como se vê, a preferência da corte pelos jesuítas continuava no início do governo pombalino. A razão disso é que até 1754 vivia ainda a rainha, que mostrava uma especial predileção pelos jesuítas. Se os padres da Companhia foram as maiores vítimas do choque entre Pombal e o sistema missionário, é porque eles eram os mais fortes e mais bem organizados na resistência ao projeto pombalino, executado por meio do arbítrio de Mendonça Furtado. Sobretudo, quando no parágrafo 22 das Instruções Régias se derrogava praticamente o Regimento das Missões, no que toca ao governo temporal dos religiosos sobre os aldeamentos, pois o rei recomendava a Mendonça Furtado: "Cuidareis, no princípio desses estabelecimentos, em evitar quanto vos for possível o poder temporal dos missionários sobre os mesmos índios, restringindo-o quanto parecer conveniente".

A função especial de Mendonça Furtado envolvia até a faculdade de inspeção sobre "a doutrinação" dos índios pelos religiosos, com a autorização de "advertir os missionários dos seus descuidos" (§23).

Havia nas Instruções Régias uma atitude de franca discriminação entre as fazendas dos colonos e dos religiosos, quando se insistia com Mendonça Furtado:

> Tereis grande cuidado de animar os senhores das fazendas, instando com eles a que cuidem na cultura e perfeição delas, para que se experimente bondade e abundância dos gêneros que melhor se produzem, prometendo aos que se distinguirem nesta parte, a minha proteção [...] (§32).

Em suma, *estas Instruções envolviam uma transformação substancial no Regimento das Missões*, sobretudo no que se refere ao procedimento jurídico na atualização e concretização das leis régias. Agora o critério último de todo o sistema colonial e missionário era o arbítrio de Mendonça Furtado.

O momento crítico para o desenlace final dessa revolução dentro do sistema missionário amazonense foi *a expedição de demarcação das fronteiras*, iniciada em 2 de setembro de 1754, em concretização ao Tratado de Madri, de 1750. Para tal expedição, o governador precisou de um número extraordinário de índios dos aldeamentos. Os missionários alegaram impossibilidade de conseguir fornecer tantos índios. Mendonça Furtado os acusou de reter os índios porque eles monopolizavam a mão de obra escrava a seu serviço particular.

Por outro lado, os índios concedidos pelos missionários, decepcionados pela dureza dos trabalhos, pelos maus-tratos, pela sonegação do salário, fugiam em grande parte, retornando para o mato, ou para os aldeamentos. Novamente eram os missionários acusados pelo governador de terem insinuado aos índios a fuga da expedição.

Mas a gota d'água foi a acusação de Mendonça Furtado de que os *jesuítas portugueses estavam mancomunados com seus confrades espanhóis* para impedirem a execução do projeto do rei de Portugal e favorecerem os interesses da Espanha.

Aliás, o Alvará de 1755, retirando das mãos dos missionários religiosos a administração temporal dos aldeamentos já fora a transformação concreta do sistema missionário. O dito Alvará, que suprimia o governo temporal dos missionários sobre os índios, argumentava que o "comércio" dos índios dos aldeamentos "não se poderia reduzir a sua devida execução se ao mesmo tempo se não estabelecesse para reger os sobreditos índios uma forma de governo temporal que, sendo certa e invariável, se acomodasse aos seus costumes quanto possível fosse, no que é lícito e honesto [...]". E o rei falava também da utilidade "espiritual" dessa nova forma de "comércio": "porque assim se vão mais facilmente atraídos a receber a fé, e a se meterem no grêmio da Igreja".

Para a supressão do governo temporal dos aldeamentos em mãos dos religiosos, argumentava o rei também com razões canônicas: "Tendo consideração ao referido: a que sendo proibido por direito canônico a todos os eclesiásticos como ministros de Deus e da sua Igreja misturarem-se no governo secular, que como tal é inteiramente alheio das obrigações do sacerdócio". E aplicava o rei de modo especial essa proibição aos jesuítas e franciscanos, pois tal proibição "contendo muito maior aperto para inibirem os religiosos da Companhia de Jesus, que por força de voto são incapazes de exercitarem no foro externo até a mesma jurisdição eclesiástica [...]". Igual força de proibição de se imiscuir no governo temporal deve atingir os "Capuchos, cuja indispensável humildade se fez incompatível com o império da jurisdição civil e criminal [...]" ("Anais da Biblioteca e Arquivo Público do Pará", 1905, p. 198-201).

A execução do decreto de abolição do governo temporal dos religiosos só foi concretizada nos inícios de 1757.

E veio o *desfecho final*: os jesuítas, em razão de um conflito mais amplo com Pombal, foram expulsos da Amazônia e do Brasil. Os franciscanos da Província da Piedade, igualmente foram recambiados para Portugal. Os franciscanos da Província da Imaculada Conceição foram expulsos do Pará, devendo recolher-se a São Luís do Maranhão. E as missões foram retiradas das mãos dos religiosos.

O governo temporal e espiritual, que o Regimento das Missões confiava aos regulares, era agora retirado. Um novo sistema seria organizado através do "Diretório" pombalino, que concederia a administração dos índios a diretores civis. Quase todos os aldeamentos, que tivessem condição numérica, seriam elevados a lugares civis e à categoria de paróquias, sob a jurisdição dos bispos. Esta transformação do sistema missionário, pela abolição do Regimento das Missões e estabelecimento do Diretório das povoações dos índios, era o início de um outro período da Igreja amazônica.

Porém, antes de concluirmos nossa exposição sobre o fim da era missionária no Maranhão e Grão-Pará, não podemos deixar de citar o papel desempenhado pelo bispo de Belém, Dom Frei Luís de Bulhões. O referido bispo parecia animado do mesmo propósito de Mendonça Furtado, ou seja, de Pombal: extinguir o poder dos religiosos. Logo que foi suprimido o governo temporal dos religiosos sobre os índios dos aldeamentos, Dom Bulhões apressou-se em submeter os ditos aldeamentos à autoridade episcopal, coisa que desde o início de seu governo no Pará ele almejara.

Em sua aliança, quase incondicional com Mendonça Furtado, Dom Bulhões dirigiu à corte régia toda uma série de acusações contra os missionários regulares, não só os atacando de relaxamento absoluto nos seus deveres pastorais mas até de "vida escandalosa, sacrílega e grandes negociações" ("Doc. 8-3-1758", [s. d.]; "Doc. 10-03-1758", [s. d.]; "Doc. 23-2-1759", [s. d.]). As acusações de Dom Bulhões eram tão escandalosas e chocantes que a própria corte régia, ao que parece, não as tomou a sério, pois dos documentos não consta uma reação específica do rei (ou de Pombal) a tais invectivas.

9. Conclusão

Lançando um olhar retrospectivo para essa caminhada da Igreja, nas plagas amazônicas, como podemos perceber, este período foi o apogeu da era missionária no período colonial. E foi também um período de máxima importância para a expansão colonial e a consolidação da conquista portuguesa naquela região. Os caminhos da evangelização não apenas acompanharam os caminhos da colonização, mas se cruzaram e se interpenetraram. E essa junção dos caminhos da evangelização e da colonização trouxe consequências bem específicas para a Igreja.

Primeiramente, a inserção da Igreja no projeto colonial condicionava-lhe o anúncio da Boa-nova. E condicionava-lhe de tal modo, que, por vezes, aquilo que devia ser uma boa-nova *assumia o timbre de um anúncio de má notícia, aos índios e aos negros.*

Outra consequência de a Igreja formar uma frente comum com o Estado português, para "a dilatação da fé e do império", foi que *quase todos os aspectos negativos do projeto colonial foram depois creditados à Igreja*, sobretudo aos missionários religiosos, em especial aos jesuítas, que foram acusados de terem "desvirtuado as piíssimas intenções" de Sua Majestade.

Um terceiro aspecto decorrente dessa união Igreja-Estado foi a divisão interna do Povo de Deus em *"povo conquistador"* e *"povos conquistados"*. Era como se a Igreja estivesse dividida em três classes: a Igreja de primeira categoria era a dos brancos, a Igreja de segunda categoria era a dos índios, e a Igreja de terceira categoria era a dos negros.

Mas não podemos deixar de reconhecer o que a Igreja colonial e missionária teve de mérito no seu grande esforço de evangelização.

Antes de tudo, se faz mister *distinguir entre as estruturas de opressão colonialista e a ação pessoal dos evangelizadores*. Nesta ação evangelizadora é de justiça reconhecer o espírito de sacrifício desinteressado e o serviço extraordinário de tantos e tantos missionários. Deixavam eles na Europa uma situação de vida bem superior, para se meterem nos matos afrontando perigos, padecendo necessidades, sofrendo incômodos. E isso, movidos por um ideal evangélico, no qual eles acreditavam e que eles tomavam a sério.

Como dizia Daniel-Rops, não podemos compreender o homem medieval, se não compreendermos aquilo que o medieval tomou a sério. E ele tomou a sério a Fé. O mesmo podemos dizer do homem da época colonial, sobretudo, o missionário. Embora sua fé se encarnasse num contexto colonialista, não deixava de ser o motivo central de tantos e tantos homens, que se inspiravam no Evangelho. E se as estruturas colonialistas eram estruturas de exploração, por outro lado, a fé desses homens se guiava pelo princípio evangélico: "De que vale ao homem ganhar o mundo inteiro, se vier a se perder!" (Mt 16,26).

Foi a semente desses princípios evangélicos que eles lançaram no chão da Amazônia colonial. E esta semente, apesar dos trabalhadores que "estavam dormindo", ou dos pés dos "conquistadores" que a esmagaram, em boa parte irá germinar, e ser promessa de frutos evangélicos.

Capítulo VI
Reformulações da missão católica na Amazônia entre 1750 e 1832

Carlos de Araújo Moreira Neto

1. A marca do ano 1750

1750, a data inicial do período aqui tratado em relação à história da Igreja na Amazônia, é, por muitos motivos, um ano cheio de sucessos que interessam e influenciam acontecimentos decisivos na história ulterior do Brasil e de Portugal.

Como adverte Boxer (1963), o ano se inaugurou com a assinatura, em 13 de janeiro, do Tratado de Madri, cuja importância para a política colonial portuguesa e a configuração atual do território brasileiro foi acentuada adiante. Alguns fatos interligados foram registrados em relação à indústria extrativa do ouro que significava, então, a grande fonte de renda do império colonial, com que Portugal, por algum tempo, pôde sonhar com a restauração das glórias do passado. Em primeiro lugar, foi extinta a odiada política de capitação do ouro em Minas Gerais. Ao mesmo tempo, a produção aurífera do Brasil parecia entrar em declínio. Como provável corolário desses fatos a expansão em direção ao Oeste, que tinha atingido então os confins de Goiás e Mato Grosso, até as fronteiras espanholas do Rio Guaporé, foi paralisada, com o fim virtual da *era das bandeiras*.

Em 31 de julho de 1750 morreu, em Lisboa, o rei Dom João V, após um longo reinado (1706-1750), caracterizado pela exacerbação do despotismo autocrático e da intolerância religiosa, expresso na hipertrofia da ação da Inquisição, com frequentes e

cruentos autos de fé em que foram sacrificados judeus e cristãos-
-novos, mas também outros acusados de heterodoxia religiosa ou
política. Angelo Ribeiro, no capítulo que dedica ao rei Dom João V,
resume numa frase o caráter do soberano:

> D. João V, o Rei-Sol português, que teve o oiro do Brasil
> a redoirar-lhe a couraça das cerimonias de gala, e a que
> os contemporâneos apelidaram de Magnânimo, tinha por
> hábito repetir, nas suas saídas de megalômano, um dito
> que de outro modo caracterizava o seu reinado, relativa-
> mente aos dois que o precederam: Meu avô (D. João IV)
> deveu e temeu; meu pai (D. Pedro II) deveu; eu não temo
> nem devo (Ribeiro, 1934, p. 179).

O mesmo historiador completa, adiante, os dados mais significativos sobre o monarca português:

> Extremamente religioso – aliás como quase todos os mo-
> narcas portugueses – este rei, educado por padres jesuítas
> e por mulheres devotas, dará ao seu reinado aquela fei-
> ção fradesca e beata que os historiadores têm sobretudo
> focado, não salientando outras facetas sob que deve ser
> também apreciado esse período de vitalidade, tanto sob
> o ponto de vista da cultura erudita como sob o ponto de
> vista artístico (Ribeiro, 1934, p. 180-181).

O reinado de Dom João V sofreu ameaças e perdas consideráveis na África e nas Índias Orientais. No primeiro continente,
na mesma região onde começou a constituir-se o império colonial
português e onde, em fins do século XVI, Portugal perderia em
Alcacer-Kibir seu rei e sua própria independência, a última ocupação, centrada em torno de Mazagão (Marrocos), estava sitiada
por anos, acabando por render-se aos árabes, já no governo do
Marquês de Pombal. Entre 1737 e 1740, as possessões portuguesas
na Índia estiveram sob grande ameaça, sendo perdidas Baçaim e
a fértil "Província do Norte". Goa escapou por pouco do mesmo
destino, à custa de onerosas expedições de socorro. Esses fatos
tiveram consequências sobre os interesses portugueses na América,
tornando impossível um apoio eficiente à colônia do Sacramento,
no Rio da Prata, hostilizada por espanhóis.

O Tratado de Madri, de 1750, representou uma solução de compromisso destinada a resolver os conflitos de fronteiras entre Espanha e Portugal na América do Sul.

Marco terminal da política de Dom João V em relação à América do Sul, e particularmente à Amazônia, o Tratado de Madrid, em sua lenta gestação e em seus efeitos concretos, teve uma íntima relação com o desenvolvimento das ordens religiosas missionárias, especialmente os jesuítas, na região dos Rios Paraguai e Uruguai (Sete Povos das Missões), no extremo-oeste do país e na Região Amazônica. Num primeiro momento, a política portuguesa de consolidação das fronteiras e de demarcação desses novos domínios, expandidos à custa de territórios originalmente atribuídos à Espanha, teve o apoio integral dos jesuítas e de outras ordens religiosas (carmelitas, mercedários, franciscanos) que expandiram suas missões por territórios contestados, consolidando assim o domínio português. Entre o início e meados do século XVIII, como diz Ferreira Reis,

> em 1718, havia, em toda a Amazônia, apenas quatro vilas para 51 aldeias organizadas e administradas pelos missionários. Em 1750, o número de vilas continuava o mesmo, mas o de aldeias elevara-se para 63, dos quais 17 a cargo dos Inacianos. Durante o século XVIII, numa irradiação espetacular, jesuítas e carmelitas tinham ampliado as fronteiras de Portugal na Amazônia, levando-as ao Alto Madeira, ao Alto Rio Negro e Alto Solimões (Reis, 1964, p. 6).

Mas a ação dos missionários e de outros homens da Igreja não se limitou ao trabalho específico da expansão das missões. As comissões oficiais de demarcação, integradas por funcionários coloniais, militares, cartógrafos, astrônomos, matemáticos e naturalistas espanhóis e portugueses, contaram com um número avultado de religiosos que, por seu saber e pela experiência concreta do conhecimento dos sertões e de seus habitantes, oriundo de suas atividades missionárias, tornaram-se indispensáveis à atividade oficial das demarcações de fronteiras.

O jovem Rei João V, atraído intelectualmente pela matemática, havia convidado para a corte, em 1721, aos jesuítas napolitanos João Baptista Carbone e Domingos Capassi. Sabe-se que o Padre Carbone permaneceu em Lisboa, onde teve duradouro prestígio e influência junto ao trono. Mas Capassi veio para o Brasil onde, em companhia do jesuíta português Diogo Soares, teve grande influência nas atividades de demarcação e na criação de um núcleo de especialistas em cartografia e recoleção de notícias e roteiros geográficos, de grande significado para assessorar as comissões de limites e, em termos mais gerais, para melhor conhecer as colônias americanas, sua natureza e a infinita variedade de seus habitantes nativos.

Capassi faleceu no Rio em virtude de febres malignas contraídas durante viagens de exploração no Sul do Brasil, não sem antes contribuir, de modo eficaz, para o levantamento cartográfico das regiões percorridas. O Padre Diogo Soares transformou-se em competente colecionador de "notícias práticas" e roteiros dos sertões de Minas, do Centro-Oeste e da Amazônia. Parte do acervo colecionado pelo jesuíta foi publicado por Afonso Taunay em *Relatos sertanistas*.

Se as relações entre Espanha e Portugal eram tensas e, não raro, chegaram ao conflito aberto pela posse da Colônia do Sacramento ou dos territórios Guarani, missionados por jesuítas espanhóis (no Rio Uruguai, no Paraná e em seus afluentes entre o Mato Grosso e o Paraguai), na Amazônia seriam talvez mais críticas pela vastidão do território e a diversidade dos pretendentes ao domínio dessas regiões.

Logo depois da derrota e posterior expulsão dos franceses do Maranhão, em começos do século XVII, a metrópole portuguesa resolveu, face às ameaças sempre renovadas de franceses, ingleses, holandeses e espanhóis, sobre o Maranhão e a Amazônia, cuja colonização então começava a criar o Estado do Maranhão, independente do Brasil, e com jurisdição que ia do Ceará aos confins da Amazônia portuguesa de então. Este Estado colonial português era dotado de legislação própria e deveria relacionar-se diretamente com a metrópole, sendo desestimulado e mesmo vedado o contato direto com o governo geral do Brasil. Aquela unidade independente do império colonial português na América chamou-se mais tarde Estado do Maranhão e Grão-Pará e perdurou de 1621 a 1774, às vésperas do término do reinado de Dom José I e de seu poderoso ministro, o Marquês de Pombal.

Foi muito acidentada a história do Estado do Maranhão e Grão-Pará, mesmo antes das grandes tensões e transformações operadas pela administração pombalina. Constituído o Estado, depois da expulsão dos colonos franceses de La Ravardière, tiveram os portugueses que sofrer a invasão e o domínio holandês, entre 1641-1644. Por essa época, os portugueses consolidavam seu domínio sobre Belém e a região do Tocantins, lutando contra colonos e traficantes ingleses, holandeses e irlandeses. Os franceses, permanentemente assentados em Caiena, disputavam as terras do Cabo do Norte e todo o território que ia até a Ilha de Marajó. Os espanhóis, por seu turno, penetravam pelo Solimões e por seus afluentes, o Madeira ao Sul e o Rio Negro ao Norte.

Do mesmo modo que nas áreas sob domínio português, a penetração espanhola por territórios contestados fazia-se, quase sempre, através das missões religiosas que, até a reforma pombalina, constituíram a forma usual e dominante de ocupação e controle de áreas indígenas.

Como ocorreu anteriormente nos territórios meridionais do Brasil, como as missões jesuíticas entre os Guarani, os portugueses tiveram que defrontar-se com as missões espanholas dessa e de outras ordens em vários pontos da Região Amazônica. São muito conhecidos os conflitos de fronteira com missionários espanhóis que intentavam estabelecer-se em território considerado português da Amazônia. Alguns desses incidentes são anteriores mesmo ao reinado de Dom João V, como os do Padre Samuel Fritz e Juan Baptista Sana que ocorreram entre 1690 e 1708 no Solimões.

É revelador, a propósito, o governo do militar e historiador português, Bernardo Pereira de Berredo, no Estado do Maranhão

(1718-1722), ocupado em manter o domínio sobre as terras do Cabo do Norte contra os franceses, assegurar a posse exclusiva do curso do Tocantins como via de acesso às Minas Gerais e centro-sul do Brasil e disputar aos jesuítas espanhóis do Guaporé, do Mamoré e demais formadores do Madeira, o controle desse rio e de seus territórios. A expedição pioneira de Francisco de Mello Palheta às cabeceiras do Madeira, em 1722, foi totalmente planejada e organizada no governo de Berredo, embora se tivesse realizado já na administração do seu sucessor, João da Maia da Gama.

Berredo é descrito, invariavelmente, como hostil aos jesuítas que, naquele momento do governo de Dom João V, gozavam de grande prestígio e apoio oficial. É possível que a atitude de Berredo se devesse – em parte pelo menos – às dificuldades e às contradições opostas a seu governo pela ação declarada dos jesuítas espanhóis e pelas manobras mais discretas e veladas de seus consócios portugueses. De qualquer sorte, a aliança de Berredo com os colonos – e em particular, com as Câmaras do Pará e do Maranhão, instituições diretamente relacionadas com a exploração e o tráfico de escravos indígenas – comprometeu gravemente sua administração, terminando por abreviá-la. Mas fica claro, também, que os jesuítas e outras ordens religiosas, em muitos casos em defesa de seus interesses corporativos e de seus privilégios, não hesitaram em opor-se à administração regional e mesmo da corte, dificultando ou obstruindo a ação oficial em questões vitais como a fixação e a demarcação das fronteiras. Essas questões, periféricas e episódicas no reinado de Dom João V, haveriam de retornar, com toda a força, na administração seguinte de Dom José I e Pombal até o término inexorável do regime das missões.

Para esse desenlace, o fracasso do Tratado de Madri, denunciado e recusado pelos espanhóis, após sua assinatura, é de capital importância.

Do ponto de vista dos interesses portugueses, o Tratado de Madrid foi negociado para garantir a integridade de seu domínio na Região Amazônica, o que seria assegurado com concessões ao domínio espanhol no Rio da Prata, particularmente sobre a Colônia do Sacramento. Portugal reservava-se o domínio sobre o atual território do Rio Grande do Sul, inclusive da região dos "Sete Povos", missão espanhola jesuíta de índios Guarani na margem esquerda do Rio Uruguai. Ponto capital no acordo era a soberania integral portuguesa sobre os territórios de ouro e diamantes e a garantia das comunicações entre o Centro-Oeste e a Amazônia através dos Rios Tocantins, Tapajós e Madeira, que deveriam permanecer totalmente sob controle português. Do ponto de vista espanhol, os interesses a defender estavam na paralisação da expansão portuguesa no Centro-Oeste e na Amazônia e na eliminação dessa presença no Rio da Prata, com a entrega do enclave da Colônia do Sacramento aos espanhóis.

O Tratado de Madri foi finalmente assinado em janeiro de 1750, poucos meses antes da morte de Dom João V. Antes e depois da sua assinatura, no entanto, o tratado teve a oposição de setores influentes nas duas cortes. A revolta dos índios missioneiros da região dos Sete Povos, que se opunham tenazmente à transferência para o domínio português e a profunda alteração de rumos da política e da diplomacia portuguesas com o início da Era Pombalina, haveriam de conduzir a anos de tensão que resultaram na sua anulação formal pelo tratado de El Pardo (1761).

Este foi o quadro externo dos interesses e problemas que, juntamente com outros fatores, determinaram a emergência da política indigenista pombalina, com seu resultado mais notório, que foi a expulsão dos jesuítas e a virtual extinção do regime das missões. A interdição dos missionários jesuítas e o sequestro de seus bens foram determinados pela lei régia de 3 de setembro de 1759, processando-se, no ano seguinte, a remoção forçada de todos os membros da Ordem para Portugal, onde muitos deles permaneceram na prisão até o fim do regime pombalino, em 1776.

Mesmo antes dos atos formais de interdição da Ordem e da expulsão de seus membros registraram-se vários casos de conflito entre as autoridades coloniais e esses missionários. Especialmente graves foram os desentendimentos na região do Estado do Maranhão e Grão-Pará onde o governador, Francisco Xavier de Mendonça Furtado, meio-irmão de Pombal, então à testa dos esforços da demarcação das fronteiras com as colônias espanholas, teve conflitos com os dirigentes de algumas missões jesuíticas, de que resultou a prisão e a expulsão desses em 1757 e 1758.

O período histórico que se iniciou com a aprovação do Tratado de Madri e com a morte de Dom João V foi, portanto, um período de profundas transformações e crises que afetaram, de modo determinante, o caráter e o funcionamento das várias ordens e instituições que, até essa data-limite, tinham uma feição nítida e quase exclusivamente missionária. Este foi, portanto, um período de decadência ou de completa eliminação das ordens missionárias na região, com a correspondente inviabilização de todo o sistema econômico e sociocultural que se implantou na Amazônia com base na integração missioneira dos grupos indígenas.

Um século depois, havia na Província do Pará, que compreendia então toda a Amazônia brasileira, somente três missões religiosas entre índios. O clero, como um todo, havia diminuído em proporções equivalentes e o quadro geral de decadência e perda da população, no mesmo período, foi resumido por Capistrano de Abreu num texto expressivo:

> Em 1850, o Pará e o Amazonas eram menos povoados e menos próximos que um século antes; a devastação da cabanagem, os sofrimentos passados por aquelas comarcas remotas de 1720 a 1836 contam entre as raízes a malfadada criação de Francisco Xavier de Mendonça Furtado (Abreu, 1954, p. 276).

Nos parágrafos seguintes serão examinados, sumariamente, as causas e os resultados deste processo geral da crise, do conflito e da desorganização, que afetou gravemente a população da Amazônia nessa época, refletindo-se sobre as várias ordens religiosas e, de modo mais impositivo e cruel, sobre as massas indígenas que constituíam quase toda a população da Amazônia.

2. A época de Pombal: Abolição do Regimento das Missões de 1686 e do Diretório de 1757

As partes contratantes do Tratado de Madri, Espanha e Portugal, estabeleceram, em 1751, convênios adicionais referentes às demarcações e entrega dos territórios respectivos. Comissário da demarcação por Portugal, da parte do Sul, foi Gomes Freire de Andrade, então governador do Rio de Janeiro. Em relação às fronteiras na Amazônia, isto é, no Estado do Maranhão e Grão-Pará, foi indicado como comissário o governador e Capitão-general Francisco Xavier de Mendonça Furtado. A ele competia a coordenação geral do trabalho de demarcação, desde a Serra de Pacaraima, no limite com a Guiana Holandesa, até a confluência do Rio Jauru, com o Paraguai. Os trabalhos foram confiados a três tropas ou partidas: a primeira se estenderia pela região das Guianas até a foz do Japurá, no Solimões; a segunda se encarregaria da chamada linha leste-oeste, entre o Madeira e o Javari; e a última demarcaria entre os Rios Madeira e a foz do Jauru (Vianna, [s. d.], p. 68).

Em 1754, o Governador Mendonça Furtado dispôs-se a encontrar o comissário espanhol, Dom José de Iturriaga, na região do Rio Negro. Para tanto, transformou a antiga Aldeia de Mariuá na Vila de Barcelos, futura capital da Capitania de S. José do Rio Negro, que foi criada no ano seguinte. Embora não se desse o encontro entre os responsáveis pelo programa geral de demarcações, alguns resultados práticos decorreram desse tratado, o menor dos quais não foi, certamente, o aprofundamento das tensões com as missões jesuíticas, tanto no Sul do Brasil quanto na Amazônia. É indispensável registrar o fato de que na região dos Sete Povos das Missões do Rio Uruguai, que deveriam ser transferidos ao domínio português, por efeito do Tratado de Madri, registrou-se a revolta dos índios Guarani das missões jesuíticas, entre 1753 e 1756, esmagada pelas forças conjuntas espanholas e portuguesas. Este fato e outros conflitos semelhantes, sucedidos ao longo da linha de demarcação, tornaram impossível o cumprimento dos termos do Tratado de Madri, que foi sucedido pelos tratados de El Pardo,

1761, e o de Santo Ildefonso, em 1777. Outro efeito das partidas de demarcação na Amazônia, especialmente nos Rios Madeira e Guaporé, foi o desalojamento da Missão de Santa Rosa, mantida pelos jesuítas espanhóis nesse último rio, juntamente com outras na mesma área, que se tornaria portuguesa pelos termos do Tratado.

Esses antecedentes ajudam a compreender a mudança de ânimo do governo provincial em relação aos jesuítas. Em novembro de 1751, Mendonça Furtado transmitiu ao provincial dos jesuítas decisão real de que se estabelecessem aldeias no Solimões e no Japurá. Pelas instruções que levava ao assumir o governo do Estado do Maranhão, Mendonça Furtado "devia manter contato íntimo com os religiosos, preferindo a Companhia de Jesus pela diligência e bons resultados de sua atuação" (Reis, 1942, p. 80).

A resposta do vice-provincial jesuítico revela a gravidade da situação dos índios do Alto Amazonas, afetados por doenças:

> Nomeara o Padre Manoel dos Santos, religioso douto, prudente e de bastante experiência no trato com os índios, dando-lhe assistência de outro missionário. No ano de 1751, corrente, só a Aldeia dos Solimões poderia ser montada. A do Japurá, menos necessária no momento, era difícil. Nos meses de maio, junho, julho e agosto, o rio despovoava-se pelas mortandades que se registravam, certamente decorrentes de surtos de febres. Seria mais prudente, em consequência, estudar primeiro a região, verificando qual o sítio onde plantar o núcleo indígena. O missionário do Solimões seria encarregado da verificação. O capitão-general, dias após, remeteu ao vice-provincial a cópia das instruções que baixara no Maranhão ao jesuíta Antônio Machado, que ele encarregara de converter os Gamela do Mearim. Essas instruções, com as adaptações impostas pelo ambiente, deviam servir para as novas aldeias do Javari e do Japurá. Localizadas nas cercanias de vizinhos que poderiam suspeitar das intenções régias e criar dificuldades, os missionários teriam apenas jurisdição espiritual. A temporal ficava reservada a S. Majestade para dela fazer o uso que conviesse (Reis, 1942, p. 81).

Os jesuítas escolheram esse momento crítico para defender seus privilégios consagrados no Regimento das Missões. Mendonça Furtado retrucou imediatamente dizendo que, quanto ao Regimento das Missões, "não havia nele qualquer inciso ou artigo que proibisse S. Majestade de ordenar a fundação de aldeamento na forma e pelo modo que entendesse que era mais útil ao seu real serviço". Além disso, a Companhia de Jesus não duvidaria que em seus domínios "tem sua Majestade hum poder Real e absoluto (e) não vem de nada a servir o Regimento das Missões para o caso presente" (Reis, 1942, p. 81-82).

A partir desse momento, o Governador Mendonça Furtado começou a transferir suas simpatias para a Ordem do Carmo, tanto mais que essa controlava todo o vale do Rio Negro, região prioritária nas ações de demarcação de que era comissário o governador. Sabe-se mais que, por essa época, Mendonça Furtado mantinha:

> [...] entendimentos os mais amistosos com os missionários de Gurupi e Surupiu e com o Superior dos carmelitas, Frei José de Madalena, aos quais atribuía encargos, principalmente o ensino da língua portuguesa aos catecúmenos, louvando-os pelo que produziam e encorajando-os para novos êxitos (Reis, 1942, p. 83).

Como se vê, Mendonça Furtado ia, aos poucos, reunindo os elementos que comporiam a política indigenista característica do regime pombalino. Esta se baseava no poder colonial direto da Coroa portuguesa sobre os territórios da Amazônia, com exclusão da intermediação das missões entre aquele poder e a população nativa. A administração temporal dos índios, base essencial sobre a qual se apoiava o Regimento das Missões, já fora contestada episodicamente por Mendonça Furtado no trecho citado e constituiria a pedra de toque de toda a política ulterior, baseada nas leis e regulamentos baixados sobre a Amazônia entre 1755 e 1759. Outro elemento, de importância menor, mas também significativo na política pombalina, era a insistência de que os índios aprendessem e falassem português, em lugar da língua geral, espécie de língua franca do Estado do Maranhão e de boa parte do interior do Estado do Brasil, e que as autoridades portuguesas equivocadamente atribuíam a um expediente jesuítico de controlar os pensamentos e a comunicação entre os índios. Na verdade, pelo menos no caso da nacionalização linguística dos índios, a medida era ditada menos por oposição aos jesuítas que por razões diplomáticas e de Estado, decorrendo de dispositivos dos tratados com a Espanha, segundo os quais, na decisão sobre territórios contestados, seria decisiva a cláusula do *uti possidetis*.

A correspondência de Mendonça Furtado com o Marquês de Pombal, publicada extensamente por Marcos Carneiro de Mendonça (1963), constitui documentação insubstituível para aferir o pensamento oficial sobre a questão das missões da Amazônia no período pombalino.

Em 6 de junho de 1755 foi assinada pelo rei e por seu ministro, Marquês de Pombal, a "Ley [...] porque ha por bem restituir aos Índios do Grão-Pará e Maranhão a liberdade das suas pessoas, bens e commércio na forma que nella se declara". Essa lei, que constituiu o fundamento jurídico e político das decisões do período pombalino sobre índios e missões, foi precedida de uma introdução histórica que reproduzia, em extenso, os dispositivos pertinentes de leis anteriores, como a Lei de 1º de abril de 1680, a Lei de 10 de novembro de 1647. O propósito formal da lei era a declaração da liberdade integral dos índios que, "como livres e isentos de toda escravidão podem dispor das suas pessoas e bens como melhor lhes parecer". Adicionalmente (e aqui está o propósito mais eficaz e inovador da lei) dispunha que os índios não teriam

> outra sujeição temporal que não seja a que devem ter às minhas leys, para a sombra dellas viverem em paz e união Christã, e na sociedade Civil, em que mediante a Divina graça procuro manter os Povos, que Deos me confiou, nos quaes ficarão incorporados os referidos Índios sem distinção, ou excepção alguma, para gozarem de todas as honras, privilégios, e liberdades, de que os meus Vassalios gozão atualmente conforme as suas respectivas graduações, e cabedaes.

Assim, de forma quase indireta, foi abolido o poder temporal dos religiosos sobre as várias missões de índios na Amazônia. Esse ato foi complementado pelo Alvará do dia seguinte, 7 de junho de 1755, que abolia

> inteira e absolutamente o poder temporal dos missionários de qualquer Religião, por incompatível com as obrigações do sacerdócio, e altamente contrário à boa ordem e administração da justiça, como já fora decretado na Lei de 12 de setembro de 1663, nele inserta e suscitada; e em consequência, dando nova forma ao governo temporal dos índios, determinou que nas vilas fossem preferidos para juízes ordinários, vereadores, e oficiais de justiça os índios naturais delas e dos seus distritos, sendo idôneos, e que as aldeias independentes das vilas fossem governadas pelos seus respectivos principais, que teriam por subalternos os sargentos-mores, capitães, alferes, e meirinhos de suas nações; recorrendo as partes, quando se sentissem gravadas, aos governadores e juízes na forma das leis e ordens já expedidas (Malheiro, 1867, p. 213).

A instrumentação da política pombalina sobre índios, baseada nas leis e no alvará citados, foi feita com um ato baixado pelo Governador Mendonça Furtado em 3 de maio de 1757 e confirmado por Alvará Real de 17 de agosto de 1758. Trata-se do *Directorio, Que se Deve Observar nas Povoações dos Indios do Pará e Maranhão em quanto Sua Majestade não mandar o contrario*.

Este vasto conjunto de instruções concretas sobre os índios do Pará e do Maranhão que se estende por 41 páginas e 95 itens representava a mais detalhada súmula de normas e instruções que deveriam presidir a organização social e econômica das aldeias indígenas com a abolição da administração temporal dos religiosos sobre esses, feita pelo Alvará de 7 de junho de 1755. Como sempre, após proclamar enfaticamente o direito dos índios se autogovernarem por seus principais, admite que estes

> pela lastimosa rusticidade e ignorância com que até agora foram educados, não tenham a necessária aptidão, indica para governá-los um diretor nomeado pelo governador

do estado. Ademais, as antigas missões serão convertidas, segundo seu tamanho, em vilas, governadas no temporal por juízes, vereadores e mais oficiais de justiça, e em aldeias independentes das ditas vilas governadas por seus respectivos principais.

O *Directorio* não representou melhoria substancial à condição servil dos índios nos quadros da sociedade colonial. Pelo contrário, coerente com esta mesma situação colonial, tornada mais direta e impositiva com a exclusão da intermediação missionária, a política pombalina sobre índios acrescentava novas formas de opressão aos consagrados vícios do passado.

A rápida decomposição da ordem social do Regime das Missões, operada pelas leis e, mais que isso, pela prática administrativa de Pombal e Mendonça Furtado no Estado do Maranhão, está expressa na sucessão de conflitos que marcaram o fim do domínio religioso nessa região.

Um dos argumentos usados por Pombal para justificar a expulsão dos jesuítas, foi o da existência de um pacto secreto entre os membros dessa ordem nos domínios espanhóis e portugueses na América para contrariar e tornar sem efeito o Tratado de Madri de 1750. É de duvidar que houvesse acordos formais entre as duas províncias dessa Ordem, embora não faltassem razões capazes de conduzir a uma resistência comum. Os jesuítas espanhóis por certo tinham todos os motivos para opor-se à política que os privava da região dos Sete Povos do Rio Uruguai, no Brasil, que os desapossava das missões do Rio Guaporé e das áreas que haviam missionado no Rio Solimões. Os jesuítas portugueses opunham-se ao esforço oficial das comissões de limites na Amazônia, que recrutavam coercitivamente centenas de índios como remeiros e auxiliares das comissões. Como decorrência e complemento, acrescentava Mendonça Furtado que a propriedade do Estado do Maranhão era obstada pelo monopólio virtual que os missionários exerciam sobre o trabalho, as pessoas e os bens dos índios:

> Os regulares são o inimigo mais poderoso do Estado, e, por isso mesmo que doméstico, ainda mais poderoso e nocivo. O cansado, absoluto e prejudicialíssimo poder dos regulares, é a total ruína do Estado, e há de obstar ao progresso de quantos estabelecimentos nele se quiserem fazer (Carta de 18 de fevereiro de 1754 a Pombal).

O prosseguimento da política pombalina não excluía somente os missionários do poder temporal sobre os índios mas, também, de suas vastas propriedades e dos lucrativos negócios que haviam desenvolvido nas missões. Como dizia Mendonça Furtado em carta a Pombal, nessa última providência havia a vantagem adicional de transformar os padres "de feitores de fazendas em missionários e conquistadores de alma para o céu [...] é impossível restabelecer a prosperidade do Estado sem retirar aos regulares todas as fazendas que possuem" (Carta de 18 de fevereiro de 1754).

A fase final do conflito culminou com o governo transitório do Bispo Dom Frei Miguel de Bulhões em substituição a Mendonça Furtado, empenhado na comissão de limites. O bispo, da ordem dos dominicanos e, portanto, adversário tradicional dos jesuítas e, além disso, aliado subserviente do governo de Pombal, tinha todos os motivos para agir contra os jesuítas e outras ordens missionárias na Amazônia.

O capítulo de Caeiro sobre a expulsão dos jesuítas da vice-província do Maranhão (*circa* 1777) é um texto contemporâneo desses acontecimentos e, por seu caráter presencial e comprometido, dá o tom e os detalhes da áspera disputa entre os jesuítas e seus inimigos oficiais e eclesiásticos. O retrato que deixa do Bispo Bulhões é significativo:

> Resolvendo-se, pois, Carvalho a dar guerra de morte aos jesuítas, começou por examinar quais seriam os personagens, que para este intento melhor o poderiam auxiliar; e de todos o que mais apto lhe pareceu foi o bispo do Pará, Miguel Bulhões, dominicano, de quem convirá se conheçam os antecedentes, não indignos de serem conhecidos. 3. – Era Bulhões um homem de língua solta; e nem ainda quando pregava, a sabia moderar, chegando com

isto a ofender ao rei D. João V e aos seus ministros. Correra fama que se enamorara de uma religiosa, não sei qual [...]. Pretendia ele que tanto os jesuítas como os religiosos das outras Ordens, que tinham cuidado das aldeias dos índios no Maranhão, ficassem sujeitos à sua autoridade. [...]. No ano de 1749 fez Bulhões a sua entrada no Pará; e, encontrando muito poucos padres e ainda esses inaptos para pastorearem as aldeias, tentou com arte ver se poderia levar os jesuítas e outros religiosos a aceitarem este encargo, ou ao menos de uma parte das aldeias, que ele a todo custo lhes queria impor; porque se isto alcançasse, o resto já lhe seria mais fácil de conseguir [...]. Nem todos eles, contudo, se tinham deixado iludir por aquelas aparências de amizade. Os levianos procedimentos de um homem, que, como ventoinha, se virava a qualquer bafo de aura popular, a altivez que mostrava em sua pessoa, a contínua ostentação da dignidade, os anelos quase insanos de cumprimentos para consigo; e além disto, não falando no exagerado alinho do vestido, no seu gosto de cavalgar, e de muitas outras coisas, até em seculares não pouco ou nada toleráveis, raros eram nele também os indícios de piedade; e estes mesmos duvidosos para os mais perspicazes, por suspeitos de insinceridade; tudo isto, bem considerado por muitos jesuítas, os movia a não esperarem dele grande coisa. Tinham para si que, assim que descobrisse nisso conveniência, largaria a máscara de benevolência, que afivelara por interesse, e voltaria a mostrar o que era realmente (Caeiro, 1936, p. 315-325).

Em que pese o facciosismo do cronista jesuítico, parece que o Bispo Bulhões era de um servilismo exemplar face ao poder. Serve como amostra trecho de carta que escreveu a Pombal, lamentando a recusa dos jesuítas em fornecer índios para a viagem de Mendonça Furtado:

> Não terei mais remédio que ir eu mesmo, com todos os meus familiares, suprir a falta dos índios; nem se poderá julgar impróprio em um prelado o exercício de remar, atendendo que os bispos são os legítimos sucessores dos apóstolos, os quais largaram os remos para empunharem os báculos (Carta de 8 de março de 1754).

Enquanto na capital da província sucediam-se as intrigas entre o bispo e os jesuítas, nos sertões, a meio caminho de seu destino no Rio Negro, Mendonça Furtado iniciava na aldeia jesuítica do Trocano, no Madeira, os experimentos sociais da nova política. Por meio desta política a aldeia era convertida na Vila de Borba a Nova pela qual se inicia a abolição do poder civil dos jesuítas nas aldeias indígenas. J. Lúcio de Azevedo descreve detalhes do processo de conversão da missão em vila:

> Convocados os índios ao som das trombetas, fez-lhes um oficial da escolta de Mendonça, perito na linguagem tupi, uma prática, insinuando-lhes que, para o futuro, viveriam em outros costumes, outra disciplina e outra lei. Em seguida, entraram os selvagens, ajudados por soldados, de fazer uma grande derrubada e, no meio da clareira, em pouco tempo aberta, elevaram, à feição de coluna, um tosco madeiro: o pelourinho, símbolo das franquias municipais. Alguns vivas ao soberano, e os tiros de duas pequenas peças de artilharia, existentes na missão, saudaram o levantamento desta à dignidade de vila. Restava só designar quem havia de reger a povoação, e quais as suas leis, para a obra ser completa (Azevedo, 1930, p. 319).

A existência desses dois pequenos canhões no aldeamento, relíquias ali deixadas pelo Governador João da Maia da Gama para afugentar os índios Mura, foi convertida em cause célebre, alimentando a propaganda antijesuítica do governo Pombal, como se vê no célebre panfleto *Relação abreviada da república que os jesuítas...*

> Indo fundar-se no mês de janeiro de 1756 a Vila de Borba a Nova, na aldeia chamada de Trocano, se achou nela o Padre Anselmo Eckart, alemão, que havia chegado poucos meses antes como missionário, armado com duas peças de artilharia, e, unido com outro padre, também alemão, chamado Antônio Meisterburgo, ambos praticaram naquele território desordens, que fizeram verossímil a suspeita, de que em vez de religiosos, poderiam ser dois disfarçados engenheiros (Azevedo, 1930, p. 320).

A presença dos jesuítas no Brasil e no Estado do Maranhão e, de modo mais amplo, a vigência do Regime das Missões na Amazônia, encerrou-se com a Lei Régia de 1759, seguida da expulsão dos jesuítas no ano seguinte, como resume Serafim Leite:

> A Companhia de Jesus, da Assistência de Portugal, acabou a sua missão no Brasil em consequência da Lei de 3 de setembro de 1759 de D. José I, durante o governo do secretário de Estado, Sebastião José de Carvalho e Melo, que a exilou de Portugal e domínios ultramarinos com sequestro geral das suas casas e bens. No Brasil, concentrados os padres e irmãos nos principais colégios de cada região, operou-se o embarque para a Europa em 1760, movimento de exílio, que seguiu a linha Sul-Norte, nos respectivos portos, Rio de Janeiro, Bahia, Recife e Pará. No Rio de Janeiro, a 15 de março, embarcaram 125 padres e irmãos; na Bahia, a 19 de abril, em dois navios, 124 religiosos; no Recife, a 1 de maio, 53; no Pará a 12 de setembro, 115. Somam 417, mas um ou outro já de idade ficou em terra, como ficaram nela os noviços e quase todos os que ainda estudavam. Os jesuítas, em 1760, nos dois estados da América portuguesa, eram em globo 670 (Leite, 1965, p. 231).

A abolição do Regime das Missões e a expulsão dos jesuítas somaram-se ao ato oficial, mandando sair da capitania os frades franciscanos da Piedade e da Conceição. Ao mesmo tempo, os mercedários, ordem de origem espanhola, estavam sob vigilância como estrangeiros suspeitos, o que impedia uma ação mais eficaz. Disso resulta que somente subsistiram os carmelitas e os franciscanos da Província de Santo Antônio, entre as antigas ordens missionárias.

Nesse quadro tornou-se mais notória a figura do Bispo Dom Frei Miguel de Bulhões:

> [...] arredados os missionários dos afazeres temporais junto ao gentio, Frei Miguel (bispo) tratou de organizar os serviços da Igreja, nos antigos aldeamentos, elevados à categoria política de vilas e povoados. Para isso, criou 91 freguesias. Encontrara em todo o Estado, ao empossar-se, apenas seis. Sua providência, instituindo as paróquias, inegavelmente, vinha ao encontro das necessidades espirituais que se abriam. Revelava-o um pulso forte, uma visão ampla, uma vontade segura, um espírito agudo. Não ficou, porém, nisso, a ação de D. Miguel. Voltando suas vistas para a hinterlândia, criou a vigararia do Alto Amazonas,

raiz mais distante do bispado de Manaus. Um seminário, fundado pelo jesuíta Gabriel de Malagrida por autorização real, imediatamente utilizado pelo Bispo, continuou a receber a mocidade para a formação do clero secular. Os edifícios que os jesuítas possuíam no Estado, inclusive as capelas e igrejas que haviam construído, foram, de ordem de D. José, entregues a Frei Miguel, que devia dar-lhes aplicação pia, como realmente deu. Os antigos missionários, convidados a servir como vigários, não eram suficientes em número, mesmo porque os frades da Piedade e da Conceição foram mandados sair da Capitania, os jesuítas se recusaram a colaborar na condição de párocos, e os mercedários espanhóis estavam sob vigilância, como estrangeiros suspeitos. D. Miguel, apelando para S. Majestade, que lhe dava toda atenção aos pedidos e lhe aprovava todas as medidas que estava praticando em benefício dos interesses espirituais da Amazônia, obteve clero secular do Reino. Mas clero que desconhecia a região, ainda mergulhada numa barbaria impressionante, região à qual se não pôde afeiçoar com a dignidade de que se devia revestir. Com esse clero secular, novos franciscanos de Santo Antônio, pagos pelos cofres da fazenda real (Reis, 1964, p. 8-9).

O último grande texto jesuítico, elaborado entre 1757 e 1776, é de autoria do Padre João Daniel, o *Tesouro Descoberto do Rio Amazonas*, publicado na íntegra em Anais da Biblioteca Nacional, volume 95 (1975). João Daniel dedicou um dos capítulos de sua obra à *Língua que se deve falar nas missões do Amazonas*. Na discussão sobre o papel da língua geral como instrumento de aculturação e catequese, o jesuíta assumiu, curiosamente, posição semelhante à sustentada por Mendonça Furtado e outros inimigos da Companhia de Jesus (cf. Daniel, 1976, p. 225-227).

O Padre João Daniel é um representante típico da fase "empresarial" da Companhia de Jesus na Amazônia, que não hesitou em recomendar graves castigos a seus crimes e insolências. Entre as punições, que se deve "fazer com a moderação da prudência, que é o fiel das ações humanas", cita os açoites e a prisão a ferros:

> E visto que os açoutes são o castigo mais conveniente, e proporcionado para os índios, como a experiência tem

> mostrado, e conhecem todos os que com eles vivem e tratam [...] é louvável o castigo de só 40 açoutes, como costumavam os seus missionários: e quando os crimes são mais atrozes, se lhes podem repetir por mais dias, juntos com a pena de prisão, que eles muito sentem; porque se vêem privados das suas caçadas, montarias, e mais divertimentos e muito mais dos seus banhos diurnos, etc. E na verdade, que não há castigo que mais amanse, que uma prisão diuturna com umas boas bragas nos pés (Daniel, 1976, p. 256).

No segundo volume de sua obra, o jesuíta retomou o tema das punições, como decorrência necessária do domínio temporal que as missões exercem sobre os índios. É significativo registrar que o missionário estima como indispensável aos descimentos a ação coativa:

> Suponho, digo, que terão a seu cargo com a espiritual a direção temporal dos índios; porque na verdade sem terem a temporal se não pode cabalmente exercer a espiritual: é-lhe necessária a *vis coactiva* para serem respeitados e obedecidos; doutra sorte não cumprirão os índios com as obrigações de católicos [...] e muito menos poderão ir praticar os índios do mato, e fazer descimentos, com que se restabeleçam as missões, se aumentem e se conservem [...]. Que se pode esperar dos tapuias se não tiverem medo dos seus missionários? O que sabido a melhor espada para os índios, as condenações, e excomunhões para os fazer obedientes e cumprirem as obrigações de católicos, são o tronco, a palmatória e os açoutes, como bem advertiu e escreveu o cosmógrafo Monsieur Condamine no seu *Diário do Amazonas* [...] (Daniel, 1976, p. 246-247).

3. Os bispos Bulhões, Queiroz e Brandão: governo e visitas pastorais

Durante o regime das missões foram notórias a oposição e a competição entre as diversas ordens religiosas na Amazônia brasileira. Não menos intensa e, provavelmente, mais rancorosa, foi a oposição entre as ordens missionárias e os diversos bispos do Maranhão e do Pará. A competição de atribuições e de privilégios entre ordens religiosas e os bispos, que se estendeu por todo o largo reinado de Dom João V, tornou-se mais acerba com as transformações do regime pombalino, mesmo antes da expulsão. Em relação ao Bispo Frei Miguel de Bulhões e Souza, já foram feitas suficientes referências, páginas atrás, particularmente quanto à sua hostilidade aos jesuítas. Em agosto de 1760, este bispo foi substituído por outro prelado, Dom Frei João de São José Queiroz, beneditino, que chegou a Belém no último dia daquele mês. Aportado em Belém em plena crise causada com a ordem de expulsão dos jesuítas, o Bispo Frei João de São José envolveu-se profundamente nesses acontecimentos. Em suas memórias e reflexões o bispo deu vazão a seu espírito malicioso a que não falta graça superficial e, frequentemente, em que mal se disfarça a insídia e o desprezo aos derrotados. Os retratos que nos deixou do teatrólogo Antônio José da Silva, *O Judeu*, e do jesuíta Gabriel Malagrida, mortos ambos pela Inquisição, nos dão a extensão de sua aversão e de seus preconceitos. Em outros momentos, o humor desse bispo era menos odioso, porém igualmente contundente, como na caricatura que faz de um vigário que mistura, num sermão, frases latinas e de *língua geral*:

> Recommendado muito á nossa amizade e zelo a promoção da bulla entre os Indios pelo Exmo. commissario geral, fizemos aviso aos parochos para n'esta materia serem eficazes. O vigario de Melgaço vestiu sobrepeliz, tomou estola e barrete, subiu ao pulpito, e preparando-se pelo modo de um prégador de canonisação, fez o sermão seguinte da bulla. Sermão do Padre Bellinger na freguezia de Oeiras em 1762 fóra do tempo da quaresma: *Memento homo, quia pulvis es, et in pulverem reverteris*. Lembrem-se todos que o papel queimado é cinza. Para isso deveis tomar bulla, porque *Boa poranga Tupana omien pinhé nitió pecica*.* Pediu imediatamente tres Aves-Marias, e desceu-se com muita gravidade. * Quer dizer na língua geral: Deus Nosso Senhor dá-vos uma cousa boa e vós não a abraçais. – Remarque ou nota. – Hoje nos seguram ser travessura e invenção, e que tal não dissera o padre (Queiroz, 1961, p. 482-483).

O Bispo Frei João de São José Queiroz cultivava as línguas vivas, lia autores franceses como Molière e Voltaire e praticava as ciências naturais. Seu pendor, meio rabelaisiano, para as intrigas e anedotas da corte, haveria de causar seu afastamento do bispado, como informa Lúcio de Azevedo:

> Na irresistível tendência para a crítica, não poupa o benedictino sequer a augusta pessoa do monarcha, nem as medidas do poderoso valido, a cuja protecção devera a mitra. Mas, ainda possuindo inteligencia cultivada, e consciencia despida de frivolos temores, pungia-o um grande receio do Santo Officio, receio que se trahia n'um respeito, demasiadamente affectado para ser sincero. [...]. Sobre a funda decadencia moral, em que jazia a capital do Estado, escrevia: No Pará é grande a miseria dos costumes e extraordinaria a facilidade com que os maridos se deixam levar da veleidade de Tacitos com o antecedente de Cornelios, sem historiarem de cousa nenhuma. E explicava depois: A causa da descripta miseria é principalmente a muita preguiça que domina aquella gente. Quer comer, beber e andar aceiada sem trabalhar. De Cametá observa que chama-se hoje Villa Viçosa; se lhe chamassem Villa Viciosa, não era testemunho nem improprio o nome. Em outro lugar descreve os vicios dominantes – que se reduzem a Venus, Baccho e Mercureo; asseverando que – é muito proprio dos indios lascivia, bebedice e furto. [...]. Enquanto o prelado percorria o sertão, illustrando as memórias da viagem com espirituosos conceitos, urdiam seus inimigos o trama, que havia de grangear-lhe bem amargurado fim. O libello, – escreve Camillo – era formidavel e diffamantissimo. Os inimigos eram os padres ébrios, o vigário geral, os frades carmelitas, os devassos ricos, à frente dos quaes sahiu um Mathias da Silva Gayo, casado com duas mulheres. Esta afirmação funda-se em presumpções do proprio bispo, colhidas de suas notas, mas não é exacta, ao que se me afigura. É possível que os frades do Carmo, com quem andava desavindo, tivessem parte nas intrigas; mas o mais poderoso, o único talvez de seus inimigos, cujo credito na metropole poderia ser-lhe desfavoravel, deixa o prelado, talvez por ignorancia, de mencional-o. Era o capitão-general do Estado, Manoel Bernardo de Mello e Castro. Do palácio do governo do Para sahiam as denúncias que, transpirando na côrte, iam sobressaltar os amigos do benedictino... Ignorando ainda

que mão desencadeara a tormenta, que sobre elle desabava, já o desditoso benedictino sabia que, chamado á côrte, lhe estava reservado o exilio em um mosteiro da sua ordem [...]. O certo é que na diocese poucos ficaram fieis no infortunio a este bispo philosopho, que ao mesmo tempo admirava Molière e applaudia a fogueira de Antonio José (Azevedo, 1893, p. 156).

Aos inimigos do bispo somou-se mais um de extraordinária influência, o visitador da Inquisição, Dr. Giraldo José de Abranches que, em novembro de 1763 havia sido eleito, por indicação do rei, vigário capitular do bispado, considerado sede vacante com o afastamento do bispo. Somente em julho de 1772 o vigário capitular e inquisidor comunicou ao Cabido a nomeação do novo bispo, Dom Frei João Evangelista Pereira, franciscano, que permaneceu à frente do bispado até sua morte em 1782. O sexto bispo do Pará, Dom Frei Caetano Brandão, também franciscano, chegou ao Pará em outubro de 1783. Futuro arcebispo de Braga, Frei Caetano Brandão foi, provavelmente, o mais lúcido e dedicado prelado dos últimos anos da colônia e dos que vieram no primeiro império. As *Memórias para a História da Vida do Venerável Arcebispo de Braga, D. Frei Caetano Brandão*, publicadas em dois alentados volumes (Anônimo, 1868), constituem um extraordinário documento que interessa não só à história eclesiástica da Amazônia, mas é também um retrato irretocável das condições sociais, econômicas e culturais de vida das populações amazônicas.

Do mesmo modo que Frei João de São José, o novo bispo do Pará dedicou-se a escrever a crônica de suas visitas pastorais. Ao contrário daquele, entretanto, Frei Caetano Brandão não se permitia ligeirezas de estilo ou de temas, relatando suas experiências com linguagem contida, mas cheia de sensibilidade e de interesse pelas coisas da terra e das gentes de seu bispado. Uma observação de passagem que fez a Porto Salvo, na Ilha de Marajó, registrava uma impressão veraz dos *tapuios*. Eram gregários e com muita harmonia social, sem distinções apreciáveis de fortuna e *status* e preferem tomar só *chibé* (farinha com água) a trabalhar para branco:

> O que admira he ver o desapego, que esta gente conserva para tudo: quatro páos levantados ao ar, cingidos e cubertos de algumas folhas de árvores; huma rede para dormir; huma panella; huma corda estendida, onde pendurão esses poucos farrapos de que usão; e estão contentes. Algumas vezes tenho dito a meus Companheiros, que se existe ainda resto da simplicidade da vida dos primeiros homens, he nestes Países. Perguntei-lhes se não temião os ladrões? Riram-se. E com effeito soube que se não veem entre elles semelhantes violencias e quasi guardão vida commun; qualquer indio que chega de fora, posto que seja desconhecido, he logo admitido à meza, e tratado com a mesma singeleza como se fosse doméstico. Não há zelos entre elles, excepto na ocasião das bebedeiras, em que são turbulentíssimos, e chegão às vezes aos maiores excessos deferidas, e mortes: também se não embaração muito com honra, se querem casar; haja o que houver, fechão-se os olhos a tudo. O que há n'hum dia, come-se logo, não se guarda para o outro; por isso de ordinário passão miseravelmente, ao menos os destes Lugares. Perguntei às mulheres: que tinhão comido naquelle dia, e que havião de cear? Disserão-me Ticuara: he farinha de páo molhada em agoa fria: mas querem antes isto na liberdade das suas Povoações do que a abundância, que podem ter no serviço dos Brancos. Lastima he não animarem huma vida tão simples, e tão próxima à virtude; porém observei que em ponto de Religião, têm a mesma indifferença, e desmazelo que no mais [...] (Anônimo, 1868, v. I, p. 189-200).

Uma das primeiras reflexões do bispo, recém-chegado a Belém, dizia respeito às virtudes da vida comunitária e simples dos primeiros cristãos, em contraste com o fausto e a injustiça da vida das autoridades e dos cidadãos prósperos e da própria Igreja. A comparação dos *tapuios* aos primitivos cristãos impunha-se, se não fosse a notada indiferença pelas coisas da religião. Esta indiferença pelas coisas espirituais, aliás, era um dos únicos pontos que os índios e *tapuios* participam em comum com os brancos. Viajando pelo Rio Moju, observa o bispo:

> Sendo este rio hum dos rios povoados de gente branca e limpa (tem algumas mil e quinhentas almas) nem a décima parte concorreo à Igreja, e mais era Domingo, e estava o Bispo no Lugar (Anônimo, 1868, v. I, p. 253).

O bispo voltava repetidamente aos textos de Santo Agostinho e aos testemunhos sobre a singeleza da vida dos cristãos primitivos, dos sete ou dos oito primeiros séculos, "de sorte, que conheça o pecador, que a mão que o fere, he de Médico caritativo, que o deseja curar, e não de assassino, que se procura a sua perda" (Anônimo, 1868, v. I, p. 85). O bispo chegou a considerar que a tendência dos Estados modernos em abolirem os privilégios e os poderes temporais da Igreja poderia ser motivo de regeneração para a instituição, conduzida de volta à pureza dos três primeiros séculos. Esta opinião não deixa de surpreender, ainda mais que foi emitida imediatamente após a vigência da legislação pombalina que limitou drasticamente os privilégios e poderes das ordens religiosas na Amazônia.

Na região de Mazagão, no Amapá, o bispo encontrou uma índia de 120 anos (*sic*), vivendo em casa cristã e que nada sabia de religião ou de Deus. Dom Caetano Brandão achou que se tratava de um típico caso de "atheismo especulativo", negado embora pelos teólogos. E se perguntou: se são assim nas vilas como serão nos matos?

No curso de suas visitas pastorais, Dom Caetano Brandão ia anotando os erros e vícios da população, a opressão dos poderosos e, por toda parte, a decadência irremediável, com a extinção do regime missionário. Como bom pastor, não deixou de anotar os costumes dissolutos e as superstições do povo: "que dragões e javalis! são de feitio que não tem semelhança lá no Reino: não conservão resto algum de pejo [...]" (Anônimo, 1868, v. I, p. 130). O principal da Vila de Arraiolos era amante da própria filha, registrou escandalizado o bispo. Mas nem sempre concordava com as queixas das autoridades locais como o diretor e o pároco de uma vila próxima que acusavam os índios de serem rudes. O bispo acreditava que eram assim pelos maus-tratos contínuos que sofriam. A igreja da Vila de Almeri era um bom edifício, mas estava em ruínas. A histórica Vila de Gurupá, próxima à foz do Xingu, estava quase abandonada e sua igreja, antes mantida pelos padres capuchos, estava abandonada e destruída. Em Melgaço, os índios eram surdos às ordens e aos gritos do vigário. Numa observação geral sobre as condições do Baixo Amazonas, diz o prelado que todos os habitantes masculinos das aldeias indígenas passavam anos a serviço do rei e dos particulares, longe de suas famílias. Os mais pobres brancos, habitantes da região, transformaram-se aí em senhores. Os índios de Cintra, para citar um exemplo específico, fugiam da vila e muitos mudavam-se para o Maranhão escapando ao serviço dos governadores. Por todas essas causas, a população indígena vai diminuindo espantosamente. O bispo culpava, por esta decadência, a inobservância do Diretório, "complexo admirável de Leis" (Anônimo, 1868, p. 205).

Na visita a Marajó deparou com várias fazendas grandes, quase todas de propriedade dos carmelitas e mercedários, a maior de toda a ilha, de propriedade dos padres das Mercês, com "boas casas de sobrado com huma exelente varanda sobre o rio [...] tem a Fazenda mais de cento e cincoenta escravos entre machos e femeas; o gado vaccum chega a perto de trinta mil cabeças e grande número do cavallar. A carne he boa [...] também muito queijo, que não he mao [...]" (Anônimo, 1868, p. 235). Quanto aos objetos de culto, a situação de decadência era a mesma, nas capelas particulares ou nas igrejas das vilas e antigas missões. Numa fazenda de um capitão encontrou "capella pequena e destituída de todo alinho e compostura, com duas imagens indigníssimas: huma de Nossa Senhora que nas feições e no vestido representava huma India do Paíz: e outra de São José, que era propriamente a figura de um Ermitão já velho e caduco [...]" (Anônimo, 1868, p. 236). Essa versão tapuia das imagens cristãs não agradou ao bispo: "hei de dar ordem para que se tire daquelle logar" (Anônimo, 1868, p. 236).

Sobre os escravos negros e os servos indígenas a imagem que deles nos deixa o bispo não podia ser mais constrangedora:

> Pois os miseráveis escravos! muitos Senhores ha, que fazem tanto caso delles como se fossem cães; como trabalhem, he o que importa; de sua salvação nada cuidão absolutamente; conservão-os às vezes toda a vida sem

> Baptismo, e se são baptizados, sem Confissão, por descuido de lhes ensinar a Doutrina; e assim os deixão morrer com a maior desumanidade, que se pode imaginar. Sei de alguns, que nem huma Missa mandarão dizer pelo pobre escravo, que talvez consumio todas as suas forças em os enriquecer. Não fallo agora de barbaridades, com que muitos os castigão e isso, não por offensas de Deos, que no seu conceito são faltas ligeiras, (e se he escrava, que apparece com o ventre crescido, muitas vezes se estima) mas por temporalidades insignificantes. Tenho visto escravos aleijados de mãos e pés, outros com as costas e lugarés inferiores feitos em retalhos, effeito de castigos [...] (Anônimo, 1868, p. 253-254).

Durante a quarta visita pastoral em que pretendia percorrer os sertões do Estado no Rio Negro e no Solimões, Frei Caetano Brandão, depois de deixar Belém, visitou a Vila de Oeiras, que descreve a seguir em seu estado atual e no de seus habitantes, com suas carências e seus costumes:

> Esta Villa he assaz populosa; consta de Indios pela maior parte, cujo numero se ignora ao certo: embrenhão-se no mato por escaparem ás Portarias do serviço, e ahi vivem como Pagãos. Disse-me o Vigario (he hum Eclesiastico de sã conducta) que huma grande parte dos Fregueses morre no fundo dos matos sem algum dos socorros Eclesiasticos, e que lá mesmo o enterrão como cães. Muitos vem procurar o Sacramento do Baptismo, homens feitos. A ignorancia das verdades Catholicas he extrema. Os vicios, singularmente da incontinencia, e da bebida, não tem mais limites que os da paixão. Foi em outro tempo missão dos Padres Jesuitas. A Igreja he de telha alta, e espaçosa, porém muito damnificada nas paredes, e em todo o seu ornato. A Villa, situada em agradavel planicie ao longo de um rio não pequeno, só tem de notavel as casas da residencia do Diretor, e Vigario, e as do Mestre de Campo: o mais são pocilgas cobertas de folhas de arvores, expostas ao ár por todos os lados, irregulares, feias e imundas. Aqui me fizerão as Indias muitos presentes de farinha, frutas, criação, etc. e como virão que eu lhes correspondia com breves, ou coisas semelhantes, cuidei que concorressem em pezo todas as mulheres da Villa á minha

residencia. Achei muita graça em huma, que vendo que lhe não quiz aceitar humas poucas moedas de cobre, que risonha me offerecia, voltou mui triste, e desconsolada, não obstante tella brindado como ás outras dos balaios. Entre todas se esmerou a Juiza da Festa, a qual repartio commigo generosamente do seu banquete, que, supposto quasi tudo erão iguarias grosseiras, proprias daquella rusticidade, para o paladar do meu coração forão bem agradaveis. Nunca me esquecerá a musica desentoada e feia, com que ouvi aqui louvar a nossa Senhora. Pois o ornato das Festeiras! todo se reduzia a hum monte de pós em pasta sobre a cabeça; e esta amarrada com huma grande fita. Deixámos aquelle porto pelas 11 horas da noite (Anônimo, 1868, p. 287-288).

No trecho acima e em vários outros lugares de suas memórias, o Bispo Caetano Brandão referiu-se às dádivas ou às oferendas que lhes eram feitas pelos índios à sua chegada em cada aldeia ou vila. Esta prática ritual, de origem claramente indígena e cujo sentido propiciatório parece evidente, era frequentemente referida por ele com o nome indígena *potaba* ou *putaua*. O caráter sagrado da dádiva era frequentemente acentuado pelo termo em *língua geral* que designa a divindade cristã, *Tupana*. No trecho abaixo, Frei Caetano Brandão usa esta expressão em relação às oferendas dos índios da Vila de Faro:

> Esta Povoação composta de Indios tem para cima de trezentas almas; está collocada em hum bello areal fronteiro a hum pequeno rio; he muito farta de peixe, especialmente tartarugas, e peixe boi, de que fazem manteigas, que não contribuem pouco á subsistencia do Estado. Tem Olaria do commum. A Igreja, irregular, e muito velha, ameaça ruina no alto, e dos lados; todavia acha-se caiada de pouco, e com suficiente ornato. Não achei escandalos notaveis, nem ainda aquelles excessos da bebida, tão triviaes nas Povoações de Indios: trabalhão, e andão aceadinhos, particularmente as mulheres: até me parecerão mais alegres, e civis, quando os visitei nas suas casas. Com que jubilo me não apresentavão as suas topana-putavas! (he o nome que dão ás offertas, com que costumão brindar aos Eclesiasticos.) Prendeo-me a alma a risonha, e inocente

simplicidade, com que huma India me poz nas mãos hum novellinho de algodão, extremamente pequeno: que na verdade não sei que tenho com estes insignificantes donativos quando trazem impresso o sello da boa vontade: cuido que são o testemunho menos equivoco da singeleza de huma alma, que ainda o luxo não tem corrompido (Anônimo, 1868, p. 332).

De Santarém para cima, o bispo defrontou-se com uma realidade nova na área amazônica, que diminuiu seu encantamento humanístico pela passividade e candura dos *tapuios*, há muito dominados pelo regime das missões. Em Santarém, o bispo teve notícias dos índios Munduruku, ainda hostis, e dos Mura, recém-pacificados em Santo Antônio do Imaripi (Anônimo, 1873). Este documento, erroneamente atribuído a Alexandre Rodrigues Ferreira, era contemporâneo da estada do grande naturalista na Amazônia, com o qual, aliás, encontrou-se o bispo. Na dupla condição de naturalista e de investigador informante do estado político e administrativo da colônia, Rodrigues Ferreira tinha recebido a tarefa de planejar a guerra aos Mura e outros grupos hostis da área. A autopacificação daqueles índios eximiu o naturalista de tal ação (cf. Galvão; Moreira Neto, 1974).

A visão que o bispo teve dos Mura, surpreendidos em grande número logo acima da Vila de Serpa, reflete o consenso das opiniões dessa parte da Amazônia sobre tais índios:

> Tendo navegado hum pequeno espaço, avistámos sobre a margem direita grande numero de Gentios, Nação Múra. Já nos dois dias precedentes alguns tinhão abordado as nossas canôas em pequenas embarcações de casca de páo: aqui porém estava a praia cheia delles, e soube que no mesmo lugar tinhão a sua habitação interina; servindo-lhes de unico abrigo os ramos das arvores. Alguns dos meu companheiros sahirao a terra, e observarao que não tinhão differença de huma manada de porcos: tudo anda nú; e assim tanto mulheres como homens remavão as suas canôas, e vinhão ás nossas, sem se lhes divisar algum rasto de pejo: trazem furadas as orelhas, e hum, e outro labio; e nos buracos introduzidos tórnos de páo, que tiravão

> quando lhes davamos signal para isso. Fiz alta diligencia por saber se conhecião a Deos, ou mostravão algum sentimento de Religião; e como nenhum dos nossos entendia a lingoa, totalmente desconhecida, vali-me de hum Indio nosso, que tinha sido prizionado por elles, e por aqui procurei examinar se esta misera gente dava algum signal de Religião: declarou o Lingoa, que não rendião adoração nem ao Sol, nem á Lua, nem a páo, nem a pedra, nem finalmente a cousa algu-ma; e que jámais enxergára nelles acção, por onde se descobrisse este sentimento sendo todas dirigidas á conservação do corpo. Esta Nação foi nossa inimiga jurada, e ainda ha pouco tempo era quem fazia a viagem do Certão summamente difficil pelos continuos assaltos, que davão ás canôas: punhão-se de espreita nos lugares sobranceiros, onde o rio fórma corrente; e repentinamente cahião sobre os passageiros com huma nuvem de frechas, preparados logo os arpéos para afferrarem as canôas ao passo, que erão levadas pelo fio da corrente. Agora estão em paz comnosco, dizem por se verem acoçados de outro gentio mais poderoso; mas não querem ainda situar-se de todo em as nossas Povoações, julgo, por conservarem algumas reliquias de desconfiança: talvez que dissipadas estas com as repetidas demonstrações de affabilidade, que vão descobrindo em o nosso trato, em pouco tempo terei a alegria de os ver no seio da Igreja; que presentemente não acho meio para isso, attendida a sua brutalidade, o seu desvio, e não haver Sacerdotes, que perceberão aquelle idioma (Anônimo, 1868, p. 293-295).

A expedição do bispo deixou o curso do Amazonas e entrou pelo Madeira onde chega até Borba, 24 léguas acima. Nessa vila encontrou o grupo de naturalistas liderados por Alexandre Rodrigues Ferreira e que subia o Madeira em direção à Capitania de Mato Grosso. Uma observação, repetida adiante, indicava que a viagem filosófica de Rodrigues Ferreira encontrava dificuldades para recrutar remeiros índios e que esse, em caso de necessidade, não hesitava em recrutá-los à força.

Em Borba, a decadência e o abandono repetem os padrões costumeiros do período pós-missões:

> E que direi dos costumes dos habitadores! Em tudo a mesma deformidade. O vicio da incontinencia domina quasi geralmente. Nem podia deixar de ser assim depois de se verem arrastados das suas infames cadeias os dois Chefes, Eclesiástico e Político: vinguei-me em clamar e reprehender já publicamente na Igreja, já a cada hum em particular (Anônimo, 1868, p. 298).

A questão da incontinência sexual dos párocos era quase universal e levou o bispo, nas recomendações ao clero com que encerra suas memórias no Pará, a não:

> deixar em silêncio o aviso sobre hum objecto, que tinha repassado sempre de desgostos, e afflicções o seu espírito; com tanta discrição acrescenta não queremos explicá-lo no vulgar idioma, para tirar ao Povo grosseiro esta ocasião em que lhe seria facil confundir a excellencia do Sacerdocio com a indignidade dos Ministros. E por isso transcreve hum excellente lugar de São Carlos Borromeu, da 2ª Oraç. pronunciada no Synod. Dioces. 11., que começa por estas palavras: *Quid enim magis dedecet sacer--dotem, quam vitae impuritas, et libido?* etc. (Anônimo, 1868, p. 380-381).

Junto à Vila de Borba, o bispo encontrou um grande grupo Mura, de mais de 1.000 indivíduos, que desceram espontaneamente dos matos e viviam em harmonia com os moradores. A despeito desses sinais concretos de entendimento com a sociedade colonial, a imagem que transmitem esses índios não é mais benigna nas reflexões do bispo:

> Alguns já tem feito suas casas pegadas ás dos nossos Índios, e vão plantando roças; no que deixão ver, que sinceramente querem a nossa amizade: estão ainda muito boçaes: ninguém percebe o seu idioma, e só se alcanção alguns dos seus pensamentos pelo socorro de hum interprete, Indio nosso, que captivárão sendo pequeno, e com elles vive: conservão os mesmos costumes brutaes, com que forão creados no mato: os principaes tem sete, oito, e mais mulheres; os outros huma só; porém he livre a cada hum separar-se do seu consorte quando lhe dá na

> vontade. Não appareceo mulher na Villa em quanto lá estive: perguntei a causa; respondeo o interprete, que tinhão medo de mim: creio que feridas da palavra Pahi assú, com que no Paiz nomeião o Bispo, isto he, Padre grande, julgavão que eu era algum fantasma medonho. Em everr os dois dias, que alli estive, quiz o Gentio obsequiar-me com o seu brinco costumado: não vi maior inferno: era huma longa corda de figuras corpulentas, e temerosas, que mais parecião feras do que homens; os corpos pintados, ou, para dizer melhor, enlameados de differentes côres, todos embocando tabocas, que são certos canudos mui compridos, e grossos, e fazendo um tal ruído, que mette medo: esta corda era precedida de outros, que levavão nas mãos arcos, e frechas; e hum finalmente no couce, que dirigia a procissão, fazendo differentes visagens. Consistio a dança em darem algumas voltas ao som da confusa, e desentoada vozeria [...] (Anônimo, 1868, p. 298-299).

Na Vila de Ega, no Solimões, 80 léguas acima da foz do Rio Negro, o bispo novamente se defrontou com índios Mura, sobre os quais não deixou de registrar a má impressão de sempre:

> Cortou-me o coração o ver aquella nudez quasi universal: os homens, alguns tinhão seu reparo nas partes vergonhosas; mulheres, só duas vi com elle; todas as mais como sahírão do ventre, e assim se punhão diante de nós rindo, e fallando pela sua linguagem sem o menor abalo: algumas trazião metidos ossos de peixe muito alvos nos beiços, e nas orelhas; outras varios riscos de tinta encarnada pelo rosto, e costas. He a sua sécia. Que fio delicadissimo estava fiando huma dellas! todos pasmamos de vêr tal arte em gente tão grosseira. Muito me cancei com huma velha para me dar o seu curumim (assim chamão os meninos na lingoa nacional); mas inutilmente: enfurecida punha os olhos em mim, e entrava a rosnar, e a fazer com as mãos não sei que garatujas ameaçadoras: soube que queria dizer, que eu tinha muitos parentes Brancos; que me contentasse com eles. Já fica advertido, e agora novamente me certificou o soldado que todas amão perdidamente os filhos, e nunca os largão do cólo em quanto são pequenos (Anônimo, 1868, p. 303-304).

O Bispo Dom Frei Caetano Brandão foi nomeado arcebispo de Braga, em Portugal, o que por si só testemunhava o alto prestígio deste prelado junto à corte de Lisboa, em boa parte decorrente de seu desempenho como bispo do Pará. Na verdade, a despeito de seus preconceitos, inevitáveis de resto em sua visão do mundo, oposta às coisas, gentes e valores da colônia, a política de Dom Frei Caetano Brandão foi mais sensível que a dos demais prelados e autoridades coloniais. Nomeado para o arcebispado de Braga, o bispo deixou Belém em agosto de 1789, com destino a Lisboa. Num balanço final sobre o estado e o número das paróquias, Caetano Brandão informava que contava com 96 paróquias, em sua maioria arruinadas e sem párocos. Num documento elaborado pelo ouvidor e intendente geral do comércio, Mathias José Ribeiro, certamente por inspiração do Bispo Caetano Brandão, em 1786, tem-se uma visão parcial da extrema decadência das igrejas existentes no Grão-Pará:

> *Relação das Igrejas que na Capitania do Pará se achão arruinadas e que denovo se mandarão fazer e reedificar no tempo do Governador Martinho de Souza e Albuquerque.* Villa de Cintra. Arruinada. Passou-se ordem ao Director para concluir a obra. Villa Nova de El-Rey. Arruinada. Tem ordem o Director para a reedificar. Collares. Arruinada. Levou ordem o novo Director para sem demora areparar. Villa do Conde. Acha-se reedificada denovo. Villa de Beja. Esta-se reedificando. Chaves. Arruinada. Foi ordem ao Director para aconcertar e ascazada rezidençia do vigario. Porto de Moz. Arruinada. Agora se remetteu por conta da Real Fazenda cal para areedificação da Igreja. Pombal. Com huma pequena ruina. Passou-se ordem para se reparar. Veiros. Arruinada. Recommendou-se ao Director a reedificação d'ella. Souzel. Reparada eficou embom estado. Arrayolos. Arruinada. Passou-se ordem para ser concertada. Penha Longa. Redificou-se denovo proximamente sem despeza alguma da Real Fazenda. Bemfica. Reparou-se de novo. Barcarena. Foi renovada. Villar. Foi renovada. Pontede Pedra. Arruinada. Passou-se ordem para se conçertar. Mondim. Arruinada. Principia-se a conçertar. Condeixa. Arruinada. Passou-se ordem para se reedificar. Rebordêlo. Arruinada.

> Tem o Director principiado já ore-paro della. Azevedo. Foi feita denovo por conta da communa sem despeza da Real Fazenda. Bayam. Não tem Igreja. Principiou-se denovo estão juntos materiaes ese concluirá com brevidade. Villarinho do Monte. Arruinada. Foi ordem para se reedificar. Espozende. Arruinada. Da-se principio ao reparo della. Almerim. Arruinada e quazi cahindo. Foi ordem ao commandante para fazer todo o concerto necessario. Boim. Foi feita denovo sem despeza da Real Fazenda. Villa Franca. Foi feita acapela mór de novo sem despeza da Real Fazenda. Pinhél. Faze-se denovo, está aobra em meio. Obidos. Reparou-se a Igreja e passou-se ordem para se fazer outra denovo para que ficou assignado o sitio pelo general que alli vizitou. Faro. Arruinada foi ordem para sereparar. Lugar de S. Francisco Xavier de Turiassú. Arruinada. Foi ordem para seconcertar. Serzedêllo. Arruinada. Esta-se reedificando. Periá. Foi ordem para se concluir a Igreja que se faz nova. S. Bento do Capim. Está reparada. Santarém Novo. Levou ordem o Director para fazer algum pequeno concerto do que preciza. Carrazedo. Arruinada. Foi ordem para sereedificar. Cajari. Feita de Novo. Penacova. Serve de Igreja huma pequena Barraca. Mazagão. Reparada denovo. Villa Vistoza. Poracabar. Foi ordem ao comman-dante de Macapá para afazer concluir sem demora. Cametá. Tem principio deruina e Tem ordem para se concertar sem demora. Aveiro. Trabalha-se na Igreja nova. Nossa Senhora do Soccorro. Faz-se agora denovo. Pará 11 de abril de 1786.
>
> O ouvidor, e Intendente Geral do Commercio, Mathias José Ribeiro (Anônimo, 1905, p. 56-58).

Que essas medidas de restauração ou reconstrução não foram terminadas é testemunhado por Provisão Régia da rainha de Portugal em 1787, ordenando ao governador do Pará um levantamento sobre o estado das igrejas do interior e sobre a importância necessária à sua reedificação:

> Dona Maria por graça de Deos rainha de Portugal e dos Algarves daquem edalem mar em Africa Senhora de Guiné etc. Como Governadora e perpetua Administradora, que Sou do Mestrado Cavaleria e Ordem de Nosso Senhor Jesus Christo: Faço saber avós Governador e Cappitão General do Estado do Pará, que o Reverendo Bispo

> desse Bispado, medeu conta pelo Meu Tribunal da Meza de Consciencia, e Ordens a urgente necessidade em que se achavão as Igrejas de seu Bispado e no Certão hum grande numero delias, já emsi mesmas indignissimas ameaçando evidente ruina nas suas paredes, e tectos, e quazi todas nuas de Alfayas, cornamentos: Hey porbem ordenarvos me intormeis doreferido, declarando as necessidades das ditas Igrejas e declarareis a importancia das Obras de cada uma dellas; tabem da necessidade dos Ornamentos e Alfayas, remetendo relaçoens oque assim cumprireis edareis conta pello dito Meu Tribunal. A Rainha Nossa Senhora o mandou pelos Deputados do mesmo Tribunal Luís de Mello e Sá, e Domingos Antonio de Araujo. Antonio José de Florença afez em Lisbóa, aos trinta de Janeiro de mil setecentos oitenta esete, José Joaquim Oldemberg afez escrever. (Assignados) *Luiz de Mello e Sá. Domingos Antonio de Araujo* (Anônimo, 1905, p. 58-59).

O agravamento das condições gerais de vida na Amazônia, reintegrada ao Brasil por decisão do Marquês de Pombal no fim de seu governo (1774), tornou-se mais acentuado e penoso com a regência do príncipe Dom João, por incapacidade mental de sua mãe, a rainha D. Maria I, a partir de 1792. Especialmente agravada foi a condição social de desvalimento e opressão dos índios, sujeitos a uma política opressiva, que só endureceu com o passar dos anos. Uma série de atos definem o agravamento consistente das condições concretas de vida dos tapuios e dos índios da Amazônia e regiões limítrofes. Pela Carta Régia de 12 de maio de 1798, dirigida ao governador e capitão-general do Pará, Dom Francisco de Souza Coutinho, foram traçadas as bases da nova política indigenista oficial:

> Hei por bem abolir e extinguir de todo o directorio dos indios, estabelecido provisionalmente para o governo economico das suas povoações, para que os mesmos indios fiquem sem differença dos outros meus vassallos, sendo dirigidos e governados pelas mesmas leis que regem todos aquelles dos differentes Estados que com-poem a monarchia, restituindo os indios aos direitos que lhes pertencem, igualmente aos meus outros vassalos livres (Moreira Neto, 1988, p. 221).

O que é certo, entretanto, é que as medidas sugeridas pelo governador do Pará, Dom Francisco de Souza Coutinho, e adotadas na Carta Régia de 12 maio de 1798 representavam, na prática, um retrocesso evidente no reconhecimento dos direitos indígenas. Contra a nova situação a que foram submetidos os índios da Região Amazônica e do Maranhão em seguida à abolição do Diretório Pombalino, Dom Caetano Brandão, ex-bispo do Pará e já Arcebispo de Braga,

> representou ao Governo contra os abusos de uma nova invenção das Portarias de Índios, que se concediam por patronato (o que representaria um sistema de 'encomendas', n.a.), obrigando a estes índios a uma escravidão de nova espécie, e igualmente contra o uso de se obrigarem os mesmos índios às perigosas viagens do Madeira a Mato Grosso; e lembrava a necessidade de providências para acabar com a nudez dos mansos, e com as demasias em seus vícios de embriaguez (Varnhagen, 1926, v. IV, p. 358).

A Carta Régia de 12 de maio de 1798 aboliu e extinguiu todos os dispositivos do Diretório Pombalino, com o propósito explícito de integrar os índios à sociedade colonial, "para que os mesmos fiquem sem diferença dos outros meus vassalos". As instruções, no entanto, dirigiam-se a objetivos concretos, tais como organizar e regulamentar as relações de trabalho entre os índios e os civilizados. Até mesmo o trabalho nos pesqueiros era ordenado, impondo-se normas para o recrutamento de índios para esse serviço que previa, inclusive, o estabelecimento de aldeamentos especiais, onde seriam reunidos para tal fim.

Os aldeamentos indígenas foram, pois, condenados ao desaparecimento. Todos os bens coletivos dessas aldeias foram vendidos e o resultado recolhido ao Tesouro da Província. A Carta Régia determinava que os índios que não possuíam estabelecimento próprio e não tinham ocupação fixa fossem compelidos ao trabalho público ou particular. Este mesmo dispositivo constituiu o princípio básico de organização dos corpos de trabalhadores propostos por Soares d'Andréa, no Pará, em 1838.

A guerra ofensiva aos índios era proibida, "debaixo das mais severas penas", mas permitia-se adotar um sistema "defensivo" que, em termos concretos, queria significar precisamente o mesmo. Os dispositivos admitiam mais o uso livre do trabalho de grupos como os Mura, Munduruku e Carajá, com a condição de educá-los e batizá-los. O comércio com os índios era livre e aberto a todos, proibindo-se, no entanto, a introdução entre eles de armas brancas e, principalmente, de fogo, e tudo mais que pudesse dar-lhes ocasião de intentarem empregar contra os seus benfeitores. Era também livre a exploração de quaisquer recursos naturais em terras indígenas, e sua ocupação por lavradores brancos. Alguns dispositivos finais sobre os prêmios a serem dados a quem promovesse a catequese entre os índios ou a atração desses grupos para junto de centros e povoações ou paróquias, para o mesmo fim, lembram muito os privilégios concedidos aos "encomenderos" da América espanhola durante os séculos XVI e XVII.

Em resposta a essa Carta Régia, o governador do Pará, Dom Francisco de Souza Coutinho, informava que alguns de seus objetivos já haviam sido alcançados. Procedera-se à liquidação dos bens das comunidades indígenas, e as povoações e terras por estas ocupadas foram abertas à população da Capitania:

> Consta-me que o effeito mais prompto que tem resultado das pias e benéficas disposições de Sua Magestade, é o de se ter recolhido às povoações muita gente ausente, que nem tinha casa, nem roça de que subsistisse. A êstes se hão de seguir outros de consequência no melhoramento da lavoura e do commércio, que pedem mais tempo para se realisarem [...] (Carta Régia, 1857).

A Carta Régia de 1798 produziu outros resultados desastrosos, além da virtual liquidação do patrimônio indígena. Uma circular do governador do Pará, datada de 9 de janeiro de 1799, determinava que, para a "distribuição da gente das povoações para os serviços", tanto o de Sua Majestade como "a benefício dos particulares", os diretores eram obrigados a organizar listas completas de toda a população indígena útil. A seguir, ordenava-se que os índios de serviço fossem retirados de suas várias aldeias e concentrados em alguns núcleos regionais da Capitania, de onde seriam redistribuídos.

A brutalidade da política da época em relação a índios, escravos negros, mestiços e outras categorias oprimidas da sociedade colonial, define-se nos textos legais e demais dispositivos administrativos do príncipe regente. De nada valeram esforços no sentido de criar uma política mais humanitária em relação aos índios, a exemplo do "Plano sobre a Civilização dos Índios do Brasil" do capitão Muniz Barreto em 1778, que o dedica ao príncipe regente "nas mãos do qual está a redenção dos índios brasileiros que apelidaram a V. A. príncipe magnânimo, pai da pátria e protetor dos americanos" (Moreira Neto, 1971, p. 384). À mesma inutilidade foi destinado o Plano para a Civilização dos Índios Bárbaros do Brasil, apresentado por José Bonifácio de Andrada e Silva, às cortes de Lisboa, em 1821, e à Assembleia Constituinte do Brasil em 1823.

O período que se estendeu entre os últimos anos do século XVIII e a independência do Brasil foi marcado, na Amazônia, por um processo geral de decadência e opressão, que afetava com maior peso a grande massa de índios e tapuios. Além dos mecanismos oficiais de destruição das comunidades indígenas e de seu recrutamento compulsório como força de trabalho servil, a política opressiva do período apelou não raro para práticas deliberadamente genocidas, como a contaminação intencional dos índios por moléstias contagiosas. O testemunho é de uma fonte autorizada e insuspeita, o Coronel Francisco de Paula Ribeiro que, durante anos, dirigiu ações militares contra os índios Timbira e outros grupos do Maranhão:

> Nada porém julgamos tão repreensível como a deliberação de introduzir entre aquelles miseraveis o contagio das bexigas, do qual a villa de Caxias e suas visinhanças estavam naquelle tempo empestadas: se é, como dizem, que fôra de proposito para destruil-os, contando com a sua impropriedade para resistir a tamanho mal (o que não é crível): porém seja como fôr, o certo é que os gentios viram-se feridos delle sem ter remedio algum que lhe vales-

se, e também é certo que ao menos por humanidade, contando-se com a referida impropriedade, não deveriam ser chamados áquella villa em tal ocasião; porém antes desviados della, e das suas visinhanças. Finalmente, atormentados por toda a fórma, avivando-se-lhe cada vez mais a lembrança da traição com que os illudiram, chamando-os alli para atormental-os, e não podendo soffrer por mais tempo a fome, que continuava a devoral-os, espalharam-se desesperados, fugindo para os montes donde haviam descido; porém estavam deste recurso muito apartados, e era assaz sobeja a desgraça que entre si levavam para lá, que podessem chegar muitos delles. Assim mesmo indefesos, consternados, e fugitivos foram mandados espingardear pela retaguarda no lugar de S. José, a 14 leguas de Caxias, ficando por esses campos bastantes mortos, que insepultos serviram de pasto ás feras daquelles matos, e aos urubús ou corvos do Brasil. [...]. Fez sobretudo o mesmo contagio entre as nações selvagens tão horrorosos estragos e rapidos progressos, que já em outubro de 1817 lavravam seus resultados a mais de trezentas leguas distantes daquelles Indios, que habitam a Oeste do Tocantins, segundo as noticias que tivemos por alguns delles, que de lá trouxeram em seus corpos signaes característicos de o haverem experimentado. Não é certamente facil fazer-se uma idéa certa de quantos mil destes desgraçados se evaporaram por semelhante motivo, e ainda muito mais quando sabemos o methodo extravagante com que pretendiam curar-se, sepultando-se nos rios para suavisar o calor das febres, ou ainda abreviando-se uns aos outros as vidas, logo que se conheciam com verdadeiros symptomas daquelle mal tão cruel, ao qual chamam elles – Pira de Cupé – sarna dos christãos. Qualquer dos que enfermava durante suas marchas, deitava-se no chão pondo por cabeceira uma pedra, e punham-lhe então os amigos ou parentes outra grande pedra sobre a cabeça, com a qual lh'a esmagavam, e o deixavam alli ficar descançado e livre das suas dores: este fim teve o maioral Tempé com todos os outros gentios seus mais notaveis collegas. Alguns pequenos fragmentos desta tribu Timbirá hoje existem dispersos, uns encostados ás margens Leste do Grajá-ú, e outros a Oeste, do Itapicurú, naquelle designado lugar Buritizinho (Ribeiro, 1841, p. 311-313).

Que a contaminação dos Timbira por varíola não foi um ato isolado, mas sim parte de uma política genocida de emprego mais ou menos frequente no Brasil, é fato comprovado por testemunho de outras fontes, em outras regiões do país. Veja-se, por exemplo, o naturalista G.W. Freireyss, o companheiro de von Eschwege, que percorreu Minas, entre 1814 e 1815, e deixou dessas práticas de contágio deliberado evidências em seu livro *Viagem ao Interior do Brasil* (Freireyss, 1906, p. 195).

Os anos que antecederam imediatamente à independência devem ser avaliados com base nos relatos de prelados e membros do clero, mas, também, de administradores coloniais, viajantes, cronistas e naturalistas que frequentemente fornecem desse período tenso e violento um retrato mais crítico e veraz que o das fontes convencionais. Em relação ao comportamento do clero nesse período, o já citado coronel Francisco de Paula Ribeiro fornece um retrato dramático dos excessos e perversões que deformavam, inclusive, o comportamento dos sacerdotes. O caso citado certamente não seria frequente, mas tampouco excepcional ou único:

> A mesma povoação de S. Pedro d'Alcantara, combinada com alguma gente da ribeira da Lapa, cercou em certa noite, no referido anno de 1816, uma aldêa, que já estava de paz, impôz silencio aos paes de familia, ajuntou-lhe os filhos, e foi vendel-os ás embarcações do Pará, que já n'aquelle porto os esperavam para leval-os comprados, como com effeito levaram. Nós estavamos em Pastos Bons, e temos veridicos documentos d'este desaforo. Auxiliando a Capitania de Goyaz a conversão do gentilismo, que circumvisinhava a referida povoação de S. Pedro d'Alcantara, a qual ainda então pertencia aos seus limites, não se descuidou de nomear e pagar para os ditos fins a um capellão ou vigario; porém que faria Sua Reverendíssima n'este caso? Excitou por dous ou tres annos todas as expedições que pôde sobre aquelles desgra-çados para captivál-os, e depois fugiu para o Pará em junho de 1815, levando n'uma embarcação furada a vender muitas d'estas ovelhas escravas, que adquiriu como assentando ser este o verdadeiro modo de aproveitar o seu rebanho. Não foi só este o pio sacerdote que teve taes ou ainda peiores sen-

timentos; porque serto commandante de Indios, que iam a pacificar-se, nos relatou que fôra muitas vezes induzido pelo de medou capelão para os envenenar e livrarem-se do trabalho de os doutrinar e soffrer. São tão execráveis estes procedimentos, e tão impróprios ás pessoas que os representaram, que parece á primeira vista não caberem na ordem de possibilidade; mas são com effeito factos sucedidos, e dos quaes não nos admiramos, contando com a moral estragada da maior parte dos homens (Ribeiro, 1841, p. 450-451).

A morte de Paula Ribeiro nas lutas da independência do Brasil no Maranhão foi decorrência das contínuas denúncias do militar português, que pôs contra si a classe dominante de fazendeiros e escravizadores de índios, agora transvestidos em patriotas. O assassinato de Paula Ribeiro, junto com seu capelão, é testemunho expressivo dos níveis de violência e arbítrio que atingiam toda a região:

> Cumpre aqui dizer que os governantes da cidade de São Luís, temendo que baixassem do sertão forças brasileiras, incumbiram ao Major Francisco de Paula Ribeiro, muito prático do mesmo sertão, que o defendesse por esse lado, ocupando o Tocantins. Na Cachoeira das Três Barras foi, porém, atacado por um fazendeiro de Pastos Bons, José Dias de Mattos, à frente de 470 moradores e 250 índios Apinagés, que lhe fornecera o comandante da Carolina. O Major Paula Ribeiro, à frente apenas de 78 homens, resistiu ao primeiro ataque na cachoeira de Santo Antônio; mas, vendo-se obrigado a retirar-se para o Arraial de S. Pedro de Alcântara, quando chegou à Ilha da Botica, foi violentamente atacado, perdendo o capitão e nove soldados, e entregando-se à discreção (maio de 1823) ao chefe brasileiro Mattos, que aí ficou ferido. Regressou este com os prisioneiros à Carolina, para passar a Pastos Bons; mas, antes de aí chegar, espalhando-se a notícia de que o major e seu capelão tinham consigo dezoito mil cruzados, concorreu para que fossem assassinados! (Varnhagen, 1938, p. 518).

Há um outro coronel de origem portuguesa que também viveu em começos do século XIX na Amazônia e que teve participação militante nos intermináveis conflitos da época da independência.

Além disso, foi cronista dos acontecimentos históricos e do seu tempo, na Amazônia e na Bahia, de onde se transferira. Trata-se de Ignácio Accioli de Cerqueira e Silva, natural de Coimbra de onde mudou, muito jovem ainda, para a Bahia. O primeiro de seus livros sobre a Amazônia foi *Corografia Paraense*, impresso na Bahia em 1833. Escreveu, também, com A.J. de Mello Moraes, o *Ensaio Corográfico do Império do Brasil*, publicado no Rio em 1854, de que dedica boa parte à descrição de certas áreas pouco conhecidas da Amazônia, como o Guaporé. É também autor, entre outras obras, das *Memórias Históricas da Província da Bahia*, 1835-1852, em seis volumes, e de uma *Memória ou Dissertação Histórica, Etnográfica e Política sobre quais eram as tribos aborígenes que habitavam a Província da Bahia, 1848*. Como cronista e participante ativo das lutas políticas e militares de seu tempo, Accioli está em condições muito favoráveis para avaliar o estado e tendências das instituições eclesiásticas da Amazônia, em relação a temas capitais da região, como a população indígena e os conflitos entre portugueses e brasileiros. Ao contrário de Paula Ribeiro, Ignácio Accioli bandeou-se muito cedo para o lado dos que queriam a independência do Brasil e, mal chegado à adolescência, tomou armas para defendê-la. A crônica das lutas pela independência na Amazônia faz menções frequentes ao desempenho de Accioli, muitas vezes preso, desterrado, mas sempre ativo e participante. Como ele próprio diz na introdução à *Corografia Paraense*, para elaboração desse texto contou com a inteligência e os dados de uma figura exponencial nesse período da história do Pará, o Cônego Baptista Campos, figura indispensável em todos os movimentos e agitações políticas que separam essa época da eclosão da cabanagem. Adiante voltaremos a outros dados aportados por esses dois cronistas e participantes da história da Amazônia.

Outro cronista e participante dos eventos políticos dessa época na Amazônia é o Cônego André Fernandes de Souza, autor das *Notícias Geográficas da Capitania do Rio Negro no Grande Rio Amazonas*, escritas entre 1822 e 1824 e dedicadas ao Imperador Pedro I, de quem espera

>favorecer e ampliar com os seus imperiais decretos os interesses temporais e espirituais daquela capitania [...] à sombra do amparo e proteção que esperamos de Vossa Majestade receberão essas tribos o evangelho da paz, em que o cristianismo tem tido nos nossos dias um vagaroso progresso.

O Cônego André Fernandes de Souza foi vigário-geral do Rio Negro onde, como ele próprio diz na dedicatória de seu trabalho, demorou-se por 37 anos. As *Notícias geográficas* do Cônego Fernandes de Souza são produto de sua observação direta e da memória da população da área, elaboradas por "não ter visto até o presente algum tratado, que desse com bastante individuação e cópia notícias daquele país, como agora o faço". O texto foi publicado na *Revista do Instituto Histórico e Geográfico Brasileiro*, tomo X, 1848. O propósito que moveu o vigário-geral do Rio Negro a escrever essas *Notícias* decorre da

>opressão e vexames que se tem praticado com os habitantes daqueles distritos, tanto brancos como índios, com tanto estrondo de diminuição da população, que não deixará de enternecer o coração de Sua Majestade Imperial com afetos de compaixão [...] mormente a despopulação de uma província que lhe é tão interessante, e a causa de sua total desgraça [...] (Souza, 1848, p. 415).

Fernandes de Souza resume em um parágrafo a história do Rio Negro que, pela "extrema pobreza em que está, se deve considerar a mais desgraçada de todas as províncias da América portuguesa", desde sua fundação por missionários até a decadência do Diretório pombalino:

>Foi fundada por missionários com título de doação, das ordens monachaes que houveram, e de outras que ainda existem na Cidade do Grão-Pará. D'este modo quasi toda composta de gente indiana, assim sahida do seu berço, elevou S. M. El-Rei e Senhor D. José I, de saudosa memória, as missões a villas e logares governados pelas leis do Directorio, feitas por homens eruditos, que sendo tão apropriadas ao genio dos Indios, a maior parte ainda selvagem, lhes serviu de muito para a sua propagação e prosperidade. Sendo comtudo este methodo de regen-

cia incompativel á sua civilisação e susceptível de muitos abusos, pois não se viam nas comandâncias e directorias senão harpias e sanguessugas da avareza, foi abolido com execração. Se os missionários eram escandalosos em fazer reverter com demasia em proveito seu e das suas religiões o producto do trabalho dos Indios, não menos eram os directores e commandantes militares. Aquelles utilisavam--se a título de fazerem os descimentos á sua custa; estes, está visto, por preces importunas, que eram bastante para subverter a ordem das cousas, com que fizeram gemer os habitantes das villas e logares (Souza, 1848, p. 415-416).

À semelhança de outros que escreveram no século anterior sobre o Rio Negro, como o vigário-geral Dr. José Monteiro de Noronha (1768), o Ouvidor Francisco Xavier Ribeiro de Sampaio (1775) e o naturalista Dr. Alexandre Rodrigues Ferreira (1784-1786), o Cônego André Fernandes de Souza deve ser reputado uma das fontes mais informativas e esclarecedoras sobre a história da Igreja e, de modo mais geral, a história social dessa província nos anos que se estendem da abolição do regime das missões à independência do Brasil. Como os índios representavam no Rio Negro mais de 90% da população mais ou menos integrada (ou desintegrada) à ordem colonial, o interesse básico do cônego estava no exame da situação desses *tapuios* e na permanência dos mecanismos tradicionais de opressão em que vivem. Entre esses não estão excluídas as instituições e os membros da Igreja.

O Cônego André Fernandes de Souza analisou o desempenho dos governantes do Rio Negro nos últimos anos do período colonial (1801-1822). Todos se caracterizam pela cupidez, pela exploração brutal da mão de obra indígena, à sombra da permissiva legislação da regência e reinado de Dom João VI, pela incompetência administrativa e a corrupção que caracterizavam seus atos. Sobre José Antônio Salgado (1801-1804), diz que foi durante seu governo

> que se pôs em prática a detestável agarração de índios nas aldeias para os serviços, que depois se fez mais odiosa por ser executada por soldados de primeira linha, como adiante se diz; e o pior é que ficou esta prática até agora naquela capitania (Souza, 1848, p. 479).

Segundo André Fernandes de Souza, esta política de utilização em larga escala do trabalho de índios, *tapuios* e mestiços levou ao abandono das vilas e lugares do Rio Negro. Face à depopulação resultante, o Governador Victorio da Costa autorizou novos descimentos de índios, atraídos ou aprisionados em suas aldeias tribais. O último governador do período colonial, Manoel Joaquim do Paço (1810-1822), continuou a mesma política baseada na servidão indígena, intensificando o recrutamento militar de indígenas e dando continuidade às práticas habituais de descimento.

A situação dos serviços religiosos cristãos expressa a mesma decadência geral nos edifícios e objetos de culto e na ausência de pároco:

> Seis leguas acima d'este rio, a mesma margem austral, está o logar de Fonte Boa, situado a margem oriental de um canal chamado Caiarí, pouco distante do Solimões, em um planiço de vista agradável. Os seus edifícios são todos cobertos de palha, com a população de 1.100 almas. A sua igreja cahiu, porém os ornamentos sagrados tem os moradores guardados, por não ter tido parocho ha muitos anos (Souza, 1848, p. 445).

Em São Paulo de Olivença a situação dos índios explorados e da decadência dos serviços religiosos era a mesma, apesar de ser, na opinião do autor, uma das melhores vilas do Rio Negro:

> Sua população, que seria mui facil crescer, visto estar no centro do gentilismo, não excede de 1.800 a 2.000 almas. Sempre foram seus moradores vexados dos commandantes de Tabatinga, com o frivolo pretexto de serviço do rei, quando unicamente os empregam em construcção de barcos e canôas. A igreja grande dos Jesuítas cahiu; porém fizeram outra coberta de telha, que está servindo, cujos ornamentos estão em bom uso. O seu padroeiro é S. Pedro e S. Paulo, e o seu parocho é o Rev. Domingos José Borges Adão, que ao mesmo tempo serve em Fonte Boa, Castro de Avelães e Tabatinga. Veja-se a distancia geographica de umas povoações a outras! (Souza, 1848, p. 447).

A situação da antiga capital, Barcelos, não é melhor:

> [...] ficou sendo esta villa objecto de odio, e como terra amaldiçoada e interdicta ao sucessor Victorio da Costa, sendo ella victima inocente. No anno de 1816 mandou este

governador a um dos seus genros, Francisco Ricardo Zane, Italiano de nação, demolir todos os edificios reaes, excepto o palacete, igreja e provedoria; que na execução de algum modo se pareceu a Nabuzardan, privado de Nabuco; deixando tambem os d'alguns pobres moradores, que não quizeram annuir ao convite de se passarem para a Barra. Alli estão montões de portas, janellas, telhas, tijolos e taboados, com bellas ferragens. A igreja é de boa construcção, com bons ornamentos e muitas sagradas imagens. As suas extensas ruas não são senão formigueiros, a que chamam issaúba, que incomodam bastantemente, introduzindo-se de noite nas casas. Não tem tido parocho desde que morreu Luiz Coelho Chucre em 1819, que era alli parocho e foi vigário geral da capitania. Comtudo a sua população chega a quinhentas almas (Souza, 1848, p. 458-459).

O Cônego André Fernandes de Souza foi pároco da Vila e Fortaleza de São Gabriel. O quadro atual dessa localidade não é diverso das demais: não tem pároco há muitos anos, a igreja coberta de palha e "bastantemente" arruinada com ornamentos pouco decentes e os que pertencem ao altar "já causam tédio de sujos pelo uso". Entretanto, a visita que fez Fernandes de Souza ao Rio Uaupés, a uma nova aldeia composta de índios Tariana, Pirá e Tucano, deu esperanças de um trabalho profícuo com tais índios:

No mesmo anno (1793) sendo eu parocho de S. Gabriel, ahi fui mandar formar uma igreja, aonde podesse celebrar com decencia missa e os mais sacramentos; para o que pedi do armazem ao commandante a ferramenta de carpintaria com que os mesmos Indios gentios trabalharam e fizeram as portas e janellas. Em julho do anno seguinte, depois de desembaraçado das confissões annuaes, preveni-os a virem buscar-me para aquella nova povoação, aonde disse missa, e administrei o sacramento do baptismo a duzentas e cincoenta e tres crianças de um e outro sexo. No seguinte anno administrei este sacramento a quatrocentas e dezeseis ditas. Era cousa admiravel ver com que avidez concorriam os gentios dos centros a trazerem seus pequenos filhos para se baptizarem, e que com effeito baptizei em numero de seiscentos e sessenta e nove filhos dos indicados Tariano, Pirá e Tucána. Não me consta que jámais lá fosse algum sacerdote depois do meu regresso de S. Gabriel para Thomar, e que se désse o minimo impulso para o augmento d'aquella nova missão. Não pude numerar a totalidade dos adultos, porque uns vinham e outros iam por ocasiões, o que só por tempo se poderia realizar. Devo referir um facto que me enterneceu, que vem a ser: no anno seguinte, na minha estada n'aquella povoação, em um dia de tarde se comoveu todo o povo d'aquelle lugar com a chegada de um Indio centenário, que me vinha pedir o baptizar-se, dizendo "que Deus lhe tinha dilatado a vida para se baptizar, e que de todo o coração desejava ser filho de Deus". Eu lhe disse que não só devia saber os dogmas necessarios para a salvação, senão de amar a Deus como redemptor. Depois de uma conferencia de quatro dias, em que lhe ensinei a dispôr-se, lhe conferi solemnemente o baptismo, sendo eu mesmo seu padrinho, porque não havia alli quem o quizesse ser, por serem todos seus netos até quinta gera-ção. Das conferencias que tive com este gentio não só colligi estar a religião catholica espalhada entre elles, senão terem tal ou qual discurso de philosophia. No anno seguinte à minha ida àquella povoação achava-se no seu lar distante (Souza, 1848, p. 465-466).

O clero secular da Amazônia, de modo semelhante ao do resto do Brasil, apresentava uma minoria atuante de sacerdotes interessados e sensíveis aos problemas históricos, sociais e políticos de sua região, e identificados com o povo do qual foram, em muitos episódios, os mais lúcidos e radicais dirigentes. Essa tradição, que se exprimia em figuras exemplares nos movimentos e rebeliões do período colonial, manteve-se e ampliou-se nas lutas da independência, do período regencial e do primeiro império. Por oposição, nesses mesmos períodos e regiões, os bispos e demais membros da hierarquia eclesiástica, sempre foram solidários e passivos quanto aos desmandos do poder, fosse ele colonial ou nacional, e, não raro, mobilizaram contra o clero engajado nas lutas populares o rigor do arbítrio oficial e o peso de suas punições. É o que se verá no parágrafo seguinte, que trata do período mais conturbado da história da Amazônia, e que vai das lutas da independência à tragédia da Cabanagem e da repressão que a ela se seguiu.

4. Das lutas da Independência aos desastres da Cabanagem (1816-1832)

A situação do Brasil e as tensões de sua subordinação a Portugal começaram a tornar-se mais graves com a vinda da Família Real, que aportou na Bahia, seguida de numerosa comitiva de nobres, militares e altos funcionários, em janeiro de 1808. Já foram feitas referências ao caráter punitivo e explicitamente anti-indígena da legislação dessa época. As medidas contra os índios completavam-se com outros atos arbitrários e violentos contra qualquer pretensão de liberdade ou independência de negros escravos, de mestiços e da grande massa de deserdados de todas as cores, especialmente os camponeses sem terra. Essas tendências autocráticas foram ampliadas por pressão dos numerosos e nobres emigrados que buscavam, na colônia, a restauração de seus bens e privilégios. Em 1816 morreu, finalmente, a rainha D. Maria I, terminando, assim, o período de regência do príncipe, que assumiu o trono com o título de Dom João VI.

O novo monarca mostrou quase imediatamente que a posse do trono não o animava a concessões ou complacências. Em 1817, esmagou com exemplar dureza o movimento insurrecional, liderado em Pernambuco e outras capitanias do Nordeste por militares, profissionais liberais, intelectuais e padres. Aí foram executados além de dirigentes civis e militares os padres José Inácio Ribeiro de Abreu e Lima, ex-carmelita, cognominado Padre Roma, fuzilado sumariamente por ordem do governador da Bahia, Conde dos Arcos; e o Padre Miguelinho, membro da junta governativa da revolução de 1817, fuzilado igualmente no Largo da Pólvora. A repressão à revolução pernambucana foi comandada pelo Capitão-general Luiz do Rego Barreto, de quem era secretário o jovem militar português Francisco José de Souza Soares d'Andréa, futuro governador e capitão-general da Província do Pará e principal algoz da Cabanagem.

Esses movimentos insurrecionais e as ideias liberais de independência e república em que se basearam tiveram, naturalmente, ampla disseminação por todo o Nordeste e Norte do Brasil. Constituindo porção considerável dos segmentos cultos da população, os padres, junto com profissionais liberais, intelectuais e jornalistas panfletários, formaram o núcleo básico dos movimentos de reivindicação e de agitação que deram ao período sua característica marca.

Um dos intelectuais importantes da época foi Felippe Alberto Patroni Martins Maciel Parente, nascido no Pará por volta de 1798. De seu curso de humanidades no seminário de Belém, Patroni adquiriu o domínio e o gosto pelo latim e o grego, além de dominar com desembaraço o francês, o inglês e a língua geral. Matriculado no curso de Direito da Universidade de Coimbra, Patroni participou da Revolução Constitucionalista de 1820 em Portugal e decidiu voltar ao Pará com o intuito de fazer aderir sua província ao movimento. Patroni foi um dos pioneiros da imprensa em Belém, tendo aí iniciado a publicação do semanário *"O Paraense"* com máquinas que trouxera de Portugal.

De volta a Portugal, como representante da junta constitucional do Pará, em novembro de 1821, e na presença do rei Dom João VI, que voltara à metrópole naquele ano, Patroni fez um discurso exaltado, que não pôde terminar pela indignação dos áulicos e do próprio monarca e que tem a importância de definir o clima de tensão e de oposição entre portugueses e brasileiros no Pará às vésperas da independência:

> Senhor – Quatro vezes tenho falado a V. M. É porém infelicidade, não sei se minha, se da província em que nasci, se da nação a que pertenço, se de V. M. que a rege; todas as vezes que entro nesta casa, não entrar eu para outro fim que não seja acusar o desleixo, e nenhuma energia dos agentes do poder, com que V. M. tem repartido a autoridade que o povo português lhe tem confiado. Acreditai, Senhor, no que lhe vou expor. V. M. ainda está cercado de aduladores, de homens que lhe não falam a pura verdade. Toda a gente, que o cerca, ainda o ilude e engana, comprometendo de tal forma a honra do chefe da Nação. Não se estranhe o que acabo de dizer: eu o provo com um fato assaz palpável. Seiscentas vezes tenho reclamado pro-

vidências, para que de uma vez se derroque o montão de males, que oprimem a Província do Pará. [...]. A charrua Gentil Americana, destinada a navegar para o Pará, está surda no Tejo a fazer despesas à Nação há dois meses!!! Nem se nomeia governador para aquela Província; nem se faz partir para lá a charrua! [...]. É muito desmazelo! [...]. É muito dormir! [...]. E pôr os povos do Pará na última desesperação, e contribuir para que eles rompam todos os obstáculos, para se libertarem dos seus tiranos. [...]. Se um ministério, pela sua negligência ou despotismo, apresenta um governo tirano, os povos desesperam e sacodem o jugo. Os povos não são bestas, que sofrem em silêncio todo o peso, que se lhes impõe. O Brasil quer estar ligado a Portugal, mas se o ministério do Reino-Unido, pela sua frouxidão, contribuir para consistência e duração da antiga tirania, o Brasil em pouco tempo proclamará a sua independência. Estas verdades devem os ministros de Estado dizer a V. M. todos os dias; mas infelizmente eles se calam e encobrem seus mútuos descuidos. [...]. Faça V. M. responsáveis todos os seus ministros e conselheiros, quando não lhe falem verdade, e lhe não insinuarem tudo quanto for em benefício da Nação. Em qualquer negócio, seja de que natureza for, um secretário de Estado não pode desculpar sua omissão, porque não é da sua incumbência. O Ministro da Fazenda, sabendo que um negócio na repartição da marinha não vai bem, deve participá-lo ao Rei, e assim todos os demais ministros. Os secretários e conselheiros de Estado são os olhos do Rei, e o Rei é quem deve vigiar sobre todos os interesses da Nação. Faça V. M. em tudo responsáveis os ministros e conselheiros: e quando souber que algum deles é servil e adulador, e que lhe não fala a verdade com toda a franqueza, mande-o enforcar: de outra maneira não se põe as coisas no seu verdadeiro andamento. [...] e veremos então, se não há tempo para se dar esta providência, ou se não incumbe a cada um dos ministros e conselheiros de Estado prestar toda a atenção aos interesses da pátria [...] (Muniz, 1973, p. 121-123).

Depois do incidente da fala de Patroni ao monarca, Patroni regressou ao Pará onde começou, no seu jornal *"O Paraense"*, uma campanha pela ampliação dos direitos constitucionais e da independência. Ocorre que o partido que advogava a conservação dos interesses e dos privilégios da dominação portuguesa, tendo à frente o brigadeiro José Maria de Moura, removido de Pernambuco e chegado a Belém em abril de 1822, determinou a prisão de Patroni, o que ocorreu em fins de maio de 1822. O pretexto foi o processo que corria em Lisboa por desrespeito ao monarca na fala atrás citada. Patroni foi preso e conduzido para a guarnição militar do Castelo.

Aparece, então, pela primeira vez com destaque, uma figura que haveria de envolver-se e de dirigir todos os eventos e comoções políticas e insurrecionais que convulsionaram o Pará até o fim da Cabanagem em 1840. Trata-se do Cônego João Batista Gonçalves Campos, natural do Pará, que transformou *"O Paraense"* num órgão de difusão e agitação de ideias políticas, vindas do centro de decisão do Sul do país.

Preso e solto por pressão do povo, agredido e ferido em atentado inspirado pelo Brigadeiro José Maria de Moura e envolvido em inumeráveis incidentes semelhantes, o Cônego Batista Campos representou, nesse período crucial da história da Amazônia, o que havia de mais permanente e solidário nas aspirações do povo paraense.

Por oposição às ações e pronunciamentos de membros do clero como Batista Campos que terminou exilado no Solimões, o bispo do Pará, Dom Romualdo de Souza Coelho, deputado eleito às cortes de Lisboa pelo Pará, voltava a Belém em meados de 1823, comunicando a dissolução das cortes e o restabelecimento, em Portugal, do regime absolutista.

As tendências absolutistas e de reforçamento da dominação portuguesa sobre a Amazônia, a despeito da independência do Brasil proclamada por Pedro I em setembro de 1822, conduziram à rebelião de setores nativistas em 14 de abril de 1823, que foram derrotados pela indecisão da tropa e de seus líderes. Os portugueses, senhores da situação, pronunciaram uma série de sentenças de morte, de banimento, ou de prisão. A conivência da hierarquia eclesiástica e de setores mais conservadores do clero se exprimia no Cônego Romualdo Antônio de Seixas, sobrinho do bispo do Pará e presidente da junta provisória, que pronunciou um discurso no palácio do governo que torna clara a aceitação do imobilismo e do *status quo* imposto ao povo à custa das maiores violências. O texto do Cônego Romualdo Antônio de Seixas, futuro arcebispo da Bahia, primaz do Brasil e marquês de Santa Cruz, é insuperável em termos de oportunismo político, mascarado de submissão a uma ordem constitucional que vinha de ser abolida e seguido de tímidos apelos em favor da vida dos condenados (Raiol, 1970, p. 33-36).

A opção "benigna" das penas sugeridas pelo Cônego Romualdo Seixas aos participantes do movimento de 14 de abril de 1823 resultou na deportação de dezenas de pessoas, entre elas o Cônego Batista Campos e outros padres. Estes, entretanto, exilados em pontos ermos da Amazônia, podem ser reputados mais felizes que os quase 300 indivíduos enviados presos em porões de navios para Lisboa, como Ignácio Accioli e seu pai, o Desembargador Miguel Joaquim de Cerqueira e Silva, cuja sorte é narrada por Hipólito de Miranda na notícia biográfica que antecede às *Memórias Históricas e Politicas da Bahia*:

> Tomou parte nos movimentos políticos havidos na Província (hoje Estado) do Pará em 1821, sendo elle e seo pae dois dos 277 cidadãos que a 14 de abril de 1823 proclamarão ahi a Independencia, por cujo crime soffrerão indiziveis trabalhos e perseguições do prepotente Governador das armas, brigadeiro José Maria de Moura, despota terrivel, e ante o qual, se pode sem erro affirmar, ser o general Madeira um homem de virtudes, sendo juntamente com aquelles remettido preso para Lisboa, d'onde elle e seo pae voltarão em 1824 para Pernambuco e d'ahi ao Pará, onde já se achavão a 17 de maio deste ultimo anno, sendo ambos mais felizes do que 77 dos seos companheiros de exilio, 14 dos quaes, duránte a viagem, morrerão á fome, sêde e miseria e 63 depois de chegarem á Lisboa (Accioli, 1919, vol. VIII).

Em 11 de agosto de 1823 chegou a Belém o navio de guerra Maranhão, sob o comando do capitão-tenente John Pascoe Greenfell, enviado pelo Almirante Cochrane, para completar a obra de integração da Amazônia às novas condições políticas do Brasil independente. Os sucessos e incidentes que envolveram a participação deste militar inglês, a serviço do Brasil, nos acontecimentos do Pará dessa época, não interessam diretamente ao objeto deste ensaio. Seja dito, entretanto, que a violência e o arbítrio, tradicionais armas do poder contra a população, punindo indistintamente inocentes e culpados, continuou com Greenfell, que fuzilou alguns indivíduos, colhidos a título de advertência, e matou mais de 250 pessoas, colhidas também ao acaso e sufocadas nos porões de um navio. Apesar do afastamento do comandante das armas, General José Maria de Moura e seus auxiliares mais próximos, a velha ordem e os antigos privilégios mantiveram-se intocados, com a classe dominante de comerciantes e proprietários portugueses e de membros da hierarquia religiosa e dos funcionários qualificados da máquina do Estado. A proverbial incapacidade do Brasil, ao longo de toda a sua história, de efetuar reformas sociais significativas, substituindo-as pela conciliação e pelo compromisso, mesmo em momentos como este da passagem do regime colonial à independência, determina a manutenção no poder dos mesmos segmentos sociais e interesses e, frequentemente, dos mesmos homens. Isso explica a permanência ou recorrência nos mais altos escalões do poder de indivíduos ligados ao antigo regime por origem, por interesse ou por lealdades políticas e de classe. Da mesma forma, esse caráter permanente do processo histórico brasileiro elucida as razões por que líderes populares, como o Cônego João Batista Campos, são sempre os derrotados, a despeito da vitória eventual de suas ideias ou facções políticas. O poço se aprofunda mais quando se passa dessas lideranças para o próprio povo, especialmente para os segmentos mais oprimidos, como os escravos negros, os *tapuios* e índios, e os mestiços de toda a sorte e condição.

Antes, porém, dos novos conflitos que conduziam irreparavelmente a Amazônia ao enfrentamento da Cabanagem, houve um momento de reunião e concórdia convocada pela junta provisória presidida por Dom Romualdo de Souza Coelho, bispo do Pará, no dia 11 de agosto de 1823, e assessorado pelos Cônegos José D'Ornellas Souza Monteiro e André Fernandes de Souza. Esta ata, provocada pela presença do Capitão-tenente Greenfell, marca a adesão formal do Pará à independência do Brasil. Além dos já citados, assinam o documento os seguintes sacerdotes:

> Por parte do Cabido o Cônego Paulo Antônio de Pinho Oliveira Cunha, o Cônego Sylvestre Antunes Pereira da Serra, pelo Cabido, Frei João de N. S. do Carmo, Provincial do Convento, o Cura da Sé, Francisco Moreira, o vigário encomendado de Sant'Anna da Campina, Thomaz Nogueira Picanço, o Cônego João Batista Gonçalves Campos, o Beneficiado Luiz Soares da Silva, o Padre Manoel Vasques da Cunha e Pinho, o Padre Francisco de Pinho de Castilho, o Padre Lourenço José Alves, O Frei Angelo Carrotti, o Beneficiado João Lourenço de Souza, o Reverendo Wenceslau Prudêncio da Cunha, o Frei Manoel do Espírito Santo, Comissário Provincial, Frei Antônio do Espírito Santo, Guardião (Muniz, 1973, p. 590-591).

A trégua cessou em 12 de outubro de 1823, aniversário do imperador, em que, ao lado de solenidades oficiais, houve demonstrações espontâneas do povo, exigindo o afastamento de portugueses ainda presentes na junta e em outros setores do governo. Nos dias seguintes, os tumultos continuaram (Raiol, 1970, p. 48).

Antônio Ladislau Monteiro Baena, militar português que veio para o Pará como ajudante de campo do governador Conde dos Arcos, em 1803, foi, como outros cronistas e historiadores de seu tempo, a exemplo de Ignácio Accioli, André Fernandes de Souza e Araújo Amazonas, não apenas um narrador dos acontecimentos, mas ativo participante deles. Por sua origem e funções, como sargento-mor (major), comandante do corpo de artilharia de linha do Pará, teve destacado envolvimento nos acontecimentos que vão da independência à Cabanagem, tendo, por culpa deles, ou por incompetência própria, como militar, chegado à condenação à morte, pena que não foi consumada. Os dois textos mais importantes de Baena, *Compêndio das Eras da Província do Pará* e *Ensaio Corográfico sobre a Província do Pará*, limitam-se, respectivamente, aos anos de 1823 e 1833. Não incluem, portanto, o período da Cabanagem, embora forneçam sobre ele elementos importantes ao descrever, com detalhes e manifesta parcialidade, as personalidades, facções e interesses envolvidos. O retrato que deixa dos participantes da junta governativa instalada por Greenfell é característico (Baena, 1969, p. 385-386).

O Major Ladislau Baena publicou na *Revista do Instituto Histórico Brasileiro* uma biografia encomiástica do Bispo Dom Romualdo Coelho, seguida de uma relação de obras impressas e manuscritas do prelado. As posições de acomodação e de compromisso do bispo com a ordem existente, pouco sensível aos reclamos do povo, são nesse texto destacadas como atos de lucidez e de coragem cívica:

> Empunhava então o leme da Provincia uma Junta provisoria organisada pela força armada no 1º de Março d'esse anno: a qual ondeava irresoluta entre dous partidos. A escolha da maxima parte dos cidadãos o collocou na presidencia d'esta Junta: elle se propoz a pacificar os animos, e a pôr de accordo os partidos, moderando com a formalidade de um conselho o enthusiasmo exaltado á vista do brigue Maranhão, mandado pelo almirante Cokrane, e dirigiu o expediente da pomposa e plausivel acclamação do Senhor D. Pedro I. Em virtude do instante pedimento, que nos primeiros dias de Novembro de 1823 lhe fez o Governo geral da Provincia, n'esse momento afogado em graves urgencias, que lhe absorviam a attenção, foi á Villa de Cametá, não obstante a indisposição da sua saude, para alli instaurar a ordem terrivelmente perturbada por convulsões populares. Ultimado este serviço, que as suas virtudes sociaes e christãas prestaram á Religião e á Pátria, passou a visitar as igrejas do Muaná, Oeiras, Baião, as capellas de Corussambaba, Uanapú, e as freguezias do Abaité, Igarapé-miri, e Mojú. O mesmo praticou no anno de 1829 com as igrejas de Ourem, Bragança, S. Domingos, Santa Anna do Rio Capim, S. Miguel e Santa Anna

do rio Bujarú; e no de 1830 com as da Vigia, Cintra, Villa Nova de El-Rei, Salinas, S. Caeta-no, Collares, Bemfica, Barcarena, Rio Mojú, e Acará. [...]. Duas vezes em Maio de 1936 elle sahiu da sua jazeda encostado nos hombros de dous sacerdotes para fallar aos ferinos rebeldes, que senhoreavam a cidade desde Agosto de 1835: na primeira rogou a esses embrutecidos, delirantes filhos de uma terra meiga, que a entregassem ao Presidente mandado pelo Governo Imperial, promettendo exorar amnistia: e na segunda implorou com um Crucifixo nas mãos e com assiduas lagrimas que abandonassem o intento de abrazar a cidade, e déssem assim termo aos lugubres clamores, que rompiam os céos (Baena, 1839, p. 472-474).

Em 1830 assumiu, pela segunda vez, a presidência da Província do Pará José Félix Pereira de Burgos, depois barão de Itapicuru-mirim. Esse era um típico político do primeiro império que, na gestão anterior (1825-1828), havia estabelecido sólidas relações com a classe dominante de portugueses e seus aliados do partido caramuru. Na segunda gestão, o barão de Itapicuru-mirim trouxe, como comandante das armas, o Brigadeiro Francisco José de Souza Soares d'Andréa, de origem portuguesa, e que começara a carreira militar com a repressão aos insurretos da revolução pernambucana. Este personagem teria, mais tarde, uma posição de sombria notoriedade na história da região, como presidente da Província e principal dirigente da repressão indiscriminada contra as populações de cor sob alegação que eram todos participantes da Cabanagem.

A ação de Andréa na Amazônia pôs contra si, de imediato, os políticos e outros setores de opinião mais sensíveis as causas populares, os chamados filantrópicos, liderados pelo Cônego João Baptista Campos. O comandante das armas, como faria mais tarde na presidência da Província, baixou uma série de normas e instruções repressivas, em desacordo com as leis e as garantias constitucionais. As tensões se avolumavam quando chegou a Belém a notícia da renúncia do Imperador Pedro I, consumada no dia 7 de abril, como narra Ernesto Cruz:

A ordem do General Andréa parecia, pois, ao Conselho Presidencial, absurda e ofensiva aos direitos individuais dos cidadãos. Estavam as discussões nesse terreno, quando o brigue americano Ametist, chegado a Belém no dia 22 de maio de 1831, trouxe a notícia da abdicação de D. Pedro I. Esse fato alarmou os partidos políticos, voltando a inquietação a dominar os espíritos. A Câmara Municipal foi apresentada uma indicação, em que era acusado o General Andréa de proteger os interesses lusitanos na Província. Pouco depois o Conselho Presidencial propunha, por intermédio dos conselheiros Cônego Batista Campos, José Batista da Silva Camecran e Antônio Manoel de Sousa Trovão, a suspensão do comandante das armas e a remessa para o Rio de Janeiro do seu ajudante de ordens, acusados ambos de absolutistas. Resolveu, no entanto, o barão de Itapecuru-mirim rejeitar a indicação, o que veio ainda mais exacerbar o espírito público, solidário nesse momento com a atitude daqueles conselheiros. O presidente Burgos era tido como grande amigo dos portugueses, manifestando abertamente a sua simpatia pelo partido Caramuru, onde aqueles se arregimentavam (Cruz, 1963, p. 268).

A derrota aparente das tendências absolutistas e lusófilas, causada pela abdicação de Pedro I, conduziu ao governo do Pará um político liberal de Pernambuco, Bernardo José da Gama, visconde de Goiana. A resistência dos setores mais reacionários do Pará fez com que esse governo durasse apenas alguns dias:

O governo do Visconde de Goiana durou, apenas, 18 dias, indo de 19 de julho a 7 de agosto de 1831. No dia imediato ao de sua posse, foi celebrado na igreja do Carmo solene *Te-Deum*. Uma comissão da Sociedade Patriótica Instrutiva e Filantrópica esteve em Palácio, cumprimentando-o, tendo falado em nome dos manifestantes o Padre Jerônimo da Costa Pimentel. Apesar dessas manifestações de simpatia, e do respeito com que vinha cercado o seu nome, em breve o Visconde de Goiana sentiria as conseqüências da política apaixonada e profundamente decepcionante da Província. De início foi o presidente acusado de manifestar tendência partidária pelo grupo político chefiado pelo Cônego Batista Campos, justificando-se essa acusação no fato de haver comparecido ao *Te-Deum*, que os filantrópicos mandaram celebrar em sua homenagem [...]. Tudo parecia conspirar contra o Visconde. Até a ordem de soltura dada a favor dos presos, implicados no motim militar de 2 de junho anterior, serviu de motivo a críticas severas à sua administração. O Partido Caramuru começou a hostilizá-lo, francamente. [...]. O dia 7 de agosto de 1831, era domingo. A cidade sem movimento comercial e, alarmada com os boatos tendenciosos, parecia estar abandonada; raras pessoas ousavam atravessar as ruas, onde só os soldados permaneciam em rondas contínuas, empunhando armas, em que as baionetas brilhavam sinistramente, na expectativa de graves acontecimentos. Às 9 horas da manhã, uma força sob o comando do capitão José Coelho de Miranda Leão, por antonomásia quebra corrente, cercou o quarteirão onde ficava situada a casa do Cônego Batista Campos, com o intuito de prendê-lo. [...]. O tumulto que sucedeu a esta cena foi indescritível. Todos queriam ver e injuriar o preso. Vindo à rua, Caibro para mostrar autoridade ou se fazer notável, segurou-o por um braço e arremessou-o com violência ao chão, onde ao cair, foi de encontro a uma pedra, ferindo-se no peito. Houve nesse momento quem pedisse aos sediciosos que não o maltratassem, pois crime pior era castigar um prisioneiro, nas condições em que se achava o arcipreste – ferido e alquebrado, de forças e de ânimo. [...]. Na escuna de guerra Alcântara foi o sacerdote deportado para São João de Crato, enquanto os outros presos eram remetidos para Marabitanas, situados, aquele à margem esquerda do Rio Madeira, e este à margem austral do Rio Negro. O Visconde de Goiana foi enviado preso para o Rio de Janeiro, a bordo da fragata Campista (Cruz, 1963, p. 269-272).

Capítulo VII
Igreja e Cabanagem (1832-1849)

Carlos de Araújo Moreira Neto

1. Da revolta de abril de 1832 à morte do Cônego Batista Campos, em 1835

Na viagem para Crato, o Cônego Batista Campos, como informa Arthur Reis:

> Conseguindo fugir em caminho, no Amatari, regressara ao Baixo Amazonas, fazendo-se proclamar presidente da Província por várias Câmaras Municipais. Os outros que seguiram para Marabitanas, chegando a Manaus, tinham tentado livrar-se, recorrendo ao ouvidor da Comarca, mas este lhes negara o desejado. Já em viagem pelo Rio Negro tinham fugido também, conseguindo escapar às escoltas, mandadas ao encalço de todos, e fazer junção com Batista Campos. Com a aclamação do chefe filantrópico, criava-se dualidade do governo, implantando-se francamente a desordem (Reis, 1964, p. 49).

O trabalho de agitação de Batista Campos e seus seguidores teve rápida adesão da massa popular dos índios e tapuios que constituíam a quase totalidade da população da Barra do Rio Negro (Manaus), e culminou com a revolta de 12 de abril de 1832, que foi uma espécie de ensaio geral da Cabanagem:

> A 12 de abril de 1832, às primeiras horas da noite, tocou rebate no quartel do Lugar da Barra. Tiros. A futura Manaus sobressaltou-se. O Coronel Felipe dos Reis, avisado, correu a verificar a situação. Encontrou a tropa em armas. À frente dela, o Soldado Joaquim Pedro da Silva. Os pre-

sos soltos, artilharia nos cantos das ruas, o trem de guerra em mãos dos insurretos. O comandante militar tentou contê-los. Impossível. A desordem tomou proporções. De repente, lançaram-no ao chão, matando-o a baionetadas. Depois, no furor do momento, os rebeldes atiraram-se às ruas. Durante toda a noite, apavorando a população, a artilharia em funcionamento. As autoridades que entenderam acalmar os levantados, não lograram resultado mesmo porque muitos desistiram, receosos de um fim trágico. [...]. O que ocorreu daí em diante, até junho, ainda não está esclarecido. Sabe-se, pelas informações colhidas por viajantes e cronistas, que a população branca do Lugar o deixou, receosa de maiores desatinos, e porque havia grande indisposição contra o elemento português, recolhendo-se muitos a Belém. As ocorrências trágicas de 12 de abril foram comunicadas ao presidente da Província e às várias vilas da Comarca, a estas noticiando-se que o "lusismo", representado no Coronel Reis, estava de vez extinto, prova a juntar-se na alegação de que o movimento tinha também o caráter nativista, que se encontra em todas as demonstrações cívicas da época, de luta aberta contra o elemento alienígena (Reis, 1964, p. 50-51).

O movimento de 1832, sob a inspiração da luta contra a permanência da situação colonial expressa no domínio e na opressão de uma classe dominante de brancos, quase todos portugueses, tendeu para a emancipação da então comarca do Alto Amazonas, então sob o domínio da Província do Pará, e que corresponde aos limites do atual Estado do Amazonas. Neste movimento tornou-se especialmente notória a influência e a direção intelectual e política de sacerdotes, especialmente dos Frades Ignácio Guilherme da Costa, mercedário maranhense, Joaquim de Santa Luzia e José dos Santos Inocentes, ambos carmelitas paraenses. Outros destacaram-se na comissão criada para promover a autonomia do Alto Amazonas. Alguns deles assumiram funções surpreendentes, como Frei José de Santa Luzia "que se dizia entendido em balística", e assumiu a direção militar do movimento. No interior, a agitação e a propagação do movimento ficaram também, muitas vezes, a cargo de religiosos:

Em Barcelos, a Câmara Municipal, reunida extraordinariamente, ouviu a palavra violenta de Frei Alexandre da Purificação, cearense de realce na Confederação do Equador, e ali a cumprir o degredo em que tinha sido comutada a pena de morte a que o condenara uma Junta Militar reunida em Fortaleza. Ouvira-lhe a palavra, declarando-se ao lado dos patriotas (Reis, 1964, p. 53).

Nas comoções políticas que agitaram o Alto Amazonas no início da década de 1830, destacou-se uma figura de religioso, que associava ao trabalho de missionário entre índios e de vigário em vilas do interior o gosto e a determinação pela ação política radical. Trata-se do já citado frade carmelita Frei José dos Santos Inocentes, que fora vigário da Barra (Manaus) e de Serpa, além de missionário em aldeia indígena junto à fortaleza de São Joaquim do Rio Branco, na fronteira da região contestada com a Guiana Inglesa. A importância de Frei José nesses acontecimentos deve ser medida pela missão que recebeu de representar o movimento na corte como procurador do povo. Para chegar ao Rio de Janeiro, evitando o curso do Amazonas e a travessia por Belém, onde certamente o prenderiam, optou pela única via possível, subindo o Madeira e, daí, à cidade de Mato Grosso, Cáceres e Cuiabá. Deixou-se ficar nessa cidade com o apoio de líderes nativistas locais como Antônio Luiz Patrício da Silva Manso, a quem estabeleceu procuração para defender a causa dos amazonenses. Sabe-se que se envolveu em questões de política local em Cuiabá, tendo o Ouvidor Ponce Leão solicitado sua expulsão com sua sediciosa comitiva militar. Finalmente, em abril de 1833, o presidente da província, por determinação do governo imperial, proibiu a continuação de sua viagem ao Rio, e forçou seu regresso ao Amazonas. Os papéis confiados a Silva Manso foram, entretanto, enviados ao Rio:

> A resposta não custou muito. A 15 de junho de 1833, em ofício ao presidente de Mato Grosso, o ministro do império, Aureliano de Souza Oliveira Coutinho, repreendia o religioso, estranhando-lhe a missão de delegado dos rebeldes. Quanto aos propósitos dos amazonenses, fora criminoso o gesto de separação da comarca. O caso da elevação a pro-

víncia estava afeto à Assembleia Geral da Nação, que pelos meios justos, normais, legais, saberia decidir com acerto, concluía o estadista imperial (Reis, 1964, p. 58).

Alfred Russel Wallace, o conhecido naturalista inglês, que, juntamente com Bates, teve contribuição importante na formulação da teoria da evolução biológica de Darwin, esteve na Amazônia e, em especial, no Rio Negro, entre 1848 e 1852. Aí conheceu Frei José dos Santos Inocente em Marabitanas, na fronteira da Venezuela. O retrato que nos deixou do frade é picaresco e mascara a irritação do inglês pela participação militante de Frei José na questão de limites com a Guiana Inglesa, de que esse deixou vários informes:

> Afinal, lá um dia, chegou o Padre Frei José. Viera acompanhado do Sr. Tenente Felisberto, comandante de Marabitanas. Frei José dos Santos Inocentes era alto, magro, precocemente envelhecido, bastante gasto e esgotado em consequência de toda sorte de debuches. As suas mãos eram estropiadas e tinha o corpo todo ulcerado. Todavia ainda se deliciava em recordar as proezas da mocidade, e era tido como o mais original e divertido contador de anedotas da Província do Pará. Da margem do rio para o alto do barranco, veio ele transportado em uma rede. Antes de começar as suas operações eclesiásticas, gastou ainda uns pares de dias a descansar. Eu ia quase sempre visitá-lo, em companhia do Sr. L. Ele muito nos divertia com o seu inesgotável repertório de anedotas. Sabia tudo que se passava na Província do Pará. A respeito dos homens e das coisas, tinha sempre algo de extravagante para contar-nos. As suas anedotas, em sua maioria, eram desagradavelmente picantes, pornográficas mesmo. Eram, porém, tão habilmente contadas, numa linguagem tão original quanto expressiva e com tão divertidos arremedos de voz e de gestos, que se tornavam, de fato, irresistivelmente engraçadas. Há sempre, ademais disso, um particular encanto em ouvir boas anedotas, quando contadas em uma língua estrangeira. O chiste é, afinal, o mais interessante do obscuro método de conseguir este intento. E o conhecimento, que adquiri, dos vários termos e modismos, peculiares à linguagem, causa um prazer, um interesse, inteiramente distintos da história propriamen-

te dita. Frei José, durante o tempo em que se demorou conosco, não contou uma só das anedotas duas vezes. E o Sr. L., que já o conhecia desde alguns anos, disse-me que ainda não ouvira muitas das que foram agora contadas. Foi soldado, depois frade de um convento, e, por fim, era sacerdote paroquiano. De sua vida de convento conta várias histórias, tais quais as que lemos em Chaucer, dos feitos deste em seu tempo. "Don Juan", comparado a Frei José, era um inocente. Ele dizia, entretanto, que sempre teve grande respeito pela sua batina, e nunca fez nada para desrespeitá-la, "durante o dia". Tiveram início, afinal, os batizados. Havia ali umas 15 ou 20 crianças índias, de todas as idades, que deveriam submeter-se, de uma vez, à operação. Há sete ou oito ritos distintos, na cerimônia do batismo da Igreja Católica Romana, e que são apropriados para causar impressão aos índios. Há o da água; o dos santos-óleos; o da saliva, esparzida nos olhos; o das cruzes nos olhos, no nariz, na boca e no corpo; o da genuflexão, com orações de permeio, tendo tudo isso suficiente semelhança com as complicadas operações dos seus próprios *pajés* ("conjuradores"), de modo a fazer os índios pensarem que obtêm alguma coisa muito boa, em troca dos shillings com que pagam essa cerimônia. No dia seguinte, realizaram-se alguns casamentos, cuja cerimônia muito se parece propriamente com a do nosso. Em seguida, Frei José fez, então, ao grupo dos recém-casados uma excelente prédica sobre a vida matrimonial e os deveres de cada um, a qual poderia resultar num grande benefício e tem alto alcance, se aos que eram dirigidas as suas palavras fosse possível compreendê-las, pois que falava em português, o que eles não entendiam bem. Frei José não perdia nenhuma oportunidade para exortar vigorosamente os índios a casar e salvar as suas almas, enchendo ele, graças a isso, as algibeiras da batina (Wallace, 1939, p. 289-291).

Os participantes da rebelião de 1832 no Rio Negro foram finalmente derrotados, mas as punições, usuais nesses casos, não foram adotadas por intervenção do novo presidente da Província, José Joaquim Machado de Oliveira, que havia tomado posse em fevereiro de 1832 e que representava, no governo do Pará, uma linha liberal semelhante à do visconde de Goiana. Machado de Oliveira era paulista, historiador e tinha um interesse particular por índios dos quais deixou várias memórias na *Revista do Instituto Histórico Brasileiro*. Foi também diretor-geral dos índios da Província de São Paulo e presidente das províncias de Alagoas, Espírito Santo e Santa Catarina. Naturalmente, um governante com tais tendências era inaceitável pela facção *caramuru*. Seu governo foi tumultuado por vários incidentes, o mais grave dos quais foi a revolta chefiada pelo comerciante português, Joaquim Afonso Jales, em 16 de abril de 1833, de que deu notícia o presidente Machado de Oliveira ao ministro do império, Nicolau de Campos Vergueiro (Raiol, 1970, p. 381-382).

A política pendular característica da regência substituiu, no fim de 1833, Machado de Oliveira por um presidente que era seu oposto, Bernardo Lobo de Sousa, que se fez acompanhar pelo comandante das armas, tenente-coronel Joaquim José da Silva Santiago. Raiol deixou dos dois governantes um retrato irretocável:

> Bernardo Lobo de Sousa chegou ao Pará no dia 2 de dezembro de 1833 na corveta de guerra Bertioga, acompanhado do tenente-coronel Joaquim José da Silva Santiago que tinha sido nomeado comandante das armas por carta imperial de 13 de setembro do mesmo ano: dois dias depois entraram ambos no exercício de seus cargos. Pouco favoráveis eram as notícias que corriam sobre o caráter destes dois funcionários. Dizia-se geralmente que o primeiro era assomado e colérico, o segundo brusco e intratável. Altivos e intolerantes, não admitiam a menor contradita às suas opiniões. Olhavam a todos com ar de sobranceria e desdém. Quando falavam, principalmente aos seus subordinados, era quase sempre com arrogância, pelo que alienavam de si toda a afeição e simpatia. Mostravam-se dedicados ao serviço público; porém arrastados por impressões de momento, seus atos se tornavam quase sempre irrefletidos. Só o mau fado da Província teria concorrido para semelhantes nomeações: parece que de propósito se escolhiam agentes para dilacerar e não para governar o Pará, porque mais pareciam instigadores de revoltas do que autoridades legais. Lobo de Sousa era deputado à assembleia geral legislativa, e

> tinha sido presidente das províncias de Goiás, Paraíba e Rio de Janeiro. Santiago tinha estado nas campanhas do Sul e no comando das armas de Pernambuco, donde fora removido para o do Pará. E nestas comissões um e outro deram provas de varões fortes, resolutos e prepotentes, e talvez por isso fossem julgados capazes de rebater o espírito faccioso que agitava a sociedade paraense! Foi um erro grave da regência; devia antes escolher homens de índole branda, de gênio conciliador, pacientes e próprios para amortecer paixões. O fogo demasiado é sempre causa de explosões. E no mecanismo social a única válvula de salvação é a prudência e a sensatez do governo (Raiol, 1970, p. 432-433).

Ainda no governo Machado de Oliveira os ânimos, sempre à beira da explosão, eram acirrados com a polêmica estabelecida através de jornais de várias tendências, dos quais *O Publicador Amazoniense*, dirigido pelo cônego Batista Campos, *O Vigilante* pelo Cônego Gaspar de Siqueira e Queiroz, *A Luz da Verdade* do Cônego Silvestre Antunes Pereira da Serra e *O Desmascarador* do advogado Antônio Feliciano da Cunha e Oliveira, este último radicalmente oposto à política filantrópica do Cônego Batista Campos.

As discussões acentuaram-se mais ainda com uma solenidade, convocada na Câmara Municipal por Machado de Oliveira para comemorar os 12 anos da independência e do império, na qual foi proposto um juramento solene.

Raiol comenta que Batista Campos foi indiferente ao convite e nem sequer compareceu ao ato do juramento:

> se me querem invectivar, por não prestar juramento às fórmulas indicativas de Machado, declaro que ainda não me arrependi; porque não sou adulador, nem conivente desse homem, praticando em seu interesse atos ilegais, ilusórios e irreligiosos.

Afirmou o cônego. O Bispo Romualdo Coelho, ao contrário, assinou o juramento, "com a mansidão canônica evangélica salva" (Raiol, 1970, p. 427-430).

Logo após sua posse no governo do Pará, em 4 de dezembro de 1833, o presidente Lobo de Sousa começou a hostilizar os setores políticos liderados pelo Cônego Batista Campos. À parte das oposições ideológicas mais fundas, algumas ocorrências episódicas contribuíram para tornar permanente e irreconciliável a aversão entre o presidente e o cônego (Raiol, 1970, v. II, p. 449-450).

O Bispo D. Romualdo de Souza Coelho, cuja prudência e, às vezes, excessiva acomodação às conveniências e aos interesses do poder e da classe dominante eram proverbiais, fora compelido, como se disse, pelo Presidente Machado de Oliveira ao juramento de tomar armas, se necessário fora, para combater os propalados intentos restauradores do Duque de Bragança. Desde o início do governo de Lobo de Sousa, o bispo foi novamente envolvido pelos acontecimentos que, desta vez, o conduziram a um enfrentamento direto com o poder civil tornado mais grave pelo caráter irascível e autoritário de Lobo de Sousa e ampliado pela exploração política que em torno do fato fez o Cônego Batista Campos (Raiol, 1970, v. II, p. 450-451).

Em 28 de maio de 1834, D. Romualdo Coelho divulgou uma carta pastoral em que fulminava a maçonaria como instrumento de subversão da fé cristã e da moral e atribuindo a essa organização todos os males que os setores mais conservadores da Igreja identificaram, numa etapa posterior, no comunismo: estabelecendo por toda a parte o materialismo assim como a comunhão de tudo e de todos, até das mulheres e das filhas – que tinha por doutrina a negação da religião revelada e da autoridade espiritual e era contrária aos bons costumes (Raiol, 1970, v. II, p. 452-456).

Raiol descreveu as reações extremadas do presidente Lobo de Sousa à carta pastoral do bispo:

> Lobo de Sousa, que não se distinguia pela prudência e menos pela calma e moderação, depois de ler a pastoral, levantou-se encolerizado e ordenou ao seu ajudante de ordens fosse ter ao palácio episcopal dizer ao bispo – que lhe constava querer ele fazer publicar e distribuir uma pastoral inconveniente, por conter doutrinas falsas, subversivas e contrárias às leis do império; por isso lhe mandava declarar que, se por efeito dessa pastoral o povo se amotinasse, ele tinha força e armas para rebater os facciosos, assim como o

porão dos navios de guerra surtos no porto para recolher o agente do motim, sem importar-se de mitra, nem de báculo; o criminoso não deixaria de ser castigado até com ferros aos pés quando assim conviesse, qualquer que fosse a sua posição! (Raiol, 1970, v. II, p. 464).

O bispo, com mais de 72 anos e achacado por graves enfermidades, não encontrou forças para resistir ao presidente da província e, temendo novos agravos, abandonou a capital, refugiando-se em sua vila natal, Cametá. O Cônego Batista Campos fez ampla utilização política dos conflitos entre o bispo e o presidente:

> Treze anos tinham decorrido, quando se deram as ocorrências que acabamos de narrar: contava ele então 72 anos de idade, e acabrunhado sob o peso da velhice e de graves enfermidades, com meio século de árduas fadigas que lhe impunha a vida sacerdotal, não possuía mais energia necessária para sustentar lutas, parecendo-lhe mais acertado abandonar a capital como efetivamente o fez.
>
> Espalhou-se logo por toda a cidade a notícia da sua retirada para a Vila de Cametá. O Cônego Batista Campos, que não descansava e prevalecia-se de tudo para desmoralizar o presidente e os maçons, foi logo ao palácio episcopal onde quase nunca aparecia, e conseguiu do secretário do bispo o autógrafo da pastoral com o simples fim de lê-lo: tirando, porém, uma cópia, serviu-se dele depois na imprensa contra seus adversários com abuso manifesto da boa-fé de quem lho confiara.
>
> Entretanto, convinha agora ao Cônego Batista Campos tirar partido das ameaças de Lobo de Sousa e ei-lo a decantar as virtudes do bispo e a enegrecer o arbítrio daquele.
>
> — Tirania! Maltratar um paraense tão distinto por suas virtudes e saber, um venerando ancião cheio de serviços à Igreja, à pátria, à província que se ufana de lhe ter dado o berço! Ameaçar com prisão e ferros a um bispo! clamou ele. Sociedade amaldiçoada que tem presa e acorrentada num armário a sagrada imagem de Cristo com uma serpente mordendo-lhe o peito! Seita maldita que estabelece a comunhão da mulher e das filhas, sacrifica a virtude e os bons costumes! Instituição perversa que admite, alta noite, em seu seio o demônio transformado em bode negro a faiscar fogo por toda parte! (Raiol, 1970, v. II, p. 465-466).

Esses fatos, que mascaravam, em seu caráter quase episódico e acidental, as fundas dissensões e oposições de toda ordem, econômica, sociocultural e política, que opunham, no Pará, de um lado o povo, majoritariamente de origem indígena, e de outro a classe dominante de origem portuguesa recente, de grandes privilégios de raízes coloniais, haveriam de conduzir à rebelião geral da Cabanagem. Os acontecimentos atropelavam-se. O Presidente Lobo de Sousa ordenou uma busca na casa do cônego e nos papéis do jornal *Sentinela Maranhense* na Guarita do Pará, título que lembra os pasquins subversivos que o revolucionário Cipriano Barata editava de prisão em prisão. Este jornal, que obedecia à direção política do cônego, era escrito pelo panfletário cearense Vicente Lavor Papagaio, que residia e confeccionava o periódico na própria casa do líder político. Ambos conseguiram fugir e Lavor Papagaio homiziou-se na fazenda de Félix Antônio Clemente Malcher, o militar rebelde que haveria de suceder Lobo de Sousa na presidência do Pará, após a morte deste. A partir desse momento registraram-se conflitos e escaramuças, com mortes de ambos os lados.

Fugitivo pelo interior, o Cônego Batista Campos acabou falecendo em virtude de causas tão fortuitas quanto as que deram, aparentemente, origem ao movimento da Cabanagem:

> O Cônego Batista Campos achava-se por este tempo na fazenda de seu amigo Eugênio de Oliveira Pantoja, denominada Boavista, no furo Atiteua, distrito de Barcarena. Nasceu-lhe debaixo do queixo uma espinha carnal que ele a cortou quando fazia a barba na fazenda de Amanajás. Sobreveio-lhe daí grande inflamação no rosto. Errante como andava, exposto às intempéries do tempo, ora em casa, ora no mato, sobressaltado e sem recursos, sentiu agravar-se o seu padecimento.
>
> Temia, porém, ser traído, e não se animava nem a vir à cidade consultar médicos, nem a mandá-los ir ao lugar onde se achava, que era já então o chamado Rosário, no centro da fazenda de Pantoja. Lembrou-se do Doutor Antônio Correia de Lacerda que era seu afeiçoado. Não

receou de invocar os nobres sentimentos de seu coração e lhe implorou a sua piedade e socorro. Não se iludiu: quando menos pensava, recebeu junto ao seu leito remédios que lhe enviou o venerando ancião.

Lacerda, pelas informações que lhe deram, reconheceu logo sintomas pronunciados de gangrena, porém não desanimou. Cheio de esperança, envidou todos os seus estorços por combatê-la. Os farmacêuticos João Pereira do Lago e Joaquim Augusto Ricardino, afeiçoados também ao enfermo, o auxiliaram bastante nesta obra de caridade. Mas era tarde; tudo foi debalde. No dia 31 de dezembro, pelas 2 horas da tarde, faleceu depois de confessado e ungido pelo vigário da freguesia de Barcarena Francisco da Silva Cravo, sendo seu cadáver sepultado às 10 horas da manhã do dia seguinte na igreja paroquial, dentro da capela-mor.

Feita a devida comunicação à autoridade eclesiástica, os sinos da catedral deram sinal de sua morte às 6 horas da manhã do primeiro dia do ano de 1835. A notícia espalhou-se por toda a capital, e a perda foi ainda levada em conta de Lobo de Sousa. Não há mal que se não atribua a um governo quando já tem excitado contra si a animadversão pública!

Com a morte e prisão dos dois principais chefes da revolta, muitos pensaram que tudo ia serenar. Esqueciam, porém, que tanto um como outro tinham parentes e amigos que respiravam vingança. O perigo era então maior. Revolta sem chefes é como batel sem piloto, como corpo sem cabeça. Em campo livre e sem guia, a demagogia se perde nos delírios das massas populares, como o nauta sem bússola nos mares tempestuosos do oceano (Raiol, 1970, v. II, p. 539-540).

2. A Cabanagem se estende por todo o território amazônico

A economia da Região Amazônica, durante o século XIX, baseava-se, como no passado, na exploração das "drogas do sertão", de madeiras e dos cacauais e pesqueiros. A força de trabalho era representada quase totalmente por um contingente expressivo de escravos negros, por mulatos e mestiços de vários tipos, mas, principalmente, pela grande massa dos "tapuios" índios destribalizados a que já se fez referência e que davam à região o seu inconfundível aspecto de sociedade dual onde os homens se opunham, ao mesmo tempo, por critérios de origem étnica e socioeconômica.

A Cabanagem foi o momento histórico da tentativa de emergência dessa massa de tapuios e outros mestiços, social e etnicamente degradados, e que procuravam escapar aos duros moldes da sociedade colonial por uma rebelião armada que, a despeito de seus aspectos políticos mais aparentes e explícitos, tinha um conteúdo de mudança social extremamente revolucionário para as condições locais. É provável que, neste sentido, não possa ser comparado a nenhuma outra reforma ou sedição, das inúmeras que ocorreram no Brasil entre o reinado de D. João VI e a metade do século XIX.

Já em 13 de maio de 1834, o Presidente Bernardo Lobo de Sousa, que no ano seguinte foi morto na fase inicial do assalto e tomada de Belém pelos cabanos, dirigia-se ao ministro do império, Chichorro da Gama, dando conta de revoltas esporádicas em alguns pontos da província, preparatórias do movimento. Uma das peças informativas usadas pelo Presidente Lobo de Sousa é uma comunicação do juiz de paz de Tupinambarana que assim se refere à revolta ali ocorrida em junho de 1833:

> Neste calamitoso dia 24 de junho às seis horas e meia da tarde um terrível e medonho vulcão anárquico rebentou, e conculcou as nossas Sagradas Leis, desaparecendo de entre nós o sossego, a união e boa-fé, menoscabando a estes caros objetos a anarquia, desunião e malvadeza, sendo as suas primeiras molas os índios desta freguezia que tiveram por cabeça o intitulado Tuxáua Crispim de Leão, o qual depois de atacar as nossas propriedades, decoro e existência política, dirigiu-se a essa capital, iludindo as boas intenções do ex-presidente [...]. É este indivíduo turbulento, Exmo. Sr., que não cessa de procurar meios de nos lançar em um profundo insondável abismo de revoltas [...] (MS do Arquivo Nacional).

O juiz de paz de Tupinambarana informou sobre os propósitos da rebelião que se dirigia claramente contra proprietários de terras e comerciantes, em oposição aos quais "sua malvadeza toca o maior apuro até de querer proibir o comércio pelos rios acima ditos. Os pacíficos habitantes vendo a sem-razão de semelhante malvadez se têm retirado estando quase esta freguezia entregue a seu furor". Um contingente militar de Manaus enviado contra eles não teria condições, segundo a autoridade citada, de fazer frente aos rebeldes, "havendo um forte partido dos perturbadores e quilombos de pretos fugidos". O ofício termina com um apelo ao Presidente Lobo de Sousa para o envio de forças e equipamentos necessários à extinção da revolta.

A solução proposta por Lobo de Sousa é a da criação de um Comando Militar da Amazônia, com poderes gerais e muito amplos para que, acima das autoridades civis, locais ou regionais, pudesse agir com presteza e liberdade no combate a quaisquer focos insurrecionais. Como o próprio Presidente Lobo de Sousa reconhece,

> [...] esta minha idéia de Comandante Militar comandando toda a Força Pública fará arripiar a almas nimiamente zelosas das fórmulas que garantem as liberdades individuais, porém não parecerá de certo estranha, e impolítica a quem tiver no painel do pensamento a multidão de circunstâncias daqueles povos, principalmente seus antigos hábitos; seu estado de desenvolvimento intelectual e massa de homens quase selvagens comparada à dos de alguma ilustração (Ofício ao ministro do Império, em 13 de maio de 1834. MS do Arquivo Nacional).

Estas medidas de exceção, fundadas essencialmente na ação punitiva de tropas regulares ou de bandos de "patriotas", alguns dos quais celebrizaram-se pela extrema violência, como o famoso Caudilho Ambrósio Ayres "Bararoá" adiante referido, seriam dirigidas, principalmente, contra quilombos e povoações de índios e tapuios. Em muitos casos, essas forças militares ou "bandos de irregulares 'patriotas'" foram usados intencionalmente para desalojar grupos indígenas inteiros de áreas consideradas economicamente interessantes ou para punir agravos antigos, reais ou supostos, que nada tinham a ver com a rebelião atualmente por eles combatida. Por outro lado, o poder discricionário foi, também, usado para reforçar os métodos tradicionais de exploração do trabalho do indígena aldeado ou do tapuio. As velhas bases de economia amazônica foram ainda reativadas pela criação dos Corpos de Trabalhadores, através dos quais eram recrutados e dirigidos no trabalho compulsório índios e tapuios. Grupos indígenas numerosos, como os Mundurucu, Maué, Mura e as várias "tribos" do Rio Negro e do Uaupés, foram, dessa forma, recrutados e obrigados a condições extremamente penosas de trabalho, muitas vezes em áreas distantes de suas povoações.

Todos esses elementos contribuíram para que, durante a Cabanagem e no período a ela subsequente, os índios da Região Amazônica pagassem alto preço aos processos de desorganização, dispersão ou transferência forçada de populações e depopulação que, em muitos casos, dizimou quase integralmente os grupos indígenas da região. O "Relatório sobre o Estado Atual de Decadência do Alto Amazonas", elaborado por João Henrique de Mattos em 1845, é o resultado de um inventário minucioso sobre os níveis de depopulação atingidos no Rio Negro por efeito da Cabanagem. A desorganização de toda a vida econômica e social da região, a destruição ou o abandono das áreas de produção agrícola ou extrativista, o agravamento das notórias más condições de alimentação e saúde da maioria da população e os surtos epidêmicos daí decorrentes, todas estas coisas se associaram para agravar ainda mais o alto custo em vidas humanas cobrado pela Cabanagem. Já em fins de 1836, o presidente e governador das Armas da Província do Pará, Soares d'Andréa, dirigindo-se ao ministro do império, informava sobre um surto epidêmico de varíola que haveria de prolongar-se por todo o curso da rebelião, com efeitos particularmente desastrosos sobre aldeias indígenas e centros de confinamento de prisioneiros cabanos:

Não temos ainda a cólera morbus mas temos umas sezões teimosas em se repetirem, e uma epidemia de bexigas confluentes que tudo devoram. Nenhuma vacina tem sido aqui eficaz, porque a que tem vindo tem sido julgada falsa e as bexigas dão nos que já foram vacinados, em boa vacina, e dão também em um mesmo indivíduo segunda vez antes de estar bem restabelecido da primeira. Não obstante peço a V. Exa. uma remessa contínua de vacina; porque enfim a experiência mostra que os vacinados tem ao menos boa bexiga (Ofício do presidente do Pará ao ministro do Império, em 8-11-1836. MS do Arquivo Nacional).

O relatório do Presidente Francisco Soares d'Andréa dirigido à Assembleia Provincial do Pará, em 2 de março de 1838, atribuía o estado de "furiosa anarquia" da província à liberdade da imprensa, à insubordinação de todos os empregados militares ou civis, ao desprezo às autoridades

> e finalmente pela jactância descarada com que homens ignorantes ostentam a sua imoralidade, sua irreligião, o seu profundo desprezo pelas formas estabelecidas do Culto devido ao Ser Supremo [...]. Dizer-vos, Senhores, que estas foram as causas das horrorosas desgraças por que passou esta província, que estas foram as causas dos males por que tem passado a Província do Rio Grande de São Pedro do Sul, e estão ameaçando a da Bahia; que estas são ainda as causas que ameaçam a existência do Império do Brasil, é dizer-vos bem claramente que deveis pôr quanto esteja da vossa parte para a destruição do gérmen de tantos males, estatuindo medidas que lhes sejam diametralmente opostas. Não farei agora a exposição detalhada dos horrores inventados nesta revolução espantosa em que o barbarismo parecia querer devorar de um só trago toda a civilização existente [...]. À exceção da Vila de Cametá, Freguezia de Abaeté, Praça de Macapá, e das vilas e pequenas povoações do Rio Xingú, não me consta que alguma outra parte desta vasta província escapasse ao furor dos malvados; assim foram destruídos a maior parte dos engenhos, fazendas, dispersos ou mortos os seus escravos, consumidos os gados de criação e extinta até a sementeira dos gêneros mais precisos do sustento ordinário; e há distritos aonde não deixaram vivo nem um só homem

> branco; e por toda a parte se sente a falta da população de todas as classes [...]. Hoje está tudo tranquilo à exceção dos Rios Tapajós e Curuá, e de alguns furos ou canais particulares nas imediações dos Breves, aonde pequenas partidas de rebeldes se acoitam, e se escondem facilmente por serem em pequeno número, perturbando a tranqüilidade quando a sede de sangue os chama ao assassínio e roubo (MS do Arquivo Nacional).

O Presidente Soares d'Andréa não procurou disfarçar o caráter arbitrário e indiscriminado da repressão:

> O estado de guerra tem autorizado até agora atacar o inimigo por todos os modos até lhe aniquilar a força, e para isso ter efeito foi preciso prescindir das formalidades com que a lei escuda os criminosos. Todo o homem que tem sido acusado de algum crime tem certeza de ser procurado e preso sem se lhe dar tempo a evadir-se. Todas as desordens têm sido corrigidas com prisões que pela maior parte das vezes recaem nos militares; porque os seus autores podem quase sempre ser considerados tais [...]. A prisão de quantos revolucionários têm aparecido, feita a despeito das leis existentes, e continuando contra todas as regras da segurança individual, não tem concorrido pouco para o estado de paz em que nos achamos. Nada disso se poderia fazer, a não se ter tomado por norma chegar sempre a justos fins pelos meios seguros [...]. A exposição franca que venho de fazer-vos pode dar lugar a que sejam taxadas de despóticas muitas dessas medidas, mas só quem está no meio dos negócios pode ajuizar deles. Eu chamo a vós, a todo o povo sensato do Pará que digam, se tais medidas são ou não justas; se têm sido ou não precisas e se eu as tenho levado tão longe quanto a mesma lei me tinha autorizado se eu a tivesse publicado (Andréa, 1838).

À sombra da aparente paz imposta por Andréa na Região Amazônica, as tensões e os conflitos continuavam tendendo a agravar-se pelas perseguições e injustiças que se cometiam:

> [...] Taqueirinha e Bararoá se tornaram célebres (no Alto Amazonas) praticando impunemente no nome da legalidade, os mais bárbaros, desumanos e canibais crimes por mera satisfação dos seus instintos de fera (Aranha, 1900, p. 20).

Este mesmo Bararoá, nome de guerra do caudilho legalista Ambrósio Pedro Ayres, que uns consideram degredado e outros estrangeiro, provavelmente alemão, gozou de grande notoriedade pelos ataques bem-sucedidos que dirigiu contra "pontos" cabanos no Tapajós, no Maués e no Madeira. Não menos notória era a sua fama pelo massacre sistemático que impunha aos rebeldes aprisionados ou, mesmo, às povoações que suspeitava dar-lhes ajuda. No curso dessas ações, vários grupos indígenas foram por ele perseguidos, especialmente os Mundurucu, Maué e Mura. Às violências cometidas contra esse último grupo devem ser atribuídas as causas de sua morte, narrada em ofício do Presidente Soares d'Andréa, em 23 de outubro de 1838, dirigido ao ministro da guerra, Sebastião do Rêgo Barros:

> O comandante do Rio Negro, Ambrósio Pedro Ayres, tinha marchado no primeiro do mês (de agosto) com 130 praças e nove canoas para o Lago dos Autazes para bater os rebeldes ali acoitados [...]. No dia seis, às quatro horas da tarde, ao passar entre duas ilhas, foi atacado por sete canoas dos rebeldes, a maior parte Muras, e defendendo-se até quase noite, tentou salvar-se em terra; mas foi agarrado e morto cruelmente. Foi esta uma perda de muita consequência; porque há de custar a encontrar outro homem do valor, habilidade e inteligência desta vítima (MS do Arquivo Nacional).

Em 8 de abril de 1839, o Marechal Soares d'Andréa transmitiu à presidência da Província do Pará a Bernardo de Souza Franco. Em muitas áreas continuavam as operações militares e os conflitos da Cabanagem. Na "Exposição do Estado e Andamento dos Negócios da Província", com que Andréa formalizou a transferência do cargo, há um apêndice extremamente importante para o entendimento da política seguida em relação aos índios. Trata-se das "Instruções Gerais para os Comandantes Militares da Província do Pará", seguidas das "Instruções para a Organização dos Corpos de Trabalhadores". O poder discricionário dos comandantes militares, a despeito das leis existentes e contra todas as regras da segurança individual, para repetir as palavras do próprio Andréa, transformava em dirigentes absolutos, com poder de intervenção em todos os aspectos da vida da província. Para maior eficácia e completo exercício de tal domínio, o artigo terceiro das Instruções Gerais determinava que cada comandante militar

> formará um alistamento geral de todas as famílias existentes dentro dos distritos do seu comando, com todas as clarezas precisas para se conhecer quem são, e de que vivem, e que pessoas têm agregadas às suas casas, para que se aluguem e tomem um gênero de vida útil.

Esta providência de controle da vida de cada comunidade era completada com medidas estritas contra indivíduos estranhos ou deslocados que, eventualmente, ali se queriam estabelecer:

> Art. 4°: Os vagabundos, e desconhecidos no país, uma vez que não procurem logo arranchar-se, serão remetidos presos a esta capital.

Os critérios hierárquicos, próprios da organização militar, foram ampliados e transformados por Andréa em elementos de divisão da sociedade provincial em categorias étnicas e socioeconômicas bem-marcadas, por meio das quais se valorizavam e reforçavam os mecanismos de dominação nela existentes. Português por origem e fiel à perspectiva colonial de sua classe e de sua época, Andréa considerava a Cabanagem uma conspiração de índios e outros "homens de cor, ligados em pacto secreto a dar cabo de tudo quanto for branco". Para a salvação da província era, pois, "indispensável pôr as armas nas mãos de outros". Vários dispositivos das Instruções mencionadas seguem rigidamente esses critérios de classe e raça:

> Art. 11: Recrutará para o Exército algumas praças tiradas das famílias de mais representação, para que os postos de oficiais possam recair para o futuro em pessoas bem-educadas, e de sentimentos nobres. Além destes recrutas escolhidos, ativará um recrutamento regular, sem pressa nem violência, mas sucessivo: recaindo sempre a escolha sobre mancebos bem constituídos e de boa conduta (MS do Arquivo Nacional).

Entretanto, como seria de esperar, as "Instruções para a Organização dos Corpos de Trabalhadores" continha um número muito maior e mais explícito de dispositivos que caracterizavam a tendência discriminatória acima indicada. Na verdade, com a extinção de vários corpos de milícias, a carreira militar estava, na prática, vedada a índios, tapuios e mestiços que, segundo a concepção de Andréa, representavam risco permanente por sua própria condição étnica e social.

3. O período dos presidentes Souza Franco e Miranda

Em ofício de 25 de dezembro de 1839, o Presidente Bernardo de Souza Franco dirigia-se ao ministro do império, Manoel Antônio Galvão, prestando informações gerais sobre a província e fazendo críticas à administração de Andréa. As medidas repressivas postas em prática durante o governo anterior, o reforçamento das formas tradicionais de exploração do trabalho indígena e os poderes absolutos conferidos aos comandantes militares, todos estes fatos constituíam um impedimento sério à pretendida pacificação do Pará:

> Sujeita por três anos a província a uma administração forte, e rigorosa, o que mais ainda do que com obras, comandava obediência com o terror que imperava o nome do seu chefe, conservou-se sim pacífica e podia parecer subjugada completamente aqueles que só atendessem às aparências. Do contrário: as paixões sufocadas, e temerosas de demonstrar-se, e explodir, concentraram-se, e criaram por isso maior força: os desgostosos e ofendidos entendiam-se, e comunicavam suas queixas, seu rancor ao maior número a quem foi fácil achar motivos para eles no serviço, nas exigências, no constrangimento, e opressão, que acompanham sempre estas dissenções, e guerras intestinas [...]. O mal crescia todos os dias com as suas causas, e as dificuldades se preparavam portanto para o sucessor do gênio forte, que sem o vigor de sua inteligência, e braço; sem mesmo tão numerosa força numérica, como a de que ele dispunha, e embaraçado com a desordem decorrida na província vizinha, tivesse de vir tentar trazer ao estado orgânico, e legal do Brasil, a esta

> por tanto tempo excepcionalmente governada. São administrações estas, que nunca devem existir, me parece, ou nunca acabar; e cuja transição para outra mais moderna é dificílima, e exige pelo menos muita habilidade e muita força para ser levada a efeito. Esta é a posição em que me acho colocado [...] (MS do Arquivo Nacional).

Em 15 de agosto de 1839, o Presidente Bernardo de Souza Franco apresentou à Assembleia Provincial seu primeiro relatório.

Nesta fase final da Cabanagem, a presença de focos rebeldes era especialmente importante no Rio Tapajós, no Baixo Amazonas e em certas áreas do Madeira e do Solimões:

> no Rio Tapajós, ou Preto, existem ainda malvados, e o gentio Maué por eles seduzido foge, incendeia as suas habitações à aproximação de nossas forças, ou lhes faz emboscadas e resistência. Em Luzéa há receios de ataques de malvados, que se dizem ter atravessado o Rio Preto, e reunido dos distritos vizinhos. Nas vizinhanças do Forte de São Gabriel, constou nos primeiros dias de abril que o gentio Issana, também seduzido por alguns malvados, tentava vir atacar os pontos legais, e sendo enviada uma expedição encontraram-se vestígios de reunião, e de fortificações (Franco, 1839, p. 5).

No relatório já citado de Souza Franco há informações sobre problemas na fronteira das Guianas Francesa e Inglesa. Em relação a esta última área, o presidente informou que o missionário inglês Youd havia estabelecido missão entre os Macushi, Uapixana e outros grupos da área, tendo reunido cerca de 600 índios entre os quais começou um trabalho de catequese e alfabetização. O mesmo missionário pôs em dúvida os direitos do Brasil sobre a região, apesar de o Presidente Souza Franco supor que se trate de ação isolada, não acreditando que o governo britânico desse cobertura a essa intervenção. Por instruções de Souza Franco, o comandante da expedição militar do Amazonas dirigiu uma intimação a Youd, que acabou por retirar-se para o Rupruni (Franco, 1839, p. 9-10). Desses primeiros incidentes pelo estabelecimento de fronteiras definitivas entre o Brasil e a Guiana Inglesa surgiram elementos sugestivos sobre a política imperial em relação aos índios. São frequentes, em documentos do período, alegações de maus-tratos contra os índios, descrevendo-se a ação colonial portuguesa e, posteriormente, a ação brasileira na região, como meras expedições eventuais de caça e escravização de indígenas, descidos para o Baixo Rio Negro e para Belém. Advertido dos efeitos negativos dessas denúncias para os direitos brasileiros sobre a região, o Presidente Souza Franco admitiu que alguns índios, habitantes de território britânico não contestado, teriam sido descidos "irrefletidamente" para o serviço da Marinha, o que corrobora as "alusões do mau tratamento e perseguições que diziam eles sofrer no Brasil os índios" (Franco, 1839, p. 10).

A pacificação da maior parte da província, nesta fase final da Cabanagem, permitiu já ao governo do Pará um balanço dos efeitos da desorganização econômica e da depopulação oriundos do conflito. Especialmente graves foram os resultados de uma epidemia de varíola que se somou às vítimas das lutas e das execuções em massa ordenadas pelo presidente anterior, Soares d'Andréa, na redução drástica da população da província:

> As desordens, e anarquia que tão graves males acarretaram sobre a província, tiveram também a força de a tornar insalubre, e epidêmica, a ponto tal, que nos primeiros meses e anos da restauração da cidade um quarto de sua população estava de cama, e número considerável dela pereceu [...]. O flagelo das bexigas veio unir-se aos outros, o número considerável de habitantes tem sido vítima desta terrível moléstia, não se tendo até agora feito senão limitadíssimo uso de vacina, ou porque raras vezes a temos capaz de produzir efeito, antiga e ineficaz quase toda a que nos é remetida; ou porque é em geral o gênero humano indiferente a todos os males [...] ou porque não estão ainda desfeitos os preconceitos (Franco, 1839, p. 45).

A seguir, Souza Franco apresenta e critica os dados relativos à estatística da província:

> Dá ele à Cidade de Belém 9.052 almas, e eu estou convencido de que há erro de consideração. Traz o mapa 4.377

homens e mulheres, maiores de 21 anos, e 2.236 menores desta idade, e como de regra o número dos menores de ambos os sexos é sempre quase igual ao dos maiores, eu direi que se omitiram 2.000 menores e que este número deve ser adido ao total. Traz também o mapa 2.439 (escravos) de todos os sexos e idades e como só nos assentos da alfândega se veja estarem inscritos para pagar a taxa da Lei 2.273, e seja costume, que ninguém ignora, ocultar cerca de metade dos escravos que cada um tem, eu acrescentarei mais 2.000 escravos à população da cidade e temos assim a adir 4.000 almas [...]. Há nela 2.290 casas habitadas e dando-se seis almas a cada fogo, que é o menos que se pode calcular para uma cidade marítima do Brasil qual é o Pará, temos elevada a sua população a 13.740 almas. Também não é crível que só 2.439 escravos haja na cidade, o que equivale a um escravo por cada casa, e dando-se dois, que não é muito, teremos 4.580 escravos, o que se aproxima do cálculo acima feito [...]. E venho por mais esta razão a convencer-me que a população da Cidade do Pará é de cerca de 13.000 almas. Se não está certo o mapa da cidade, não é possível estejam o dos municípios e, portanto, o da comarca toda. Dá o mapa a todo o município da cidade 33.922 almas e à comarca toda 79.940, no que não parece haver exatidão. O de Cametá, por exemplo, figura nele com 11.793 almas, e sem ir tão alto como alguns que lhe dão 40.000 almas [...] podemos dar-lhe 20.000 [...] e não ficará longe da verdade quem disser que a comarca da Cidade do Pará tem de população de 100.000 a 120.000 almas, das quais cerca de 30.000 são escravos. Da província toda é ainda mais difícil calcular a população: dão os mapas 30.000 almas ao Baixo Amazonas e 27.000 ao alto; e a este calculou pessoa de saber e que ali residiu anos, 30 a 40.000 almas inclusos os índios aldeados e civilizados. Podemos assim dar à província, de 180 a 200.000 almas, excluídos os índios errantes que se não podem calcular, e que uns elevam a 200.000 e outros fazem descer a 100.000, e talvez a menos. Lançai os olhos, senhores, para as colunas dos homens e mulheres adultas, e no excesso do número destas sobre aqueles vereis mais uma prova da imensa perda de homens, que tem a província sofrido (Franco, 1839, p. 51-53).

Em 15 de agosto de 1840, o novo presidente do Pará, João Antônio de Miranda, que havia sucedido Souza Franco em 22 de fevereiro do mesmo ano, apresentou à Assembleia Legislativa um relatório que continha informações sobre os últimos focos de resistência da Cabanagem:

> Novecentos oitenta rebeldes com as suas armas reunidas, arcos e flechas apresentaram-se às autoridades em Luzéa, e esse exemplo tem sido sucessivamente imitado por outros de outros pontos que, conhecendo a boa-fé com que o governo lhes acena, e os recebe, também se têm recolhido aos seus distritos. Logo depois daquela importante apresentação, mais de 200 guardas policiais que haviam desertado de Tapajós e de Pauxis no tempo do antecessor do atual comandante da Expedição do Amazonas, apresentaram-se a estes e talvez a esta hora já tenham também aparecido os que ainda viviam fugitivos (Miranda, 1840, p. 7).

Estes últimos Cabanos que, por sua prolongada resistência, expressavam sua profunda vinculação ao movimento rebelde eram, em sua maioria, índios Maué e Mundurucu. Como informa Araújo Amazonas em seu "Dicionário da Comarca do Alto Amazonas", Luzéa foi primitivamente a Missão de Maués, fundada em 1798

> o mais considerável estabelecimento da Mundurucânia para o que muito deve concorrer o adiantamento da nação Maué em civilização, cujas malocas circundam a vila [...]. Celebrizou-se esta vila não só pela heróica resistência que fez aos rebeldes de 1835, estabelecidos nas malocas dos Maués, como por ser nela que em março de 1840 fizeram eles a sua submissão. Seus habitantes, (são) provindos de Maués e Mundurucus em número de 3.400 em 400 fogos [...] (Amazonas, 1852, p. 178-179).

A esta época, a Província do Maranhão encontrava-se conflagrada pela Balaiada. Como acontecera nos anos anteriores durante a Cabanagem, em sentido inverso, rebeldes maranhenses refugiaram-se em áreas mais ou menos desertas ou entre populações indígenas do Pará, impondo ao governo desta província medidas para neutralizá-los:

> As operações das Forças da Legalidade na Província do Maranhão, com a qual confinamos por São João do Araguaia, pareceram dar em resultado a fuga de alguns rebeldes daquela para o referido ponto do Araguaia: ao menos tenho fundados motivos para acreditar que os malvados olhavam para aquele ponto, como para um refúgio, onde se fossem reunir e reforçar. Eles tiveram mesmo a insolência de se apoderarem, no dia 9 de março, da Vila de Alcântara da Província de Goiás, na vizinhança do Araguaia [...]. Tomaram-se medidas por força do dever, e não por temor de que aquela desenfreada gentalha se arrojasse a tentar a descida das águas do Tocantins (Miranda, 1840, p. 9).

A despeito da confiança expressada pelo Presidente João Antônio de Miranda, a situação de instabilidade e desguarnecimento das fronteiras orientais do Pará, na região do Tocantins e do Araguaia, que ameaçava a colonização da área e o comércio com as províncias vizinhas, impôs, em abril de 1849, a constituição de uma expedição exploradora desses rios. Esta, estabelecida segundo instruções do presidente do Pará, Jerônimo Francisco Coelho, tinha o propósito básico de fazer um levantamento geral da área e de seus habitantes, principalmente indígenas, estabelecer no Tocantins uma colônia e um ponto de registro militar e inspecionar e reforçar o presídio de São João do Araguaia. A expedição foi dirigida pelo Tenente-coronel João Roberto Ayres Carneiro. Os *Anaes da Biblioteca e Arquivo Público do Pará*, T. VII (1910), publicam na íntegra o "Itinerário da Viagem da Expedição Exploradora e Colonizadora do Tocantins em 1849". Além de conter dados de importância sobre os grupos indígenas da região, informa também sobre o engajamento forçado de índios como trabalhadores a seu serviço. Este fato, e os surtos epidêmicos ocorridos em várias colônias da área, como Santa Tereza, provocaram deserções entre os componentes e prejudicaram o êxito da expedição:

> Estas espantosas deserções parecem ter sido aconselhadas por pessoas empenhadas em malograr as vistas do governo imperial o e os ardentes desejos do Exmo. Presidente da Província e confirmaram o voat (*sic*) que soava em Cametá quando ali cheguei que gente havia na polícia que in-

> sinuava aos pobres índios e índias do interior que se retirassem e fugissem, porque logo que chegasse a Expedição seriam violentamente agarrados para subirem o Tocantins [...]. Ainda mais se confirmaram estas insinuações pela emigração ou ausência repentina dos mesmos índios logo que a Expedição ali chegou e pela perseguição intentada pela polícia da cidade contra um oficial mandado pelo comandante militar avisar trabalhadores para virem à sua presença para serem engajados. Algumas mulheres se me apresentaram chorando pedindo-me que as não levasse, como diziam os inspetores de quarteirões que eu fazia [...] (Ayres Carneiro, 1910, p. 31-32).

Em 1840, a província do Pará contava somente com três missões religiosas entre índios. A mais operante delas era a do Rio Branco, cujo encarregado solicitava o envio de outros dois missionários. Durante o governo de Andréa, submetido à influência das concepções e interesses da colônia portuguesa na Província, havia sido aprovada uma lei autorizando a contratação de missionários desta origem para o trabalho com os índios:

> Tendo a Lei nº 8, de 1838, autorizado o governo a convidar e fazer transportar dos Estados de Portugal até 30 religiosos, e não havendo efetuado o competente transporte pelas razões que vos foram expendidas no relatório passado, foi essa Lei revogada pela de nº 18 do ano findo, concedendo a de nº 24 ao convento dos franciscanos o aceitar trinta noviços com a condição de serem brasileiros [...], porém também a Lei nº 24 não teve ainda a menor vantagem [...]. Senhores, é necessário lançar as vistas para o Alto Amazonas: é indispensável fazer por ele algum sacrifício; é urgente levantar este gigante prostrado, firmando sólidas bases que o façam sobressair e o sustentem: são necessárias missões. Eu não quero italianos, nem portugueses, nem espanhóis; quero sacerdotes que nos auxiliem e me persuado que podeis legislar uma terceira vez sobre este assunto, autorizando o governo a convidar doze religiosos para a província, deixando ao seu arbítrio a escolha deles (Miranda, 1840, p. 19).

O Presidente João Antônio de Miranda, na seção de seu relatório destinada a assuntos indígenas, declarou que, considerando um objeto de suma transcendência as diferentes vantagens que em minha opinião se pode obter dos indígenas, autorizam-me a tratar em só artigo da colonização e deles. Sem população não se formam, não se enriquecem, nem se sustentam os Estados, e se uma província há no Brasil que mais necessite de braços, e de braços laboriosos, é seguramente o Pará. Esta verdade é para mim dogmática. Já vos disse que a nossa população decrescia, e que era de rigoroso dever ampará-la e aumentá-la. Dois são os meios para isso indispensáveis: chamar braços livres e industriosos ao país, criar missões, aproveitando os nossos índios errantes. Sessenta e setenta missões houveram na província, trabalhando para elas sacerdotes de diferentes Ordens: hoje está reduzida a três, pagas pelos seus cofres, excetuando uma ou outra, assim dita, ou porque se lhe conserva o nome, ou porque o pároco da respectiva freguezia a essas funções se dedica por lei ou por consciência, sendo certo que nenhum destes casos poderá alcançar vantagens que satisfaçam à sociedade. A prova aí está: a experiência a oferece. O Alto Amazonas com uma superfície de 70 a 80 mil léguas quadradas, com tantas nações selvagens, possui uma missão, a do Rio Branco [...]. A província contava no tempo dos capitães-generais 60 mil índios aldeados; hoje acha-se reduzida a menos de metade, quando é evidente que 90 mil, pelo menos, devêramos ter [...]. Nesse tempo existiam inúmeras missões [...] e a palavra Divina é inegável ser o melhor incentivo, o único de mais eficaz atração para com essas nações. A prova está nesses lugares povoados que então floresceram, comparados com as ruínas que hoje apertam de dor e mágoa o coração do viajante. A catequese produzia todos esses maravilhosos efeitos; e as bem concebidas instruções do Diretório Paraense não faziam inutilizar os frutos dela. Eu falo com a história e com a experiência, Senhores, falo com as judiciosas reflexões do sábio Padre Antônio Vieira, olhando para a decadência da nossa população indiana (Miranda, 1840, p. 61).

A seguir, o presidente apresenta alguns dados comparativos que comprovam o decréscimo de número da população indígena aldeada: a Descrição Corográfica do Sargento-Mor Braun, em

1788, relaciona cada vila, povoação, missão ou lugar do Estado do Grão-Pará e o número dos seus habitantes. Segundo esses dados, a povoação de Nossa Senhora do Loreto, fundada por carmelitas, com 200 indígenas, chegou a contar 700 fogos; em 1823, somente restavam nove fogos e, em 1840, era praticamente inexistente. A Freguesia de Olivença chegou a alcançar grande desenvolvimento; perdera, em 1840, "o predicamento de vila e o nome" e toda a sua importância, passando a ter a designação de Jauari.

> O mesmo direi da Tabatinga, de Borba, da Vila Nova da Rainha, e de quase todos os lugares do Rio Negro [...]. Não são as epidemias os únicos motores do decrescimento da população da província, e especialmente daqueles pontos. Concorreu para essa decadência a idéia, em que muitos estavam, de que as armas deviam sufocar a voz do Evangelho, pois que com elas mais facilmente se angariavam braços, e filhos ao Estado: concorreu para ela o desprezo em que ficaram consequentemente as missões; contribuíram enfim a extinção do Diretório, e o abandono mesmo a que ficaram expostos os índios (Miranda, 1840, p. 61-62).

O governo da província depositou grandes esperanças no desenvolvimento da Missão de São Joaquim do Rio Branco, que tinha sob seu controle mais de 1.000 indígenas. O exemplo deveria ser imitado, especialmente no Alto Amazonas. Os locais mais indicados para o estabelecimento de novas missões eram o Forte de São Gabriel, ou Marabitanas,

> vindo a missão ou missões nesses pontos estabelecidas a abranger toda a circunvizinhança, o Rio Issana, os índios Uaupés e outros facilmente domesticáveis, oferecendo mais a vantagem da possibilidade de se levantar uma povoação em um dos pontos da nossa fronteira. Também lembraria a fronteira de Tabatinga, onde não há um sacerdote, ficando ela próxima ao Rio Içá, por onde se fazem diferentes descimentos de índios. Talvez não fosse despropositado indicar as imediações de Borba, no Rio Madeira, igualmente as do Jutahi (Miranda, 1840, p. 63).

O Presidente João Antônio de Miranda atribuiu a decadência das missões à abolição do Diretório e à legislação seguinte, inadequada e ineficaz, que privou os índios dos estímulos e da proteção indispensáveis à sua assimilação, levando-os a regressar aos seus modos antigos de existência nas selvas. O mesmo presidente decidiu estabelecer, em alguns pontos mais desertos ou vulneráveis da província, colônias militares como a Colônia Pedro II, no Araguari, criada com 74 indivíduos entre soldados, mulheres e crianças que ali receberam terras e mais incentivos para sua fixação. Outras colônias são planejadas e cuida-se, também, do engajamento e da atração de colonos através de sociedades credenciadas ou, diretamente, pelo próprio governo.

Em 1841, Bernardo de Souza Franco voltou à presidência do Pará e, em mensagem à Assembleia em 14 de abril, retomou os planos de civilização dos índios e colonização da província, de fundamental importância para a região

> onde a população de índios selvagens orça por 100 mil almas e cujo imenso território, contendo apenas cerca de 300 mil habitantes, pode fornecer os cômodos da vida a 30 milhões, e a mais. A necessidade pois de prestarmos a mais séria e decidida atenção a estes objetos é de primeira intuição e não exige ser demonstrada (Souza Franco, 1841, p. 14).

Na execução destes planos foram criadas sete missões, mas, por falta absoluta de missionários, foram providas só as de São Joaquim do Rio Branco, do Rio Xingu e de São João do Araguaia.

As missões do Rio Branco e do Xingu alcançaram alguns êxitos, sendo para elas atraídos alguns grupos de índios. Foi criado o cargo de inspetor das missões que Souza Franco queria prover com pessoa capaz e que a ele se dedicasse integralmente. Além disso, Souza Franco fez crítica aos próprios fundamentos da política indigenista que vinha sendo desenvolvida desde o século anterior com o propósito explícito de atrair e pacificar grupos indígenas, aldeando-os permanentemente em locais próximos aos centros de ocupação nacional:

> Permiti que vos diga de passagem que não partilho a opinião geralmente seguida nesta província de que é preciso fazer dos nossos índios errantes habitadores sedentários de vilas, e povoações, dados a todo o ordinário processo de lavoura e mais atos fabris. A experiência tem mostrado por toda a parte quão pouco afeitos a esta nova vida são os índios bravios, e o que entre nós acontece, tem se verificado igualmente nos Estados Unidos e em algumas possessões americanas que estiveram sob a dominação espanhola. Tribos e nações inteiras de índios têm desaparecido da face do Novo Mundo, talvez em parte por causa deste errado sistema de os forçarem a uma espécie de vida contrária a todos os seus hábitos (Franco, 1841).

A solução sugerida por Souza Franco, apesar da validade de sua crítica, era inexequível e, se posta em prática, teria levado os grupos indígenas a um estado ainda mais agudo de desorganização:

> Consistam sempre os primeiros esforços da catequese e civilização em resolver os índios a fixarem suas habitações mais perto dos povoados, ou nos rios de mais continuada navegação, e a deixarem neles suas mulheres e filhos como penhor de sua volta periódica a ouvirem a palavra de Deus, trocarem seus gêneros e fornecerem-se do que precisarem; e dispensados de todo e qualquer serviço público, fiquem desembaraçados para voltarem às matas e colher produtos em todas as estações do ano em que é prática i-los buscar. O desejo dos gozos e comodidades da vida lhes irá dando hábitos mais sociais, e o futuro verá seus filhos, ou netos, talvez já sedentários e ativos habitantes das povoações, e cidadãos aptos para prestarem ao país os serviços que todos lhe devemos (Franco, 1841, p. 15-16).

4. O Regimento das Missões de 1845 e a política missionária sob o Presidente Coelho (1848-1850)

Pela Lei n. 285, de 21 de junho de 1843, foi o governo imperial autorizado a promover a vinda de missionários capuchinhos que, a partir desta data, passaram a ter uma participação importante e, às vezes, de completo domínio sobre a execução concreta dos propósitos da ação indigenista no império. O Decreto n. 426, de 24 de julho de 1845, que é a lei indigenista básica de todo o período imperial, mas frequentemente referida como o Regimento das Missões, ratificava esta posição de invulgar relevo atribuído aos missionários capuchinhos de origem italiana, no Brasil (Moreira Neto, 1988, p. 323-333).

No mesmo ano da aprovação do Regimento das Missões, o vice-presidente do Pará, João Maria de Moraes, dirigindo-se à Assembleia Provincial, fez a esses missionários uma série de críticas que foram repetidas e ampliadas em relatórios posteriores de várias províncias, nas quais sua atuação foi mais importante ou notória:

> As missões que existem não são suficientes para a catequese de todos os indígenas, que estão disseminados pelos sertões da província, como bem sabeis, e um dos embaraços para estabelecê-las em maior escala é a falta de missionários. Os religiosos capuchinhos, que para esse fim foram enviados pelo governo imperial, nunca se quiseram prestar para esse serviço: quase sempre em oposição ao governo sobre o assento de seu hospício, sobre sua independência do poder civil, e da jurisdição do ordinário só queriam fazer missões na cidade, e nas grandes vilas até que acabaram por pedir o seu passaporte para se retirarem, que aliás não foi concedido, senão a três deles, o prefeito e mais dois religiosos para Pernambuco a fim de se tratarem da moléstia, que sofriam, no hospício, que ali possuem. Mas o Exmo. Prelado Diocesano tem se empenhado com o maior zelo e desvelo em socorrer a esta falta, solicitando informações sobre a classe de religiosos mais próprios e dedicados a este serviço [...] e nutre bem fundadas esperanças de obter para o serviço das missões os mais acreditados missionários (Moraes, 1845, p. 28).

No ano seguinte, o presidente Moraes fez um balanço das missões então existentes no Pará: a de São João do Araguaia continuava sem missionário; a de Tabatinga, de que era encarregado Frei Martinho de Santa Rosa de Lima, também vagou por ter concedido o governo licença ao seu missionário para retirar-se para a Europa em tratamento de saúde; a do Xingu, dirigida pelo Padre

Torquato Antônio de Souza; a de São Joaquim do Rio Branco, onde o missionário Frei José dos Santos Inocentes havia reunido 33 indígenas "das Tribos Uapixunas, Macuxis e Saparas, os quais se empregam na cultura de mandioca, milho, cana e são mui bem educados" resulta da informação que só se encontram providas as missões do Xingu e do Rio Branco, além da do Rio Juruti, de que não se informa o nome do missionário ou outros detalhes.

Como provável decorrência do agravamento das tensões entre os índios Maué e a sociedade regional durante a Cabanagem, este grupo enviou ao governo do Estado alguns representantes que se queixaram dos maus-tratos a eles impostos por um funcionário da província:

> Em dias do mês de junho apareceram nesta cidade e apresentaram-se ao governo três índios, que diziam ser principais da nação Maués, acompanhados de vários outros indivíduos da mesma nação, residentes na povoação do Andirá, no Rio Preto, queixando-se de violências, que sofriam eles e os seus, da parte de um inspetor interino de nome Manoel José Plácido, que ali se achava: o governo os acolheu com toda a benevolência e atenções, providenciou de acordo com o diretor-geral que eles não fossem jamais perseguidos, nem violentados; e os brindou com um fardamento completo e apropriado para cada um, e várias miudezas entre eles muito apreciadas, além de porção de instrumentos fabris e de agricultura, que lhes ofereceu para distribuírem pela sua gente (Moraes, 1845, p. 10-11).

Nesse mesmo ano foi nomeado pelo governo imperial o primeiro diretor-geral dos índios da Província do Pará. Trata-se do Coronel João Henrique de Mattos, um dos maiores conhecedores dos problemas indígenas da Região Amazônica, especialmente do Rio Negro. Entre as suas várias contribuições sobre o tema, cita-se o "Relatório sobre o Estado Atual de Decadência do Alto Amazonas".

Apesar da indicação de homens capazes como o citado diretor-geral dos índios do Pará, o Regimento das Missões de 1845 não conseguiu estabelecer as bases de uma política mais profícua em relação aos índios. Já em 1848, o Presidente Jerônimo Francisco Coelho dirigiu à nova organização das atividades indigenistas críticas severas que ressaltam seu caráter puramente burocrático e formal e que nada acrescenta às condições objetivas em que continuam vivendo os índios da província:

> O Regulamento e Decreto de 24 de julho de 1845 criou a Diretoria dos Índios, com um diretor-geral e diretores parciais, aquele com honras de brigadeiro, estes com as de tenente-coronel. A cada um destes empregados marca o Regulamento as suas respectivas obrigações sobre o modo de administrarem os aldeamentos, policiá-los e de instruir e empregar utilmente os índios aldeados, ou de os chamar a aldearem-se. Creio, porém, que nem nesta província, nem em alguma outra, este Regulamento tem sido proveitosamente executado, pelas suas disposições compassadas e simétricas, que o tornam em grande parte inexequível. Os índios em geral habituados desde a infância a uma vida ambulante, e à mais absoluta independência, não abandonarão de repente os seus hábitos naturais, para se sujeitarem à vida fixa e inamovível, a trabalhos regulares e diários e ao regime de obediências a novas autoridades para eles desconhecidas, acostumados apenas a obedecerem aos maiorais ou *tuxáuas*. Sem conhecerem outras necessidades além das indispensáveis à sustentação de sua vida selvática, contentando-se com muito pouco, eles desprezam os gozos e cômodos que tanto apreciam os povos regularmente associados. E, portanto, não é para esta gente, que serve o Regulamento, que lhes dá diretores com aparato militar, inamovibilidade, sujeição, e trabalho forçado. Isto quando muito poderá aproveitar à geração nova dos índios já aldeados, mas servirá para fundar aldeamentos novos. A experiência é a mestra. Em todos os tempos tem sido à voz dos missionários [...] que esses corações selvagens se têm comovido e têm vindo atraídos [...] e portanto penso, que o melhor sistema de catequese e aldeamentos seria o de entregar o regime das tribos aos seus maiorais ou *tuxáuas*, a quem o missionário teria o cuidado de instruir e guiar, servindo ao mesmo tempo de seu protetor e de intermediário para os relacionar com os povoados (Coelho, 1848, p. 102-103).

O presidente acrescenta que os 12 diretores ou tenentes-coronéis encarregados de um mesmo número de aldeamentos em projeto ou principiados, "pela maior parte nada fazem senão desfrutar as honras do posto a que foram de improviso elevados, não tendo sequer, a maioria deles, nada informado sobre as atividades que deveriam dirigir".

Em 1849, o Presidente Jerônimo Francisco Coelho apresentou à Assembleia Legislativa um resumo das informações disponíveis sobre os vários grupos indígenas existentes na província. Na oportunidade, voltou a criticar os dispositivos do Regimento de 1845 que cria

> diretores, pagos não a dinheiro mas em honras e graduações militares. O que se tem visto, é que tais diretores ficam-se com as honras, e pouco se importam com os deveres do cargo; e quando um ou outro alguma vez por acaso se arrisca a longas e perigosas viagens [...] entra aí o próprio interesse que o leva a aproveitar o serviço dos índios, do que tem resultado desgostarem-se estes e abandonarem as aldeias, recolhendo-se a suas antigas malocas ou dispersando-se. Aonde não há diretores tem se criado encarregados, que os suprem, e esses nem honras têm, e com mais forte razão devem procurar indenizar-se no aproveitamento do trabalho indígena [...]. Temos atualmente para este serviço 33 diretores e encarregados em toda a província. Mas seguramente não existem 33 aldeamentos no pé exigido pelo Regulamento citado (Coelho, 1849, p. 78).

O Presidente Francisco Coelho queria dividir a atividade indigenista em duas etapas: na primeira, a da atração, aldeamento e preparação dos índios para uma relação profícua com a sociedade nacional; os encarregados seriam os missionários. Alcançados os propósitos mínimos e essenciais previstos na fase inicial, "só então poderá ter aplicação o regime administrativo que estabelece o Regulamento citado. A experiência tem mostrado que só se conservam e prosperam as aldeias onde se fixa o missionário [...]".

Coerente com tal perspectiva, o Presidente Jerônimo Francisco Coelho, com o auxílio do bispado do Pará, fortaleceu e desenvolveu as missões existentes, que são as seguintes:

1ª – Missão *de Porto Alegre*: fundada pelo religioso carmelita Frei José dos Santos Inocentes, substituiu a extinta Missão do Pirara; acha-se situada nas fraldas da Serra do Banco, no Alto Rio Branco; é habitada pelos índios Jaricus, Apixanas, Macuxis, Saparas e Procutus. É seu atual missionário e diretor o Padre Antônio Felipe Pereira. Este missionário se tem empregado zelosamente no serviço da missão. Ultimamente esforçava-se de fazer descer e aldear os índios que vivem selvaticamente na parte superior do Rio Catirimane, confluente do mesmo Rio Branco, e que vem desaguar nas proximidades da despovoada Freguezia do Carmo, sendo as vistas do missionário com estes índios repovoar este lugar.

2ª – Missão *do Japurá, Içá e Tocantins*: são estes três rios confluentes pela margem esquerda do Solimões. Acha-se confiada esta missão ao Padre João Martins de Nine; que há pouco seguiu para o lugar de seu destino a aldear as diferentes tribos, que povoam estes três rios.

3ª – Missão *de Andirá*: no distrito de Vila Nova da Rainha, e margem direita do Amazonas. Seu missionário e diretor é o religioso capuchinho Frei Pedro de Ciriana. Os índios desta aldeia são da nação Maués. No último recenseamento que fez o dito missionário, havia 210 homens e 297 mulheres; ao todo 507. Tinha ele feito reconstruir 30 casas (de palha) no centro da aldeia, e consertado a Igreja. Na parte superior do Rio Andirá existem por aldear muitos outros índios da mesma nação. Residem na aldeia indivíduos estranhos, e alguns relacionados por matrimônio com as índias. Este missionário desde o princípio tem lutado com dificuldades suscitadas pelas autoridades civil, militar, e eclesiástica de Vila Nova da Rainha, que todos têm pretendido levar o exercício de suas funções, e autoridade ao distrito da aldeia. Muitos índios se acham alistados no Corpo Policial e de Trabalhadores. Por este, e outros motivos alguns conflitos têm aparecido entre as referidas autoridades; os quais de comum acordo com o Exmo. Prelado, cada um no que lhe compete, se acham resolvidos, definindo-se claramente tanto na parte civil como religiosa, o lugar que deve considerar-se privativo do aldeamento e missão, e que fica sendo todo o Rio Andirá do Rio Ramos em diante. Neste sentido se expedirão as convenientes instruções; mandando também desobrigar do serviço de Vila Nova os índios alistados como policiais e trabalhadores.

4ª – Missão *do Tapajós ou Rio Preto*: Está confiada esta missão ao religioso capuchinho Frei Egídio de Gavezio. Compreende ela três aldeias de índios Mundurucus, a saber: Aldeia de Santa Cruz. Situada a quatro dias de viagem da Cidade de Santarém. Contém 47 casas cobertas de palha, e paredes de barro. O último recenseamento feito pelo missionário deu 262 homens, e 245 mulheres, ao todo 507. Havia uma igreja nova em construção[...]. No dia 28 de janeiro deste ano um incêndio casual a reduziu completamente a cinzas, bem como a igreja velha, e mais cinco casas. Era um dia de festividade, os índios achavam-se embriagados, e presenciaram impassíveis este desastre, sem acudirem ao incêndio, e alguns escapando-se para o mato; o missionário com muito risco pôde apenas salvar as imagens. No dia seguinte voltaram os índios submissos e arrependidos, protestando ao missionário que estavam prontos para levantar nova igreja. Aldeia do Cory. A seis dias de viagem de Santarém. No centro da povoação só existem 12 casas de palha, e uma igreja muito arruinada também coberta de palha. O recenseamento feito deu 151 homens e 148 mulheres. Ao todo 299. São mais obedientes e mais amigos do trabalho que os de Santa Cruz e cultivam várias espécies de lavoura, especialmente o fumo e mandioca. Aldeia do Ixituba. A oito dias de viagem de Santarém. Tem algumas casas de palha, e a igreja coberta de telha. O recenseamento deu 181 homens e 162 mulheres; ao todo 343. São os índios dessa aldeia ainda mais indolentes que os de Santa Cruz, e quase nada se aplicam à lavoura. Em geral os índios destas três aldeias, em suas reuniões festivais entregam-se a excessos de embriaguez e neste estado tornam-se momentaneamente insubordinados. Também pessoas estranhas vão freqüentemente às aldeias plantar a desmoralização, seduzir e lesar os índios. Grande parte deles de ambos os sexos se acha fora, a título de agregados em serviço de particulares, que com eles têm sempre abertas contas leoninas, dando-lhes retalhos de más fazendas pelo quádruplo do que valem, e ao mesmo tempo taxando-lhes os serviços em diminutos valores, de modo que é sempre o índio quem deve; e por este título de credores perpétuos pretendem desconhecer a competência do missionário sobre os índios, e recusam entregá-

-los, o que são outras tantas causas de contrariedade para o aumento, tranquilidade e boa ordem dos aldeamentos. Cumpre advertir que esta mesma desmoralização, seduções e traficâncias se praticam não só nestas aldeias, mas em todos os pontos da Província, onde há índios ou aldeados ou em suas malocas e os principais corruptores dos indígenas são essas esquadrilhas de canoas de regatoes, mascales, ou quitandeiros dos rios, que os cruzam e penetram por todas as partes, incutindo falsas idéias no ânimo dos índios, iludindo-os com embustes, suscitando-lhes terrores infundados, e dando-lhes maus conselhos para os afastar da obediência e aldeamento regular, apresentando-se como seus amigos, porém com ardiloso e perverso desígnio de conservarem o exclusivo monopólio de suas relações comerciais, afim de os poderem lesar à vontade e impunemente, visto que os índios não têm claro conhecimento dos valores dos gêneros que permutam.

5ª – Missão *do Alto Tocantins*: Adjunto à comitiva que em junho deste ano partiu para o Tocantins superior, a fundar a colônia militar de Santa Tereza, e de que tratarei em lugar próprio, foi o missionário religioso carmelita Frei Manoel Procópio do Coração de Maria, conventual da Província da Bahia, e que a rogo meu ao Exmo. Arcebispo Metropolitano, veio para este fim especial (ver o "Itinerário da Viagem da Expedição do Tocantins em 1849" pelo tenente-coronel J. R. Ayres Carneiro, já citado). Vai ele incumbido de missionar e aldear onde for mais conveniente, e segundo a oportunidade das circunstâncias, as tribos que habitam não só as margens do Rio Tocantins, mas as do seu confluente Araguaia, até onde chegam as extremas desta província com a de Goiás. Entre essas tribos contam-se as dos Jacundás, Cupelobos, Caraús e Carajás, que são pacíficas e inofensivas, além das dos ferozes e traiçoeiros Gaviões, e dos ainda pouco familiarizados Cracatys. Três grandes aldeias também existem de índios Apinagés, que são de todos os mais pacíficos, os mais civilizados e de mais antigo trato, e que freqüentemente descem ao porto desta capital, e que muito auxiliam o serviço fluvial das canoas de comércio que navegam pelo Tocantins e Araguaia. Mas estes índios, posto que estejam na nossa fronteira, e tendo todas as suas relações somente conosco, estão, todavia, situados em território de Goiás por serem as suas aldeias estabelecidas dentro do ângulo de confluência dos Rios Tocantins e Araguaia. Mas é só o Pará que eles procuram, e somente daqui têm eles recebido muitas ferramentas, armas, brindes e fazendas; e se não fora a dificuldade de perderem eles os seus estabelecimentos e lavouras, já algumas das aldeias se teria (sic) passado para as terras do Pará, que lhe ficam fronteiras. Tais são as missões e aldeamentos válidos que temos na província, pois como tais somente conto as que têm missionários, e não as que por aí existem sob a administração dos diretores e encarregados, cujos relatórios por mim examinados, se reduzem a dizer que têm pretendido fazer descimento e aldear índios, mas que o não têm conseguido porque eles, depois de principiados os aldeamentos, retiram-se; que se recusam a obedecer, que são seduzidos, que lhes faltam meios, que precisam de escoltas de polícia para impor o necessário respeito [...] (Coelho, 1849, p. 79-84). [Além dessas missões o presidente Francisco Coelho designou outro missionário, Frei Daniel de Nápoles, vice-prefeito dos capuchinhos, para a] Missão dos Otás no Rio Madeira [...]. Como, porém, este religioso desde que chegou adoeceu, e não dá esperança de pronto restabelecimento, fica por enquanto sem efeito esta nova missão. Continuo a fazer diligências de obter sacerdotes em número suficiente para completar dez missões, estabelecendo uma em Araguary e terras vizinhas do Cabo do Norte, outra nas cabeceiras do Rio Capim, no lugar denominado Badajoz; a terceira na extinta povoação de Gurupi, do distrito de Bragança, fazendo descer os índios pacíficos que habitam a parte superior do Rio Pindaré, e finalmente mais duas no Alto e Baixo Amazonas (Coelho, 1849, p. 84-85).

5. Conclusão

Em *Capítulos de História Colonial*, Capistrano de Abreu refere-se aos 100 anos que transcorrem da inauguração do período pombalino (1750) à emancipação da Província do Amazonas (1850), considerando que seus conflitos e desastres intermináveis são fruto inevitável do Diretório, imposto pelo irmão de Pombal à Amazônia. A despeito do exagero em atribuir ao Diretório o papel de agente e causa universal de todos os males e do erro adicional de considerar a reforma de Francisco de Sousa Coutinho, de

1798, um passo na direção certa, a síntese de Capistrano tem o mérito de avaliar, em sua enorme extensão, a tragédia econômica e social desse período:

> O diretório, aprovado pelo rei, vigorou de 1757 a 1798. As misérias provocadas por ele, direta ou indiretamente, são nefandas. Por fim, D. Francisco de Sousa Coutinho teve compaixão dos índios e conseguiu a revogação. Chegava tarde a medida salvadora: o mal estava feito. Em 1850, o Pará e o Amazonas eram menos povoados e menos prósperos que um século antes; as devastações da Cabanagem, os sofrimentos passados por aquelas comarcas remotas de 1820 a 1836 contam entre as raízes a malfadada criação de Francisco Xavier de Mendonça Furtado (Abreu, 1954, p. 276).

Capítulo VIII
A romanização da Igreja Católica na Amazônia (1840-1880)

João Santos

O período de 1840 a 1880 compreende os tempos primordiais da "romanização" da Igreja da Amazônia, tarefa empreendida por duas figuras insignes do episcopado brasileiro: Dom José Afonso de Morais Torres e Dom Antônio de Macedo Costa.

1. Dom José Afonso de Morais Torres (1844-1859)

1.1 Uma diocese devastada

A Cabanagem, guerra civil que ensanguentou a Amazônia, chegou ao fim, pela repressão violenta com que agiu o governo da Regência, em 1840, deixando a Amazônia mergulhada na miséria, com sua população dizimada e sua economia destroçada.

Na repressão à Cabanagem, não faltou o apoio e a colaboração de apreciável parcela do clero da Igreja local, destacando-se entre outros: Padre Prudêncio José das Mercês Tavares, de Cametá, que na opinião de Jorge Hurley "era um guerreiro que errou a vocação" (Hurley, 1936). Padre Bento Martel, do Moju, que teve à sua disposição duas companhias, enviadas pelo General Soares d'Andréa, para combater o governo cabano de Eduardo Angelim (Hurley, 1936). Padre Antônio Sanches de Brito, no Baixo Amazonas, que mobilizou a nação dos Munduruku, de Juruti, para derrotar a resistência cabana no forte de Ecuipiranga, no Rio Amazonas, nas proximidades de Santarém.

O posicionamento desses párocos, de expressiva projeção no seio do clero, colocou a Igreja em posição de solidariedade com o governo legalista, e de combate aos cabanos.

A posição vacilante do Bispo Dom Romualdo de Souza Coelho, manifestada na qualidade de representante da Província junto às cortes portuguesas, opinando favoravelmente na permanência da Amazônia subordinada a Lisboa (Reis, 1967) e o seu procedimento "sempre contrariando o procedimento da delegação brasileira" (Reis, 1941), aliado aos posicionamentos dos párocos que combateram os cabanos, criaram certa animosidade por parte das lideranças da Cabanagem em relação à Igreja.

A morte de Dom Romualdo de Souza Coelho, em 1841, aconteceu em seguida à vitória das forças da legalidade, e ensejou à própria Igreja uma oportunidade de promover um processo novo de relacionamento entre o povo cabano que era maioria da população, deixando para trás atitudes nada agradáveis aos interesses do povo.

A Igreja da Amazônia, constituída em uma única diocese, a do Pará, ficou profundamente dividida, com o povo sofrido, espoliado e profundamente decepcionado e amargurado com a derrota de seus objetivos encarnados na Cabanagem.

A Igreja se comprometera com a vitória das forças legais, e, deste modo, se mostrava aliada do sistema dominante. Em algumas paróquias foram os vigários que deduraram os cabanos para as forças repressoras, embora se registrassem exceções honrosas, como a do Padre João Antônio Fernandes, coadjutor da Paróquia de Santarém, que, pela sua fidelidade ao povo, foi acusado de "cabano".

1.2 Unir e "romanizar"

Com o falecimento de Dom Romualdo de Souza Coelho, por vacância foi eleito vigário capitular da diocese o Cônego Francisco Pinto de Moura que nessa função permaneceu por quase três anos.

Durante esse período, os capuchinhos chegaram à Amazônia, para dar continuidade à catequese dos povos indígenas, como era desejo do governo imperial que, para esse objetivo, promoveu a vinda dos frades.

Em 1844, finalmente, o Papa Gregório XVI aceitou a indicação feita pelo governo imperial, nomeando o pároco da freguesia de Engenho Velho, no Rio de Janeiro, Padre José Afonso de Morais Torres, para o cargo de bispo da Diocese do Pará.

O novo bispo da Amazônia fora membro da Congregação dos Padres da Missão, vulgarmente chamados "lazaristas", posteriormente optara pelo clero secular, incardinando-se na Arquidiocese do Rio de Janeiro.

Nessa época já se esboçava entre algumas figuras do episcopado brasileiro certa tendência para um mais estreito relacionamento com Roma, e que Riolando Azzi identifica como "movimento romanista". Segundo Azzi,

> no Brasil, a vinculação com Roma fora muito débil no período colonial, pela forma que a Igreja assumiu dentro do regime do Padroado. Mas a partir do século passado, especialmente por influência do novo espírito trazido pelos lazaristas, a Igreja do Brasil passa a proclamar sua adesão total ao Papa (Azzi, 1974).

Essa almejada integração com Roma encontrou sérios obstáculos no regime do Padroado e também resistência de uns poucos bispos que eram fiéis ao trono.

Por formação lazarista, o novo bispo da imensa diocese que abrangia toda a Amazônia, Dom José Afonso de Morais Torres, vinculava-se à linha "romanista" e dentro dessa linha promoveu toda a sua ação episcopal em sua diocese.

Para promover com êxito a reforma pretendida, Dom José Afonso tinha que aplainar os ásperos caminhos encontrados. As lutas fratricidas da Cabanagem tinham aberto profundas feridas. Era preciso sará-las e unir o povo que permanecia dividido pelos sofrimentos da repressão imposta violentamente pelos vitoriosos.

Para alcançar seus objetivos, colocou como metas prioritárias: *a formação do clero* e *as visitas pastorais às paróquias*.

1.3 Formação do clero

Predominava, na época, no seio da hierarquia da Igreja, a ideia de que a eficiência da pastoral dependia, em grande parte, da qualidade intelectual dos padres e, consequentemente, de uma sólida formação recebida em um bom seminário. Essa teoria ainda perdura, com menos intensidade, em nossos dias, em certos setores do episcopado.

A grande preocupação com a formação dos padres motivou Dom José Afonso de Morais Torres a empreender medidas renovadoras no secular seminário da diocese do Pará, inicialmente dando novo estatuto ao estabelecimento e trazendo um religioso "lazarista" para ajudar na formação dos seminaristas. Seu interesse pelo êxito do seminário o levou a lecionar algumas matérias. Seu desejo era o de "acomodar quanto pode ao Seminário do Caraça", o velho seminário diocesano.

Outro ponto importante que considerou foi a centralização, em um único seminário, de todo o processo de formação do clero. Querendo contornar essa situação, descentralizando o ensino de formação, criou dois novos estabelecimentos: o Colégio São Luiz Gonzaga, em Óbidos, em 1846, e o Seminário São José, em Barra do Rio Negro, atual Manaus, em 1848. De certo modo, esses estabelecimentos não eram exclusivos para a formação do clero. Eram colégios, como o próprio bispo afirmava, "destinados à instrução e à educação da mocidade" (Azzi, 1982b).

Embora o empreendimento fosse louvável, o bispo deixava à mostra ser um visionário. Nas condições em que vivia a Igreja da Amazônia, desprovida de recursos humanos capazes, sem padres, sem professores, não seria fácil manter os estabelecimentos, mesmo porque as condições financeiras da diocese impediam essa efetivação. Também as vocações não eram animadoras. No Seminário de Belém, estudavam "quatro seminaristas [...] mantidos pela Fazenda Pública" (Azzi, 1982b).

A criação dos estabelecimentos de Óbidos e Manaus tinha a finalidade de promover uma pastoral vocacional, facilitando o contato de jovens vocacionáveis com o seminário.

Inegavelmente, Dom José Afonso foi o pioneiro da difusão dos estabelecimentos do gênero pelo interior da diocese.

1.4 Dom José Afonso e o clero

Para o Bispo Dom José Afonso de Morais Torres, que trouxe à Igreja da Amazônia uma proposta de renovação, não podia passar despercebida a situação constrangedora, moralmente precária, em que vivia a maioria dos padres da diocese do Pará. O conceito, embora exagerado, de Bates, de que "um padre moral e zeloso é raridade nessa província" (Bates, 1944), tinha seus fundamentos.

O projeto de renovação do bispo, calcado nas diretrizes emanadas pelo Concílio de Trento, implicava na luta pela regeneração do clero, envolvido em lutas políticas, relaxados nos deveres paroquiais, e levando uma vida dissoluta.

Não se pode denunciar a deficiente formação do clero, recebida em seminários desprovidos de meios, como fator único, responsável pelo lamentável comportamento dos padres.

O isolamento em que eles viviam, sua subordinação ao poder político favorecida pela sua condição de "funcionários públicos", eram elementos ponderáveis para esse comportamento relaxado e corrupto.

Não era a deficiência intelectual do padre que motivava seu relaxamento pastoral, que ditava seu desinteresse pelo serviço paroquial e que o levava a se aplicar em outras atividades alheias ao interesse clerical. Havia também uma motivação de ordem financeira.

Os párocos e seus cooperadores recebiam do governo o salário chamado "côngrua", que representava, mais ou menos, o equivalente a um salário-mínimo. Essa côngrua, paga com atraso, mal dava para garantir a subsistência do padre que, para suprir a deficiência salarial, empregava suas atividades fora do campo pastoral, levando-o a viver fora da sede paroquial.

Essa situação favorecia uma subordinação do padre aos "interesses e à vontade dos ricos", sujeitando-os aos interesses dos poderosos da paróquia. Muitos padres, sob o calor desse protecionismo, prosperavam financeiramente, tornando-se senhores de terras e de escravos.

Enriquecidos à sombra dos ricos da paróquia, o padre passava a se identificar com os interesses da classe dominante, abandonando o povo sofrido e marginalizado. Esse procedimento corrompia o padre e destruía toda a sua vida espiritual.

Dom José Afonso de Morais Torres teve muita sensibilidade para com a problemática. Com muita argúcia compreendeu que a situação não se baseava unicamente na formação do clero, deficiente e omissa; outro fator contribuía para gerar a negativa condição de vida do padre na diocese do Pará.

Quando deixou a diocese, por renúncia, Dom José Afonso foi eleito deputado às cortes, como representante da recém-criada Província do Amazonas. Como deputado, no parlamento do império, corajosamente denunciou essa situação que ditava a distorcida vivência do padre, nos seguintes termos:

> Não lhe dar um ordenado suficiente para sua sustentação é aniquilá-lo, é despi-lo de todo prestígio, e até cativá-lo em seu ministério, porque um funcionário público que se vê na necessidade de mendigar o pão, vê-se também muitas vezes na necessidade de sacrificar sua consciência e seu dever ao interesse e à vontade dos ricos de quem depende (Câmara dos Deputados, 1979).

Essa visão realista em forma de denúncia demonstra o grande conhecimento de Dom José Afonso dos problemas que afetavam a Igreja da Amazônia.

1.5 *Visitas pastorais*

Dom José Afonso de Morais Torres inseriu no seu projeto pastoral as visitas às paróquias dispersas pela diocese confiadas à sua administração. Diz o bispo que se preparou para cumprir o que era seu "desejo e obrigação". Teria logo iniciado as visitas, ao chegar a Belém, sede da diocese, não fosse o obstáculo a superar, o "estado em que se achava o seminário episcopal", precisando de imediata solução.

Ao promover as visitas pastorais, Dom José Afonso estava cumprindo "rigorosa obrigação que têm os bispos de visitarem suas dioceses" (Torres, 1852), conforme preceito do Concílio de Trento, e atendendo a expresso desejo do imperador Dom Pedro II que, por intermédio do ministro da justiça do império, solicitou ao recém-nomeado bispo do Pará, que "percorresse o Amazonas, procurando chamar à civilização as diferentes tribos de índios" (Torres, 1852).

Desse modo, ao proceder às visitas pastorais, Dom José Afonso estava atendendo às orientações tridentinas e satisfazendo um pedido do imperador. Atendia ao trono e ao altar.

Nessas visitas, o bispo não se podia desvincular de sua condição de "autoridade", de ser recebido com honras e muita festa. Aonde chegava, o povo esquecia o pastor e recepcionava o "príncipe da Igreja", a autoridade eclesiástica, com manifestação festiva regada com música, foguetes, discursos e banquetes.

Como um bispo zeloso, interessado em condicionar o clero e toda a Igreja nas normas estabelecidas por Roma, nos parâmetros do Concílio de Trento, fracamente observado na diocese, as visitas proporcionavam a excelente ocasião de admoestar os padres relapsos, aconselhá-los a se entrosarem na renovação pretendida e que ele estava querendo impor à Igreja da Amazônia. Não deixava de elogiar o trabalho de uns poucos párocos como o de Padre Prudêncio José das Mercês Tavares, de Cametá, a quem reconhecia muita "energia e atividade", ou do Cônego Raimundo Antônio Fernandes, pároco de Santarém e vigário-geral do Baixo Amazonas, que considerou "extremamente zeloso pela sua igreja".

Dom José Afonso tinha realmente grande tino pastoral. Queria chegar ao povo, "ser ouvido" pelos fiéis. Com muita argúcia observou o contraste existente entre o "povo miúdo", na simplicidade de seu viver e na sua prática religiosa substanciada nas devoções, e a pretensão daqueles que "sempre aparecem", julgando-se como "sábios da Grécia", prontos a "censurar o vício do povo". Esses senhores, que qualifica de "tubarões" para separar dos "peixinhos" que é o "povo miúdo", são elementos da classe dominante, que, "sentados em suas poltronas dominam povoações, querendo em tudo completa reforma" (Torres, 1852), menos naquilo que atingia e prejudicava seus privilégios.

Em agosto de 1845, Dom José Afonso iniciou sua peregrinação pelo interior da diocese, começando a série de visitas pastorais, pela paróquia de Vigia. A segunda aconteceu de janeiro a setembro de 1846, pelo Rio Tocantins, Guajará, Capim chegando até a Vila de Bragança.

A mais longa, a terceira, realizada em 21 meses, subiu o Rio Amazonas, alcançando os Rios Solimões, Madeira, Purus e Tapajós, até o lugar de Itaituba.

Nas suas prolongadas visitas que demoravam, pelo menos, três dias, em cada sede paroquial de importância, Dom José Afonso desempenhava seu *munus* episcopal, crismando, celebrando casamentos, ouvindo confissões e pregando. Celebrava as missas de primeira comunhão de crianças, e fazia visitas protocolares à Câmara Municipal, onde era recebido solenemente, e aos líderes da localidade. Toda a pastoral da época estava voltada para a sacramentalização.

Confessa o bispo que percebia no povo uma "afeição filial" pela sua pessoa, e onde aportava era "atormentado com repetidas requisições dos povos pedindo-me padres" (Torres, 1852), pedido difícil de ser atendido dada a escassez de clero.

1.6 Negros e índios

Não se conhece nenhum pronunciamento de Dom José Afonso de Morais Torres com relação ao problema da *escravidão do negro*.

Em sua visita pastoral realizada pelo Rio Acará, o bispo diz ter encontrado, em uma fazenda, escravos que "tinham o antigo costume" de "rezarem e cantarem em todas as manhãs e à noite" (Torres, 1852), costume que mereceu o aplauso de Dom José Afonso. Esse costume, verbera o bispo, devia ser imitado e colocado em prática "por muitos fazendeiros, que, apenas amanhece o dia, fazem soar logo a voz para o trabalho, sem se lembrarem de que os escravos também são cristãos, e como tais obrigados à oração". E muito indignado, interroga o bispo: "E quantos males não resultam às fazendas dessa falta de educação religiosa?!" (Torres, 1852).

Continuando, o bispo denuncia os males causados pela falta de educação religiosa ministrada aos escravos:

> Sem ela tornam-se os escravos ladrões, ébrios, turbulentos etc., e quando os senhores pensam que ganham mais, tirando-lhes o último suor do corpo, deixando-os nus e sem o necessário sustento para engrossar suas fortunas, enganam-se completamente; porque eles maltratados definham e tornam-se menos aptos para o trabalho, além de que por uma tal maneira, o que se faz é criarem-se inimigos domésticos, cujo resultado tem sido mais de uma vez funesto aos próprios senhores (Torres, 1852).

O processo de cristianização do negro, nas fazendas ou vilas e cidades, se fazia necessário para evitar que o negro continuasse a praticar sua religião original, considerada pela Igreja como manifestação pagã e prática supersticiosa. Muitas danças folclóricas, que os negros trouxeram da África, como o *lundú* e o *carimbó*, eram consideradas altamente nocivas.

Para a *problemática indígena*, Dom José Afonso trouxe orientação expressa, recebida de Sua Majestade por intermédio do ministro da justiça, quanto à necessidade de promover a integração dos povos indígenas na civilização, que seria concretizada por meio da catequese.

Nessa promoção, a grande ajuda recebida pelo bispo veio de parte dos missionários capuchinhos que, convidados pelo governo imperial, chegaram até a Amazônia, destinados ao serviço de catequese.

Esse desejo de parte do governo imperial, em "chamar à civilização as diferentes tribos indígenas", estava plenamente justificado no interesse de incrementar a indústria extrativa da borracha, na Amazônia, que se ia solidificando financeiramente na pauta de exportação do comércio. O índio era o seringueiro nato, a pessoa capaz, que sabia onde encontrar o "látex" como, no passado, na época colonial, era a pessoa que ia na mata buscar as cobiçadas "drogas do sertão".

O índio submisso ao patrão, alienado, "civilizado", só podia ser modelado por meio da "catequese" encomendada pelo governo. Daí o imenso interesse governamental de "chamar à civilização" os povos indígenas que povoavam a Amazônia, aproveitando do trabalho missionário que muitas vezes atendia a esses interesses.

O próprio bispo era bastante interessado na cristianização dos povos indígenas. Nas suas visitas pastorais, chegou a contatar com umas poucas nações, como a dos índios Munduruku, no Tapajós, que apontou como uma das "nações mais numerosas e guerreiras e que mais serviço tem prestado ao Estado" (Torres, 1852). O serviço prestado ao Estado, a que o bispo se referia, era a participação dos índios Munduruku no combate aos cabanos e "nas expedições contra os quilombos" dos negros fugidos da escravidão dos senhores latifundiários.

Outros povos indígenas que chegou a conhecer foram os Maué, no Rio Andirá, os Tocantins, no rio do mesmo nome e os Tucuna, no Solimões. Os capuchinhos, incentivados pelo bispo, chegaram a estabelecer missões entre esses povos nativos, em poucas aldeias existentes sem, contudo, alcançar grande sucesso.

Nesse rápido contato, o bispo sentiu a grande necessidade de estudar a "língua indígena geral", para melhor se entender com os índios, chegando publicar um *Vocabulário da Língua Geral* (Júnior, 1979), obra pouco divulgada. Dom José Afonso de Morais Torres foi um pastor bastante interessado na problemática indígena, profundamente interessado em levar a mensagem evangélica às nações indígenas da Amazônia.

1.7 A renúncia

"Não obstante todo o esforço para a implantação da reforma católica na diocese, D. José Afonso não resistiu até o fim" (Azzi, 1982b). Depois de 15 anos de governo diocesano, Dom José Afonso renunciou.

Diversas dificuldades tornaram seu episcopado bastante atribulado: a escassez de clero, dificuldades na reforma do clero antigo, falta de saúde, escrúpulos de consciência com relação ao cumprimento exato do seu múnus pastoral (Azzi, 1982b).

A renúncia motivada pelas suas fraquezas lhe deu o realce merecido, como um bispo que realizou uma obra meritória na Igreja da Amazônia.

2. Dom Antônio de Macedo Costa (1861-1890)

2.1 Um bispo reformador numa diocese em desenvolvimento

Dom Antônio de Macedo Costa, nomeado em 1860 para suceder a Dom José Afonso de Morais Torres, tomou posse por procuração, em maio de 1861, e a 10 de agosto fez sua entrada solene na Sé de Belém, como o 10º bispo do Pará.

Bem diferente era a situação que o novo bispo encontrou, na diocese, daquela calamitosa conjuntura encontrada pelo seu antecessor.

A Amazônia vivia um novo ciclo econômico, despertando promissoras esperanças de prosperidade. Era a época em que se firmava o esplendor da indústria gomífera (Reis, 1953), que transformou a feição econômica da região, trazendo um progresso nunca antes alcançado.

A borracha, o chamado "ouro negro", motivava uma grande corrida migratória, principalmente de nordestinos, especialmente para o Alto Amazonas, provocando o povoamento dos Rios Purus, Madeira e Solimões, desencadeando, então, um rápido crescimento demográfico que alterou o crescimento vegetativo da região.

O seringal passou a ser um local importantíssimo no espaço físico da Amazônia, simbolizado no "barracão" do proprietário. Era o lugar onde se faziam as transações comerciais, a troca da borracha, produto do trabalho estafante do seringueiro, com as mercadorias necessárias para sua subsistência. Era também o lugar do comércio salvífico, onde o padre comparecia, a chamado do "seringalista", para os ritos sacramentais e demais celebrações encomendadas pelo patrão.

Com a borracha surgia um novo tipo social na paisagem humana da Amazônia: o *seringueiro*, o extrator da seiva da seringueira, que se embrenhava pelos seringais, na extração do látex, que criou riqueza desfrutada por uns poucos senhores.

Nesse novo contexto socioeconômico da Amazônia, a Igreja era desafiada para uma ação pastoral adequada, capaz de atender à problemática humana que desafiava a competência da Igreja no seu serviço de evangelização.

Dom Antônio de Macedo Costa, homem de 31 anos de idade, se portava na linha reformadora, seguindo as pegadas de seu antecessor. Trazia para a Igreja da Amazônia um discurso progressista, inspirado no projeto de reforma da Igreja do Brasil, que teve como elemento pioneiro Dom Antônio Ferreira Viçoso, bispo de Mariana (Azzi, 1982a), e que "visava substituir o antigo modelo de Igreja-Cristandade, de origem medieval, vigente durante todo o período colonial, pelo modelo Igreja Hierárquica, implantado na Europa a partir da Reforma Tridentina" (Azzi, 1982a). Nesse objetivo, Dom Macedo Costa empenhou-se com desassombro, tornando-se, a partir de sua ascensão ao bispado do Pará, o líder do movimento e a figura ímpar do episcopado brasileiro.

Toda a ação episcopal de Dom Macedo Costa baseava-se na mais estreita fidelidade à Roma e em estabelecer condições para "que o episcopado brasileiro se tornasse um verdadeiro poder espiritual, orientador da vida da sociedade brasileira" (Azzi, 1982a).

2.2 Dom Macedo Costa e os protestantes

Ao chegar à sua diocese, Dom Macedo Costa se deparou com as incursões iniciais do protestantismo missionário, que transformou Belém em "porto missionário" para promover sua ação na Amazônia. Essa escolha, como observou David Gueiros Vieira, "foi motivada também pela grande expectativa que existia nos Estados Unidos e na Europa, de que o Rio Amazonas fosse aberto à navegação mundial" (Gueiros, 1980).

O movimento de penetração protestante tinha cobertura e apoio de elementos ligados à maçonaria, como Tito Franco de Almeida, um dos proprietários do *Diário do Grão Pará*, jornal que facilitava a divulgação da doutrina protestante, em artigos assinados pelo pastor Richard Holden, que surgia como líder do movimento na Amazônia (Gueiros, 1980). Outro elemento de destaque no incentivo e apoio aos protestantes era Tavares Bastos, deputado alagoano na Assembleia Geral, ardoroso defensor da separação da Igreja do Estado, da completa liberdade de culto, do casamento civil e da abertura do Rio Amazonas à navegação internacional. Sua posição favorável ao protestantismo motivou de David Gueiros Vieira o seguinte conceito: "um grande paladino do protestantismo, um dos mais ardorosos defensores das causas protestantes e sempre amigo leal dos missionários protestantes americanos" (Gueiros, 1980).

A luta pela abertura do Rio Amazonas à navegação mundial parece ter tido ligações com a presença de protestantes americanos, em Belém, que, na época, tinha a maior concentração de norte-americanos no Brasil (Gueiros, 1980).

Alguns setores nacionalistas da Igreja, partidários da integração Igreja-Estado, através de *O Apóstolo,* jornal católico que se editava no Rio de Janeiro, tomaram posição contrária ao ato, alegando que a abertura do Rio Amazonas à navegação estrangeira não somente facilitaria o alastramento do protestantismo na Amazônia, como também representava uma ameaça à integridade territorial do Brasil, com uma provável ocupação da Amazônia pelas potências estrangeiras, notadamente os Estados Unidos da América do Norte, inegavelmente, o grande interessado na abertura da navegação do Rio Amazonas.

Dom Antônio de Macedo Costa não chegou a tomar posição sobre o problema que motivou tantos debates nas assembleias e pela imprensa. Seu silêncio poderia ser tomado como endosso do projeto vitorioso do deputado Tavares Bastos? Pode-se admitir que sua omissão foi tática. Espírito arguto, perspicaz, tinha uma visão de outros sérios problemas que teria de enfrentar e, na ocasião, não seria oportuno tomar posição em um tema controvertido e que já era vitorioso. Como pastor, compreendia perfeitamente o grande interesse dos protestantes na tese de Tavares Bastos, e das facilidades que eles teriam com a presença de navios norte-americanos, tripulados por protestantes divulgando panfletos e bíblias impressas sem o *"imprimatur"* da Igreja.

Em sua primeira carta pastoral, saudando seus diocesanos, o pastor, cauteloso, já advertia aos fiéis "não ser a Bíblia a única regra de fé", como afirmavam os protestantes. Um dos seus primeiros atos, na diocese, foi a instituição da devoção do mês de Maria, em maio, celebrada na igreja de Sant'Ana. A celebração em honra de Nossa Senhora afirmava um dos dogmas marianos da Igreja, muito combatido pelos protestantes que negam essa devoção.

O principal meio de proselitismo usado pelos protestantes era a divulgação de bíblias e folhetos com os evangelhos. Por meio de panfletos, criticavam os católicos pelo pouco uso das Escrituras e pouquíssima divulgação da Bíblia. Dom Macedo Costa, naturalmente, reconhecendo a procedência das críticas, escreveu e fez publicar uma *História Sagrada*, na qual narrava as passagens mais importantes da história da salvação, retiradas dos livros bíblicos.

O zelo do pastor ainda levou o bispo a escrever uma carta pastoral, aos fiéis, solicitando a "devolução das Bíblias e panfletos distribuídos pelos protestantes" (Gueiros, 1980).

No combate ao protestantismo, Dom Antônio de Macedo Costa era muito prudente e equilibrado, evitando as retaliações pessoais, conduzindo o combate no terreno doutrinário.

Se, em alguns momentos, não foi possível manter esse equilíbrio, o causador não foi o bispo. Sua posição de bispo reformador, zeloso no cumprimento dos seus deveres, desejoso de estabelecer na sua diocese a "imagem de uma Igreja marcada pela Santidade de seus ministros" (Azzi, 1975), encontrou ferrenhos adversários, inclusive, dentro do próprio clero, que não pouparam a pessoa do bispo, atacando-o, em ocasião oportuna, como "ultramontano" e "papista", epítetos tão ao gosto dos chamados liberais e protestantes.

2.3 O bispo, o clero e o seminário

"A regeneração do clero constitui a aspiração mais forte do movimento reformador no século passado" (Azzi, 1975), do qual Dom Macedo Costa foi sua expressão máxima. Por conseguinte, "os seminários constituem, assim, a pedra fundamental do movimento" (Azzi, 1975).

Em que pese os imensos esforços empregados pelo seu antecessor, o clero da diocese não tinha alcançado os parâmetros desejados e Dom Macedo Costa estava vivamente empenhado em dotar a sua diocese de "um clero ilustrado, dedicado, cheio de espírito de sua sublime vocação" (Azzi, 1975). E para consecução de seu grande objetivo, dedicava-se à reforma do seminário, confessando a seus seminaristas: "Eis por que o primeiro empenho meu desde que cheguei a esta diocese, meus caros meninos, tem sido fazer reflorescer os bons estudos no seminário" (Lustosa, 1939).

"Logo no início do seu governo", revela um de seus biógrafos,

> Dom Antônio tratou de enviar à Europa alguns moços que pareciam dotados de vocação sacerdotal. Pretendia, naturalmente, preparar sacerdotes doutos que viessem depois lecionar no Seminário de Belém (Lustosa, 1939).

O seminário preferido pelo bispo para essa experiência, de certo modo com êxito, é o Seminário de Saint Sulpice, na França.

Contrariando os propósitos do bispo do Pará, surge o Decreto imperial 3.037, datado de 22 de abril de 1863, que modificava o currículo escolar dos seminários, chegando a suprimir, no Seminário do Pará, o ensino da língua indígena.

O decreto imperial provocou justa e brilhante reação do bispo do Pará que, em documento histórico conhecido como *Memória sobre os seminários*, denuncia "a funesta tendência do governo a ingerir-se na economia da Igreja como se se procurasse reduzi-la pouco a pouco à condição de um estabelecimento humano, um mero ramo da administração civil" (Lustosa, 1939).

O documento alcançou imensa repercussão e se transformou em bandeira das reivindicações do episcopado reformador, na luta pela libertação dos seminários da tutela do Estado.

O decreto que regulava os estudos nos seminários feria o princípio elementar da reforma desejada pelo bispo: dar aos seminaristas ampla e profunda ilustração, de modo a fazer do sacerdote "um homem de ciência", pois, pela ilustração do clero, seria possível promover a regeneração moral do país (Azzi, 1975).

O projeto de regeneração do clero executado por Dom Macedo Costa encontrava grandes obstáculos oriundos do próprio clero. Padre Eutíquio Ferreira Rocha, Cônego Ismael Ribeiro Nery, em Belém, e Padre Manoel Inácio da Silva Espíndola, em Manaus, passaram a se posicionar contra o bispo. Os dois primeiros, abertamente, incentivavam os protestantes nos ataques a Dom Macedo Costa. Padre Eutíquio, maçom, foi o mais violento adversário do bispo, promovendo em artigos publicados em *O Liberal*, editado em Belém, dura campanha contra o bispo.

Com muita luta, tenacidade e coragem, Dom Macedo Costa foi conseguindo concretizar seus objetivos, no projeto de regeneração do clero. Um de seus grandes triunfos foi de promover, pela primeira vez na diocese, o retiro espiritual do clero.

Apesar da concupiscência da maioria do clero, notadamente da parcela que vivia longe da vigilância rigorosa do bispo, a Igreja da Amazônia, na época, teve também bons sacerdotes, zelosos, cumpridores de seus deveres sacerdotais, capazes de gestos dignificantes. Exemplo marcante está na figura do Padre Amândio Pantoja, pároco de Almeirim, que, em defesa do seu celibato, entregou a própria vida.

O sacrifício de Padre Amândio Pantoja vive esquecido na história da Igreja da Amazônia. Nem mesmo Dom Antônio de Macedo Costa, inteiramente dedicado à formação de sacerdotes santos, deixou algo que louvasse aquela vida imolada na defesa da dignidade sacerdotal.

2.4 Dom Macedo Costa e os religiosos

Dadas as peculiaridades da Igreja da Amazônia, desprovida de clero diocesano suficiente para satisfazer às suas necessidades, e sujeita às prementes dificuldades da sua manutenção, criaram-se condições propícias para a generosa presença e participação muito ativa dos religiosos na pastoral da Amazônia.

Notadamente, a partir da presença de Dom Antônio de Macedo Costa, no governo diocesano do Pará, essa presença e participação foi se ampliando.

Na época, as comunidades religiosas ainda sofriam dos embargos criados pelo governo à sua expansão e as existentes na diocese estavam definhando. O bispo sentiu a necessidade de revigorar a participação dos religiosos e motivar a presença de outros grupos no serviço pastoral de que tanto carecia a Igreja da Amazônia.

Em seu projeto de assistência, de cunho social, estava prevista a colaboração dos religiosos. "Sabedor que a Congregação de Dom Bosco tinha em projeto o Pará para suas atividades missionárias" (Azzi, 1982c), Dom Macedo Costa se entusiasmou com a futura chegada dos salesianos, visando dar-lhes o encargo do estabelecimento denominado "Instituto de Artes e Ofícios e Agrícola da Providência", para o qual "fez levantar o edifício" (Lustosa, 1939), destinado à educação dos jovens. Chegou mesmo a se empenhar junto ao fundador, Dom Bosco, para conseguir a presença salesiana na sua diocese (Lustosa, 1939). Infelizmente não conseguiu e a presença salesiana na Amazônia ficou adiada para o século seguinte.

Mas outras famílias religiosas se estabeleceram na diocese, incentivadas e mesmo à convite do bispo. Os franciscanos retornaram ao Amazonas em 1870. Depois, as religiosas do Instituto de Santa Doroteia, em 1877, e as Filhas de Sant'Ana, em 1884, ambas em Belém. Em 1886, chegaram os Missionários da Congregação do Espírito Santo, que depois tomaram conta do seminário de Belém.

Os capuchinhos que tinham vindo para a Amazônia, motivados pelo interesse governamental em restabelecer nas aldeias indígenas o serviço de catequese, prestaram inestimáveis serviços, especialmente entre os índios, e na pregação de missões. Destacou-se, no tempo, a fundação da Missão de Bacabal, no Rio Tapajós, por Frei Pelino de Castro Valva, entre os índios Munduruku, que foi violentamente combatida pelos interesses escusos dos "regatões" e seringalistas do Tapajós.

2.5 Dom Macedo Costa e o povo

No projeto de reforma da Igreja do Brasil, proposto pelo episcopado, pelo qual o bispo do Pará tanto se empenhava, o povo deveria ser devidamente instruído e preparado para se realizar como "devoto e cumpridor de seus deveres religiosos" (Azzi, 1975). Era, pois, um projeto sem "base ou aspiração popular" (Azzi, 1974).

Isto, porém, não condicionou um alheamento de Dom Macedo Costa, diante dos problemas que afligiam o povo da sua diocese. O bispo do Pará teve uma visão realista da Amazônia, de sua grandeza geográfica, de sua imensa riqueza com amplas possibilidades, e da situação de abandono em que vivia o povo amazônico.

Compreendeu perfeitamente que a riqueza trazida com a borracha – fruto do trabalho escravo do índio, do caboclo e do nordestino – só produzia "lucro fabuloso opulentando o comércio" e proporcionando aumento "espantoso da renda pública" (Costa, 1983).

Diante do progresso fabricado pelo "esplendor da indústria gomífera", endossava os conceitos de certo Engenheiro Coutinho que sabiamente advertia: o "progresso espantoso que apresentam o Amazonas e o Pará – ninguém se iluda – é um progresso fictício, não tem bases [...]" (Costa, 1983).

Todo esse progresso engendrado pela borracha visava favorecer as elites, a classe dominante, que desfrutava as comodidades da vida na capital, onde o poder público erguia obras de fachada, relegando ao abandono as localidades do interior, onde o povo morava, desassistido, sem contar, ao menos, com escolas para seus filhos.

Essa situação provocava em Dom Macedo Costa viva revolta que o levava a dizer:

> Precisamente o que me assombra e entristece, é este contraste de um comércio que floresce e de uma população que definha; de alfândega em que se despejam rios de ouro, e de um país que fica miserável; de uma capital que se aformoseia e prospera, e de cidades e vilas do interior que desaparecem e caem em ruínas! (Costa, 1983)

Toda a problemática da Amazônia de seu tempo, Dom Antônio de Macedo Costa aborda-a em memorável conferência que pronunciou em Manaus, a 21 de março de 1883, documento de grande atualidade, já que há certa analogia entre os problemas de ontem e os de hoje. No seu discurso, o bispo do Pará coloca o povo dentro do lugar que merece, reivindicando um tratamento justo e digno para o homem da Amazônia.

Outro problema não negligenciado por Dom Antônio de Macedo Costa foi o que se relaciona com os povos indígenas.

Ele tinha o conhecimento exato da importância dos povos indígenas no povoamento da região, reconhecendo a sua participação predominante no "fundo da população", como também as qualidades positivas existentes no índio: "dócil, inteligente, manso, sóbrio, capaz de suportar as maiores privações e fadigas" (Costa, 1983).

Lamentava que o "regatão", "pela ambição do ouro", fosse "no encalço dessa gente operária, para recolher o fruto do trabalho", levando também "o vírus de uma corrupção" (Costa, 1983).

Com realismo e coragem, Dom Macedo Costa fez impressionante denúncia ao ministério do império, sobre o tratamento iníquo dispensado aos povos indígenas, pelos comerciantes, notadamente os "regatões", dizendo "ser difícil imaginar as extorsões e ofensas cometidas pelos comerciantes e 'regatões'" contra a pessoa do indígena. Em termos veementes, o bispo acusava:

> Eles vendem aos índios as coisas mais baratas por preços fabulosos, à força, ou por meio de embustes, apoderam-se dos produtos de seu trabalho, no melhor dos casos compra-os a preços ínfimos, com frequência embebedam os homens para desonrar suas famílias (Koval, 1982).

Esse testemunho impressionante do bispo revela um perfeito conhecimento das condições de exploração a que estavam submetidos os povos indígenas.

Outro importante demonstrativo do interesse pelo indígena é o uso do estudo da língua dos povos indígenas no seminário diocesano e o posicionamento do bispo contrário à extinção da matéria, explícito na conhecida "Memória sobre os seminários".

Seguindo o mesmo posicionamento de seu antecessor, Dom Antônio de Macedo Costa silenciou diante da escravidão do negro. É oportuno lembrar que muitos padres eram senhores de escravos e que no seminário diocesano existiam negros escravos, como domésticos.

Mesmo vivendo, como bispo do Pará, os últimos decênios da escravidão, Dom Macedo Costa não tomou qualquer atitude contrária ao sistema de escravidão do negro.

2.6 A ação pastoral

Dom Antônio de Macedo Costa foi um dos raros bispos da diocese a promover assíduas visitas pastorais pelas paróquias estabelecidas por todo o interior da Amazônia.

Essas visitas, em princípio, se subordinavam à orientação do Concílio de Trento, quanto aos deveres dos bispos em realizá-las; porém, Dom Macedo Costa, além de realizá-las sob obrigação, as promovia, procurando estabelecer uma rigorosa vigilância sobre o comportamento do clero, induzindo-o e incentivando-o a promover uma ação pastoral coerente com suas diretrizes reformadoras, onde o fundamental era a instrução e formação religiosa dos fiéis, de modo a depurar as devoções do povo da nociva e prejudicial "superstição".

Dom Macedo Costa compreendia as manifestações da religiosidade popular como "expressão de ignorância, de fanatismo, de superstição" (Azzi, 1982a) e, por isso, sua proposta era de um "catolicismo de sacramentos e não um catolicismo de devoção" (Azzi, 1982a).

Sob sua orientação, as chamadas "desobrigas", viagens que os párocos realizavam pelas capelas do interior da paróquia, se caracterizavam pelo sentido sacramental. As devoções, sempre acompanhadas de "festas do santo", recebiam uma restrição muito grande.

A grande discordância que se estabeleceu entre o bispo e os fiéis, justamente se caracterizou em torno das "irmandades", onde os fiéis dispunham de espaço para suas devoções, e as quais o bispo queria subordinadas à sua autoridade eclesiástica. Essas entidades, realmente, eram mais civis que eclesiásticas.

Esse posicionamento do bispo foi que motivou o célebre caso em torno da Festa do Círio de N. Sra. de Nazaré, em Belém, promoção que estava subordinada à irmandade de Nazaré, fora totalmente da ação episcopal. Tanto que, quando Dom Macedo Costa impediu a continuação dos festejos que eram celebrados em honra de N. Sra. de Nazaré, a irmandade apelou ao poder civil, ao governo da província, no reconhecimento de seu direito de ser *proprietária* do templo e *promotora* dos festejos.

As irmandades, na sua maioria, eram expressões classistas, reunindo elementos ligados ao poder dominante, dispondo de grande poder econômico, representado em fazendas, prédios e outros imóveis. Poucas eram as irmandades identificadas com o povo, despojadas de poder, com certa solidariedade fraterna entre seus membros. As irmandades de cunho popular, geralmente, eram dedicadas a São Benedito e, em muitos lugares, eram constituídas por negros escravos e seus descendentes, porém, sem exclusividade.

Nas paróquias interioranas, as irmandades funcionavam em função da igreja matriz, promovendo a devoção e festejos em honra do santo padroeiro. Não eram em grande número, porque, também, não existiam elementos ricos em quantidade suficiente para a formação desse tipo de irmandade. Em todos os casos, era por meio desses organismos que os fiéis participavam da vida orgânica da Igreja, e muitas vezes o pároco era colocado a serviço da irmandade, sem qualquer intromissão administrativa ou mesmo orientação religiosa, servindo como mero executor dos atos litúrgicos programados pelas irmandades. Ramos de Oliveira tinha razão quando assinalava que "os sacerdotes em certas igrejas onde se enquistam tais irmandades, não raro, são considerados meros empregados, ou ínfimos empregados" (Oliveira, 1952).

Esse tipo de organismo em funcionamento na Igreja contrariava as perspectivas de uma Igreja romanizada, proposta pelo bispo do Pará, onde tudo era movido, orientado e executado pelo clero, subordinado ao poder incontestável do bispo diocesano.

2.7 A crise Igreja-Estado

As relações entre Igreja e Estado começaram a ficar estremecidas no momento em que, na proposta renovadora dos bispos, se propunha colocar a Igreja fora do controle do Estado, estabelecendo completa autonomia para os bispos em suas dioceses, embora ficasse assegurada a subvenção do Estado à Igreja. No projeto, mesmo, não se objetivava uma ruptura, mas uma forma de "estreita aliança entre os dois poderes" (Azzi, 1975), onde ficasse assegurada amplamente a liberdade da Igreja e o seu reconhecimento como orientadora da sociedade e de tudo que fosse realizado pelo Estado.

A maçonaria desfrutava, na época, de uma influência muito grande na vida política do Império, gozando de prestígio na sociedade brasileira e, em certos setores da Igreja, com participação ativa nas irmandades religiosas, e, no Pará, o poder econômico estava em mãos de maçons.

A maçonaria compreendia perfeitamente o alcance do projeto dos bispos reformadores, que era retirar a Igreja da tutela do Estado, para colocá-la em perfeito entrosamento com Roma, com absoluta fidelidade ao papa. Nesse caso, a Igreja do Brasil criaria novas condições de comportamento, especialmente frente ao movimento maçônico.

No momento, era muito séria a luta encetada pelo Papa Pio IX contra a maçonaria, com condenações feitas através das encíclicas *Quanto Cura* e *Quanto Conficiamur Moerore*, que provocou violenta reação de parte dos maçons, em todos os lugares onde funcionava uma loja maçônica.

No Brasil, quem mais dera divulgação a esses documentos pontifícios foram justamente os bispos reformadores, notadamente Dom Macedo Costa, na diocese do Pará.

O jornal dos liberais, denominado *O Liberal*, editado em Belém, começou a promover violenta campanha contra o posicionamento do bispo, a pretexto de defender o liberalismo, encampando todos os argumentos e teses defendidas pela maçonaria.

Dom Macedo Costa, por meio do jornal diocesano *Boa Nova*, respondeu aos ataques dos adversários, usando também uma linguagem bastante dura, e em março de 1872 publicou uma célebre carta pastoral na qual refutava os erros doutrinários defendidos em *O Liberal*.

Na diocese do Pará foi aberta uma luta de grandes proporções, entre Igreja e Maçonaria, esta apoiada pelos liberais, embora alguns destes não pertencessem ao movimento maçônico. Os ânimos exaltados provocaram no bispo medida extrema, eliminando os maçons das irmandades religiosas.

Diante da resistência maçônica, o bispo lança interdito contra as irmandades da Ordem Terceira do Carmo e de São Francisco.

O ato episcopal provocou grande reação. O imperador solicitou ao bispo que suspendesse o interdito. O Núncio Apostólico – como sempre, interessado mais em servir ao Estado do Vaticano que à Igreja – aconselhou Dom Macedo Costa a levantar o interdito (Ramos, 1952). Porém, o bispo, apoiado pelo seu clero, representado pelo cabido, ficou firme na sua decisão, não atendendo aos pedidos.

Contra o Bispo Dom Antônio de Macedo Costa, como já acontecera com o Bispo Dom Frei Vital Maria Gonçalves de Oliveira, de Pernambuco, foi instaurado um processo criminal, cujo desfecho era desfavorável a Dom Macedo Costa que, pronunciado e condenado, foi preso como incurso no artigo 96 do Código Criminal vigente, por sentença do Supremo Tribunal. Seus advogados, Senador Zacarias de Goes e Vasconcelos e o Deputado Antônio Ferreira Viana, apesar dos imensos esforços jurídicos, não conseguiram evitar que o bispo do Pará fosse condenado à pena de quatro anos de trabalhos forçados. A sentença foi cumprida na prisão da Ilha das Cobras. A pena foi comutada pelo imperador para prisão simples sem trabalhos forçados.

O clero diocesano ficou solidário com o bispo condenado e o cabido diocesano se negou a cumprir determinações do governo para proceder à escolha de um vigário capitular, por entender que a diocese não se encontrava em estado de vacância.

Em 17 de setembro de 1875, os bispos do Pará e de Pernambuco foram anistiados pelo governo que, com esse ato, esperava ter encerrado a crise entre Igreja-Estado. Posteriormente, Dom Antônio de Macedo Costa foi agraciado com o título de conde de Belém.

A crise que ficou conhecida como "Questão Religiosa" abalou o trono que, gradualmente, foi caindo no crepúsculo, até a Proclamação da República.

Como bispo do Pará, Dom Antônio de Macedo Costa participou do "Concílio Vaticano I, onde foi o prelado brasileiro que mais se destacou" (Azzi, 1982a).

Em 1890, foi nomeado arcebispo da Bahia, deixando o Pará, onde se realizou como a expressão máxima do episcopado brasileiro de seu tempo.

Capítulo IX
História dos protestantes na Amazônia até 1980

Martin Dreher

Falar sobre protestantes na Amazônia é projeto descomunal. Não há central em condições de catalogar tudo o que sob o nome de "protestantismo" está em atividade na Amazônia. Trabalho recentemente publicado, da autoria de Rubem Cesar Fernandes (1980), e que estuda somente um único grupo protestante em atividade na Amazônia, evidencia quão difícil é poder-se estudar as mais variadas denominações e missões, por vezes de um-homem-só, que atuam na região. Diante desse fato, o que segue não tem a pretensão de apresentar estudo completo a respeito do tema; trata-se de dados que no futuro poderão ser ampliados. Esses dados, a bem da verdade, são também limitados. Uma rápida olhada na obra de Read e Ineson (1973) mostra que inúmeros dados, publicados em 1973, estão já ultrapassados. A história não é feita de números, nem de datas, nem da citação de instituições ou de nomes de prelados. Básico para a história da Igreja, em particular, é o que ficou de marcas, impressões, vida. Para tornar essa visão concreta, neste trabalho, teria sido importante saber a respeito da vida do povo amazônico nas congregações protestantes. Para isso praticamente não tive dados à disposição. Como se reflete o Cristo crucificado na vida de um povo crucificado? Falta-me conhecimento desse povo. Por isso, o que segue quer ser entendido como uma primeira tentativa de abordar o assunto.

1. Protestantes na Amazônia à época de Pombal?

Excetuando-se os representantes diplomáticos e os raros viajantes que na época anterior estiveram no Brasil, tem-se convencionado falar de protestantes no Brasil a partir de 1824, quando ingressaram no país os primeiros contingentes de imigrantes germânicos, 60% dos quais luteranos (cf. Dreher, 1973). Estudo publicado em 1966, de autoria de Carlos Henrique Oberacker Jr. (1966), no entanto, nos dá conta de que nos anos de 1766-1768 ingressaram na Amazônia cerca de 87 imigrantes alemães, dos quais 85 homens e duas mulheres. Essa imigração deve ser vista no contexto da política pombalina de reorganizar o império português, desorganizado à época da união de Portugal e Espanha. No contexto dessa reorganização, a Amazônia deveria vir a ocupar o lugar da Índia que deixara de fazer parte do império colonial português. Um dos pressupostos para a concretização desse plano era o aumento da população amazonense. Para tanto, fazia-se necessária uma política imigratória e colonizadora. Essa política, aliás, é, pela determinação com a qual foi perseguida, o primeiro projeto regular de imigração em terras brasileiras e veio a ser o modelo, segundo o qual se daria toda a imigração posterior (Oberacker, 1966, p. 49). Não nos interessam aqui todos os grupos de imigrantes que vieram a aportar ao Norte do Brasil. Restringimo-nos aos imigrantes alemães. Segundo Oberacker, esses imigrantes eram mercenários alemães que estiveram a serviço da coroa espanhola e, desertando, fugiram para Portugal (Oberacker, 1966, p. 54). Ali foram casados com moças recolhidas às Casas de Correção e, então, despachados para a Amazônia, onde foram fixados na "Vila Viçosa da Madre de Deus", junto ao Rio Anauerapuecu, entre Nova Mazagão e Macapá (Oberacker, 1966, p. 64). De "Vila Viçosa" nem sequer o nome sobrou! As adversidades climáticas dizimaram e dispersaram os imigrantes.

Para o nosso estudo, o episódio só deixa uma pergunta: haveria protestantes entre os imigrantes? Caso tenha havido, não nos deixaram sinais de sua presença. Desapareceram.

2. Os primórdios do século XIX

A primeira tentativa de penetração de protestantes na Amazônia, no século XIX, ocorreu por meio de *Daniel P. Kidder* (Gueiros, 1980). Kidder, missionário da Igreja Metodista dos Estados Unidos, permaneceu por pouco tempo em Belém, travando contato com autoridades e visitando a colônia de fala inglesa da cidade. A penetração seguinte se deu através de um leigo, o capitão naval *Robert Nesbit*, outro norte-americano. Nesbit se encontrava na Região Amazônica para entregar vapores ao governo peruano. Seguindo costume da época, era portador de um carregamento de Bíblias e Novos Testamentos que distribuiu entre as populações ribeirinhas. Como se mostrava vendedor eficiente, foi nomeado, em 1857, agente da Sociedade Bíblica Americana no Rio Amazonas. Seu território de atuação ia de Belém do Pará até Iquitos, no Peru. Após um ano de atividade, Nesbit morreu, vitimado pela febre (Gueiros, 1980, p. 178). Sua atividade em Belém do Pará deve ter sido bastante intensa, pois o bispo do Pará, Dom José Afonso Torres, publicou, em 8 de abril de 1857, uma Carta Pastoral, chamando a atenção dos fiéis contra os livros distribuídos por Nesbit (Gueiros, 1980, p. 178). Ao que tudo indica, após a morte de Nesbit a tarefa de distribuição de Bíblias e de literatura protestante foi confiada ao comerciante escocês *James Henderson*, também estabelecido em Belém do Pará (Gueiros, 1980, p. 168).

Desde fins de 1860, novo enviado protestante se estabeleceu em Belém. Desta vez, tratava-se do Reverendo *Richard Holden*, enviado pelo Conselho de Missões da Igreja Episcopal dos Estados Unidos e pela Sociedade Bíblica Americana. Antes de nos dedicarmos ao estudo das atividades de Holden no Pará, convém perguntarmos pelas causas da insistência com que, desde 1839, Belém vinha sendo visitada por protestantes.

> A questão ainda não foi estudada a fundo, mas pode-se constatar que desde o início da década de 1860 as principais potências econômicas estão atentas ao que sucede no Brasil. Espera-se uma fragmentação do colosso, e todos espreitam para reservar sua fatia do bolo chamado

Brasil. O fato não se restringe à Amazônia. Pode também ser constatado no Brasil Meridional. Ali os imigrantes alemães e protestantes, estabelecidos no Rio Grande do Sul, a partir de 1824, passam a ser atendidos regularmente, por missionários, a partir de 1864. No período de 1824 a 1864 ficaram entregues a si mesmos, sendo esporádico o atendimento da parte de ministros ordenados. Deve ser destacado que a partir de 1864 seu atendimento vai ser feito por missionários formados na Casa de Missão de Barmen, na época dirigida por Friedrich Fabri, o pai do movimento colonial alemão (Dreher, 1973, p. 79). Não é por acaso que as pessoas que financiam a formação de missionários são fabricantes da Renânia (Dreher, 1973, p. 77). Desde 1871, o reino Alemão vai dar sua parcela para a política que vai ser denominada de preservação de germanidade dos alemães que imigraram no Brasil meridional. Pretende-se que a germanidade seja preservada, pois etnia e língua alemãs permitiriam a formação de mercado único para os produtos alemães (Dreher, 1973, p. 43–47). O investimento no campo eclesiástico traria dividendos para os produtos alemães! No mesmo período em que a Europa Central investe no Brasil Meridional, apostando inclusive na formação de um novo país, a Nova-Alemanha, grupos norte-americanos e ingleses arregimentam-se para uma futura posse da Amazônia. Quando o Rev. Holden chega a Belém encontra toda uma colônia de língua inglesa e, em uma de suas primeiras cartas, faz o comentário, que certamente reflete opiniões e sentimentos daqueles com quem primeiro convive: "O Norte é a principal sede do sentimento republicano, e mais, insinua-se que no caso de o imperador morrer, haverá um desmembramento do Império e a formação de uma República Setentrional. Quão importante é que nossa influência silenciosa pudesse ter um ano ou dois para fazer-se sentida e conhecida, antes que o tempo das novas cristalizações cheguem. As épocas revolucionárias nos Países Papistas são sempre uma boa oportunidade para a introdução do Evangelho, pois, no meio do rugir da tempestade, o humilde trabalho missionário pode existir despercebido, de modo que, apesar de pedir a Deus que o dia ainda esteja longe, acho que devíamos tomar em consideração em nossos planejamentos algo que é mais do que uma contingência" (cf. Gueiros, 1980, p. 177).

Mais evidente ainda fica a questão se observarmos as atividades de *James Cooley Fletcher* (1823-1901), desde 1851 Capelão de Marítimos no Rio de Janeiro, enviado pela *American Seamen's Friend Society* (cf. Gueiros, 1980, p. 83–94). Ao chegar ao Brasil, Fletcher o faz na qualidade de "Capelão da Legação Americana, com o título de 'adido'" (Gueiros, 1980, p. 62). Na atividade que Fletcher vai desenvolver no Brasil destacam-se dois aspectos que podem também ser vistos como plano de ação do citado reverendo: "Converter o Brasil ao protestantismo e ao 'progresso'" (Gueiros, 1980, p. 63). Vemos nessa formulação aquilo que em todo o século XIX e nos primórdios do século XX vai ser o querigma do protestantismo de missão no Brasil: ser protestante equivale a progredir economicamente, o país que adota o protestantismo progride científica e tecnologicamente. – A vinda de Fletcher ao Brasil coincide com a investida diplomática dos Estados Unidos para conseguir junto ao Império do Brasil a abertura da Amazônia ao comércio internacional. Fletcher, que, na Cidade do Rio de Janeiro, é capelão, "agente do progresso" e agente da Sociedade Bíblica Americana, não vê qualquer problema em ligar todas essas atividades à de propugnador da abertura da Amazônia ao comércio internacional. Em carta dirigida ao *Journal of Commerce de New York*, em 1862, pôde afirmar: "Sei que alguns podem dizer que não é do papel de um clérigo missionário estar envolvendo-se com negócios. Mas creio que tenho uma visão mais alta do que o mero interesse mercantil do meu país, pois sou dos tais que creem que a religião e o comércio são servos que, unidos com a bênção de Deus, servem para a promoção dos interesses mais nobres e mais altos da humanidade" (Gueiros, 1980, p. 65).

No mister de obter a abertura do Amazonas aos interesses dos Estados Unidos, Fletcher encontrou poderoso aliado em Aureliano Cândido Tavares Bastos, "apóstolo do progresso" no Brasil (sobre Tavares Bastos, cf. Gueiros, 1980, p. 95-112). Bastos, além desse interesse comum com Fletcher, demonstrou ser dos mais ardorosos defensores do protestantismo no Brasil, visto estar imbuído do pensamento de que o transplante dessa forma de cristianismo viria a significar progresso para o país. Apoiado por Bastos e outros homens de influência do cenário político brasileiro, Fletcher conseguiu, em 1865, a aprovação, se não da abertura do Amazonas, pelo menos do estabelecimento da linha de vapores New York – Rio de Janeiro. O primeiro missionário presbiteriano no Rio de Janeiro, Simonton, comentaria a respeito: "O projeto da Linha de Vapores foi aprovado em ambas as casas aqui e já é lei. Mr. Fletcher tem, sem dúvida, uma maravilhosa influência no Brasil...Espero que essa linha venha a ser um grande sucesso, mas não posso sentir-me confiante disto" (carta de 28/06/1865 a David Irwing, citada em Gueiros, 1980, p. 111).

Voltemos a Holden. Em Belém, Holden procurou adquirir um ponto no centro comercial da cidade, onde instalou um depósito para a venda de seus livros, anunciando-o através dos jornais. Procurou iniciar também um trabalho missionário no porto e tentou reunir os ingleses residentes na cidade, no que não foi bem-sucedido. Para penetrar na opinião pública fez uso dos jornais da cidade. Além dessas atividades em Belém, Holden fez diversas viagens pelos afluentes do Amazonas, vendendo Bíblias. Sua atividade provocou reações. Publicações feitas nos jornais foram consideradas ofensivas e, no interior, as Bíblias que vendia foram confiscadas e queimadas (por exemplo em Ourém). Por ocasião de uma viagem feita entre junho e agosto de 1861, Holden constatou que todos os sacerdotes católicos estavam ausentes de suas paróquias. Encontravam-se em Belém para receber o novo bispo: Dom Antônio de Macedo Costa (1830-1891). Como observou David Gueiros Vieira:

> O bispo achou a diocese em condições precárias. Não somente teve de lidar com os perigos que ameaçavam sua Igreja internamente, na forma de padres rebeldes e amancebados, como também teve de enfrentar o perigo externo, representado pelo pastor protestante estrangeiro, vendendo Bíblias e folhetos e pregando em português – um pastor protestante favorecido em seu trabalho pelos líderes maçônicos locais (Gueiros, 1980, p. 182).

Já a segunda carta pastoral de Dom Antônio de Macedo Costa dirigiu-se contra o perigo protestante: "Instrução pastoral sobre o protestantismo, prevenindo os fiéis contra a propaganda que se tem feito na diocese de Bíblias falsificadas e outros opúsculos heréticos. Dada em Belém do Pará aos 30 de agosto de 1861" (Gueiros, 1980, p. 182). Na carta pastoral, Dom Antônio chamava a atenção para os protestantes que estavam tentando "infestar esta linda parte da América com seu bafo pestilento", alertou para o fato de a pregação protestante poder desenvolver-se no Brasil apesar da ligação de Igreja e Estado, denunciou falsificações da "Bíblia Protestante" e proibiu os fiéis de comprá-la. Holden não demorou em revidar, publicando anúncio no Diário do Amazonas:

> Está à venda à Rua da Praia, n° 43 a Bíblia Sagrada de acordo com a tradução de João d'Almeida Pereira, por Rs. 1$600. Também à venda a Bíblia Sagrada de acordo com a tradução do Padre Antônio Pereira de Figueiredo, por Rs. 1$800, e Richard Holden convida todos a compararem-na com a tradução publicada em Lisboa, prometendo pagar Rs. 5$000 por cada falsificação que possa ser encontrada (citado em Gueiros, 1980, p. 183).

Como era de esperar, o debate tomou conta da cidade. Aumentou a venda de Bíblias e a frequência aos serviços religiosos de Holden. Por outro lado, forneceu argumentos para os adversários de Dom Macedo Costa. Aproveitando-se das dificuldades que o bispo vinha tendo na cidade, Holden publicou carta dos bispos católicos holandeses contra o dogma da Imaculada Conceição (fevereiro de 1862). Holden fora muito além do que sua condição lhe permitia. O jornal, no qual fizera suas publicações, viu rapidamente diminuídas suas assinaturas. Em maio de 1862, Holden se retirou de Belém, partindo para a Bahia, onde continuou com suas atividades (quanto à atividade de Holden na Bahia, cf. Gueiros, 1980, p. 187-207).

Após a saída de Holden, Dom Macedo Costa solicitou que seus fiéis lhe entregassem as Bíblias e folhetos distribuídos por Holden, no que foi atendido. Desde abril de 1863, Dom Macedo Costa mandou publicar um estudo de Monsenhor de Ségur, *Causeries sur le protestantisme*, e em 30 de agosto de 1863 tornou pública sua opinião de que "a distribuição de bíblias e a pregação do protestantismo no Brasil estavam intimamente relacionadas com as alegadas maquinações dos Estados Unidos da América para tomar o Amazonas" (citado em Gueiros, 1980, p. 294), no que, como vimos, não deixava de ter razão. As suspeitas de Dom Macedo pareceram confirmar-se, quando em princípios de 1866 o Major Lansford Warren Hastings e outros chegaram a Belém para estabelecer uma colônia de confederados no Pará. Em seu diário, Hastings fez a seguinte observação: "A opinião que prevalecia no Pará era que os imigrantes americanos, no Vale do Amazonas, dominariam aquela região como tinham feito com a Califórnia" (citado em Gueiros, 1980, p. 299).

Hastings participou da aquisição da Califórnia e participara do estabelecimento de seus limites! A colônia de confederados, estabelecida em Santarém, veio a fracassar.

Por volta de 1870, deparamo-nos com o Sr. James H. Henderson, como agente da Sociedade Bíblica da Escócia em Belém do Pará (Gueiros, 1980, p. 306). E, em 1878, o bispo do Pará, escrevendo ao governo, comunicava a existência de "uma missão protestante inglesa", localizada no Alto Purus (Gueiros, 1980, p. 376).

No que apresentamos até aqui acerca da atividade de protestantes na área da Amazônia, não podemos falar de uma atividade denominacional. O que vimos foi, basicamente, atividade de agentes de Sociedades Bíblicas. A atividade denominacional propriamente dita se iniciou a partir de década de 1880.

3. Atividade denominacional

a) Presbiterianos

Os presbiterianos que iniciaram suas atividades no Brasil em 1859, principiando pelo Rio de Janeiro, já em 1878 se encontram no Recife. É a partir do Recife que os presbiterianos iniciaram sua caminhada para a Amazônia. Sabe-se que em 1878 o Reverendo

Blackford entrou no Pará (Belém), realizou algumas pregações em setembro e outubro e distribuiu Bíblias e trechos das Escrituras (Ferreira, 1959a, p. 327). Mas foi somente em 1894 que começou a haver uma arregimentação de fiéis na cidade de Belém. Base para esta primeira congregação não são elementos locais, mas pessoas emigradas do Nordeste, que passaram a ser atendidas pelo Reverendo Wormeldorf, de São Luís do Maranhão. Este mesmo pregador passou a residir em Belém a partir de 1903.

Atividades missionárias desenvolvidas em Manaus levaram, em 1888, ao surgimento de uma congregação anglicana, contando, inicialmente com 50 pessoas. Desta congregação anglicana derivou a congregação presbiteriana, acrescida de elementos migrados do Nordeste para Manaus em busca do "ouro negro". O mais antigo documento sobre os presbiterianos de Manaus é a escritura de doação da área de terras, onde foi erguida a casa de "Oração Evangélica". Poucos são os dados à disposição para descrever o povo desta congregação presbiteriana. Os dados apresentados por Ferreira nos dão conta de que pelo menos os migrados do Nordeste eram pessoas bem situadas. Mas com isso ainda não temos dados a respeito dos crentes que fizeram parte da célula básica que, foi a congregação anglicana de 1888 (Ferreira, 1959a, p. 328).

O trabalho que parecia, inicialmente, ser promissor não prosperou. Relatos feitos em 1917 dão conta de que "a nossa denominação não tem prosperado mais na Amazônia por falta de localização do trabalho" (Ferreira, 1959b, p. 240). Em Belém, a congregação não chegara a ter uma Casa de Oração e a de Manaus comportava 120 pessoas. Há, no entanto, algumas novas congregações: em Sena Madureira, Acre, desde 1909. A crise da borracha levou a que muitos se afastassem de Manaus e, em 1922, existia apenas um pequeno punhado de presbiterianos na capital do Amazonas.

No Pará destacou-se o Reverendo Teixeira Gueiros que, em virtude de sua atividade política, se tornou governador do Estado.

Um fato que salta aos olhos de quem estuda a história dos presbiterianos na Amazônia é a descontinuidade do atendimento das congregações criadas. Durante longos anos elas passaram sem atendimento pastoral regular. Era o próprio povo presbiteriano que mantinha sua congregação em ação nesses períodos.

Não dispomos dos dados do último censo para apresentar números relativos à distribuição dos presbiterianos na Amazônia. Os dados mais "recentes" referem-se ao ano de 1969.

Rondônia:	81 (Guajará-Mirim).
Acre:	18 (Rio Branco – não existem dados a respeito de Sena Madureira).
Amazonas:	423 (Manaus).
Roraima:	38 (Boa Vista).
Pará:	2.454 (Altamira, Belém, Bragança, Capitão Poço, Igarapé-Açu, Marabá, Peixe Boi, Santarém, Tucuruí).
Amapá:	244 (Macapá).

Teríamos, pois, em 1969, um total de 3.258 presbiterianos na Amazônia. Estes números certamente não podem servir de base para hoje, pois são anteriores à penetração das grandes massas migratórias na Amazônia.

b) Metodistas

Quem procurar na "Estatística do culto protestante do Brasil" dados referentes aos metodistas na Amazônia vai trabalhar em vão. Em 1969 não havia mais metodistas na Amazônia. Exceção é a Igreja Evangélica dos Wesleyanos que, em 1969, contava, em Manaus, com dois templos e 34 membros. Mesmo assim deve ser dito que entre os primeiros protestantes a iniciarem suas atividades na Amazônia encontramos os metodistas Justus Nelson, atuando em Belém do Pará, e Marcus Ellsworth Carver, atuando em Manaus.

Nelson chegou a Belém a 19 de junho de 1880, trabalhando, inicialmente, como professor de línguas e criando um curso de enfermagem, uma vez que era médico. Fruto de seu trabalho missionário, surgiu a 1º de julho de 1883 a Primeira Igreja Metodista de Belém. Nelson também criou um jornal intitulado *O apologista cristão*. Choques com a hierarquia católica local levaram a que fosse preso por quatro meses. Nelson voltou aos Estados Unidos em 1896 e não houve quem continuasse o seu trabalho em Belém (Long, 1968, p. 135).

Carver chegou a Belém em meados de 1887 para colaborar com Nelson. Em 10 de janeiro do ano seguinte instalou-se em Manaus, onde criou a Missão Bethesda de Manaus, entidade que chegou a ter seu próprio jornal: *A Paz*, que foi o órgão oficial da Missão Bethesda de Manaus. O número 1 data de 21 de março de 1898. À Rua Apurinam (hoje Leonardo Malcher) Carver chegou a edificar uma casa de cultos, onde também criou uma escola primária. Em pouco tempo, Carver estendia 189 atividades a Itacoatiara, Parintins, Borba, Barcelos. Em 1899 Carver passou a denominar a instituição por ele dirigida de "Egreja Evangélica Amazonense". Na Avenida Major Gabriel foi edificado um templo desta Igreja. Sabemos também que, em 1897, Carver tomou a iniciativa de ordenar um evangelista em Manaus para o trabalho na região. Em 1903 Carver deixou de atender a região. Os remanescentes de sua congregação serviram de base para o trabalho que foi, mais tarde, iniciado pelas demais denominações protestantes (Long, 1968, p. 151).

c) Batistas

A presença dos batistas na Amazônia está ligada à atividade missionária de Eurico e Ida Nelson, chegados ao Brasil como colportores da Sociedade Bíblica Americana. Iniciaram eles sua atividade em Belém do Pará. Ali era organizada também a primeira Igreja Batista da Amazônia, em fevereiro de 1897. No final desse ano, a congregação contava com 18 membros para atingir, no ano seguinte, o número de 35 membros.

Em julho de 1897 foram realizados os primeiros batismos no Estado do Amazonas, na cidade de Manaus, quando foram batizadas cinco pessoas no Rio Negro. Já no ano seguinte contam-se 11 membros. A congregação de Manaus foi organizada em outubro de 1900, com 20 membros. Os membros da congregação, ao que tudo indica, vinham das mais diferentes camadas sociais. Sensação causa, em 1900, a conversão de um fabricante de imagens. O crescimento dos batistas no Pará e no Amazonas foi bastante rápido. Em Manaus contavam, em 1901, com 54 membros, e em 1903 com 122. Em Belém contavam, em 1902, com 77 membros.

As contribuições financeiras feitas pelos batistas de Manaus evidenciam que existem muitos membros em excelentes condições financeiras (Crabtree, 1962, p. 202). Em 1901, o tesoureiro da congregação tinha um filho que era chefe brasileiro da linha *Lloyd Brasileiro* e da *American Hamburg*. Diz o historiador dos batistas: "Diversos outros membros representavam a mais distinta sociedade amazonense" (Crabtree, 1962, p. 201).

Os historiadores batistas são unânimes em caracterizar todo o período por eles descrito, relativamente à Amazônia (1897-1935), como período falto de obreiros. Mesmo assim, os batistas são hoje, depois dos pentecostais, o maior grupo protestante na Amazônia. Os dados relativos a 1969 nos dão conta do seguinte quadro:

Rondônia:	355 (Guajará-Mirim, Porto Velho).
Acre:	904 (Brasileia, Cruzeiro do Sul, Rio Branco).
Amazonas:	5.339 (Barcelos, Benjamin Constant, Boca do Acre, Careiro, Coari, Codajás, Fonte Nova, Ilha Grande, Itacoatiara, Lábrea, Manaus, Mancioré, Nova Olinda do Norte, Parintins, Santo Antônio do Içá, São Paulo de Olivença, Tefé, Urucará).
Roraima:	118 (Boa Vista).
Pará:	3.096 (Alenquer, Altamira, Aveiro, Barbacena, Belém, Bragança, Castanhal, Curuçá, Faro, Igarapé-Açu, Itaituba, Juruti, Marabá, Óbidos, Santarém, Vigia).
Amapá:	265 (Amapá, Macapá).
Total:	10.077

d) Luteranos

Data de 1930 a penetração do primeiro pastor luterano na Amazônia. Ao contrário das demais denominações protestantes, esta penetração não se deu com propósitos proselitistas. Informado a respeito da existência de alemães luteranos em Belém e em Manaus, o Pastor Otto Arnold dispôs-se a, partindo de Salvador (!), visitá-los. Os membros das congregações locais compunham-se de pessoas atraídas pelo comércio de borracha que, em 1930, já se encontrava em franco declínio. Em 1935 havia ainda um total de 28 luteranos em Manaus (Arnold, 1936). A Segunda Guerra Mundial interrompeu o incipiente trabalho (Schlupp, 1979). Somente a partir de 1958 foi feito algo em favor dos luteranos da Amazônia, mais especificamente daqueles que residiam nas capitais, Belém e Manaus.

A migração interna, surgida no Brasil após a II Guerra Mundial, levando pessoas do Brasil Meridional, do Nordeste e do Leste para a Amazônia, fez com que inúmeras famílias de luteranos penetrassem nessa área. Temos aqui um povo diferente. Não eram comerciantes como os acima mencionados. Tratava-se de agricultores, minifundiários, em busca de melhor sorte. Encontrávamo-los especialmente em Rondônia e em agrovilas ao longo da Transamazônica. Seguiam eles a política governamental de colonizar os imensos "espaços vazios" da Amazônia, fugindo, com isso, à necessidade de uma reforma agrária. Assim, a partir de 1969, uma primeira leva de agricultores do Espírito Santo estabeleceu-se em Rondônia ("Jornal Evangélico", 1972). A IECLB (Igreja Evangélica de Confissão Luterana no Brasil) apoiou este processo migratório, fazendo propaganda da necessidade e das possibilidades que se abriam para os migrantes. Com o envio de um primeiro pastor, chegado à Rondônia a 10 de junho de 1972 e que fixou residência em Pimenta Bueno, foi criada a primeira paróquia evangélica de confissão luterana em Rondônia. A este primeiro pastor seguiram-se outros, de maneira que hoje existem paróquias em Colorado, Pimenta Bueno, Cacoal e Ariquemes. Estes pastores atuam juntamente com técnicos agrícolas e enfermeiras que, em equipes de trabalho, procuram atuar e atender o homem de maneira integral.

A realidade do processo migratório para Rondônia pode ser constatada no crescimento do número de luteranos em Rondônia. Em junho de 1972 havia um total de 130 luteranos, em 20 famílias. Dados de 28 de julho de 1972 já falam de 72 famílias que, em dezembro, passaram a ser 130. Em princípios de 1975 contava-se 285 famílias.

Grupos menores de luteranos podem ser localizados ainda no Acre, Amazonas, Pará e Roraima.

A presença da IECLB em Rondônia colocou-a diante de novos desafios, entre os quais se destaca a questão indígena. Este ponto será tratado mais adiante, quando estudarmos o relacionamento das igrejas protestantes e os povos indígenas da Amazônia.

e) Pentecostais[4]

A Amazônia é o segundo foco de ingresso do movimento pentecostal no Brasil. (O primeiro se encontra em São Paulo, onde surgiu a Congregação Cristã do Brasil.) O historiador das Assembleias de Deus no Brasil, Emílio Conde, cita a data de 19 de novembro de 1910 como marco do início das atividades do pentecostalismo no Brasil, mais precisamente em Belém do Pará, com a chegada dos missionários Gunnar Vingren e Daniel Berg, batistas norte-americanos de origem sueca. Segundo diziam, foram impelidos por uma revelação especial do Espírito Santo a partirem para o Pará, aonde chegaram sem qualquer conhecimento da língua portuguesa e sem respaldo de qualquer organização eclesiástica. Considerando-se batistas, dirigiram-se à congregação batista de Belém. Hospedados no porão da igreja, convidavam pessoas para reuniões de oração. Aparentemente pretendiam permanecer no seio da congregação batista, à qual queriam trazer sua doutrina do Espírito Santo. O desenvolvimento, contudo, levou a uma cisão. A 12 de julho de 1912, sendo já maioria da congregação batista, o grupo pentecostal foi excluído da comunidade. Organizado como Igreja, o grupo passou a ser tremendamente ativo. Organizado no Brasil, teve desde o início obreiros nacionais em suas fileiras, que participavam da construção de sua Igreja. A partir de 1913 encontramos diversos núcleos com novas congregações no interior do Pará. Cada núcleo de "crentes" recebia um pastor ou evangelista escolhido de seu próprio meio. Para a formação destes obreiros foram realizados, a partir de 1922, anualmente, cursos bíblicos.

---

4. Os dados a respeito do pentecostalismo deduzi, em grande parte, da obra de Emílio Conde (1960).

Belém foi, por muito tempo, o centro das Assembleias de Deus. Ali foi publicado o primeiro jornal do grupo, *A Voz da Verdade*, e foi a partir daí que se deu a penetração da Amazônia. Em 1916, os pentecostais estavam no Amapá; em 1917, no Amazonas; em 1922, em Rondônia; em 1932, no Acre; e em 1946, em Roraima.

A propagação dos pentecostais se deu, ao contrário das demais denominações protestantes, com o concurso de obreiros nacionais. Estrategicamente os pentecostais penetraram, inicialmente, em congregações protestantes já existentes para, depois, lançarem-se ao proselitismo no todo da população. Responderam ao apelo pentecostal principalmente as pessoas mais simples que não encontravam guarida nem nas congregações protestantes tradicionais, nem no seio do catolicismo. A todas estas pessoas o pentecostalismo, que colocava ênfase na expressão espontânea, na revelação direta e oferecia muito calor em suas reuniões, propiciava a possibilidade de satisfazer as suas necessidades religiosas. Cada "crente" tinha, além disso, a chance de conseguir *status* religioso, de tornar-se líder e pastor.

Hoje, os pentecostais atingiram uma taxa de crescimento de 15% e têm em todo o território brasileiro um total de 960.000 adeptos (1964), sendo assim a maior Igreja protestante da América Latina.

A Estatística do Culto Protestante nos dá os seguintes números relativos aos pentecostais na Amazônia (1969), estando aqui computados todos os grupos de pentecostais registrados:

Rondônia:	3.161
Acre:	6.621
Amapá:	3.566
Amazonas:	8.510
Roraima:	1.771
Pará:	40.508
Total:	64.137

Não citamos aqui as localidades onde há presença de pentecostais, pois eles se encontram presentes em praticamente todos os municípios da Amazônia.

Os números acima apresentados, mesmo defasados, evidenciam que os pentecostais são, de longe, o grupo mais representativo de protestantes na Amazônia. O grupo que mais próximo está dos pentecostais são os batistas com (em 1969) 10.077 adeptos.

f) Outros grupos

Enumeramos a seguir outros grupos de protestantes presentes na Amazônia. Citamos apenas os números de seus adeptos, pois não temos dados a respeito de sua história na região.

Anglicanos:	236 (Belém)
Adventistas:	
Rondônia:	243
Acre:	117
Amazonas:	1.627
Roraima:	80
Amapá:	150
Pará:	4.513
Total:	6.730
Outros não computados:	11.373 (1969).
Total de protestantes na Amazônia em 1969:	95.845.

4. Protestantismo e indígenas – dois modelos

Também aqui é impossível fazer-se um apanhado geral a respeito do trabalho de protestantes entre os indígenas da Amazônia. Contentamo-nos em apresentar dois tipos de trabalho de protestantes entre os primitivos habitantes da região.

4.1 A Igreja Evangélica de Confissão Luterana no Brasil – IECLB

O que relatamos a seguir é um episódio, que envolve o grupo indígena Suruí, de Rondônia. Como já dissemos anteriormente, a Igreja Evangélica de Confissão Luterana no Brasil chegou à Rondônia acompanhando a onda migratória rumo à Amazônia Legal. Presente na região, a IECLB viu-se confrontada com os desafios que se apresentavam. Um destes desafios foi a comunidade indígena dos Suruí, localizada perto da Vila de Espigão do Oeste. Objetos de escárnio da população migrante e confinados a um pequeno pedaço de terra nas periferias da vila, os Suruí passaram a receber as sobras da terra que originalmente era sua. Tendo membros e pastores na região, a IECLB começou a envolver-se com os Suruí, colocando, a partir de 1975, um atendente de enfermagem para atender os indígenas. Por outro lado, tentou-se uma intermediação entre a população envolvente, cheia de preconceitos em relação aos índios. Para esta última tarefa contratou-se os serviços do sertanista Arnildo Wiedmann.

A partir de 1978 começaram os contatos com a Funai para possibilitar o trabalho da IECLB junto aos Suruí no P.I. 7 de setembro – Parque Indígena de Aripuanã. No projeto elaborado, "a IECLB se compromete a não transmitir novos conhecimentos religiosos aos grupos tribais e a não interferir na vida espiritual e cultural através de condicionamentos e imposições" (Altmann; Zwetsch, 1980, p. 50).

A caminhada com o povo Suruí, iniciada ainda em 1978, pressupunha uma nova concepção de missão. Esta está expressa na Carta Pastoral às Comunidades da IECLB, de outubro de 1978, na qual se define o trabalho missionário junto aos Suruí:

> O alvo que este trabalho missionário persegue é o desenvolvimento da comunidade indígena, a partir da cultura indígena, pela realização do Evangelho. Para que este Evangelho seja palavra viva no seio da comunidade indígena, é preciso que, nas relações entre índios e não índios, haja justiça. E esta justiça só pode se concretizar com a liberação das terras indígenas para o uso exclusivo da comunidade indígena. Daí que no trabalho missionário o tema terra desponta como prioritário.
>
> Por tudo isso, em nossa perspectiva missionária, entendemos como um compromisso evangélico estar totalmente solidários com a luta dos índios para a defesa de sua terra. Nesse sentido, um dos aspectos importantes e prioritários do nosso trabalho missionário é estarmos atentos às lutas concretas que as lideranças indígenas no Brasil vêm levando corajosamente, como ficou mais uma vez manifesto

> na sua última assembleia de Chefes Indígenas, realizada em maio deste ano, na Aldeia Xavante de São Marcos, Mato Grosso (Altmann; Zwetsch, 1980, p. 54).

Esta Carta Pastoral mostra um tom novo na compreensão missionária no seio do protestantismo. Ela pergunta pelas causas da opressão dos povos indígenas, para, então, ver a ação missionária da Igreja como tentativa humilde de

> assumir um compromisso de vida com os povos indígenas pela sua integridade, pela sua sobrevivência física e cultural, pela defesa intransigente de sua terra e, finalmente, pelo seu direito de fazer a sua história, como lhes convém (Altmann; Zwetsch, 1980, p. 55).

Para muitos protestantes esta visão não é mais "missão". A formulação final da Carta, no entanto, vê missão justamente nesta atitude missionária e evangélica: "Ao concluirmos esta Carta Pastoral não queremos esquecer de lembrar a todos os irmãos que o 'amor de Deus constrange' (2Cor 5,14) a nos empenharmos pela causa dos povos indígenas, como se eles fossem os preferidos de Deus por serem os mais oprimidos" (Altmann; Zwetsch, 1980, p. 55).

Foi dentro desta visão de missão que dois colaboradores da IECLB foram conviver com os Suruí. Puderam eles estar ali de março de 1978 a dezembro de 1979. Conflitos com invasores das terras dos Suruí e com autoridades locais da Funai levaram à expulsão dos colaboradores. Hoje, eles iniciam novo trabalho no Estado do Acre.

4.2 A Missão Novas Tribos no Brasil

Recentemente o Brasil tornou-se o país com o maior contingente de missionários norte-americanos do mundo. Em 1976 contava com um total de 2.170 missionários norte-americanos (Fernandes, [s. d.], p. 41). Destes, 198 eram missionários da Missão Novas Tribos (Fernandes, 1980, p. 133). Segundo dados de 1973, de 1.317 missionários, integrantes das assim chamadas "Missões de Fé" (não ligadas às denominações norte-americanas tradicionais), 480 trabalhavam entre índios, isto é, 36,5% desse grupo de missionários dedicava-se a 0,5% da população brasileira! (Fernandes, 1980, p. 131)

A Missão Novas Tribos encontra-se em atividade no Brasil desde 1946. Em 1976 tinha 198 missionários provenientes dos EUA e 69 missionários brasileiros. Em 1979 tinha um total de 28 bases entre indígenas e quatro instituições de formação: Instituto linguístico Ebenezer (Vianópolis, GO), Instituto Bíblico Peniel (Jacutinga, MG), Instituto Missionário Shekinah (Rio Brilhante, MS) e uma escola para filhos de missionários, Puraquara, em Manaus. Declara-se: "Uma agência não denominacional que envia missionários de tradição fundamentalista, buscando evangelizar e estabelecer Igrejas entre os povos tribais ainda não alcançados. Trabalha em linguística, alfabetização e tradução da Bíblia" (Fernandes, 1980, p. 134). Seus missionários não provêm do mundo acadêmico e em sua maioria só têm o curso primário (Fernandes, 1980, p. 137). O movimento é anticatólico e antiecumênico (Fernandes, 1980, p. 143). Seu querigma pode ser resumido nas palavras: civilização e libertação do obscurantismo pagão. Palavras de Paul Fleming, fundador do movimento: "Estes povos tribais vivem e morrem não só ignorantes da civilização, como sem nada saber dos perigos que ameaçam suas almas e do Cristo que por eles morreu" (citado em Fernandes, 1980, p. 153). O trabalho é financiado por doações voluntárias de fiéis das Igrejas norte-americanas que veem na missão cristã a finalidade de "converter os selvagens" nas regiões menos "civilizadas" da terra. Missão é, em última análise, uma luta para a conquista das últimas fronteiras do mundo. Nesse sentido, seu objetivo não é diferente dos missionários que penetraram no Brasil no século XIX. Evangelizar é trazer a *"American way of life"*: o lado catastrófico desse tipo de missão deverá ser estudado pelos historiadores do futuro.

5. O pensamento protestante e a Amazônia

Característica do protestantismo brasileiro, de um modo geral, é seu conservadorismo teológico, sobressaindo uma minimização do estudo teológico e, em contraposição, uma supervalorização da fé individual, pessoal. Aqui há radical separação entre Igreja e mundo, entre fé e política. Cristo é representante de nova cultura, o que faz com que boa parte dos protestantes não respeitem, por exemplo, os valores da cultura indígena, dos "pobres selvagens". Aqui há que se questionar a presença desse tipo de protestantismo na Amazônia.

Qual o sentido da presença de protestantismo na Amazônia? Esta pergunta só pode ser respondida com a pergunta pela missão do protestantismo na Amazônia. Qual a justificação da presença do protestantismo nessa região das terras brasileiras? A maioria dos protestantes, sem dúvida, dará uma resposta doutrinária que será, mais ou menos, a seguinte: "No século XVI, na época da Reforma, foram redescobertas verdades evangélicas que o catolicismo romano ignorou. A missão do protestantismo é a de trazer essas verdades evangélicas ao povo brasileiro". Essa é a autojustificação de boa parte do protestantismo brasileiro que se expressa em uma pregação polêmica contra os "erros" de Roma. Outro enfoque parte da falta de obreiros existente na Igreja Católica Romana. Argumenta-se que tem que se levar o evangelho àquelas populações que a Igreja Católica nunca alcançou. Ainda outro enfoque parte de uma pseudomensagem evangélica que identifica evangelho e maneira de ser norte-americana: o protestantismo luta por higiene, combate vícios e o brasileiro precisa dessas virtudes (esse tipo de visão também é aplicado aos povos indígenas).

Não é por acaso que esse tipo de argumentação levou boa parte do protestantismo brasileiro a uma séria crise de identidade. Pois, após o Vaticano II e após Medellín, o catolicismo lhe vem disputando com bons argumentos o monopólio da verdade evangélica. Para superarem essa crise, algumas denominações protestantes proibiram a seus ministros e membros quaisquer contatos com o catolicismo. Outras, vendo os resultados do Vaticano II e de Medellín vêm intensificando contatos com o catolicismo.

Para dizer de sua missão na Amazônia, as Igrejas protestantes terão que redescobrir sua razão de ser a partir do contexto.

(Manuscrito encerrado em julho de 1981)

Capítulo X
A Igreja Católica na Amazônia na atualidade

Possidônio da Mata

Este capítulo é composto de duas partes: a primeira abrange a situação da Igreja na Amazônia nos fins do século XIX e inícios do século XX até 1915/1920; a segunda tenta dar uma visão de conjunto da situação eclesiástica de 1920 ao momento atual.

No primeiro momento, a Igreja na Amazônia é vista a partir do contexto regional, principalmente da situação de penúria do amazônida, envolvido pelo processo de exploração da borracha com todas as suas consequências; como a Igreja, desenvolveu sua organização, criando novas dioceses e prelazias, fazendo chegar até a região religiosos e religiosas, recuperando o processo evangelizados, interrompido pela ação pombalina desde o século XVIII e sufocado pelo controle das leis imperiais do século XIX. Uma tipologia dos bispos desse período oferece a chave para entender que a Igreja tinha uma proposta nova, de restauração, de reevangelização. Isto se verifica particularmente pela presença e atuação dos religiosos na área amazônica.

No segundo, de um modo mais sintético, em alguns momentos quase cronológicos, damos uma visão atual da Igreja, através da listagem das dioceses e prelazias, sua história, sua relação com a realidade amazônica, que vai, aos poucos, mudando, resultado da política governamental em desenvolver a região a qualquer custo; a Igreja que aí aparece está envolvida no processo, oram como colaboradora, ora envolvida nos conflitos, causados pela cobiça internacional e nacional sobre a Amazônia.

Restará, evidentemente, a necessidade de uma complementação deste período, dada a quantificação e a proximidade dos acontecimentos. A indicação bibliográfica remete para um maior aprofundamento deste estudo.

1. Dos fins do século XIX a 1920

Quatro acontecimentos marcaram a vida na Amazônia na segunda metade do século XIX, acontecimentos que representam uma espécie de "redescoberta econômica do vale amazônico" com todas as suas implicações humanas e políticas: a navegação a vapor, a abertura do Amazonas à navegação das bandeiras das nações amigas, o crescimento da produção da borracha e a entrada de grandes contingentes nordestinos para trabalhar na extração da borracha.

Foi a exploração da borracha e a migração nordestina que mais impactos provocaram na vida e na história do povo amazônico, com consequências até hoje. Foi um processo que explorou a mão de obra dos nordestinos – vítimas das grandes secas a partir de 1877 e forçados a migrar – e provocou o extermínio e a descaracterização de suas culturas.

Havia todo um processo de relações entre as pessoas envolvidas, no que se chamou

> sistema de aviamento, que se constituiu num verdadeiro sistema de escravidão: o nordestino já saía de sua terra devendo aos patrões e trabalhava somente para produzir e pagar suas dívidas; caso não produzisse o combinado apanhava, era torturado e, às vezes, até morto. O homem trabalhava para escravizar-se (citado por Ianni, 1979, p. 46-50; Reis, 1953).

As fronteiras da Amazônia e do Brasil se ampliaram, pois, além das zonas de grande produção como os rios Madeira, Xingu, Araguaia, Tapajós, Purus e Juruá, os seringueiros avançaram para terras que pertenciam ao Peru e à Bolívia, o que resultou na anexação destas terras ao Brasil – depois de solucionado um verdadeiro conflito internacional – formando o atual Estado do Acre. A produção da borracha amazônica, que era totalmente exportada, alcançou o segundo lugar da pauta de exportações brasileiras, depois do café, e trouxe riquezas para um pequeno número de pessoas, que usufruíam do trabalho daquele que era a base do sistema global: o seringueiro, para o qual só restou miséria, doenças e morte. Manaus e Belém foram os dois grandes centros que mais se destacaram no aproveitamento da riqueza trazida pela borracha: reformaram sua estética urbana, dois grandes e belos teatros foram construídos, serviços de luz, bondes... havia uma sensação de bem-estar comprovado por muitos estrangeiros que chegavam à região (Reis, 1956, p. 92).

> Enquanto a massa da população dos seringais dispersos e isolados se aniquilava nas asperezas da selva e na dura tarefa de colher a goma, os proprietários dos seringais e toda essa turbamalta marginal e parasitária de todas as sociedades desse tipo, se rolavam nos prazeres fáceis das cidades, atirando a mancheias o ouro que lhes vinha tão abundante da mata [...] (Prado Jr., 1985, p. 240).

Mas, a partir de 1912, a venda do produto começou a rarear devido à concorrência da produção inglesa da Malásia, provocando uma ruína quase total da economia amazônica, deixando ainda mais miserável a população trabalhadora, com todas as suas sequelas.

A população amazônica cresceu bastante neste período. De 337 mil habitantes em 1872, passou para 476 mil em 1890, e para 1,1 milhão em 1906. Essa população se espalhava por uma área de 3.521.322 km² (para maior aprofundamento do tema, cf. de Oliveira, 1983; Santos, 1980).

Envolvida por esta complexa realidade estava a Igreja. Na Amazônia, a Igreja refletiu o que se passava no restante do Brasil: a retomada missionária, a reorganização de suas estruturas após sua libertação do Estado (sistema do Padroado) com a Proclamação da República, e a presença, em grande escala de ordens e congregações religiosas que ocuparam os espaços dos antigos missionários, abrindo novas perspectivas para a ação evangelizadora.

Na diocese de Belém, em substituição a Dom Macedo Costa, assumiu Dom Jerônimo Tomé da Silva em fevereiro de 1891, ficando apenas três anos na diocese, indo para a sede primaz do Brasil, Salvador da Bahia. Dom Jerônimo era cearense de Sobral, doutor em Teologia pela Pontifícia Universidade Gregoriana de Roma, foi ordenado sacerdote (1872) e bispo (1890). Aliás, esse foi um procedimento quase comum a todos os bispos que foram nomeados para a Amazônia nesse período: em Roma (ou em Paris) estudavam, em Roma recebiam os ministérios presbiteral e episcopal.

Um fato marcante durante seu episcopado foi a criação do bispado do Amazonas, em 27 de abril de 1892 pelo Papa Leão XIII. Esse foi um marco de profundo significado na história eclesiástica da região, por firmar uma maior presença da Igreja, mas também por assinalar uma espécie de "reconquista espiritual da Amazônia", pois a partir daí se desencadeou todo um processo de reorganização e reestruturação da vida eclesiástica: novas prelazias foram criadas, continuaram a chegar congregações religiosas que atingiam diversos setores da pastoral: educação, saúde, missões indígenas, assistência e promoção, além das paróquias, isso tudo depois da um século de paralisação da atividade missionária.

> No Brasil não existem territórios em regime missional sob a Propaganda Fide. No seu lugar foi aplicado o regime intermediário de "Prelaturas nullius", quando não, podia dar-se a passagem para a criação de diocese de direito comum. Foi a organização jurídica aplicada no Brasil a todos aqueles territórios nos quais realmente se desenvolveu uma atividade missionária (Santos, A., 1978, p. 614).

Este foi o caso da Região Amazônica.

Em fevereiro de 1895, assumiu o bispado do Pará Dom Antônio Manuel de Castilho Brandão, submerso em algumas dificuldades, de ordem financeira e pastoral, já que não havia padres suficientes para atender às necessidades que cresciam sempre mais. Ele conseguiu trazer para a diocese os padres Agostinianos Recoletos, que chegaram em 1899 a Belém, assistiu à fundação da missão e da colônia do Prata pelos capuchinhos em setembro de 1898, acompanhou o crescimento da ação assistencial das Irmãs Filhas de Sant'Ana que, chegadas a Belém em 1884, assumiram a direção de um hospital e de um orfanato. Por esses anos, Frei Gil de Vilanova e outros dominicanos estavam atuando na região do Araguaia, lançando os fundamentos da futura Conceição do Araguaia.

Os religiosos que chegavam espalhavam suas devoções para despertar a piedade popular. Devoções que se colocavam ao lado daquelas já existentes desde os tempos coloniais, deixadas pelos missionários portugueses. Os agostinianos, por exemplo, além do culto de Nossa Senhora da Consolação iniciaram o culto da Sagrada Correia, a devoção a Santa Rita de Cássia, fundando associações religiosas e iniciando celebrações que se mantinham na pequena Igreja de São João, em Belém (Mons. Américo Leal, 1969, p. 24)[5]. Em toda a região essa foi, sem dúvida, uma grande novidade: a criação e implantação de associações piedosas e assistenciais, que alimentavam a espiritualidade do laicato nas paróquias: as conferências vicentinas, o apostolado da oração, filhas de Maria, pregações de retiros e adoração ao Santíssimo Sacramento, tipificando, assim, uma nova expressão da vida religiosa popular, mais centro-europeia que, embora diferente da portuguesa e ibérica, foi rapidamente assimilada pelos católicos, caracterizando, desse modo, o enraizamento do processo de "romanização" na área amazônica.

Em julho de 1902, Dom Antônio Brandão foi substituído por Dom Francisco do Rego Maia, o 13º bispo do Pará. Dom Francisco, que tinha sido secretário de Dom Vital, em Olinda, e bispo de Petrópolis, revelou, na Amazônia, sua veia de grande intelectual junto com o seu papel de pastor. Escreveu inúmeras cartas pastorais nas quais revelava suas preocupações, visando esclarecer e alertar seu rebanho para os problemas do mundo moderno, os

---

5. Os agostinianos estenderam sua ação missionária para outras áreas da região. Quando Mons. Frederico Costa assumiu a Prelazia de Santarém, levou os agostinianos com ele. Mais tarde, as prelazias de Lábrea e Marajó foram entregues aos seus cuidados.

perigos das filosofias e entidades anticatólicas, com verdadeiro espírito apologético, diante da sociedade que desafiava a Igreja. E como bispo reformador, visava também a renovação dos quadros da Igreja, principalmente do clero, a quem dedicou especial atenção. É importante salientar que as três maiores autoridades eclesiásticas naquele início de século na Amazônia – Dom Francisco Maria, de Belém, Dom José Lourenço, de Manaus, e Mons. Frederico Benício, de Santarém, eram formados dentro de uma nova concepção de Igreja, resultado daquilo que Dom Antônio de Macedo Costa preconizava e pelo qual tanto se bateu: a reforma da Igreja no Brasil.

No tempo de Dom Francisco chegou outro grande contingente de religiosos: as Irmãs Dominicanas para Conceição do Araguaia (1903), os Irmãos Maristas (1903) para dirigir o colégio que começou a funcionar no antigo convento dos carmelitas; em agosto de 1903 chegaram os Barnabitas, que assumiram a direção do seminário de Belém; em outubro desse ano chegaram as irmãs de Santa Catarina para fundar um colégio, o que também fizeram as Irmãs Filhas de Sant'Ana. Dom Francisco aprovou a fundação das Irmãs Terceiras Regulares Capuchinhas, em 1904, que foram atuar junto aos frades capuchinhos na Missão do Prata.

Dom Francisco conseguiu, ainda, a diminuição da área de sua diocese ao ser criada a Prelazia de Santarém, em setembro de 1903, sendo designado para seu primeiro prelado o Cônego Frederico Benício de Souza Costa, do clero paraense e natural da região do Tapajós. Portanto, outro sinal de preocupação com a Amazônia.

Dom Francisco Mara renunciou à diocese em 1906.

A primeiro de maio de 1906, Belém recebia o título de cidade arquiepiscopal, juntamente com Mariana, em Minas Gerais. Antes delas, só Salvador e Rio de Janeiro haviam recebido este título. Foi nomeado para seu primeiro arcebispo Mons. José Marcondes Homem de Melo, do clero de São Paulo, que foi ordenado bispo em Roma.

Ao regressar, depois de ter tomado posse da arquidiocese por procuração, o Navio "Sírio" em que viajava naufragou nas costas da Espanha. Ele se salvou agarrado em uma tábua. Seu companheiro, Dom José de Camargo Barros, bispo de São Paulo, pereceu. Ele, com os nervos abalados, voltando ao Brasil, não teve mais ânimo para assumir uma diocese que lhe exigiria muitas viagens marítimas e fluviais, e renunciou (cf. "Guia histórico" 1982, p. 9; Ramos, 1985, p. 113)[6].

Quem veio a ser o primeiro arcebispo foi Dom Santino Maria Coutinho, de 1907 a 1923. Paraibano, foi ordenado junto com Dom Frederico Benício, eleito bispo de Manaus, na capela do Colégio Pio latino-americano, em Roma, pelo primeiro cardeal da América Latina, recém-nomeado, Dom Joaquim Arcoverde, arcebispo do Rio de Janeiro. Nos primeiros anos de seu episcopado, muitos fatos novos marcaram a vida da Igreja na região, destacando-se a criação de diversas prefeituras apostólicas e prelazias: em março de 1909 foi fundada a missão dos beneditinos no Rio Branco (Acre), em outubro de 1910 foi criada a prefeitura apostólica do Rio Negro e em maio a do Alto Solimões e da Tefé. Em 1911 foi criada a Prelazia de Conceição do Araguaia. Outros fatos importantes foram: a fundação da Congregação das Irmãs Missionárias da Imaculada Conceição, por Dom Amando Bahlmann, em novembro de 1910, em Santarém, e aprovada por Dom Santino; a chegada das Irmãs Missionárias Franciscanas de Mill Hill, em Óbidos, em abril de 1911; nesse mesmo ano, em dezembro, chegaram os Missionário da Sagrada Família para atuar no atual Estado do Amapá, que então pertencia à prelatura de Santarém. Em julho de 1915, os

---

6. Na carta pastoral de saudação à sua nova diocese de São Carlos do Pinhal, no Estado de São Paulo, Dom José Marcondes conta o drama sofrido por ele e seus outros companheiros durante e depois do naufrágio do vapor italiano "Sírio", nos baixios das Formigas, no Cabo de Palos, costa da Espanha. O naufrágio aconteceu no dia 4 de agosto de 1906, às 16h00min. À noite, ele foi salvo por um pescador. Na carta, Dom José agradece ao povo da cidadezinha de Palos e de Cartagena pela acolhida dada a ele durante os dias que lá ficou. Como se sabe, Dom José não mais aceitou ser arcebispo de Belém, por isso, foi indicado para outro lugar. No seu brasão episcopal está escrito: "*non recuso laborem*" (cf. Homem de Melo, 1909, p. 4-7).

salesianos receberam a prefeitura apostólica do Rio Negro (cf. Azzi, 1986, p. 109; para história da vinda dos salesianos para o Brasil, cf. Delacroix, 1958, p. 197). Dom Santino criou novas paróquias conforme as necessidades, aumentou também o número de ordenações sacerdotais e multiplicaram-se pelas paróquias os movimentos leigos. Entre 1913 e 1916 ele assumiu a administração apostólica da Diocese de Manaus, pela renúncia de Dom Frederico Costa. Em abril de 1923 foi transferido para Maceió.

A diocese de Manaus foi criada pelo Papa Leão XIII, em 27 de abril de 1892, desmembrando-a da diocese de Belém. O território da nova diocese correspondia, então, a todo o Estado do Amazonas, isto é, 1.941.680km^2, com uma população estimada de 250 mil habitantes, sem relacionar a população indígena. Manaus se tornou, assim, um outro centro importante de irradiação da missão evangelizadora da Igreja. A fundação da nova diocese correspondia não só aos anseios de lideranças eclesiásticas e políticas do Estado, mas a uma urgente necessidade pastoral, porque com o aumento da população, a imensidão do território, a falta de padres e poucos recursos a diocese de Belém não atendia satisfatoriamente a toda a região, embora os esforços e a coragem de bispos como Dom Romualdo Coelho, Dom Afonso de Morais Torres e Dom Macedo Costa que atendia, espiritualmente o povo através de esporádicas visitas pastorais, como por exemplo Dom Morais Torres que realizou oito visitas em toda a região. Manaus, desde 1755, foi sede de uma das vigarias gerais da diocese de Belém – a outra foi Santarém – criada por Dom Miguel de Bulhões[7]. Além de criar novas paróquias com o beneplácito do governo imperial e fortalecer a espiritualidade laical incentivando as devoções e a fundação de associações católicas, os bispos intercediam junto à Santa Sé e aos fundadores de novas congregações religiosas europeias que fossem

---

7. O primeiro vigário-geral foi Frei José da Madalena OFM e o segundo o Padre José Monteiro de Noronha, que teve uma certa influência na expulsão dos jesuítas da Amazônia.

para a Amazônia. Em 1870, em Manaus, chegaram os franciscanos[8]; em 1885, foi a vez dos Padres Missionários do Espírito Santo, que passaram antes por Belém, onde reorganizaram o seminário da diocese[9], sem esquecer que os capuchinhos já estavam na região desde 1844, atuando no Tapajós; e em 1885, começaram a ter contatos com a Diocese de Manaus, estabelecendo-se aí em 1906.

Dom José Lourenço da Costa foi o primeiro bispo de Manaus, era cearense e depois de sacerdote transferiu-se para Belém. Foi vigário-geral do Amazonas desde 1876. Foi nomeado e ordenado bispo em 1894. Assumindo a diocese preocupou-se com a formação do clero. Fez contínuas viagens pastorais, nas quais demonstrava uma grande preocupação pelos índios, vítimas do processo de extração da borracha. Dom José Lourenço renunciou à diocese, em 1904, por causa da saúde abalada por tão longos anos dedicados ao labor pastoral no Amazonas.

O segundo bispo foi Dom Frederico Benício da Costa, paraense em Boim (região do Tapajós), estudou em Roma e foi o primeiro prelado de Santarém. Em 1907 assumiu a diocese, realizando diversas visitas pastorais a lugares como Acre, Rio Negro, Uaupés.

---

8. Os franciscanos que chegaram nesse período eram italianos de uma Província da Bolívia, e vieram a convite do governo imperial que, praticamente, exterminou, pelo excessivo controle, as antigas ordens missionárias da região, entre elas os três comissariados franciscanos. Em 1878, morria Frei Ricardo do Santo Sepulcro, no Convento Santa Margarida, em São Luís do Maranhão, último franciscano da primeira fase missionária na Amazônia. Estes novos franciscanos ficaram 24 anos atuando em algumas áreas do Amazonas, com muita dificuldade; fundaram 22 missões nos Rios Madeira, Purus, Ituxi, Preto e Solimões, atingindo cerca de 3500 índios. Um dos frades que se destacou foi Frei Jesualdo Machetti, que levou para Manaus a primeira tipografia com a qual imprimia catecismos, livros de cantos, de instrução etc. Mas o mesmo governo que os convidou foi também o mesmo a destruí-los, tirando-lhes o apoio e lhes controlando os passos, pois determinava onde deveriam ficar os missionários, quase sempre isolados uns dos outros por quilômetros, lhes solapando a base da vida religiosa, que era a vida comunitária.

9. Os padres do Espírito Santo chegaram a Manaus a pedido de Dom José Lourenço, assumindo também a missão de Tefé em outubro de 1897. Em 1910, esta tornou-se prelazia confiada à congregação (Piolet, 1903, p. 424-431, história das missões dos missionários do Espírito Santo no Amazonas; cf. tb. "Visão histórica da diocese" 1946, p. 51 e 95).

Enfrentou o flagelo das enchentes do Amazonas que provocavam vítimas entre os ribeirinhos, além de preocupar-se com os índios. Durante seu episcopado escreveu três cartas pastorais, nelas expressando sua preocupação com a "descristianização da sociedade" ou descrevendo o resultado de suas visitas pastorais. A terceira carta, por exemplo, descreve a região banhada pelos Rios Negro e Uaupés, oferecendo aos leitores interessantes informações sobre a geografia, história e etnografia. Ali ele inseriu um catecismo em língua geral, com cânticos religiosos em português e tupi e uma pequena gramática dessa língua ("Cinquentenário" 1955, p. 134). Em 1911, Dom Frederico participou da Assembleia da Conferência Episcopal das Províncias Eclesiásticas do Norte do Brasil, realizada em Fortaleza, Ceará. Dessa reunião saiu uma Pastoral Coletiva que ditava normas e orientações para a vida das dioceses norte-brasileiras[10]. Em 1913, Dom Frederico renunciou à diocese recolhendo-se a um convento de camaldulenses com o nome de Frei Arsênio. Dom Santino Coutinho, de Belém, ficou como administrador apostólico até 1916 quando chegou o novo bispo, Dom João Irineu Joffily. Manaus, além dos religiosos e seculares, contava com um bom número de associações leigas, fazendo oposição às correntes contrárias à Igreja, aos maçons, liberais e positivistas, além dos protestantes, que das Guianas avançavam Amazônia adentro espalhando suas igrejas, bíblias e fazendo proselitismo entre os católicos.

A Prelazia de Santarém foi criada a 21 de setembro de 1903, pelo Papa Pio X, desmembrada da diocese de Belém, ficando com uma área de 794.313 km^2, desde as fronteiras com as Guianas até o norte do Mato Grosso, que incluía o território do Amapá, Trombetas, Tapajós e Xingu, equivalendo a 67,8% do Estado do

---

10. O documento expõe as preocupações dos bispos com a expansão do protecionismo nas escolas, pela distribuição de livros e Bíblias. Incentivam ao "combate" através da formação doutrinal pela catequese, primeira comunhão das crianças, acurada formação dos seminaristas, preparação dos leigos, inclusive para votar, e a união com o papa em Roma (cf. "Pastoral coletiva", 1911).

Pará (era até recentemente a maior prelazia do mundo), com 22 paróquias, 9 delas sem padres. Foi este o quadro encontrado pelo seu primeiro prelado. Mons. Frederico Benício de Souza Costa (cf. Santos, 1982; 1978), que havia estudado em Paris e Roma, era doutor em Teologia e contava com apenas 29 anos de idade. Começou logo a fazer visitas pastorais pelas quais conhecia melhor o seu rebanho, colocando suas observações em cartas pastorais, revelando suas preocupações pela falta de padres, pela catequese, pelo abandono dos índios etc.

> É evidente a situação de nossos pobres índios. Tratados com despreza pela maior parte dos civilizados, que deles só procuram tirar a maior soma de proveito para os seus interesses comerciais, adquiriram uma meia civilização que lhes é inteiramente fatal [...] não tendo quem lhes ensine os bons princípios da moral, vão definhando, perdendo o vigor e estão condenados a desaparecer em breve'. [...] Vila Franca tinha o seu vigário [...] todo o mal que sofrem as populações esparsas pelo interior provém da falta de sacerdotes [...]. Mas que havemos de fazer na triste situação em que nos encontramos? (Mons. Frederico Costa, 1905, p. 11 e 15).

Com a nomeação de Dom Frederico para bispo de Manaus, a prelazia foi entregue, em 1907, pela Santa Sé, aos franciscanos da Província de Santo Antônio do Brasil, que eram alemães. Frei Armando Bahlmann foi nomeado e eleito bispo em 1908. Era doutor em Filosofia, Teologia e professor de Direito Canônico. Uma de suas maiores preocupações eram as paróquias sem sacerdotes. Os agostinianos, que estavam na prelazia no tempo de Dom Francisco, voltaram para Belém. Ele, então, tratou de convidar outras congregações. Assim, chegaram em 1911 os religiosos da congregação da Sagrada Família para o território do Amapá. Somente em 1929 chegaram os padres do Preciosíssimo Sangue para a região do Xingu. Os franciscanos abriram missão entre os índios Munduruku e procuraram chegar a todos os recantos da vasta diocese. Dom Amando, diante das dificuldades, projetou fundar uma congregação religiosa feminina para apoiar seu trabalho em educação, saúde e missões indígenas. Junto com outra religiosa alemã, Irmã Maria Imaculada, que era clarissa, e outras religiosas vindas do Rio de Janeiro, fundou em 1910 a congregação das Irmãs Missionárias da Imaculada Conceição, que pouco a pouco foi crescendo, com vocações nativas, fundando escolas, orfanato, mais tarde um hospital, atuando entre os índios. Trabalhavam, ainda, nas paróquias da prelazia. A congregação está hoje espalhada por outros Estados do Brasil, Alemanha, Estados Unidos e Taiwan (Santos, 1985). Dom Amando administrou a prelazia por 32 anos.

Outra prelazia criada no Pará neste período foi a de Conceição do Araguaia (1911). A região do Araguaia, desde os tempos coloniais, foi – e é – bastante cobiçada, porque rica em produtos naturais. Ali viviam os índios Carajá e Caiapó. Área de abundantes seringais nativos, passagens obrigatórias de viajantes e exploradores e da fixação de nordestinos[11]. Ali chegaram os dominicanos, em 1888, responsáveis pela criação de um núcleo populacional que deu origem à hoje Cidade de Conceição (fundada em 1897) por Frei Gil de Vilanova[12]. A missão dos dominicanos se expandiu bas-

---

11. Os Rios Araguaia e Tocantins, na primeira fase da colonização e da evangelização da Amazônia, eram rotas comuns de exploradores e missionários que desciam e subiam os rios, acompanhando expedições à procura de índios. O Padre Francisco Veloso, em 1655, missionou no Tocantins entre os índios Tupinambá e Catinga. Em 1658, foram os Padres Tomé Ribeiro, SJ, e Ricardo Careu, SJ, que estiveram entre os Carajá. O Padre Antônio Vieira estava em Belém e acompanhou a formação dessas missões. Também os bandeirantes passaram pela região na metade do século XVII e fizeram uma devassa entre os índios, matando e levando muitos como escravos. Em 1671, o Padre Gonçalo de Veras e o Ir. Sebastião Teixeira acompanharam uma expedição ao Araguaia (cf. Ianni, 1979, p. 9-10; Leite, 1943, p. 340-343).

12. Frei Gil de Vilanova e os dominicanos vindos para o Brasil pertenciam à província francesa de Tolosa (Toulouse). Eles chegaram ao Brasil em 1881, mais precisamente na diocese de Uberaba, Minas Gerais, passando em 1883 para a diocese de Goiás. Pouco a pouco, expandiram sua missão para todo o Estado, principalmente para o Norte, chegando até Porto Nacional (antes da Proclamação da República se chamava Porto Imperial). Dali para a região do Araguaia não faltou muito, pois era grande o desejo de missionar entre os índios, principalmente o de Frei Gil. Este foi cognominado "o Apóstolo do Araguaia". Alguns missionários escreveram suas próprias experiências no Araguaia ou sobre seus companheiros, como o Frei Estêvão Maria Gallais.

tante, principalmente entre os índios Caiapó. Para ajudar na tarefa educacional chegaram à região, em 1902, as Irmãs Dominicanas, "como auxiliares na meritória tarefa apostólica, a pregação da fé, pelo exemplo e vivência da palavra evangélica" (Prado, 1975, p. 5).

No dia 18 de julho de 1911, a Santa Sé constituiu a prelazia *nullius* da Ssma. Conceição do Araguaia, entregue aos cuidados da Ordem dos Pregadores (dominicanos). A nova prelazia tinha 113.847 km² de extensão, abrangendo as cidades de Conceição, Marabá, Santana do Araguaia e toda a região compreendida entre os Rios Xingu e Araguaia. O seu primeiro bispo-prelado foi Dom Domingos Carreot.

No Amazonas, já em 1907 era feita a primeira divisão do território eclesiástico, com a criação da Prelazia do Rio Branco (Roraima), confiada aos beneditinos belgas que em 1909 fundaram uma missão na região. O primeiro prelado foi Dom Gerardo von Caloen. Mais tarde a prelazia veio a ser assumida pelos missionários da Consolata.

Duas prefeituras apostólicas criadas no período, a do Rio Negro e a do Alto Solimões, estão ligadas à missão dos frades capuchinhos (sobre as atividades dos capuchinhos na Amazônia, cf. Da Nembro, 1957; Silva, 1922, p. 348-350), chegados à Amazônia através de Belém, desde 1843, não só por pedidos das autoridades eclesiásticas, mas principalmente pelos governos imperial e regional. Fundaram missões no Tapajós (de 1844 a 1881), nos Rios Prata e Capim (1898), e desde 1883 atuavam no Maranhão. Mas os frades desejavam missionar entre os índios no Amazonas. Dois frades, em 1895, já haviam atuado na diocese a pedido de Dom José Lourenço. O bispo contava com 12 sacerdotes para toda a área da diocese. Em Manaus havia apenas dois sacerdotes! Somente em 1906 os capuchinhos lombardos se estabeleceram em Manaus, base da interiorização de sua missão para outras áreas: Alto Solimões e Rio Negro. Em 1909, chegaram os capuchinhos da Província da Úmbria para ocupar o lugar dos frades lombardos. Seu apostolado no Amazonas levava-os direto ao problema mais dramático da época em toda a região, o dos seringueiros e índios, a ponto de alguns morrerem pelas doenças adquiridas nas infindáveis desobrigas floresta adentro, em regiões insalubres e sem nenhuma assistência[13].

Em maio de 1910 foi criada a prefeitura apostólica do Alto Solimões, e seu primeiro prelado foi capuchinho: Evangelista de Cefalônia. A 18 de outubro de 1910 deu-se a criação da prefeitura apostólica do Rio Negro, confiada aos capuchinhos da Úmbria. Em 1915, esta prefeitura foi entregue aos padres salesianos que começaram a missionar na região, entre os índios. Ainda em 1910 foi a vez de Tefé – uma as mais antigas paróquias do Amazonas, fundada pelos carmelitas, em 1709 – ser elevada à condição de prefeitura apostólica, entregue à ação missionárias dos padres do Espírito Santo, que tinham entrado na região na região desde 1897. O primeiro prelado foi Mons. Miguel Alfredo Barrat[14].

---

13. Um capuchinho que morreu quase que totalmente abandonado na floresta foi Padre Júlio da Nova. Ele fez diversas desobrigas no Alto Solimões e morreu atacado de febre amarela, em uma cabana, sem assistência médica e espiritual, assistido por alguns poucos desconhecidos, em maio de 1910 (cf. Da Nembro, 1957, p. 253). Um outro fato foi o Alto Alegre, no Maranhão, que era uma florescente missão dos frades e irmãos capuchinhos, que foram massacrados pelos índios, em março de 1901, no que ficou conhecido como o "Massacre do Alto Alegre" (cf. Da Nembro, 1957, p. 111). A terrível e dolorosa situação dos índios da área amazônica latino-americana chegou ao conhecimento do Papa Pio X através de relatórios de viajantes europeus (como o Relatório Casement). O papa enviou uma missão pontifícia sob a direção do Padre João Genocchi, da Congregação do Sagrado Coração. Ele veio à Amazônia passando antes por Buenos Aires e por Santiago, tendo contato com missionários e pessoas ligadas às áreas de extração da borracha na região do Putumayo (Brasil, Colômbia e Peru). Ali os índios, extratores do látex, que era mandado para a Inglaterra, estavam sendo duramente maltratados por capatazes e responsáveis pela manutenção dos trabalhos (torturas, mortes violentas, trabalho escravo). O relatório feito pelo Padre Genocchi resultou na publicação da encíclica do Papa Pio X, "*Lacrimabili statu indorum*", de oito de junho de 1912, endereçada a todos os bispos da América Latina. Infelizmente, esta não mereceu da parte dos bispos, da Igreja e da sociedade a devida atenção. Foi o último documento do magistério oficial da Igreja sobre o problema da escravidão dos índios.

14. A caminhada histórica da prelazia e diocese de Rio Branco está sendo elaborada pelo Padre Massimo Lombardi (1987). Acompanha uma bibliografia de outras publicações sore o tema.

Outra divisão ocorrida no Amazonas aconteceu com a criação da *prelazia nullius* do Alto Acre e Alto Purus, em outubro de 1919. Com a chegada dos Servos de Maria (servitas) da Itália, em 1920, a nova prelazia lhes foi entregue, sendo o primeiro prelado Dom Próspero Bernardi.

A criação de novas prelazias está relacionada à chegada de muitas outras congregações religiosas vindas da Europa, primeiro pelo reavivamento do elã missionário e consequentemente a reorganização das antigas ordens e nascimento de novas congregações; segundo, pela constante onda anticatólica na Europa, o que veio a provocar a dispersão de muitos religiosos, como aconteceu na França (cf. Dictionnaire de Théologie Catholique, [s. d.]; Jedin, 1978). De modo que, a partir da virada do século, estabeleceram-se na Amazônia os Barnabitas (1903) em Belém (mais tarde assumiram a Prelazia do Guamá, hoje Bragança do Pará), Missionários da Sagrada Família no Amapá, Jesuítas que voltavam à Amazônia (1917) para Ponta das Pedras (Ilha de Marajó), Agostinianos Recoletos que foram para Lábrea e Marajó, Terciários Franciscanos ficaram em Borba e Guajará-Mirim, Lazaristas para Cametá, Missionários do Sagrado Coração para Cândido Mendes e Pinheiro do Maranhão, Redentoristas para Manaus, Itacoatiara e região do Madeira, Claretianos se estabeleceram em São Félix do Araguaia, Missionários de Milão (Pime) para Amapá e Parintins, Franciscanos Conventuais para Rondonópolis e São Luís, Missionários da Consolata para Roraima, Orionitas para Tocantinópolis, Missionários Combonianos para Balsas, Missionários do Preciosíssimo Sangue para o Xingu, Xaverianos ficaram em Abaetetuba. Chegaram ainda os franciscanos da Província do Sagrado Coração de Jesus dos Estados Unidos e os Irmãos da Santa Cruz para Santarém, Oblatos de Maria Imaculada, Trinitários e outros grupos que se espalharam pelo vasto sertão amazônico, a partir de Belém e Manaus, indo também para as regiões que iam pouco a pouco sendo habitadas devido a abertura de estradas, zonas de garimpagem e mineração e frentes de colonização (Delacroix, 1958, p. 197, diz que havia no Brasil, na época, 33 prelazias de missões, 29 delas a cargo de missões estrangeiras; a cronologia das congregações religiosas na Amazônia está em Ramos, 1985). Este quadro configura, portanto, uma nova "geografia missionária" e uma nova fase missionária na Amazônia, a expressa a preocupação da Igreja com o imenso território "a ser evangelizado para Cristo".

A história deste período da Igreja na Amazônia está profundamente marcada pela presença feminina, ou melhor, pela presença da vida religiosa feminina; fato relevante porque até então a evangelização vinha sendo feita por ordens e congregações religiosas masculinas. A mulher missionária é a grande novidade na vida da Igreja na Amazônia: chegaram as Doroteias (em 1877), as Filhas de Sant'Ana (em 1884), as Irmãs Terciárias Capuchinhas de Gênova (1899), as Dominicanas (em 1902), as Irmãs de Santa Catarina dos Pobres (em 1903). O que é mais significativo é que começaram a nascer congregações femininas na própria região, como uma necessidade do trabalho realizado pelos religiosos, que exigia esta presença[15]. Os capuchinhos fundaram, em 1904, as Irmãs Terceiras Regulares Capuchinhas para auxiliá-los nas suas missões do Maranhão e do Pará. Dom Amando Bahlmann fundou, em Santarém, em 1910, as Irmãs Missionárias da Imaculada Conceição. Em 1916, foi fundada pelo Padre Júlio Maria de Lombaerde, missionário da Sagrada Família, a Congregação das Filhas do Coração Imaculado de Maria, em Macapá e Icoaraci (Belém).

---

15. Nesse estudo (Beozzo, 1983), o autor elenca 109 congregações religiosas femininas presentes no Brasil até 1930, vindas da Europa e as nascidas aqui no Brasil, atuando em diversos setores pastorais. Elas cresceram, em termos de vocações, muito mais rapidamente que as congregações masculinas. Bem cedo tiveram seus próprios noviciados. No lado masculino, nem sempre floriram as vocações. Havia qualquer ranço de preconceito contra as vocações nativas por parte dos europeus, fruto, talvez, da situação do claro imperante no Brasil, ou, ainda, pelos missionários europeus eram suficientes. O fato é que não ouve muito investimento neste setor. Até hoje existem prelazias e dioceses na Amazônia que não possuem uma vocação nativa. Beozzo, na mesma obra, conclui sobre o tema afirmando: "[...] a Igreja brasileira carrega uma imensa dívida em relação ao trabalho apostólico, realizado nos lugares mais distantes e difíceis, e em todos os campos, pelos religiosos e religiosas vindos da Europa e que aprenderam a amar a terra brasileira e o seu povo deixando aqui os melhores anos de sua vida e, quase sempre, suas vidas". Isto é plenamente válido na Amazônia.

Além dos religiosos é necessário registrar um outro fator importante na história da evangelização de toda a área amazônica: o papel dos leigos e do clero secular. Em todas as paróquias e, principalmente, nas capelas do interior, após a decadência das antigas ordens missionárias, o catolicismo nas suas expressões mais tradicionais e populares – as festas dos santos, a reza do terço, as ladainhas em latim, benditos e reisados, procissões etc. – manteve-se, graças ao empenho de homens e mulheres que, na sua simplicidade, viveram sua fé e sua crença conforme tinham aprendido no passado. E isto foi se passando de geração em geração, chegando até os dias de hoje. Quanto ao clero secular, desde os inícios da ação evangelizadora da Igreja está presente na região. Os padres seculares – embora o seu quase esquecimento na história e seus defeitos e limites – atuavam em longínquas e isoladas paróquias, longe de outros companheiros, principalmente após a expulsão dos jesuítas e o controle sobre os religiosos por parte do governo imperial. Com isso, mantiveram e solidificaram o catolicismo, ajudando o povo a manter sua fé ou, ainda, dando assistência nos momentos de dificuldades, como nas enchentes ou epidemias[16].

2. De 1920 ao momento atual

Com o declínio da economia gomífera, a Região Amazônica acomodou-se a uma outra situação: a volta ao extrativismo, à coleta da castanha, à pecuária, à garimpagem e, mais tarde, a uma política desenvolvimentista, iniciada no governo Vargas e continuada, em larga escala, nos governos seguintes.

A extração ou coleta da castanha-do-pará desenvolveu-se principalmente nas regiões do Médio Tocantins (Marabá), do Xingu,

---

16. Santos (1982, p. 37-47) cita os nomes de alguns padres seculares que atuavam em Santarém no século passado. Especialmente se refere ao Pe. João Antônio Fernandes que era "pároco encomendado", isto é, pobre, pois não tinha títulos ou bens. Falava a língua geral, trabalhava entre os índios. Numa epidemia que assolou Santarém, em 1855, enquanto o pároco colado, que era seu irmão, e os ricos abandonaram a cidade, ele levava socorro espiritual às famílias e remédios homeopáticos e se encarregava de enterrar os mortos.

do Tapajós, Madeira e Purus, no Acre. A garimpagem e a pecuária, além da extração da madeira, provocaram uma nova corrida para a região. Grandes áreas foram atingidas, reiniciando uma nova invasão das terras dos índios, vistos como ameaça à economia da região, e dando origem a novos núcleos populacionais.

A partir da década de 1940, programou-se a "ocupação planejada da Amazônia" com a instalação de inúmeras instituições de apoio a esse projeto: bancos, institutos de pesquisas, aeroportos. Em 1953, foi criada a SPVEA (Superintendência para o Plano de Valorização Econômica da Amazônia), ampliando-se a área de execução desse plano para a chamada *Amazônia Legal* (2/3 do território nacional). Um outro sinal dessa preocupação desenvolvimentista foi a construção da estrada Belém-Brasília, concluída em 1960, que provocou um grande fluxo migratório para a região, principalmente de nordestinos (Oliveira, 1983, p. 247-322).

A partir de maio de 1966, iniciou-se a "Operação Amazônia", isto é, um amplo e ambicioso projeto de integração da Amazônia ao resto do Brasil, ou melhor, ao capital internacional. Delinearam-se mudanças nas instituições que iam gerir este novo projeto: a Sudam (Superintendência do Desenvolvimento da Amazônia), que substituiu a SPVEA, foi um órgão criado para "atrair grupos empresariais nacionais e estrangeiros para a região, oferecendo-lhes vantagens amorais em créditos bancários, incentivos fiscais e vista grossa aos abusos aviltantes nas relações trabalhistas" (Rezende, 1986, p. 21). O Estado começou a elaborar e a incentivar os chamados "grandes projetos" como Jari, Trombetas, Carajás, Albrás-Alunorte; hidrelétricas em Curuá-Uma (a primeira da região), Tucuruí, Balbina, Santa Izabel, entre outras; as estradas Transamazônica, Cuiabá-Santarém, Perimetral Norte e outras. Em 1967, foi instalada a *Zona Franca de Manaus* que tinha como objetivo "atrair interesses econômicos e financeiros para o interior da Amazônia, através de incentivos fiscais especiais e de uma área livre para o comércio e importação e exportação, para tentar desenvolver a Amazônica Ocidental". Isso provocou um crescimento demográfico ao redor da antiga Manaus, com o surgimento de novos bairros caracterizados pelo abandono e miséria de sempre. Muitas multinacionais se instalaram nos arredores da cidade, aproveitando o barateamento da mão de obra. Os projetos agropecuários e madeireiros provocaram e acirraram a crise fundiária latente, notadamente no sul do Pará (Araguaia, Bico do Papagaio), Acre e Rondônia, além de destruir castanhais, invadir terras indígenas e destruir o ecossistema.

Com os grandes projetos, o problema fundiário acentuou-se, gerando a figura grotesca do grileiro e da documentação cartorial arranjada para a sustentação do domínio na terra por parte das grandes empresas e particulares. Em torno desses projetos, o governo criou uma engrenagem propagandística para atrair novos contingentes de pessoas, com *slogans* como: "Homens sem-terra para terra sem homens". Promoveu-se, então, um movimento migratório oficial para as frentes de trabalho, ao longo das estradas, nos travessões e agrovilas, principalmente na Transamazônica, sem dar aos que vinham uma infraestrutura adequada, ficando os colonos jogados ao próprio azar. Ao lado da imigração oficial, constatou-se também uma imigração voluntária, além do movimento migratório realizado no interior da própria Amazônia: do caboclo das matas e das várzeas para a beira das estradas e travessões. O fracasso dessa ocupação, tendo também os órgãos governamentais (leia-se Incra) falhado propositadamente nos seus objetivos de reforma agrária, provocou um grande êxodo para as periferias de cidades como Santarém, Altamira, Marabá, Conceição do Araguaia, com um crescimento demográfico acima de 200%, ou até 300%, na década de 1970[17]. A implantação dos projetos, principalmente das rodovias e hidrelétricas, provocou a invasão e a apropriação das terras dos índios, ocasionando sua transferência para improvisadas reservas ou, em alguns casos, seu programado extermínio. Mais

---

17. Esta foi uma das grandes características da Amazônia deste tempo: o fluxo migratório ou os problemas do campo provocaram verdadeira explosão demográfica em grandes e pequenas cidades: Acre: 65% de aumento; Prainha: 268%; Almeirim: 178%, devido ao projeto Jari; Rondônia, devido à estrada (BR-364), à terra boa e aos projetos de colonização: de 113.659 a 492.744 (335%) habitantes de 1970 a 1980! Graves problemas pastorais surgiram daí.

presentemente são os garimpos que provocam esta invasão, como acontece com as terras dos Yanomami, em Roraima[18].

Somam-se a isso os gravíssimos problemas com lavradores e posseiros que não têm documentação da posse da terra. O processo de legalização, até então, dava-se pela posse pura e simples, ressalvando-se algumas propriedades oriundas das sesmarias. Diante da opressiva expulsão gerou-se a resistência, armada em alguns casos, que redundou em conflitos e mortes, sendo destruídas inúmeras propriedades, incendiadas pelo furor e ação de grileiros e pistoleiros de aluguel – enquanto os verdadeiros interessados estavam longe dos conflitos, com as "mãos limpas" – famílias inteiras despedaçadas, tendo atingido o número de 217 mortes entre 1986 e 1988. Isto ainda fica mais evidente no que ficou conhecido como o caso dos 13 lavradores do Araguaia, em 1981 (são dados dos últimos relatórios da CPT sobre o tema, que revelam ainda um real aumento dos conflitos, as tentativas e ameaças de assassinatos e outros tipos de violência).

Para garantir a efetivação dos projetos, o governo militarizou a Amazônia, desdobrando as unidades militares fora das áreas de fronteiras e criando as chamadas "áreas de segurança nacional" e, mais recentemente, o Projeto Calha Norte.

---

18. Em torno do índio sempre existiu uma visão colonialista, de domínio, de exploração e ocupação de suas terras, e de morte. Desde a chegada dos portugueses, só houve mudanças em relação aos índios em grau de perversidade. A visão colonialista, em outras palavras, lançou as bases para um projeto considerado civilizador que estava visceralmente unido ao processo evangelizador. Isto é, a Igreja embarcou nesta proposta: lado a lado estão os religiosos, os colonos e os militares, missões, fortes e aviões, a colaboração e a justificação do "desenvolvimento", a "incensação" das autoridades. Poucos foram os profetas, os mártires e as instituições criadas para respeitar e salvar o índio da destruição: Rondon, o SPI numa de suas fases; depois veio a Funai, símbolo maior de toda esta farsa assim chamada "civilizatória". Somente com o Cimi é que aconteceu uma verdadeira mudança da Igreja nas suas relações com o mundo indígena: o respeito pela sua cultura e suas tradições, o apoio nas suas lutas pela manutenção de suas terras e pela sua sobrevivência. O Cimi ajudou o índio a falar por si próprio, a se organizar e a defender-se como grupo étnico distinto. O Cimi tem muitas publicações sobre a questão indígena.

Quanto à presença da Igreja, dentro deste contexto, constata-se a contínua preocupação pela organização de suas estruturas, destacando-se o aspecto missionário, continuando a criar prelazias com um contingente de missionários religiosos e quase na sua totalidade estrangeiros. A parte de 1925, foram criadas as prelazias do Rio Purus (Lábrea, AM) confiada à Ordem dos Agostinianos Recoletos, sendo seu primeiro prelado Mons. Marcelo Calvo, e a de Porto Velho, Rondônia, que ficou aos cuidados dos salesianos, e o seu primeiro prelado foi Dom Pedro Massa. Em 1979, Porto Velho foi elevada a diocese e, em 1982, foi elevada a arquidiocese constituindo-se na terceira sede metropolitana na Amazônia. Ainda em 1925, a prefeitura apostólica do Rio Negro foi elevada à categoria de prelazia, confiada aos salesianos. Desde 1981, passou a ser diocese com o nome de São Gabriel da Cachoeira, AM. A Prelazia do Marajó, no Pará, foi criada em 1928, sob os cuidados dos agostinianos recoletos. Dom Gregório Alonso Aparício foi seu primeiro prelado. A Prelazia do Gurupi, PA, depois denominada Guamá, foi também criada em 1928 e entregue aos cuidados da Ordem dos Clérigos Regulares de São Paulo (Barnabitas). Em 1979, foi elevada a diocese e hoje é denominada de Bragança do Pará. Seu primeiro prelado foi Dom Eliseu Maria Coroli. Em 1929, foi criada a Prelazia de Guajará-Mirim (RO), entregue à Terceira Ordem Regular. Em 1979, elevada à condição de diocese. O primeiro prelado foi Dom Fr. Francisco Xavier Rey.

A Prelazia de Juruá, AC, fundada em 1931, foi confiada aos padres do Espírito Santo e o seu primeiro bispo-prelado foi Dom Henrique Ritter. Desde 1987, é a diocese com o nome de Cruzeiro do Sul. Em 1934, foi a vez do Xingu, PA, ser transformado em prelazia, confiada aos missionários do Preciosíssimo Sangue. O primeiro bispo foi Dom Clemente Geiger.

A Prelazia de Macapá (Amapá) foi fundada em 1949 e confiada ao Instituto das Missões (Pime), sendo em 1980 elevada a diocese. Seu primeiro bispo-prelado foi Dom Aristides Piróvano e o primeiro bispo diocesano Dom José Maritano. Em 1950, a prefeitura apostólica do Alto Solimões, AM, foi elevada a prelazia, continuando sob os cuidados dos frades capuchinhos, e o seu primeiro bispo-prelado foi Dom Cesário Minotti. Em 1952, foi a vez de Cametá, PA, no Rio Tocantins, ser elevada a prelazia, entregue à Congregação da missão (lazaristas). O primeiro prelado foi Dom Cornélio Veerman.

Em 1952, Manaus foi elevada à condição de arquidiocese, segunda sede metropolitana na Amazônia. Seu primeiro arcebispo foi Dom Alberto Gaudêncio Ramos, do clero de Belém, que em 1957 foi transferido para a arquidiocese de Belém, onde foi arcebispo titular até 1990 (hoje, emérito) totalizando 33 anos de pastoreio, o mais longo de toda a história eclesiástica da Amazônia.

Parintins, AM, no Médio Amazonas, foi elevada a prelazia de 1955, ficando aos cuidados do Instituto das Missões (Pime), sendo seu primeiro prelado Dom Arcângelo Cerqua. Em 1980, foi elevada diocese.

Em 1957, Óbidos, PA, no Baixo Amazonas, também foi feita prelazia, entregue aos franciscanos alemães que deixaram Santarém para atuar somente em Óbidos. O primeiro prelado foi Dom João Floriano Loewenau.

Em 1961, Abaté do Tocantins, PA, foi elevada a prelazia, entregue aos cuidados dos missionários xaverianos, sendo seu primeiro bispo-prelado Dom João Gazza. Em 1981, foi constituída diocese com o nome de Abaetetuba. Ainda em 1961, Humaitá, AM, tornou-se prelazia e foi entregue aos salesianos. O primeiro bispo-prelado foi Dom José Domitrovitch. Desde 1979 é diocese.

Em 1963, foram criadas quatro prelazias: a de Coari, AM, entregue à Congregação do Santíssimo Redentor (redentoristas), sendo Dom Mário Emmet Anglim o primeiro prelado; a de Itacoatiara, AM, entregue aos cuidados da Sociedade Scarboro para as Missões Estrangeiras e seu primeiro prelado foi Dom Francisco Paulo Mc Hugh; a de Borba, AM, que ficou sob a direção da Terceira Ordem Regular, sendo o primeiro bispo-prelado Dom Adriano Veigle; e a de Ponta de Pedras, no Marajó, PA, assumida pela Companhia de Jesus, sendo seu primeiro prelado Dom Ângelo Rivato. Foi elevada a diocese em 1979.

Em 1969, a sede da Prelazia de Conceição do Araguaia, PA, foi transferida para a cidade de Marabá, PA, e passou a ter a denominação de Prelazia de Marabá, com a mesma área. Em 1976, foi restaurada a sede da Prelazia em Conceição do Araguaia, ficando as duas separadas. Em 1979, ambas foram elevadas a dioceses e seus bispos foram, respectivamente, Dom Alano Pena e Dom Estêvão Avelar, dominicanos. Ainda em 1969, foi criada a Prelazia de São Félix do Araguaia, MT, ficando aos cuidados dos Missionários Filhos do Imaculado Coração de Maria (claretianos), sendo seu bispo Dom Pedro Casaldáliga.

Em 1978, foi criada a Prelazia de Rondônia que, ao ser elevada a diocese, em 1983, passou a chamar-se Ji-Paraná. Seu primeiro bispo foi Dom José Martins da Silva.

Em 1979, a Prelazia do Rio Branco, RR, tornou-se a diocese de Roraima. A Prelazia do Acre-Purus, AC, constituída em 1919, foi elevada a diocese de Rio Branco, em 1986.

Outras prelazias foram criadas e que estão dentro da área da chamada Amazônia Legal, como Tocantinópolis, TO (1954 – orionitas), diocese desde 1980, Cristalândia, TO (1956) e, já desde 1915, a diocese de Porto Nacional, TO. Em 1982, foi criada uma outra diocese que toca à área amazônica: Sinop, norte do Mato Grosso, desmembrada da diocese de Diamantino. Seu bispo é o jesuíta Dom Henrique Froelich. Para fechar esta repartição da área amazônica em dioceses e prelazias, em 1988 foi criada a Prelazia de Itaituba, PA: a quarta subdivisão feita na diocese de Santarém (cf. apêndice).

Esta grande rede organizativa que teve como apoio a criação de outras instituições como colégios, hospitais, orfanatos, escolas de arte e prendas, oficinas, oratórios, missões indígenas... além de organismo assistenciais e promocionais, impulso e dinamismo catequético, incentivo à piedade leiga através das associações piedosas, de grandes promoções de massa como os congressos eucarísticos em 1942 e 1952 em Manaus e o sexto nacional em Belém, que contavam com a participação de milhares de pessoas e figuras expressivas da Igreja nacional, isto tudo fez com que a Igreja recuperasse seu prestígio e superasse em parte suas crises do início do século. Este processo organizativo vinha ao encontro da necessidade que a Igreja tinha para poder enfrentar outras forças presentes na sociedade, com o protestantismo, ou de se colocar ao lado do governo e das elites dominantes como cooperadora no projeto desenvolvimentista.

Em 1954, após a fundação da CNBB, Belém sediou a primeira reunião geral dos bispos e prelados da Amazônia – já havia acontecido uma reunião anterior em Manaus, após o congresso eucarístico de 1952. Em 1957, realizou-se a segunda reunião geral dos prelados da Amazônia, com a presença do núncio apostólico Dom Armando Lombardi. No final do encontro esteve presente o Presidente da República Juscelino Kubitschek, para assinar decretos e convênios entre a SPVEA e as prelazias. Nos anos 1960, para melhor atender às especificidades pastorais das regiões brasileiras, a CNBB se dividiu em Regionais, ficando a Amazônia com dois: Norte I (Amazonas, Acre, Rondônia e Roraima) e Norte II (Pará e Amapá).

O Concílio Vaticano II (1962-1965) e as encíclicas sociais provocaram um impulso renovador nos bispos da região; em 1966, os bispos da Regional Norte II, na sua assembleia anual, expressaram, nos seus documentos, sua comoção profunda "ante a situação de insalubridade em que vivem muitas de nossas populações do interior e dos subúrbios", e exortavam a todos para uma "atitude de responsabilidade e participação". Os bispos solicitavam a ajuda de

> juristas católicos para impedir que pobres posseiros sejam esbulhados das terras que vêm cultivando e que poderosas companhias provenientes de outras regiões, pela pressão econômica ou pelo prestígio, não respeitem os direitos aquiridos pelos primitivos moradores.

Conversaram, porém, uma postura ainda colaboracionista ao aceitarem "uma mediação junto às empresas, prefeituras, governos estaduais etc., no sentido de obter, através do diálogo, solução mais justa e pacífica quanto ao problema da terra [...]". Foi a partir da participação de alguns bispos na Assembleia de Medellín (1968) que a leitura sobre a realidade amazônica foi mudando aos poucos. Os bispos começaram a perceber

> as limitações e os perigos que os grandes projetos representavam para o homem na Amazônia: antigas e novas marginalizações, estruturas inadequadas, importadas e opressivas, desenvolvimento econômico feito sem e contra o homem, violação dos direitos básicos, como o da posse da terra [...] ("Linhas prioritárias da Pastoral", 1972).

A partir dessa visão da realidade analisada no Encontro Inter-regional, em Santarém, em 1972, e ampliada no Encontro de Manaus, em 1974, os bispos formularam as linhas prioritárias para a ação pastoral da Igreja a partir de duas diretrizes básicas, a encarnação na realidade e a evangelização libertadora: 1) formação de agentes de pastoral; 2) comunidades cristãs de base; 3) pastoral indígena; 4) estradas e outras frentes pioneiras e 5) pastoral de juventude. Na dimensão dos serviços destacaram a importância dos institutos de pastoral fundados nos inícios dos anos 1970, o Cenesc (Manaus) e o Ipar (Belém), para a formação de sacerdotes e leigos ("Linhas prioritárias da Pastoral", 1974). A concretização destas prioridades provocou uma qualitativa mudança na ação pastoral da Igreja. Além de começar a formar sacerdotes nativos da região, foi na formação dos leigos – agentes pastorais, monitores, multiplicadores da Palavra, catequistas – que dioceses e prelazias investiram com a organização de centros pastorais e catequéticos. Estes passaram a promover cursos na área bíblica e teológica, na área política e social: educação de base, educação política, análise da realidade, religiosidade popular etc. Isto tornou possível uma presença mais marcante da Igreja em diversos ambientes como as estradas e travessões, rios, igarapés, áreas de várzeas, florestas e seringais, como também nos centros e periferias urbanas. Um atestado desta vitalidade da Igreja regional é dado pela publicação de boletins, relatórios, jornais, anuários e livros, das dioceses e comunidades, que registram seus trabalhos e sua história.

Ao serem criados o Cimi (1972) e a CPT (1975), receberam o apoio deste novo posicionamento da Igreja regional, que de certo modo representou uma ruptura com a situação vigente desde o período colonial, e começou a provocar dificuldades no relacionamento com as elites e as forças políticas regionais. O governo militar, a partir do golpe de 1964, começou a demonstrar sua prepotência com relação ao trabalho de alguns padres na área social (atuação junto ao MEB, por exemplo). É assim que, em 30 de abril de 1964, um general exige do arcebispo de Belém, a "retirada" dos Padres Aloísio Neno, Diomar Lopes e Moisés Lindoso, e em 1969 foi expulso do país o Padre James Murray de Santarém. Bispos, padres e religiosos sofreram – sofrem ainda hoje – ameaças de morte, prisão, vexames, por causa de seu explícito apoio a índios, lavradores expulsos de suas terras ou por denunciar assassinatos do latifúndio, que ontem, como hoje, continuam impunes: o Padre Fontanella foi expulso em 1976, o Padre Jentel, expulso em 1975 (morreu no "exílio"), Dom Estevão Avelar, Dom Alano Pena e o Padre Florentino Maboni (do caso Perdidos – Marabá), em 1976, Padre Nicola Arponi e os padres franceses Aristides Camiou e Francisco Gouriou (no caso dos 13 posseiros do Araguaia), em 1981. Mais recentemente, Dom Pedro Casaldáliga, Dom Erwim Krautler e Dom Moacir Grechi, todos ameaçados por assumir a luta de seu rebanho por dias melhores. O compromisso com a luta pela terra e a preservação da Amazônia gerou também o martírio: de lavradores como Raimundo Ferreira Lima (o Gringo), Sebastião Mearim, Avelino, João Eduardo... e, mais recentemente, Chico Mendes; de padres como Josimo Tavares e Ezequiel Ramin, de religiosas como Adelaide Molinari e Creusa Coelho e dezenas de outros lavradores que regaram com seu sangue a sementeira da liberdade e da justiça que um dia virá produzir seus frutos de paz e prosperidade na terra para os pobres.

No dizer de João Santos, historiador do Baixo Amazonas, "a Igreja está consciente de sua missão e será com as CEBs que se construirá o seu futuro [...]".

Capítulo XI
Waimiri-Atroari: a história contemporânea de um povo na Amazônia

Egydio Schwade

Apesar de todas as pressões e violências sofridas há 300 anos, ainda em 1968 os Waimiri-Atroari dominavam a região dos Altos Rios Urubu e Uatumã, até a Cachoeira de Balbina, ao norte do Amazonas.

Nas praias do Rio Uatumã, todos os anos, assavam peixes e comiam ovos de tracajá e de tartaruga. A leste e norte, entrelaçavam o seu território com os povos da mesma língua Karib, a quem faziam prolongadas visitas, para celebrar festas e conversar sobre problemas comuns.

Frequentavam também alguns pontos da margem esquerda do Rio Negro, chegando ao Alto Tarumã. Os Rios Camanaú, Jauaperi e Alalaú com seus afluentes, faziam parte do território Waimiri-Atroari (Moreira Neto, 1975).

Da terra tiram seu sustento, coletando açaí, pupunha, ingá, castanha-do-brasil, e plantam macaxeira, mandioca, cará, ananás. Caçam macacos, porcos, antas, caitetus e pescam nos rios, antes mais fartos, piranhas, traíras, pirarucus, pirararas, tucunarés, carás, puraquês.

Nesse território, desde muito, fincam troncos e erguem grandes casas coletivas, de forma oval, cobertas de palha de ubim. Nas aldeias, fazem os objetos de uso diário como o jamanxi, o tipiti, a maquera, as canoas, os arcos e as flechas. Estas frequentemente com pontas de metal. Conhecem todo esse território que até hoje pode ser facilmente percorrido, aproveitando-se dos caminhos ou varadouros, verdadeiras vias nacionais de comunicação que tecem a Floresta Karib por baixo e que foram usados ao longo dos séculos pelos Waimiri-Atroari. A preparação de suas festas muitas vezes exige longas caminhadas para a coleta da matéria-prima para a confecção dos instrumentos indispensáveis para os cerimoniais: resinas, flautas, arcos, flechas, cocares etc. É provável que jamais um povo perscrutará com conhecimento tão vasto e tão profundo toda aquela floresta. Esse território é indissociável de sua cultura, e do cumprimento de suas tradições. Cada manifestação cultural, gráfica, falada ou mímica, revela algo referente àquele meio ambiente, com a sua floresta, fauna, rios, igarapés, morros, pedras, como pudemos testemunhar durante a nossa convivência.

Variados e abundantes roçados fazem parte das celebrações durante as quais todos vivem uma autêntica multiplicação de alimentos, voltando fortes para as suas aldeias.

Os Waimiri-Atroari sempre defenderam seus territórios, para eles, fonte de vida. E por força das leis elaboradas pela sociedade nacional, esses territórios lhes pertenciam também.

Mas, para infortúnio desses índios, as terras onde sempre viveram e trabalharam a seu modo são ricas em minérios, madeiras de lei, castanhais. E os rios tinham potencial energético, fontes de renda para os invasores.

A experiência vivida pelos Waimiri-Atroari nos últimos 20 anos ilustra o que os povos indígenas sofreram na Amazônia nesse período em toda a parte onde grandes empreendimentos desenvolvimentistas, do governo ou privados, os atingiram, particularmente estradas, projetos hidroelétricos, agropecuários ou minerais.

Em 1958 Juscelino Kubitschek iniciou a construção de Brasília e, logo em seguida, impulsionou a abertura de rodovias de penetração para a Amazônia. Começou pela abertura da Belém-Brasília, prosseguindo pela Cuiabá-Porto Velho-Rio Branco. O regime militar, instaurado com o golpe de 1964, seguiu em frente com o plano rodoviário do presidente Juscelino. Porto Velho foi ligada a Manaus. E Manaus a Itacoatiara. Pelo Norte e em diversos pontos começou a ser construída a Perimetral Norte. Ainda na "Nova República" o plano rodoviário segue em frente, embora timidamente, porque os grandes projetos dos governos anteriores exauriram os recursos disponíveis da Nação.

Aparentemente esse plano ia em busca das capitais amazônicas, ziguezagueando pela floresta como as Bandeiras do século XVIII, como se tudo fosse um "vazio demográfico", que ia sendo descoberto, ocupado e desenvolvido ao acaso. Mas há muito tempo o subsolo amazônico estava sendo perscrutado, à procura de minérios. E os interesses multinacionais envolvidos ou decorrentes desses levantamentos impulsionaram o plano diretor rodoviário, e os grandes empreendimentos do governo. Por sua vez, a penetração das novas vias de comunicação foi revelando novos depósitos de recursos de interesse do capitalismo internacional. E as negociações para a concessão de novos empréstimos para caminhar no rumo dessa matéria-prima sempre se faz empenhando esses mesmos recursos naturais junto aos banqueiros internacionais.

1. A experiência Waimiri-Atroari

Em 1967 o governo do Estado do Amazonas retomou a construção da Estrada Manaus-Boa Vista-Caracas. A população regional já estava convencida, então, da importância da rodovia, já que se tratava de antiga aspiração roraimense e amazonense, embora os reais motivos também, no caso, tivessem pouco a ver com essa aspiração. Ao retomar a obra, parada desde o primeiro governo de Gilberto Mestrinho, o Coronel Mauro Carijó, diretor do Departamento de Estradas de Rodagem do Estado do Amazonas – Deram, solicitou da Petróleo Brasileiro S/A – Petrobras, "informação sobre o potencial mineral do Estado [...] em vista da elaboração dum Plano Diretor de transportes para o Estado do Amazonas" (Carijó, 1967). Se pediu tais informações à Petrobras, certamente foi porque, no mínimo, já sabia que esse organismo detinha notícias a respeito. Sabia-o, também, o governador do Estado daquela época, Danilo Aerosa, pois, protestando contra a interdição das terras Waimiri-Atroari pela Funai, dizia que esses "silvícolas ocupam áreas das mais ricas do Estado, impedindo a sua exploração [...]" (*A Crítica*, 1968a).

Efetivamente, já em 1944, aproveitando-se do turbilhão internacional, provocado pela Segunda Guerra Mundial, o governo norte-americano encarregou o *"4th Photo Charting Squadron"*, do exército daquele país, de fazer o levantamento aerofotogramétrico de alguns rios amazônicos. Entre os quais, não por acaso, estavam o Alalaú, o Alto Uatumã e seus afluentes. Para fazerem as amarrações e observações terrestres desse trabalho, os americanos foram auxiliados por práticos do SPI (Serviço de Proteção aos Índios). Os Waimiri-Atroari surpreenderam no dia 5 de outubro de 1944 dois oficiais do *Photo Charting Squadron*, o Tenente Walter Williamson e o Sargento Baitz, fazendo observações na Cachoeira Criminosa (*Urtanu*, na língua Kiña ou Waimiri-Atroari), do Rio Alalaú e, sentindo o seu território invadido, mataram os dois, bem como os seus guias e auxiliares brasileiros, com exceção de um só. A seleção dos Rios Uatumã e Alalaú, pelos americanos, certamente tem a ver com os minérios estratégicos existentes naquela área (*Relatório anual*, 1945).

A presença norte-americana nessa área é uma constante até os nossos dias e não pode deixar de ser evidenciada, uma vez que tem íntima relação com o destino do povo Waimiri-Atroari, bem como com a orientação oficial da política indigenista do governo brasileiro, desde 1944. Logo no ano seguinte (1945), missionários americanos da *Unevangelized Field Mission*, no Brasil conhecida como Cruzada de Evangelização Mundial ou Missão Evangélica da Amazônia (Meva), contactaram os Wai Wai, um povo de língua Karib, localizado de ambos os lados da fronteira Brasil-Guiana, iniciando um processo de descaracterização cultural daquele povo, por meio do qual procuraram desde logo penetrar no território Waimiri-Atroari.

Apesar das constantes acusações, que pesam contra a Meva como "acobertadora de contrabando de minério" ("Funai denuncia interesses escusos", 1968), de "catequese que leva (os índios) à autodestruição cultural e física" e de "interferência na política oficial" (*Relato sobre interferências*, 1981), esta missão sempre foi acobertada por autoridades ligadas à agência oficial da política indigenista brasileira, SPI ou Funai, e frequentes vezes houve íntima colaboração entre ambos. Assim, na oportunidade do massacre de servidores da Funai no Rio Alalaú em outubro de 1974,

> Gilberto Pinto, juntamente com o coordenador da Funai na Amazônia, Porfírio de Carvalho, continua no local procurando os cinco desaparecidos, utilizando-se de aviões de missões protestantes, cujos pilotos, veteranos da Segunda Guerra Mundial, conhecem minuciosamente a região.

E, recentemente, em dezembro de 1986, professores brasileiros que conduziam numa aldeia de índios Waimiri-Atroari a primeira experiência de alfabetização na língua daquela Nação, assessorados por linguistas brasileiros, foram substituídos pela Funai, que colocou em seu lugar missionários norte-americanos da Missão Evangélica da Amazônia.

2. Os Waimiri-Atroari e o projeto capitalista

O deslocamento das vias de comunicação do rio para a estrada, dentro da Amazônia, obedece ao mesmo objetivo capitalista com que sempre foi vista a invasão e colonização da Amazônia. Fundamentalmente, o saque. Ontem, o reino do rio, das águas, correspondia perfeitamente ao objetivo da extração do que interessava levar daqui: as especiarias, a borracha, o cautchu, a madeira. A partir do final da década de 1960, os interesses capitalistas na Amazônia se deslocaram no rumo da exploração mineral. Além do mais, o impulso industrial dado por Juscelino propiciou a criação de grandes companhias de construção de estradas, com o favorecimento do acesso à máquina rodoviária. Começaram a aparecer a Mendes Júnior, a Paranapanema, a Andrade Gutierrez, com características de multinacionais, pressionando os governos a ampliarem os seus espaços de ação. A rede de rodovias amazônicas não só as enriqueceu, como as aliciou a ampliarem ou até alterarem os seus objetivos iniciais. A Paranapanema, por exemplo, mudou totalmente os seus objetivos. O grupo, fundado em

1961, "para a exploração da indústria da construção civil, incluindo projetos e execução de obras de terraplanagem e pavimentação", e que participou como empreiteira na construção da Perimetral Norte, exatamente no trecho onde terras Wai Wai confinam com as terras Waimiri-Atroari, alterou os seus estatutos, incluindo nos seus objetivos "o estudo, a pesquisa e a lavra de minérios em geral", mudando até a sua autodenominação para "Paranapanema S/A – Mineração, Indústria e Construção". Isto aconteceu no dia 5 de agosto de 1971, menos de um mês após a redução de quatro quintos do território imemorial dos Waimiri-Atroari. E apenas dois meses depois, alterava novamente o seu estatuto em função de nova mudança de objetivo que passava a ser "a pesquisa e a lavra de depósitos minerais em geral, a compra e a exportação de minérios, a prática de operações de redução e beneficiamento de minérios e todas, as demais ligadas à indústria de mineração" (*Resumo histórico*, 1982).

A partir daí, a Paranapanema se tornou o protótipo do "novo desenvolvimento" que o governo visava implantar na Amazônia. A sua penetração na área Waimiri-Atroari é ilustrativa. Ela penetrou pelo Leste, ou seja, pelas cabeceiras dos afluentes do Alto Rio Uatumã, região onde o Padre Calleri aerofotografou, no dia 9 de outubro de 1968, nove aldeias Waimiri-Atroari, das quais a opinião pública não mais teve notícias. No dia 31 de janeiro 1979, o Ministro Shigeaki Ueki, das Minas e Energia, concedeu à Paranapanema, subsidiária Timbó Indústria de Mineração Ltda., cinco alvarás de autorização para "pesquisar cassiterita em terrenos devolutos, no lugar denominado Cabeceiras do Rio Uatumã, distrito e município de Novo Airão" (Ministério das Minas e Energia, 1979). Conferindo esses alvarás com o memorial descritivo da Reserva Waimiri-Atroari, criada pelo Decreto n. 68.907/71 do presidente da República (1971), constatamos uma evidente interferência na Reserva Indígena. Portanto, não se tratava de "terrenos devolutos".

A Funai e o Ministério das Minas e Energia, mediante essa ação ilegal, prejudicaram os Waimiri-Atroari, criando o fato consumado para facilitar o desmembramento da parte leste da Reserva e a transferência destas terras para os interesses empresariais (Ortiga, 1980).

Todos os órgãos do governo ligados à questão, bem como a própria Paranapanema, estavam plenamente conscientes da ilegalidade da ação (Schwade, 1985). Numa ação perfeitamente entrosada, diversos organismos oficiais se encarregaram de abrir o caminho de acesso da empresa às "Minas do Pitinga", como são conhecidas aquelas jazidas de minério estratégico. A tarefa mais delicada foi o afastamento dos índios. Estes começaram a sumir a partir de 1968, sem deixar rastro algum. Somente agora, durante a experiência de alfabetização na Aldeia Yawará, é que começamos a obter as primeiras notícias a respeito. O Departamento Nacional de Produção Mineral – DNPM e o Ministério de Minas e Energia se encarregaram de conceder os primeiros cinco alvarás de pesquisa e lavra mineral, em 80% encravados na área Waimiri-Atroari e que abriram todo um processo de dilapidação do patrimônio desses índios. O Projeto Radam/ Brasil se encarregou de rebatizar o Alto Rio Uatumã, "transferindo" o curso do rio o suficiente para liberar 526.800 hectares para a Paranapanema prosseguir tranquilamente o seu trabalho. A Funai se encarregou de formular os pareceres e criar os casuísmos para justificar a tramoia que culminou com o documento do presidente da República, que aparentemente "interdita temporariamente área para fins de atração e pacificação" dos índios. Em verdade, estava desmembrando, para os interesses da empresa de mineração Paranapanema e para a formação do reservatório da hidrelétrica de Balbina, a parte leste da Reserva Waimiri-Atroari, e extinguindo o restante da mesma (*Decreto n. 86.630*, 1981).

Menos de um mês após a assinatura desse decreto a empresa Paranapanema deu entrada na Funai com novo pedido, desta vez

> para a construção e utilização, em caráter privado e exclusivo, de uma estrada para introduzir maquinaria de grande porte. A rodovia [...] ligará áreas de interesse de requerente à Rodovia Manaus-Caracaraí, e atravessará a área interditada temporariamente para fins de atração e pacificação de grupos indígenas [...].

A Funai prontamente atendeu a esse pedido. Ainda não satisfeitos com todo esse favorecimento governamental, os donos do poderoso grupo empresarial continuaram invadindo o território Waimiri-Atroari. Em 1985, já haviam penetrado o Vale do Alalaú, poluindo as águas desse rio, considerado a veia aorta do território. E até março de 1986 a empresa já havia requerido para o seu domínio mais outro terço da área que havia restado após o decreto de 1981 (PROSIG/DNPM, 1986).

"A Paranapanema sempre manterá o espaço que conquistar através das leis. Não somos responsáveis pela política indigenista" – dizia ameaçadoramente o dono da empresa, Octávio Lacombe, recentemente (*Paranapanema obtém lucro de 200 bi*, 1985). A experiência amazônica dos últimos 20 anos mostra que o governo brasileiro, e atrás dele o empresariado nacional e estrangeiro, conquistam primeiro o espaço, como se fosse um "vazio demográfico" inadvertidamente ocupado e, através desse espaço conquistado, "conquistam" a lei. É assim que se desenvolvem os princípios do que o diretor-geral do Departamento Nacional de Produção Mineral – DNPM, Senhor José Belfort, denominou de "a religião da racionalidade mineral", cujo templo, de acordo com o mesmo Belfort, seria o DNPM, onde se haveria "de construir um edifício sólido com alicerces fortes plantados na autossuficiência, suportando como estrutura a empresa de mineração" (*Paranapanema obtém lucro de 200 bi*, 1985).

Outro rumo para o qual as grandes empresas construtoras ampliaram o seu espaço, foi o das construções de projetos hidrelétricos. Na área Waimiri-Atroari, já desde o final dos anos 1960, o governo foi empurrando os índios no sentido Oeste e Norte, visando a desocupação de uma área de 10.344,90 km^2 para a construção da Usina Hidrelétrica de Balbina (*Diário oficial*, 1981). A usina denuncia visivelmente os interesses empresariais, interessados em recolher inescrupulosamente grande quantidade de dinheiro em detrimento da Nação e, sobretudo, das populações locais: índios e lavradores. Trata-se de uma obra irracional que está prestes a entrar em funcionamento sem que o seu projeto e os levantamentos hidrológicos tenham sido completados. Inicialmente estava prevista uma produção de energia de no máximo 250 MW

(Eletrobras; Eletronorte, 1981), ou seja, aproximadamente 2% da produção da Usina Hidrelétrica de Itaipu, para um lago quase triplicado. Os dados mais recentes são de que a sua capacidade só será a metade da sua previsão inicial, ou seja, entre 110 e 130 MW. O custo visível previsto no início da obra era de 843 milhões de dólares. Nesta previsão, o MW instalado custaria 4.000 dólares (Sociedade brasileira para o progresso da ciência, 1987). O custo total da obra já ultrapassa hoje um bilhão de dólares. Em 1983, a Eletronorte garantia que o reservatório não atingiria nenhuma aldeia indígena. Agora está, juntamente com a Funai, empenhada na transferência, às pressas, de duas aldeias. A Estrada BR-174 está sendo alteada intermitentemente num trajeto de quase 100 km. Há construção de diques de retenção das águas, pois o reservatório se assemelha mais a um enorme prato, cujas bordas, de outra forma, transbordariam em diversos pontos, para outros sistemas fluviais. Contra todas as recomendações das instituições científicas, a biomassa do reservatório não está sendo retirada, o que trará grandes perigos para a vida na região, sem contar os problemas técnicos para a obra. Mais de um bilhão de dólares de madeiras de lei serão afundados no lago (Jaako Pöyry Engenharia, 1984).

3. A Funai

A Funai foi criada unicamente para garantir a integridade física, patrimonial e cultural dos povos indígenas. Assim todos os seus presidentes a entenderam, do primeiro ao atual. Em recente mensagem conjunta, Funai/Eletronorte, o presidente da Funai, Romero Jucá Filho, escreveu:

> A Fundação Nacional do Índio – Funai – tem como dever e obrigação precípua a defesa da integridade física e cultural das sociedades tribais no Brasil. Desde sua criação, através da Lei nº 5.371 de 5 de dezembro de 1967, e fundamentada sua ação indigenista no Estatuto do Índio – Lei n. 6.001, de 19 de dezembro de 1973 –, o órgão tutelar vem desenvolvendo esforços no sentido de garantir, antes de tudo, a terra para o indígena. A defesa da terra indíge-

na é questão de honra para a Funai, em cumprimento de preceitos legais específicos, como o artigo 198 da Constituição Federal (Funai; Eletronorte, [s. d.]).

Mas na mesma mensagem conjunta com a Eletronorte, ambos anunciam a transferência de duas aldeias Waimiri-Atroari, violando o sobredito e a lei, obedecendo aos ditames de uma obra absurda, inútil e altamente prejudicial não só aos nativos, mas a toda a Nação: a hidrelétrica de Balbina.

Em 1971, 13 de julho, o segundo presidente da Funai, o General Oscar Gerônimo Bandeira de Mello, de uma só vez reduziu quatro quintos do território Waimiri-Atroari, deixando de fora todas as aldeias ao norte do Rio Alalaú. Com muita dificuldade, por pressão de alguns funcionários e principalmente da opinião pública, foram reintegradas algumas áreas, respectivamente, em 1974 e 1978, simplesmente como "áreas temporariamente interditadas para fins de atração e pacificação dos índios" (*Decreto n. 74.463*, 1974; *Portaria n. 511*, 1978). Em 1981, novamente com o decisivo apoio e colaboração da Funai, 526.800 hectares foram desmembrados da área Waimiri-Atroari, ou seja, toda a parte leste da Reserva, favorecendo a empresa de mineração Paranapanema e a Eletronorte. Posteriormente, em 1982, a Funai entregou a uma empresa de segurança privada, a Sacopã, o controle de toda a área restante situada a leste da BR-174. Mas o mais grave, no que tange à política indigenista brasileira na área Waimiri-Atroari, é que se oficializou a invasão ao ponto de não apenas 90% da terra restante desses nativos estar hoje requerida por 11 empresas de mineração, mas toda vez que entidades ou pessoas da sociedade nacional buscam ir ao encontro dos interesses indígenas, e em defesa das leis do país, contra tais empresas, a própria Funai sai em defesa das mineradoras e da Eletronorte, demonstrando o evidente conluio da política indigenista do governo com tais empresas.

Desde quando, em 1968, o governo federal, por meio do 6º Batalhão de Engenharia e Construção (6º BEC), assumiu a responsabilidade da construção da estrada BR-174, Manaus-Caracaraí-Boa Vista, e a Funai assumiu a responsabilidade da atração dos Waimiri-Atroari, começou a reinar um bloqueio sistemático das informações a respeito dos acontecimentos no território e aldeias daqueles índios. Nos jornais, rádio e televisão apareceram apenas as informações do avanço da estrada, dos "heróis" da sociedade nacional (servidores da Funai e operários do 6º BEC) que tombavam ante "a crueldade assassina" dos Waimiri-Atroari. Do lado de lá – isto é, dos índios – não há notícia de nenhum morto, oficialmente registrado. Entretanto, desde 1968, nove aldeias desapareceram na margem esquerda do Médio Rio Alalaú, a sudeste da Cachoeira Criminosa (*Urtanu*, na língua Waimiri-Atroari). Entre 1972 e 1975, desapareceram, pelo menos, seis aldeias no vale do Igarapé Santo Antônio do Abonari, uma no Baixo Alalaú, margem direita, e três na margem direita do Médio Rio Alalaú. A população Waimiri-Atroari se reduziu de 3.000 para menos de 1.000 pessoas entre 1972 e 1975, sem que o governo, único com acesso à área nesse período, apresentasse algum motivo ou causa dessa depopulação. E hoje restam menos de 400 pessoas. Baseamo-nos nos dados oficiais fornecidos pela própria Funai (Funai, 1972).

Em meados de 1968, o governo elaborou um plano de "conquista" do território Waimiri-Atroari, que consistia na ocupação das aldeias valendo-se de aviões e helicópteros procurando-se manter um esquema que garantisse "as conquistas feitas" (*Jornal do Commercio*, 1968).

Os erros e crimes cometidos na construção da Belém-Brasília contra as populações indígenas estavam presentes à consciência das autoridades. Em julho de 1968, o presidente da Funai, "emocionado" com o plano de integração dos indígenas, elaborado pelo Padre João Calleri para a Prelazia de Roraima, transferiu-lhe a responsabilidade da atração dos Waimiri-Atroari:

> Já mandei um telex ao Gilberto (Pinto), em Manaus, para que se una aos seus esforços, no sentido de evitar que a abertura de uma estrada, concedida pelo DNER ao DER, repita o desastre da Belém-Brasília, em cuja margem se veem, hoje, a prostituição das índias pelos motoristas de caminhão, a embriaguez do índio e a destruição das tribos pelo contágio e pelo suicídio anônimo do índio (Campos, 1968b).

Mas, paralelamente, os construtores da rodovia estavam sendo indiscriminadamente armados e abastecidos com munição autorizada pelo Ministério do Exército. O argumento usado era "proteger a integridade física dos servidores que ali labutam [...]". Veja a relação de um desses pedidos, e efetivamente enviados:

3 caixas de balas cal. 38 duplo
3 caixas de balas cal. 32 simples
5 caixas de balas cal. 38 duplo
1 caixa de cartuchos cal. 32
10 caixas de balas cal. 44
2 caixas de balas cal. 32 duplo
5 caixas de cartuchos cal. 205
5 caixas de cartuchos cal. 24
5 caixas de cartuchos cal. 16
20 caixas de cartuchos cal. 20
10 caixas de cartuchos cal. 16
10 caixas de balas cal. 38 duplo
20 caixas de cartuchos cal. 20
10 caixas de cartuchos cal. 32 duplo
20 caixas de balas cal. 22
5 caixas de balas cal. 38 duplo
5 caixas de balas cal. 32 duplo
2 caixas de balas cal. 32 simples
5 caixas de balas cal. 22

(Carijó, 1968).

Tanto na oportunidade do massacre da expedição do Padre Calleri como na oportunidade de outros ataques dos índios a funcionários da Funai, criou-se uma grande comoção nacional, atrás da qual se podia justificar qualquer tipo de ação violenta contra os Waimiri-Atroari.

Efetivamente o governador do Amazonas, Danilo Aerosa, pedia providências para garantir "a construção da estrada através do território indígena a qualquer custo" (Campos, 1968a) e considerava o índio um ser, no mínimo, inútil, que precisava ser

> transformado em ser humano útil à pátria [...]. Há que ser considerado que os silvícolas ocupam as áreas mais ricas de nosso Estado, impedindo a sua exploração, com prejuízos incalculáveis para a receita nacional, impossibilitando a captação de maiores recursos para a prestação de serviços públicos, tais como a ampliação da rede escolar e serviços de saúde (Campos, [s. d.]).

O governador de Roraima, Fernando Ramos Pereira, em cujo território se localizam metade das aldeias Waimiri-Atroari, declarava: "Sou de opinião que uma área rica como essa não pode se dar ao luxo de conservar meia dúzia de tribos indígenas atravancando o seu desenvolvimento" (*Jornal do Brasil*, 1975c).

Da campanha anti-Waimiri-Atroari fazia parte o aparecimento de "especialistas" e conhecedores de diversos tipos, dando informações da existência de brancos no meio dos Waimiri-Atroari, que seriam os causadores da atitude agressiva dos mesmos. Um conhecia um oficial venezuelano refugiado no meio deles (*Diário de Notícias*, 1968; *A Crítica*, 1969). Outro viu uma loura no meio deles (*A Crítica*, 1968a). Um terceiro já identificou um "cearense louro de longos cabelos entre os índios" (*Jornal da Tarde*, 1968c; *Folha de São Paulo*, 1968d). Um quarto viu "um homem de barbas" (*Zero Hora*, 1968f). Os militares imaginaram guerrilheiros atuando e subvertendo os Waimiri-Atroari, o que resultou na "Operação Atroaris", com ampla panfletagem, derramada sobre o território desses índios, visando a rendição dos guerrilheiros infiltrados no meio deles. Na panfletagem se lia:

OPERAÇÃO ATROARIS

Guerrilheiro:
Lê com atenção esta 'mensagem',
Guarda este folheto com cuidado,
Ele é o teu passaporte para a vida.

Estás cercado,
Teus momentos estão contados.

Vê na Operação esboçada, que o teu fim
Está próximo!

Teus companheiros estão morrendo,
Tu mesmo podes estar ferido.

Os soldados brasileiros,
Teus irmãos,
Estão cada vez mais próximos.

A aviação bombardeia sem cessar.

Olha a bandeira do teu país.

És brasileiro,
Lembra-te disto.

Reflete, pensa bem, o verdadeiro inimigo
Pode estar a teu lado:
Repudia-o, aprisiona-o, mata-o.

Irmão,
Rende-te.

Teu passaporte: esta mensagem.

Tua recompensa: A vida.

Teu futuro: Perdão.

Do comando do teatro de operações.
Composto e impresso na Imprensa Oficial.

O fato é que enquanto a nação era distraída com todos esses noticiários os índios desapareciam daquelas selvas. Versões oficiosas e extraoficiais, tentando dar uma explicação ao trágico desaparecimento dos índios, correm muitas na região e fora dela. O governo que tem acompanhado de perto, como único responsável pela política indigenista, silencia. Apenas 21 mortes foram registradas pela Funai.

A equipe do Cimi da Prelazia de Itacoatiara percorreu a região do Baixo Amazonas, do Baixo Rio Negro, da BR-174, de ambos os lados da área indígena, da estrada de acesso a Balbina, entrevistando os moradores do Rio Uatumã e Jatapu, em busca de informação a respeito do destino de mais de 2.500 Waimiri-Atroari, em sua maioria desaparecidos entre 1972 e 1975, período em que a BR-174 rompeu o território daqueles índios. Por toda a parte, fontes populares e de ex-soldados e trabalhadores da BR-174 e ex-funcionários da Funai informam de violências ocorridas contra os índios. Falam de índios eletrocutados em diversos momentos da passagem da estrada pelo território Waimiri-Atroari. Há notícias de índios metralhados, de índios eliminados por superdoses de vacinas e por doenças intencionalmente transmitidas. Há informações de malocas bombardeadas pelos destacamentos da FAB (Força Aérea Brasileira), sediados em Belém e Boa Vista, na oportunidade do massacre da expedição do Padre Calleri (1968) e dos funcionários da Funai do Posto Alalaú II (1974). Funcionários da Funai abusaram sexualmente de índias Waimiri-Atroari (Baines, 1985).

As referências dos funcionários do governo são geralmente genéricas. Assim Milton Lolli, funcionário da Funai, declarava à *A Crítica*, em 4 de março de 1975:

> Os índios Waimiri-Atroari, hoje, vivem de forma aleatória, e essa situação complicou-se mais ainda devido unicamente aos processos de pacificação impostos pela Funai, que não oferece às tribos as mínimas condições de sobrevivência, pelo contrário, está levando-os ao extermínio (*A Crítica*, 1975d).

O funcionário foi demitido do órgão por suas declarações. Poucos meses depois, Apoena Meirelles, coordenador da Frente de Atração Waimiri-Atroari, declarou:

> Os Waimiri-Atroari tombaram no silêncio da mata e foram sutilmente enterrados e esquecidos no espaço e no tempo (*O Estado de São Paulo*, 1975f). [...]. Hoje em dia vamos em missão de paz, de amizade com os índios, mas na verdade estamos é trabalhando como pontas-de-lança das grandes empresas e dos grupos econômicos que vão se instalar na área. Para o índio fica difícil acreditar na missão

de paz se atrás de você vem um potencial de destruição ecológica (*Opinião*, 1975b).

Num acordo Funai/6º BEC, de 21 de novembro de 1974, se lê:

> Esse comando, caso haja visitas dos índios, realiza pequenas demonstrações de força, mostrando aos mesmos os efeitos de uma rajada de metralhadora, de granadas defensivas e da destruição pelo uso de dinamite (Comando Militar da Amazônia, 1974).

Menos de dois meses depois desse acordo, e uma semana após o massacre do sertanista Gilberto Pinto, o atual superintendente da Funai em Manaus, para toda a Região Norte do país, declarou ao Jornal *O Globo*:

> Os Waimiri-Atroari precisam de uma lição: aprender que fizeram uma coisa errada. Vou usar mão de ferro contra eles. Os chefes serão punidos e, se possível, deportados para bem longe de suas terras e gente. Assim, aprenderão que não é certo massacrar civilizados. [...]. Irei com uma patrulha do Exército até uma aldeia dos índios e lá, em frente a todos, darei uma bela demonstração de nosso poderio. Despejaremos rajadas de metralhadoras nas árvores, explodiremos granadas e faremos muito barulho, sem ferir ninguém, até que os Waimiri-Atroari se convençam de que nós temos mais força do que eles (*O Globo*, 1975a).

Mais recentemente um ex-oficial do Comando Militar da Amazônia, sob o título *O Pajé da Beira da Estrada*, relata as memórias da construção da BR-174. Já de início dedica o livro: "ao anônimo irmão Waimiri-Atroari, cujo cadáver mal enterrado deparamos, muitas vezes, pela frente". E mais adiante explica:

> [...] o fantasma da guerra parecia andar solto [...] àqueles últimos anos da década de 1960, tinham enfoques especiais. A prioridade era o chamado desenvolvimento. Não havia tempo disponível para a pesquisa e para o luxo de considerações linguísticas, culturais e etnológicas.
>
> Os últimos anos daquela década e os primeiros da seguinte marcaram um redespertar da alma amazônica. Foi uma época pioneira, que trouxe empresários e aventureiros de todos os lados, para uma sacudida nos hábitos e procedimentos regionais [...].

A década de 1970 entrou alvissareira. Foi a oportunidade em que cheguei à região [...]. A curiosidade pessoal e, possivelmente, a sensibilidade de minha alma levaram-me a desempenhar o duplo papel de soldado e de correspondente de guerra, no conflito do progresso contra a selva [...]. Em meio àquela confusão, tive o privilégio de perceber, sentir e registrar os efeitos daquela *blitzkrieg* (guerra-relâmpago ou ofensiva fulminante) sobre um território desconhecido, enxotando um povo perplexo, que reagia violentamente ante a desestruturação de sua célula familiar e de seu universo telúrico [...]. Se eles, de início, eram penalizados pelo delito de terem as suas malocas sobre o eixo da rodovia, mais tarde passaram a ser inculpados, também pelo fato de suas terras constituírem incomparável província mineralógica.

Ocorre que o índio não chora. Mas os códigos que regulam a altivez de sua raça não o impedem de gemer, como qualquer ser humano. E na hora do ângelus e mesmo depois, em plena cegueira daquelas noites equatoriais, comovido, eu cansei de ouvir gemidos pungentes e soluços anônimos – verdadeiros clamores de misericórdia daquela gente, que me parecia condenada a um triste e melancólico fim (Brasil, 1985).

O *Jornal do Brasil* noticiou em 1973:

Enquanto os trabalhadores vão rasgando a selva, pequenos aviões e helicópteros sobrevoam a área das malocas dos Atroaris. Qualquer sinal da presença indígena em direção à frente de trabalho é imediatamente comunicado (*Jornal do Brasil*, 1973).

Na mata, os trabalhadores da Manaus-Caracaraí trabalham guardados por uma companhia de infantaria, integrada por mais de 90 homens armados e atentos a qualquer anormalidade (*O Estado de São Paulo*, 1975e).

Afirmava Apoena Meireles à imprensa:

Em todos os conflitos houve baixas de ambos os lados. Em Brasília [...] todos pediam que eu tivesse cuidado com os traiçoeiros Waimiri-Atroari. Mas a estória é outra, e chegamos mesmo a mentir à opinião pública nacional, não contando a verdade dos fatos que levam esses índios a trucidar as expedições pacificadoras. [...] é a estrada que corta a sua Reserva, proliferando o ódio e a sede de vingança contra o branco invasor, foram os assassinatos praticados pelos funcionários da Funai durante os dois últimos conflitos.

Em outra oportunidade declarou: "[...] nas últimas expedições (da Funai) aconteceram fatos 'estarrecedores'". E conclui dizendo que o seu grande temor era "que os truculentos métodos de pacificação atribuídos a Sebastião Amâncio (bombas de gás lacrimogênio, metralhadoras, granadas) sejam realmente aplicados. O esquema para isso ainda existe".

Mas tudo ficou nas generalidades e diante da opinião pública a Funai sempre negou qualquer violência cometida contra os índios. Acontece que entre os funcionários reinava um pacto de silêncio. Houve casos em que um funcionário ameaçado de demissão sem indenização, mas detentor de óbvias informações detalhadas a respeito da morte de Gilberto Pinto, por ter sido o único sobrevivente, ameaçou revelar a verdade daquele acontecimento. Bastou a ameaça para o funcionário não só ser imediatamente indenizado, como continuar até hoje nos quadros da Funai (Calleri, 1968d).

Restava escutar a versão das próprias vítimas, até hoje rigorosamente bloqueada.

4. Presença da Igreja

O plano do Padre Calleri em 1968 inscreve-se fundamentalmente no projeto missionário trazido da Europa em 1500 que garantiu à Igreja a condução da política indigenista brasileira até 1910. Com a criação do SPI – Serviço de Proteção aos Índios – esta passou à direta responsabilidade do Estado. A integração do índio na sociedade nacional se tornou nervo central da política indigenista do SPI e, posteriormente, a partir de 1967, da Funai. Este era também, desde 1500, o objetivo central da política da Igreja: integrar os índios ao cristianismo, o que neste período sempre vinha acompanhado da ideia de integrar o índio religiosa, cultural e economicamente ao "progresso" ou modo de viver proveniente da Europa. Esse modo de vida que desde logo sempre foi tido como superior ao dos demais povos do mundo.

O Padre Calleri não se dirigiu aos Waimiri-Atroari com outra ideia. Seu plano inseria-se naquele previamente traçado pelo colonizador, ou seja, garantir a passagem da Estrada BR-174 pelo território índio, removendo o obstáculo, os Waimiri-Atroari, transladando-os para "um lugar neutro" no Alto Alalaú. Por outra parte, a sua atitude pessoal também não difere daquela dos demais funcionários da agência do governo. Fundamentalmente manifestar aos Waimiri-Atroari a superioridade do mundo dos "civilizados" ou "brancos", por meio dos presentes e/ou das armas, submetendo-os pelo engodo ou pela violência.

"Decidimos acampar aqui" – refere Calleri numa de suas sete últimas mensagens – "pois achamos imprudente invadir o solo dos silvícolas sem estarmos todos unidos. Demos oito tiros ao alvo para sinalar aos índios nossa presença" (Calleri, 1968a).

> De madrugada repetimos o nosso aviso aos índios com outros quatro tiros ao alvo (Calleri, 1968b).
>
> Estamos acampados com os Atroaris na primeira maloca. Foi luta dura, embora usando todos os recursos psicotécnicos e estratégia indigenista. […]. Os índios compareceram de repente no rio; inicialmente se apresentaram medrosos e desconfiados, depois ofereceram bananas e beijus, mas não nos permitiram entrar nas malocas. Em seguida, vendo nossa mercadoria, começaram a se agitar usando gesto violento para tirar tudo. Com calma e serenidade e o máximo acordo entre nós, nada foi permitido (os índios bem sabem que isso está no nosso direito de gente superior. Só tenta perturbar para conseguir) e o jeito foi resfriar o fogo com o trabalho […]. Construíram para nós um bom barracão e instalaram a antena rádio e fizemos a eles mesmos pôr em movimento gerador, aparelho de radiofonia e sistema iluminante. Todo mundo dos Atroaris estava suando. O resultado foi tríplice: se acalmaram e se entusiasmaram em fazer eles mesmos as coisas que nós tínhamos medo de fazer. Às 15:00 horas nos trouxeram, em sinal de amizade, para tomarmos todos juntos quatro panelões de bebida. Quase uns 90 índios nos fizeram a grande festa. Pelas 18:00 horas, e só naquele momento, fomo-nos oferecer presentes pela primeira vez. Porém a distribuição foi organizada de maneira a extinguir qualquer pedido deles e deixar só a nosso critério (Calleri, 1968c).

Entre o massacre da expedição do Padre Calleri e uma retomada da questão Waimiri-Atroari pela Igreja, aconteceu a fundação do Conselho Indigenista Missionário – Cimi –, que mudou as linhas mestras da atitude da Igreja frente aos povos indígenas. Evangelização deixou de ser uma doutrinação e uma integração do índio ao mundo tal como era concebido pela cultura cristã-europeia. As linhas mestras da preocupação evangélica do missionário do Cimi passaram a ser a garantia da terra, da cultura e da autodeterminação do índio (Cimi, 1975), contrapondo-se à galopante perda da terra, cultura e poder dos índios, frente à sociedade nacional. A Igreja passou, também, da sua visão missionária ilhada das prelazias e dioceses para uma visão nacional e internacional da questão indígena. E o problema Waimiri-Atroari voltou dentro desta visão à consciência da Igreja.

Assim, a partir de 1975, com as novas ameaças de violência contra os Waimiri-Atroari, desta vez oficializadas pelos agentes da própria Funai, o Cimi denunciou, na oportunidade da criação do Regional Norte II em Belém, a Estrada BR-174 como condutora de um processo de destruição dos Waimiri-Atroari. E o processo de atração conduzido pela Funai foi denunciado como uma "invasão de bárbaros".

Padre Justino da Prelazia de Itacoatiara, AM, fez breves visitas à área. Semelhantemente, o Cimi-Norte I procurou acompanhar os acontecimentos e apoiar aquele povo, duramente oprimido, recorrendo a uma presença passageira.

Entretanto, em 1980, a Prelazia de Itacoatiara assumiu uma equipe do Cimi para apoiar os Waimiri-Atroari que também foi, desde logo, animada pela colaboração da Paróquia de Caracaraí – São Luís do Anauá – Roraima. E, assim, a população regional começou a ter acesso à história dos Waimiri-Atroari e a ver com muita simpatia a resistência desse povo, engajando-se no apoio aos objetivos da equipe do Cimi.

Em julho de 1985, os Waimiri-Atroari da Aldeia Yawará – Sul de Roraima, solicitaram a presença de dois membros da equipe do

Cimi da Prelazia de Itacoatiara para assumirem a direção da única escola existente na área. A escola fora construída pela Mineração Taboca S/A (Paranapanema) para garantir o avanço da empresa sobre as terras desse povo. Recebeu o nome de "General Euclides Figueiredo" que era o comandante do Comando Militar da Amazônia (CMA) e irmão do presidente da República que assinou o decreto favorecendo aquela mineradora com o desmembramento da parte leste da reserva, conforme referimos acima. Também presente à inauguração, o presidente da Funai, Coronel Paulo Moreira Leal, o mesmo que preparou a minuta daquele Decreto.

A equipe aceitou o convite dos índios.

5. Os Kiña ou Waimiri-Atroari contam sua história

Em abril de 1974, com o apoio do Cimi, diversos povos indígenas do Norte do Mato Grosso realizavam a sua primeira assembleia, onde com muita liberdade e veracidade fizeram uma avaliação de sua caminhada histórica e a tragédia que representou para eles a presença da sociedade europeia-cristã em terras brasileiras. A partir daí, a luta indígena começou a tomar novos rumos neste país, embora a depopulação indígena motivada pelos projetos desenvolvimentistas do governo prosseguisse em plena década de 1970.

Os Beiços-de-Pau do Mato Grosso foram arrasados em meio ano pela penetração das fazendas agropecuárias no vale do Rio Arinos. Semelhantemente os Krenhakore ou "Gigantes" do Rio Peixoto de Azevedo foram em poucos meses arruinados e os remanescentes dos dois povos transferidos para o Parque Nacional do Xingu. Suas terras ficaram em mãos de grandes companhias mineradoras e agropecuárias, como Paranapanema, Atala e Sílvio Santos.

A Transamazônica e suas vicinais e a Cuiabá-Porto Velho-Rio Branco, com suas vicinais, foram atingindo e despovoando a terra dos Arara, do Rio Iriri, dos Parakanã do Tocantins, no Pará, dos Tenharim do Amazonas, dos Cinta Larga, Nhambikwara em Mato Grosso, Suruí, Urueu-Au-Au, Zorós e Kaxarari, em Rondônia.

Outros povos como os Avá-Canoeiro de Goiás, os Urubu-Kaapor do Maranhão, os Tembé, praticamente se extinguiram, sacrificados aos projetos de bovinocultura.

A situação dos Waimiri-Atroari estava agravada com a cortina de silêncio imposta a todas as informações a respeito, pela Funai e pelo 6º BEC (Batalhão de Engenharia e Construção), desde a morte do Padre Calleri, em outubro de 1968. Uma simples tentativa de pesquisa sobre as circunstâncias da morte deste padre, por parte do Pe. S. Sabatini, seu íntimo amigo, foi interrompida por ameaças de morte (Sabatini, 1978).

Além disso, para escutar os próprios índios impunha-se uma grande dificuldade: o desconhecimento da língua. E a Funai mantinha um rigoroso rodízio dos seus funcionários, além de colocar na área normalmente pessoas sem condições de aprender a língua ou pela falta de interesse, ou por serem ativistas sem condições de parar ou, ainda, pelo seu total despreparo para sequer levantar tal hipótese.

O resultado foi que, em 20 anos de presença na área Waimiri-Atroari, a Funai não conseguiu reunir um vocabulário que chegasse sequer à lista reunida pelo naturalista João Barbosa Rodrigues no século passado, em menos de um mês de pesquisa, junto àquele povo.

Uma excelente pesquisa feita entre 1981 e 1985, por um estudante de mestrado em Antropologia pela Universidade de Brasília, Stephen Baines, lamentavelmente ainda não estava concluída e liberada para servir de base para o trabalho da equipe do Cimi (cf. Baines, 1985).

Quando a equipe do Cimi chegou à aldeia, no dia 4 de setembro de 1985, a casa destinada ao professor estava ocupada pela Funai e, por isso, seus funcionários encaminharam a equipe para uma casinha velha, a primeira casa daquele posto construída por volta de 1975, quando a picada da estrada estava se aproximando daquela região. A casinha estava quase desativada. Servia como depósito de material velho.

Entretanto, tratava-se de um documento histórico importante. É um testemunho da ocupação bélica do território índio. Contamos 18 furos nas paredes externas através dos quais se podia apontar para todas as direções rifles calibres 22 e 44, espingardas e revólveres de diversos tipos. A casa destinada ao posto tinha as mesmas características. Eram verdadeiras trincheiras.

Como a equipe se havia preparado longa e intensamente para assumir um trabalho junto a esse povo, corria o risco de influir nos rumos do trabalho, através de inoportunos esclarecimentos ou curiosidades sobre a sua história e cultura, que tanto podiam servir para atiçar susceptibilidades dos funcionários da Funai, quanto para prejudicar a veracidade de eventuais informações. Para contornar essas dificuldades, a equipe se valeu de uma metodologia fundamentada no desenho, trabalhado nas suas casas, fora da escola ou sala de aula e distante das vistas da equipe e dos funcionários da Funai. Os desenhos feitos em papel ofício serviam de cartilha diária, sobre a qual se desenvolviam as aulas. Dos desenhos nasceram as primeiras letras, em seguida as palavras, depois as frases e, finalmente, as lendas e a história do povo. O desenho permaneceu presente dando garantia da apreensão dos conhecimentos transmitidos pela equipe e da veracidade do que foram revelando do seu mundo: a fartura da natureza com suas plantas, animais, peixes, a sua vivência cultural com seus instrumentos, as suas festas, celebrações tradicionais com as danças e cantos. As lendas e a história passada e presente dos membros da aldeia, dos pais e parentes mortos e da Nação Kiña ou Waimiri-Atroari.

Assim, a equipe soube que as 31 pessoas que formam a aldeia são sobreviventes de quatro aldeias que desapareceram na margem direita do Alalaú. A pessoa mais velha não chega a 40 anos. Todas as pessoas de mais de dez anos, menos duas mulheres, que são irmãs, não têm mais pai e nem mãe. Morreram na guerra de resistência. As duas irmãs só têm a mãe viva. Todas as crianças de quatro a dez anos são órfãs de pai e mãe. Seus pais morreram de sarampo, abandonados criminosamente pela Funai à beira da BR-174, km 292.

Tivemos, assim, as primeiras notícias contadas por eles mesmos a respeito de como desapareceram mais de dois mil Waimiri-Atroari, em menos de três anos.

Mediante os desenhos e as letras eles revelaram também as armas que os Kamña (= os civilizados) usaram para dizimá-los: aviões, helicópteros, bombas, metralhadoras, estranhas doenças que apareceram depois que helicópteros com soldados e funcionários da Funai pousaram em suas aldeias, doenças que mataram aldeias inteiras. O terror. A humilhação e o desprezo pelos velhos, sobretudo os chefes, e a exaltação da superioridade do mundo dos *kamña* ou civilizados.

Em 1975, o sertanista da Funai, Sebastião Amâncio, hoje superintendente do mesmo órgão no Amazonas e Roraima, declarava à imprensa que iria "deter alguns índios" (Waimiri-Atroari) e mantê-los numa "fortaleza", "numa espécie de prisão", não só como punição, mas também "para fazer-lhes pregações que os levem a ter medo dos brancos".

Um dos aspectos mais sujos da guerra dos civilizados, no caso da Funai, contra os Waimiri-Atroari, foi sem dúvida a captura e doutrinamento de Womé, mais conhecido como Viana. Viana era da mesma aldeia de "Comprido", um chefe que ficou famoso pela sua resistência contra a BR-174. Como os demais meninos da aldeia, participava com entusiasmo das festas e da vida do seu povo. Um dia, como era costume quase anual do pessoal de sua aldeia, eles visitaram a maloca de Kaxmi dos Wai Wai, outro povo Karib, perto da Guiana. A Perimetral Norte, na época (por volta de 1976), já chegava ao Rio Jatapu, atravessando o caminho tradicional de ligação dos dois povos. Voltando da visita aos Wai Wai, Viana foi capturado e entregue à Funai. Levado a Manaus, recebeu sistemática doutrinação a respeito das benesses do mundo civilizado. Os funcionários da Funai chegaram a levá-lo a casas de prostituição. Com a sua existência e o seu mundo totalmente atrapalhados, assumindo-se mais como um funcionário da Funai do que como membro de sua nação, Viana foi devolvido à aldeia e transformado pela Funai em *tuchaua* não só de aldeia, mas de toda a nação Waimiri-Atroari, figura totalmente desconhecida daquela nação. Além disso, sob a orientação da Funai, casou-se irregularmente, isto é, fora das leis do seu povo.

Viana tornou-se um instrumento nas mãos da Funai para afastar do seu caminho as pessoas indesejáveis que querem mudar os rumos da política da Funai – elementos de dentro e de fora dos quadros do órgão – para garantir os projetos do órgão que amolecem a cultura e que vão desocupando o interior do território indígena, concentrando-os na beira da estrada. Finalmente, Viana representa uma garantia para a continuação do trabalho das mineradoras e da Usina Hidroelétrica de Balbina, na área indígena. É ele quem assina os acordos e termos de compromisso em nome do povo indígena.

Takwa, pai de Pikibda, um aluno de seus 18 anos, era chefe de uma aldeia localizada perto do Médio Rio Alalaú, não longe do traçado da BR-174. Um dia foi fazer uma visita ao acampamento dos construtores da estrada. Foi recebido pelos *kamña* com uma rajada de metralhadora, exatamente como manda o acordo Funai-Comando Militar da Amazônia. Uma bala lhe atravessou o queixo, saindo pela boca, quebrando os dentes. Mas Takwa não morreu. Fugiu com o seu povo e construiu nova maloca em Askoya, mais ao Norte, nas cabeceiras do Igarapé Kixiwe, um pouco afastado do roteiro da estrada. O chefe Comprido reuniu todos os Kiña da região do Alalaú e quis atacar a Funai que na época estava se instalando no Yawara, mas o próprio Takwa desaconselhou e impediu o ataque.

Mal Takwa havia se instalado com sua gente na nova maloca, quando, no início do segundo semestre de 1974, sua aldeia, bem como mais outra, um pouco mais ao norte (Mahña Mudî), foram visitadas por um estranho helicóptero, que distribuiu "presentes". Uma das aldeias estava em festa. Logo após essa visita, os Kiña começaram a morrer de uma doença estranha, desconhecida do povo. Morreu quase todo mundo. "Comprido", cuja aldeia ficava próxima, tinha ido para outra festa que se realizaria na margem oeste da BR-174, em "Kramna Mudi", perto do Rio Alalaú, no local conhecido hoje como "Travessia". Quando chegaram perto, "Comprido" estranhou o silêncio. Aldeia em festa sempre faz muita algazarra. Quando se aproximaram do pátio da aldeia, encontraram todos mortos, menos um. Morreram sem sinal de violência no corpo. Dentro da maloca, grande quantidade de carne moqueada, mostrando que tudo estava preparado para receber os visitantes para a festa. O sobrevivente só se recorda do barulho de um avião ou helicóptero passando por cima da aldeia. Os Kiña forneceram a relação de 46 parentes mortos, só nesta aldeia.

Um outro líder que frequentemente voltava à memória daqueles meninos, era um personagem de nome Tikiriya. Inicialmente não se deu muita importância, pensando tratar-se de uma lenda cujo significado, como outras, se elucidaria paulatinamente com o domínio da língua. Mas quando começaram a escrever as primeiras frases, o personagem voltou novamente em muitos desenhos e pequenas frases como essa: "*Tikiriya yitohpa, Taboka yikame* – Tikiriya foi embora, Taboca (Mineração Taboca), chegou"; ou esta outra: "*Taboka Tikiriya paktana*" – "Taboca foi lugar onde Tikiriya morava".

Tikiriya era um parente, líder de uma maloca, que ficava na região do Rio ou Igarapé Ootape (ou Tiaraju), possivelmente uma das nove aldeias que o Padre Calleri aerofotografou em 1968, a sudeste da Cachoeira Criminosa. Um deles desenhou a maloca como a encontrou depois: telhado todo furado, paredes caindo. Outro imaginava que o povo dele brigou muito e foi embora por isso. Outros pintaram uma praga de onças que apareceu e devia ter comido a todos. Outros ainda falavam que Tikiriya, com sua gente, pegaram uma doença muito feia e, por isso, sumiram no mato e devem estar vagando ainda por aí.

Vários líderes já organizaram prolongadas expedições no rumo dos Rios Pitinga e Jatapu, à procura dos parentes perdidos, mas não mais os encontraram.

Durante a instalação da Mineração Taboca entre 1980 e 1985, ocorreram frequentes notícias de presença de índios naquela região, mas as informações sempre foram abafadas pela empresa. A última notícia ocorreu em agosto de 1985, quando alguns índios desconhecidos apareceram no canteiro de obras de uma hidrelétrica que a empresa estava construindo no Rio Pitinga. E poucos dias depois, o motorista de uma carreta que transportava material para aquela obra encontrou seis homens e duas mulheres no caminho da hidrelétrica. É muito provável que todos já tenham sido mortos pela Sacopã, uma empresa de jagunços, muito bem equipada, comandada por dois ex-oficiais e um da ativa, sob o Comando Militar da Amazônia, e que presta serviços ao empresariado na Região Amazônica, sobretudo às subsidiárias da Paranapanema.

Os Kiña ou Waimiri-Atroari se referem também frequentemente ao desaparecimento de aldeias na região do Axya ou Igarapé Santo Antônio do Abonari e do Rio Camanaú. Uma delas também teria sido bombardeada em dia de festa, morrendo todos. De uma outra aldeia que se localizava mais no lado do Rio Camanaú contam que foi cercada por "kamña" que saltou de avião. "Morreu muito Kiña".

Algumas vezes os seus desenhos e escritos acompanhavam a trajetória de um líder muito querido e valente em longas trajetórias de resistência. Assim, por exemplo, contam de Maika, que foi um chefe que nasceu "lá pelos lados de Presidente Figueiredo", região do Alto Rio Urubu. Maika gostava muito de participar de todas as festas, dançando e cantando. Sempre animava em toda parte as festas. A BR-174 avançou sobre sua aldeia e ele foi construir uma nova "mudì" (casa) no Axya (Santo Antônio do Abonari). Quando os "kamña" ali chegaram ele matou eles, deixando escapar apenas um que os "kiña" acompanharam um tempo, enquanto descia o rio sentado numa canoa, ao lado do seu cachorro. É uma provável referência à expedição do Padre Calleri da qual se salvou apenas Álvaro Paulo da Silva.

Finalmente, Maika construiu sua maloca no Igarapé Monawa, afluente da margem esquerda do Rio Alalaú. Mas, por azar, novamente no roteiro da estrada. Ele morreu com a sua gente quando um helicóptero dos "kamña" passou pela sua aldeia.

"*Apapéme yinpa Wanakta yimata*" – "Meu pai me abandonou no mato a caminho da aldeia de Wanakta". As frases que vêm surgindo na língua dos Waimiri-Atroari ou "Kiña yara" são como o buraco de uma fechadura. Conduzem à descoberta de grandes tragédias humanas. Assim, a frase acima, discutida em aula, nos levou à seguinte História:

A Aldeia de Yanumá, pai de Damxiri, outro aluno da escola Yawara, se localizava no Baixo Alalaú. Um dia foi atacada por "kamña". Yanumá procurou reter o ataque, enquanto mulheres e crianças fugiam pelo caminho que conduzia à Aldeia de Wanakta, localizada no Alto Camanaú. Embora mortalmente ferido, Yanumá conseguiu alcançar a mulher com os filhos. Sentindo-se desfalecer, recomendou à mulher que se refugiasse na Aldeia de Wanakta, um líder descrito por eles como: "*Wanakta karani, xiwiya todapra*" – "Wanakta um homem bom, bonito e gordo". Sua aldeia estava situada numa região bem fora do roteiro da estrada e dos rios navegáveis. Possivelmente, nunca foi vista pelos civilizados. Tendo sido uma das únicas que não foi atingida pela violência dos "kamña".

Mas para os Waimiri-Atroari e sua rede de comunicação, a Aldeia de Wanakta se localizava em local muito estratégico, tendo sido possivelmente o local onde se prepararam alguns contra-ataques, visando a proteção do povo frente à ferocidade dos civilizados. A aldeia ficava relativamente próxima do Rio Alalaú, e a pouca distância das cabeceiras do Igarapé Santo Antônio do Abonari. E para se comunicar com as aldeias do Baixo Camanaú, bastava deixar as canoas rolarem pelo mesmo Camanaú.

A nação Kiña ou Waimiri-Atroari é uma nação que nos últimos 20 anos se encontra caída "nas mãos de ladrões". E esta continua sendo sua situação hoje. Arriscamo-nos a afirmar que a esperança da Igreja na Amazônia está depositada no futuro que ela saberá garantir a essa nação indígena humilhada e esmagada.

Capítulo XII
O cristianismo amazônico

Eduardo Hoornaert

1. Dinâmicas da evangelização

Um panorama abrangente da evangelização da Amazônia – viável pela reunião de materiais desta *História da Igreja na Amazônia* – nos revela até que ponto os trabalhos de evangelização específica e articulada a partir da corporação clerical foram insatisfatórios. O que caracteriza mesmo a evangelização oficial na Amazônia é o abandono das populações em termos de assistência religiosa. Isso desde os começos.

Mesmo na "era missionária" antes de Pombal o número de missionários efetivamente engajados em trabalhos pastorais e evangelizadores sempre foi mínimo em relação aos religiosos que ficaram nos conventos de São Luís ou de Belém do Pará ou, ainda, na administração das fazendas de cana-de-açúcar, gado ou fumo. Só para mencionar o caso dos carmelitas: um relatório de 1675 conta um total de 60 religiosos na vigaria do Pará, dos quais nenhum é missionário ocupado com evangelização dos indígenas. Em 1784, o convento carmelita do Pará conta com 44 religiosos dos quais apenas nove são vigários no Rio Negro e Solimões (Hoornaert, 1980, p. 323).

Quanto ao período imediatamente posterior à ação de Pombal, basta ler no capítulo VI deste trabalho, os depoimentos de Dom Caetano Brandão ou, ainda, do Cônego André Fernandes de Souza para se ter o relato fiel de uma evangelização que parece carecer de "mola propulsora interior" e se alastra na rotina do abandono, da negligência quanto às obrigações impostas pelo Direito Canônico em relação à sacramentalização dos povos já cristianizados pelo batismo, e do relaxamento geral. A situação não é menos dramática no final do século XVIII, quando para o espaço enorme Sulcado pelos Rios Amazonas, Solimões, Madeira, Rio Negro e Rio Branco se contam 37 povoações das quais apenas 15 são assistidas pela presença de um sacerdote. Artur César Ferreira Reis revela os dados:

- para Vila Nova da Rainha um carmelita;
- para Silves Vila um franciscano;
- para Conceição no Rio Marguês um clérigo secular;
- para Carmelo no Rio Canumã um clérigo secular;
- para Barba no Rio Madeira um clérigo secular;
- no Rio Solimões: Dita d'Avelos com um clérigo, Vila de Ega om um clérigo, Vila d'Olivença (fronteira) com um clérigo;
- no Rio Negro: Forte da Barra (atualmente Manaus) com um clérigo, Carvoeiro idem, Moura idem, Barcelos idem, Tomar com um franciscano, Santo Antônio das Castanheiras com um carmelita
- no Rio Branco apenas uma das sete povoações tem sacerdote, é o "Destacamento de São Joaquim" que assegura a fronteira e tem um clérigo residente.

Isso significa que de 37 estabelecimentos humanos, na região do atual Estado do Amazonas, 22 ficaram sem nenhuma assistência regular, em termos religiosos, no final do período colonial (Reis, 1985, p. 9-14).

Um retrato bem pitoresco desse clero amazônico nos é deixado pelo naturalista inglês Wallace que nos anos 1848-1852 esteve na região fronteiriça entre o Brasil e a Venezuela e aí encontrou o famoso Frei José dos Santos Inocentes, uma figura que parece sair das páginas dos Contos da Cantuária, do autor medieval Chaucer. Carlos Moreira Neto nos traz a citação, no capítulo VII desta História. É a imagem de um clero condicionado pelas imensas distâncias tanto físicas quanto culturais (contato com as populações indígenas), pela ausência quase total de controle eclesiástico, pelo poder tanto mais forte quanto menos contestado junto ao povo da região (Wallace, 1939, p. 289-291).

O que escrevo aqui não entra em contradição com o espírito de abnegação e generosidade, de fé e coragem que deve ter acompanhado continuamente esses desbravadores da evangelização. Seria errôneo imaginar-se os missionários como puros conquistadores ou civilizadores. Como bem realçou Hugo Fragoso no capítulo V, os missionários trouxeram aos indígenas "algo mais", que estes souberam apreciar. Os indígenas gostavam dos missionários, não só pelo fato que estes trouxeram conhecimentos novos e habilidades novas para a vida, mas também pela ternura, fraternidade, compaixão, respeito, caridade, opção pelos pobres, cuidado com marginalizados e doentes, afinal pelas virtudes cristãs vividas por eles. Hugo Fragoso cita o historiador português Lúcio de Azevedo quando este observa que os índios "aceitavam a catequese com tanta facilidade que esta pareceu corresponder a uma estrutura inerente ao processo que estavam vivendo" (cf. cap. V). Uma observação bem-feita e de muito alcance.

Com a romanização da Igreja Católica na Amazônia, a partir da segunda parte do século passado e mais precisamente dos episcopados de Dom José Afonso de Morais Torres (1844-1859) e Dom Antônio de Macedo Costa (1861-1890) – descritos aqui por João Santos no oitavo capítulo –, duas dinâmicas ficaram bem claras.

Em primeiro lugar, a dinâmica do sistema de prelazias. Como se pode verificar no "Quadro Histórico da Igreja Católica na Amazônia" que damos em apêndice, Roma optou pela organização do espaço amazônico em prelazias, contrastando com a política da instalação de dioceses que havia vigorado até então com São Luís (1677), Belém (1719) e, ainda, Manaus (1892). A partir da organização eclesiástica de Santarém (1903), optou-se pela forma jurídica de prelazias "nullius", isto é, "nullius diocesis" (dependentes de "nenhuma diocese", mas diretamente ligadas à administração romana). A intenção parece ter sido dupla: em primeiro lugar resolver uma questão típica de "terra de missão", a falta de clero e de infraestrutura em termos de finanças, prédios, igrejas. Ora, Roma sempre considerou a Amazônia como "terra de missão" e foi só por pressão do governo e da hierarquia do Brasil que ela encontrou essa fórmula intermediária entre a organização missionária, articulada em vicariatos apostólicos ou prefeituras apostólicas e a da diocese propriamente dita. Segundo o Direito Canônico (cân. 368-370), as prelazias são subtraídas do poder propriamente episcopal que no caso da América seria o dos bispos de São Luís, Belém e Manaus respectivamente, e diretamente dependentes de Roma. A segunda intenção deve ter sido superar de vez a tradição do padroado e da lusitanização do sistema eclesiástico na Amazônia, marginalizar o "antigo clero" de tradição lusitana imbuído de um espírito muito independente e muito "canônico".

Em segundo lugar, a dinâmica do clero estrangeiro. A Amazônia até hoje tem uma estrutura eclesiástica basicamente estrangeira, a não ser nos já citados centros de São Luís, Belém e Manaus. O caráter internacional do clero que atua na Amazônia trouxe de certo uma menor aderência da pastoral com a religião vivida pelo povo, mas do outro lado resultou num compromisso político e social corajoso em diversas prelazias, como São Félix do Araguaia, no Mato Grosso, e Rio Branco, no Acre.

A mais importante virada na dinâmica da "evangelização oficial" da Amazônia se operou muito recentemente e, por conseguinte, ainda não revelou por inteiro seus desdobramentos sobre a pastoral da Igreja Católica na região. Trata-se do fato sumamente importante de que a Igreja deixou de apoiar incondicionalmente os projetos do Estado e de apoiar-se no Estado para realizar seus projetos. Como escreveu Possidônio da Mata no décimo capítulo dessa História, ainda em 1957 a Igreja da Amazônia assinou um importante convênio com a SPVEA (Superintendência para o Plano de Valorização Econômica da Amazônia) conseguindo desta forma dinheiro público para seus estabelecimentos próprios como colégios, escolas, hospitais, orfanatos, centros sociais, oficinas, oratórios ou, ainda, missões indígenas.

Isso mudou, pelo menos começou a mudar, na década de 1970. No Encontro Inter-regional de Santarém de 1972, assim como no Encontro de Manaus de 1974, o tom usado pelos dignitários da Igreja mudou de forma significativa. Passou-se a falar uma nova linguagem, acerca de formação de agentes de pastoral, comunidades cristãs de base, pastoral indígena, pastoral da juventude, cursos na área da Bíblia, da política, das questões sociais, educação de base, educação política e, sobretudo, análise da sociedade. Essa linguagem era inteiramente nova e provocou uma guinada nos planos pastorais, cujo resultado se fez sentir de uma forma bem concreta e pungente: a Igreja começou a sofrer perseguições por parte do mesmo Estado com o qual andou tanto tempo aliada. O Padre James Murray foi expulso de Santarém em 1969, seguidos pelos Padres Jentel e Fontanella de São Félix do Araguaia, em 1975 e 1976. Mais tarde os Padres Ezequiel Ramin e Josimo Tavares foram mortos por causa de conflitos entre o povo e o Estado, assim como Irmã Adelaide Molinari, Creuza Coelho e mais de uma centena de leigos das comunidades eclesiais de base. Hoje o Bispos Pedro Casaldáliga, Erwin Krautler e Moacir Grechi são ameaçados de morte por parte dos donos do poder na Amazônia.

Decididamente, uma parte importante da hierarquia católica atuante na Amazônia mudou de postura em relação às questões econômicas, sociais e políticas que envolvem as populações da região e o futuro da história da Igreja na Amazônia há de mostrar até que ponto essa mudança de postura por parte de bispos, sacerdotes, religiosas e leigos será irreversível e marcará o caráter da evangelização "oficial" na Amazônia.

2. Percepções da alteridade

Já analisamos aqui o caráter estrangeiro da evangelização na Amazônia. Uma das consequências da presença de numerosos agentes de pastoral que não são amazônicos nem foram criados na região é sem dúvida a pouca atenção que se dedica a questões propriamente culturais, numa região em que o distanciamento cultural entre o agente de pastoral, de origem ou formação ocidental-europeia, e a massa do povo, de origem indígena, é enorme.

Temos que dizer que o clero do período lusitano e pré-romano tinha mais sensibilidade pelo problema do que o de hoje. Dom José Lourenço da Costa Aguiar (1894-1904), primeiro bispo de Manaus, demonstrou grande preocupação pela preservação da cultura indígena enquanto o segundo bispo da mesma cidade, Dom Frederico Costa (1907-1913), cuidou em publicar um catecismo em "língua geral" (tupi ou nheengatu), com cânticos religiosos em português e tupi e uma pequena gramática tupi. É uma figura interessante, esse Dom Frederico Costa. Foi prelado na nova Prelazia de Santarém (1903), com 29 anos de idade, tendo estudado em Paris e Roma e conquistado um diploma de doutor em Teologia. Foi ele que chegou a afirmar sobre os índios amazônicos: "Eles adquirem uma meia civilização que lhes é inteiramente fatal". Ele se aprofundou no mundo mítico dos amazônicos e na sua Carta Pastoral de 1909 comentou a figura de Jurupari – absolutamente central na cultura tupi e sempre demonizado pelos missionários desde os tempos coloniais – da forma seguinte:

> Pensamos que, sob o nome de Jurupari, esteja a lembrança de algum herói antigo que haja existido entre os nossos selvagens, uma espécie de legislador filósofo como Buda, Confúcio etc. o que nos leva a esse pensamento são as leis atribuídas a Jurupari, pelas quais governam-se praticamente os nossos índios, tanto do Uaupés como de Içana e do Rio Negro [...]. Essas leis dão-nos a explicação de uma das tantas coisas que nos parecem estranhas e contêm uma certa moralidade. Parece também que houve erro em identificar Jurupari com o demônio (Costa, 1909, p. 52-54).

Dom Frederico Costa estava no bom caminho, o da análise do mundo ético amazônico para daí chegar a um diálogo em profundidade com o cristianismo. Infelizmente, suas cartas e sugestões caíram no esquecimento, na voragem provocada pela entra de numerosas congregações estrangeiras fortemente imbuídas da superioridade europeia-ocidental e das teses de barbarização, demonização, infantilização e domesticação que sempre foram usadas contra os habitantes da Amazônia.

O interesse demonstrado por Dom Frederico Costa pelo modo de ser dos indígenas amazônicos tem raízes na "era missionária" descrita aqui por Hugo Fragoso no quinto capítulo. Florescia entre os missionários anteriores a Pombal uma verdadeira escola de filologia indígena, como a vemos expressa nas 19 obras de pastoral e catequese eleboradas pelos franciscanos da Província Portuguesa de Santo Antônio (sobretudo na língua dos Aruã), ou nas cinco obras dos jesuítas e outras tantas dos franciscanos da Piedade, da Conceição, dos carmelitas e mercedários. Fragoso acena – e com razão – para o fato de que a súbita retirada dos missionários da Amazônia, por obra e graça dos decretos pombalinos da década de 1755-1765, provocou uma aceleração na produção de uma cultura tapuia relativamente autônoma do controle eclesiástico em toda a área amazônica. Aliás, a recente descoberta, na Torre do Tombo, em Lisboa, do Livro para a Visita que por parte do Santo Ofício da Inquisição se há de fazer nesta cidade (de Belém) e em todo o Estado do Grão-Pará (Lapa, 1978, p. 172-173), não faz senão confirmar a existência dessa religião ao mesmo tempo cristã e tapuia na própria cidade de Belém e até no palácio do governador do Pará, João de Abreu Castelo branco. O caso foi o seguinte: estando o governador doente, mandou chamar uma índia de nome Sabina, que procedeu à defumação da sua perna em ritual de pajelança: "E acendendo um cachimbo de gesso que pediu a ele denunciante lhe soprou com ele e fez muito fumo em uma perna" (Lapa, 1978, p. 172-173). Parece, pois, que o ritual da pajelança não era uma coisa rejeitada na própria sociedade portuguesa em Belém do Pará, e combinava com a tradição cristã trazida de fora.

Esse contato mais íntimo entre cristianismo e pajelança não impediu que os indígenas sempre ficassem extremamente desconfiados diante dos missionários, conforme relata o escritor jesuíta João Daniel em seu famoso Tesouro Descoberto do Máximo Rio Amazonas, escrito nos cárceres da inquisição portuguesa, nos anos

1770. Daniel descreve os indígenas como "frios" ou "frívolos" diante da religião cristã (1, 241), e afirma que eles acreditam mais em "carapira" (Curupira, Caipora, Caaporá) do que em Cristo (1, 240). O índio, diz Daniel, a tudo responde "Aipô" (pode ser, talvez), nunca se empolga, sempre fica distante. E o missionário conclui, desanimado: *Perdidimus oleum et operam* (Perdemos o óleo a [a energia] e a obra) (1, 241).

Dom Brandão, bispo do Pará entre 1783 e 1789, foi um dos poucos agentes de pastoral na Amazônia que – como Dom Francisco Costa mais de um século depois – soube apreciar e valorizar o modo de ser dos indígenas. Ele chegou a afirmar que esses índios poderiam ser comparados aos primeiros cristãos, se não fosse sua notória rejeição das coisas religiosas (leia: da religião trazida de fora). Carlos Moreira comenta, no sexto capítulo, as Memórias muito interessantes desse bispo, publicadas em Braga (Portugal) em 1868, que são um retrato vivo da quotidianidade amazônica na época e nos deixam a forte impressão do contraste entre a vida simples das populações indígenas e a opulência da sociedade colonial estabelecida em Belém e outros centros com moradores portugueses (Memórias para a história, 1868).

Podemos afirmar que essa avaliação positiva da religião indígena – mesmo com todas as restrições – não resistiu à romanização e à internacionalização da evangelização na Amazônia. Os missionários passaram sempre mais a pensar segundo o esquema de Tupã a Cristo[19]. Sobretudo no campo da espiritualidade, a ruptura era bem traçada e brusca. Enquanto a espiritualidade do clero anterior mantinha laços de harmonia e apreço com a religião do povo, com a romanização instalou-se uma guerra no campo da devoção e da espiritualidade entre a "religião oficial" praticada pelos padres, religiosas e leigos engajados, e a "religião popular" que constituía o modo de se relacionar com o transcendental por parte da grande maioria do povo. A hierarquia católica abriu uma

---

19. Alusão ao Álbum Comemorativo do Jubileu de Ouro das Missões Salesianas no Amazonas, 1915-1965, que foi editado sob o título: *De Tupã a Cristo*.

guerra declarada contra a religião dos indígenas, tapuios e caboclos, e ao mesmo tempo contra as estruturas que sustentassem essa religião. Devoção e evangelização entraram em choque, e não se pode prever – nos dias que correm – quando esse choque será superado, pois há poucos indícios de mudança nas atitudes de fundo que caracterizam a postura dos missionários e agentes de pastoral frente à religião cabocla da Amazônia.

3. A Amazônia como refúgio religioso

João Daniel tem uma observação muito interessante e de grande alcance. Ele diz que os colonos na Amazônia se sentiam mais livres das "obrigações" impostas pela religião do que em outras partes do Brasil, e relata o caso de um português paulista

> a quem lhe perguntava por que fora fazer o seu sítio e vivenda lá nos matos e tão retirado da comunicação e comércio dos brancos? A que respondeu o paulista que ali estava bem, porque estava livre do confesso, e negredada pensão da missa (Daniel, 1975, p. 242; cf. p. 247).

A Amazônia, uma zona de refúgio das desobrigadas impostas ao povo cristão desde o quarto Concílio de Latrão em 1215! O leitor ficar admirado de encontrar na Amazônia do século XVIII uma resposta digna de um "livre-pensador" que quer ser deixado em paz, longe dos padres e das missas, da inquisição e dos impostos eclesiásticos, das obrigações sacramentais. Pelo que se pode captar através de Daniel, mas também do relato da Visitação do Santo Ofício em Belém na mesma época, florescia na Amazônia – tanto nos centros urbanos como nos "matos" – um cristianismo não obrigatório, mas muito devocional; não sacramentalista, mas intensamente voltado para a veneração dos santos. João Daniel que o diga, observando na Amazônia "pouca reverência aos sacramentos, mas muita devoção aos santos" (Daniel, 1975, p. 242). Por mais que Daniel rejeitasse esse modo de se praticar o cristianismo, ele percebeu muito bem – no seu espírito pragmático – que o mesmo se impunha por força das coisas, por falta de missionários que pudessem usar a *via coactiva* (método de evangelização por coação). E, assim, a Amazônia foi evangelizada por métodos menos ortodoxos, mas que se impunham nas circunstâncias concretas, pela *via devotionis* (evangelização por devoção) e não através de sacramentos. Os indígenas bem compreendiam que ir à missa significava, na realidade, submeter-se aos brancos e, por isso, respondiam com um cinismo, que só podia ser expressão do mais profundo sofrimento, aos que lhes perguntavam por que não iam à missa:

> Disse um vendo ao seu missionário castigar alguns que faltavam à missa: para o domingo seguinte não hei de vir à missa, é mais dúzia, menos dúzia de palmatoadas. E outro, ao qual o seu missionário mandou açoitar, por ter falta à missa, acrescentou: peço-te que me mandes dar outros (açoites) pela missa de domingo que vem, pois não hei de ouvi-la (Daniel, 1975, p. 244 e 256).

Daniel estava absolutamente convencido que sem açoites e castigos corporais não era possível evangelizar os indígenas da Amazônia:

> É necessária a *vis coactiva* para serem (os missionários) respeitados e obedecidos. Doutra sorte não cumprirão os índios com as obrigações de católicos, não acudirão à igreja, não trarão os filhos ao batismo, não os mandarão à doutrina. E muito menos poderão (os missionários) ir praticar os índios do mato e fazer descimentos, com que se restabeleçam as missões, se aumentem e se conservem (Daniel, 1975, p. 246).

Ao longo não era possível continuar com esse sistema de castigos como o tronco, a palmatória, os açoites (Daniel, 1975, p. 247), e seu desuso levou ao abandono da prática sacramental em todo o vale amazônico, já na segunda parte do século XVIII.

A partir de meados do século XVIII, estávamos praticamente diante de um catolicismo não sacramental em todo o vale amazônico, uma religião de refúgio leigo e indígena. As imensas distâncias, a falta de padres, a diversidade cultural e outros elementos fizeram com que essa religião se tornasse consistente e conseguisse resistir aos ataques da romanização e da internacionalização que se verificou no campo da evangelização "oficial", sobretudo no século XX.

Uma expressão da força desse catolicismo devocional sempre foi a existência de confrarias ou irmandades religiosas das mais variadas devoções, que têm perturbado os planos pastorais desde tempos muito remotos. Já o mencionado Dom Brandão – ao qual não faltava sensibilidade pelas questões pastorais – se declara expressamente incomodado pela proliferação dos assim chamados "Impérios do Espírito Santo" e escreve da forma seguinte, em 1789:

> Para extirpar os abusos da confraria denominada Império do Espírito Santo, ordena que os párocos averiguem se as ditas irmandades têm compromissos aprovados, e não os tendo, ou não observando as condições deles, os chamados Imperadores, proíbam absolutamente tais confrarias. E a respeito das mesmas que têm compromissos, façam desterrar da igreja as indignas de corações. E outrossim ordena que se execute a determinação de seu predecessor Dom Frei Miguel de Bulhões, em Pastoral de 6 de maio de 1750, de que todos os Impérios da cidade (de Belém) fossem reduzidos a um só, que é o da freguesia da Catedral (Memórias para a história, 1868, p. 378).

Mas tudo indica que esses esforços não resultaram em efeitos satisfatórios, pois num estudo realizado 150 anos depois, Eduardo Galvão faz referências à mesma oposição entre clero e irmandades religiosas leigas numa pequena cidade do interior paraense da forma seguinte:

> (As Ordens Terceiras) caracterizam-se por completa autonomia das autoridades eclesiásticas que, aliás, consideram-nas profanas por não possuírem objetivos de beneficência. As irmandades de Itá são inteiramente dedicadas ao culto dos santos. Os leigos que as dirigem não têm qualquer relação com os padres, preferindo evitá-los. Alguns são, por isso mesmo, considerados hereges pelo catolicismo oficial. Os festivais que realizam para cultuar o santo, e que incluem, além das rezas, baile e comedoria, são objetos de crítica severa dos sacerdotes. Embora essas pressões, as irmandades continuam a florescer. Enquanto umas desaparecem ou se desorganizam, novas surgem (Galvão; Eduardo, 1976, p. 35).

Eis um ponto em que um estudo comparativo entre a Amazônia e o resto do Brasil pode abrir novos espaços para a nossa compreensão do catolicismo vivido entre nós. Se for provado que as irmandades persistem na Amazônia até hoje – pois o estudo de Galvão se baseia numa pesquisa de 1949 – teríamos condições de afirmar com maior segurança que o catolicismo caboclo da Amazônia tem rosto próprio em relação ao resto do Brasil. Por enquanto, ficamos com hipóteses e suposições.

4. Significado histórico do Círio de Nazaré

Não é só nas irmandades que o cristianismo amazônico demonstra sua peculiaridade. Existe o Círio de Nazaré, procissão anual que percorre as ruas de Belém e é considerada a maior procissão da América Latina e talvez do mundo católico; pois nos últimos anos o número de pessoas que, de alguma forma participam do Círio, aproxima-se do milhão.

A poderosa força silenciosa dos romeiros, devotos e pagadores de promessa que passa cada ano no segundo domingo de outubro pelas ruas da cidade se compara com o próprio Rio Amazonas. Diante dela, todo e qualquer esforço pastoral a partir do horizonte oficial parece uma folha deitada sobre o Rio Amazonas. O Círio, definitivamente, é do povo e é da Amazônia, exprime a Amazônia e o poder afirmativo de seu povo. Isidoro Alves, que escreveu um livro interessante sobre o Círio, diz que "na procissão, o ato de pagamento de promessa se dirige quase que diretamente à Santa e não passa pelas intermediações do sacerdote, das súplicas e orações da liturgia católica" (1980, p. 58).

Os poderes constituídos, tanto civis como eclesiásticos, procuram apropriar-se do Círio e canalizar sua força, em vão. O Círio passa impassível às manipulações. Ele não é nem da "religião civil" nem da "religião eclesiástica", escapa aos enquadramentos. O poder eclesiástico entrou por duas vezes em atrito com a dinâmica do Círio e, por duas vezes, teve que ceder. A primeira "questão do Círio" foi entre 1877 e 1880, no governo de Dom Macedo Costa, e a segunda entre 1926 e 1931, sob Dom Irineu Joffily. A impressão que se tem é que a autoridade eclesiástica não consegue entender a dinâmica própria que move tanta gente a caminhar pelas ruas de Belém seguindo a imagem de Nossa Senhora de Nazaré.

Pensamos que os estudos reunidos nesta *História* podem elucidar essa questão eminentemente pastoral. Damos aqui, como conclusão do nosso estudo, um texto inédito de Carlos Moreira Neto, que elaborou os capítulo III, VI e VII desta obra, e resume aqui em poucas páginas o que ele entender por cristianismo "tapuio", uma forma intermediária entre as religiões específicas do vale amazônico, e o cristianismo caboclo que se manifesta de forma tão impressionante no Círio de Nazaré. A religião vivida na Amazônia percorreu até hoje três fases: de indígena a tapuia e de tapuia a cabocla. Quer nos parecer que o conceito "tapuio", usado nos estudos de Carlos Moreira Neto (1988), esclarece de forma feliz a passagem entre o mundo indígena anterior e o mundo "civilizado", também em termos de religião. Eis o texto:

"Para a correta avaliação (do cristianismo amazônico hoje), é indispensável considerar o caráter, a diversidade e o grau de desenvolvimento da população da região, majoritariamente indígena. Os índios, originários das missões religiosas, foram integrados compulsoriamente à ordem colonial. Elisée Reclus destaca a função homogeneizante das missões que, ao concentrar em uma mesma área indivíduos de diferentes tradições culturais nativas, eliminaram o caráter distintivo das línguas e culturas tribais e determinaram a emergência do *tapuio*:

> Os indígenas ribeirinhos, que outr'ora se haviam agrupado sob a direção dos missionários jesuítas, acham-se hoje confundidos em uma população homogênea fallando a *língua geral* que lhes foi ensinada com o catechismo, e substituindo a pouco e pouco este idioma pelo portuguez dos traficantes. Dá-se-lhes o nome genérico de Tapuios [...] esta tribu primitiva desde muito desappareceu ou pelo menos fundiu-se na multidão anonyma das populações hybridas. O nome que têm os Tapuios [...] não envolve nenhuma idéa de procedência especial [...] (Reclus, 1900, p. 85).

O processo sociocolonial do surgimento do *tapuio* se deu, sobretudo, no aldeamento missionário. Da mesma forma que nos aldeamentos jesuíticos do Guairá (Paraguai) e do Alto Uruguai, na Amazônia a ausência de colonos brancos ocasionou a formação de uma população indígena que se adaptasse como força de trabalho regional. O centro de adaptação e conversão do índio tribal em índio genérico, o tapuio, foi a missão.

Este processo de conversão cultural do índio colonizado e mantido sob o Regime das Missões é caracterizado pela perda da identidade étnica substituída por uma cultura compósita, uma espécie de *cultura de contato*. Destribalizado durante os *descimentos* e a transferência do grupo indígena para os aldeamentos missionários; reunido com grupos culturalmente diversos, em lugares mais acessíveis ao contato, geralmente junto aos grandes rios ou no litoral, onde era sistematicamente reduzido a uma homogeneização deculturativa, o tapuio não podia ser referido a nenhuma cultura indígena em particular, mas, pelo contrário, permanecia diferenciado dos diversos grupos tribais da região.

A prática de aldear grupos indígenas etnicamente diversos, ou mesmo tradicionalmente inimigos, num mesmo lugar, era frequente entre os missionários jesuítas e de outras ordens, desde o século XVI. Tratava-se de uma forma eficaz de desorganização social e descaracterização cultural porque adicionava à ação catequética a pressão das outras tradições tribais que integravam o mesmo aldeamento missionário.

Este processo histórico de gestação do tapuio está inevitavelmente relacionado com a difusão simultânea da *língua geral*. A *língua geral* na Amazônia decorre de sua expansão inicial no Brasil do século XVI e no Maranhão no início do século XVII, auxiliando o trabalho catequético dos padres e servindo como instrumento da expansão colonial e missionária. A presença marcadamente indígena na Amazônia fez com que a língua geral permanecesse como marco colonial-cultural da região, resistindo inclusive aos esforços da administração pombalina para eliminá-la.

A língua geral, apesar de ser um importante instrumento de comunicação ao interior das comunidades missionárias, não chegou a substituir totalmente as línguas indígenas de determinadas regiões, como a do Rio Negro, onde as línguas indígenas de larga difusão regional, como o Tucano ou o Baníua, continuaram sendo o meio de comunicação intertribal.

Em regiões estranhas à tradição cultural Tupi, a língua geral era usada tanto para a comunicação entre índios de língua diferente, mas para comunicação com os 'civilizados', assumindo, portanto, o traço distintivo do domínio cultural.

O mais típico falante da língua geral era o tapuio, cujo processo de gestação estava intimamente relacionado com a difusão da língua geral, sobretudo pela necessidade histórica da região de uma colonização feita com o uso quase exclusivo das massas de população indígenas, descidas, reduzidas e postas a funcionar como unidades de produção e reprodução do modelo social e econômico das missões.

Além da herança biológica do tapuio, puramente indígena, também o distinguiria das outras categorias mestiças (como o mameluco, o mulato, o cafuzo etc.) o fato de que conservava um mínimo de nexos comunitários, e não se mantinha tão dependente da sociedade colonial quanto as outras categorias. Esta relativa autonomia do tapuio foi duramente combatida pela política pombalina, cuja nova ordem pretendia uma integração direta e inexorável à ordem colonial em que os índios, como colonizados, eram necessariamente subordinados aos colonizadores e nunca iguais em direito, a despeito dos textos legais.

Na medida em que as tensões econômicas, sociais e políticas na Amazônia aumentavam, os tapuios, como grupo mais oprimido e marginalizado, passaram a integrar em massa o contingente de população que procurava romper os vínculos de subordinação à sociedade colonial. Esse movimento eclodiu na rebelião da Cabanagem, na qual o tapuio era elemento de acentuada importância, buscando sobreviver como uma sociedade independente e tentando reconstruir suas vidas em comunidades na selva.

A sociedade amazônica que emerge do Regime das Missões é, tanto genética quanto culturalmente, uma sociedade essencialmente indígena. Mesmo no campo específico da ideologia e das práticas da religião oficial, justificativa e motor primário da presença e da ação dos missionários, o catolicismo, tal como foi entendido e praticado na Amazônia, entre 1750 e 1850, é uma religião permeada de crenças e práticas indígenas, difusas e persistentes.

Por volta de 1763, a Amazônia foi alvo de um amplo inquérito a cargo do Tribunal do Santo Ofício, com o propósito de investigar os desvios da ortodoxia religiosa e punir os culpados com as penas previstas no regimento da inquisição. Na verdade, esta visitação do Santo Ofício durante o regime pombalino e imediatamente após a abolição do Regime das Missões e da expulsão dos jesuítas, era mais um instrumento a serviço de interesses da nova política colonial que, propriamente, de preocupação com o respeito devido à religião do Estado. De qualquer sorte a visitação do Santo Ofício ao Estado do Grão-Pará, sob a direção do Dr. Giraldo José de Abranches, inquisidor apostólico da Inquisição de Évora, fornece amplos elementos sobre a densidade e constância da contaminação do cristianismo amazônico por crenças e práticas indígenas.

Outra testemunha privilegiada da formação do cristianismo amazônico é o naturalista Barbosa Rodrigues, que publicou nos *Anaes da Biblioteca Nacional* (vol. XIV, 1886-1887) seu grande texto, *Poranduba Amazonense*, sobre as lendas, crenças e superstições dos tapuios na Amazônia. Este texto, predição de uma ampla introdução, compõe-se de lendas em língua geral, seguidas, cada uma, pela competente tradução em português. Algumas dessas lendas podem ser referidas a tradições indígenas específicas de onde se originaram; a maioria, entretanto, faz parte do universo cultural genérico dos tapuios. O que há de permanentemente importante nessa recolecção de lendas e mitos é o fato de que eles expressam a visão do mundo dos típicos habitantes da Amazônia de fins do século passado e, assim, elucidam as raízes e a origem de crenças e superstições que impregnaram definitivamente a cultural popular da Amazônia. Em 1950, o antropólogo Eduardo Galvão escreveu um livro extraordinariamente penetrante sobre a vida religiosa dos caboclos do Baixo Amazonas, *Santos e Visagens*. Esse estudo sobre a religiosidade popular da Amazônia, em que as confrarias religiosas se misturam com a pajelança, de modo necessário, ao conjunto de lendas e crenças revelado por Barbosa Rodrigues no século anterior e que compõe, ao lado dos aspectos formais do catolicismo, o mundo espiritual dos tapuios e, por extensão, das grandes massas da população tradicional da Amazônia.

Todas essas contribuições conduzem à consideração do papel capital representado pelos tapuios na formação e desenvolvimento de uma cultura de base amazônica, que sobreviveu ao Regime das Missões e ao próprio extermínio dos tapuios como entidade social distintiva desse processo sociocultural. Em relação à esfera das instituições e práticas religiosas dominantes na Amazônia, os aspectos distintivos da religiosidade popular devem ser referidos, ainda hoje, às condições históricas e culturais que gestaram o tapuio como um produto de transição entre o mundo tribal e o mundo colonial.

O fim do Regime das Missões e o consequente afastamento ou expulsão das ordens religiosas dedicadas à catequese indígena gerou uma situação de carência crônica de sacerdotes que já fora registrada em níveis críticos pelo bispo do Pará, D. Frei Caetano Brandão, na década de 1780, e que continuava significativa em 1950, quando Galvão escrevia *Santos e Visagens*. Esta, pois, é mais uma característica do catolicismo tradicional na Amazônia, que, ao interromper, com Pombal, o esforço de conversão dos índios aos interesses e valores, não puramente religiosos da sociedade colonial, facilitou e tornou permanente a sobrevivência de crenças e práticas indígenas, mescladas aos valores cristãos. A ausência de sacerdotes ou sua extrema rarefação e má qualidade ética e intelectual, invariavelmente denunciada por bispos, viajantes e cronistas de todo o período histórico tratado, contribuiu naturalmente para forrações ou irmandades leigas e, mesmo, por oficiantes religiosos heterodoxos, como pajés e benzedores, que constituem os *funcionários do sagrado* tradicionais das pequenas comunidades caboclas do interior.

Uma das consequências da extinção do Regime das Missões foi o esvaziamento e a radical diminuição do número de sacerdotes, principalmente no interior. Independentemente das tendências e opiniões pessoais, todos os bispos do período pós-missionário são concordes em registrar a escassez e a má qualidade dos sacerdotes das paróquias do interior ou mesmo da capital. Inevitavelmente 'contaminado' por crenças e práticas *gentílicas*, pelo caráter indígena da maioria absoluta da população, o catecismo tal como foi praticado concretamente na Amazônia de 1750 a 1850 era, também, uma religião sem sacerdotes, que se desenvolvia autonomamente".

Até aqui o texto de Carlos Moreira Neto. Dele emerge a imagem de um cristianismo antes de tudo autônomo, que se propaga na quotidianidade da vida sem mediação sacerdotal e basicamente através da dinâmica da devoção, seja no interior pelos regatões e outros comerciantes que procuram as "drogas do sertão" desde tempos muito remotos, a salsaparrilha, o cravo, o cacau, a piaçaba, a "casca preciosa", puxuri, copaíba, guaraná, sumaúma, madeiras finas de construção, ou então o comércio do cultivo doméstico de tabaco, algodão, cana-de-açúcar, anil, café, mandioca, seja ainda na cidade e no mato através da própria tradição familiar. Um cristianismo firmemente ancorado na ética da solidariedade e da resistência, da honestidade e do compadrio. Um cristianismo indígena, tapuio, caboclo, moreno, que não discute com os padres nem duvida das verdades por estes apresentadas, mas simplesmente não depende deles para sobreviver. Um cristianismo de identificação amazônica que garante uma postura cristã considerada mínima no campo da doutrina, mas que pode ser considerada máxima no campo da prática, um cristianismo de pouco catecismo e muita fé, pouco padre e muita reza, pouca missa e muita devoção. Um cristianismo altamente significativo para as pessoas que nele vivem imersas, mas muito discriminado pelas elites, que professa um "credo" extremamente simples que pode ser resumido na expressão "fé em Deus", e no qual os valores cristãos convivem com valores religiosos de raízes indígenas e africanas. Um cristianismo que permite a complementação de outras religiões e não é intolerante, se confunde com a comunhão humana baseada na "fé em Deus". Um cristianismo que corresponde ao sentimento que todos têm de serem pobres ou pelo menos marginalizados, explorados e injustiçados. A persistência dos horizontes não europeus – indígena e africano – poderá, com o correr do tempo, fortalecer a eficácia política desse cristianismo, mas esse tempo ainda não chegou, pois o trauma da compulsão e da violência cultural com que se formou esse cristianismo ainda não foi ultrapassado. Estamos ainda na fase de luta pela memória e pela identidade, pela resistência contra novas e renovadas forças de opressão.

Esse cristianismo se manifesta uma vez por ano por ocasião do Círio, mas ele cresce e se fortalece nos mínimos detalhes da vida diária das pessoas a cada dia que passa. Ele constitui uma força histórica que há de manifestar suas potencialidades na medida em que o povo conseguirá organizar-se melhor. Por isso terminamos essas considerações acenando para o significado da experiência de Comunidades Eclesiais de Base. A questão é de organicidade. Será que as Comunidades Eclesiais de Base serão capazes de aliar-se à força histórica do cristianismo amazônico popular ou será que elas ficarão presas – como estão largamente até agora – a tipos de interpretação da religião do povo segundo os antigos esquemas como ignorância, superstição, atraso cultural, subdesenvolvimento, magia, curandeirismo, pajelança (no sentido pejorativo), fanatismo, inferioridade, infantilismo, "barbárie", afinal a tipos de interpretação que nada mais são que reedições dos preconceitos com que os missionários antigos enfrentaram as religiões amazônicas?

De nossa parte não pensamos de forma tão otimista ao ponto de desconhecer a grande distância cultural que separa as Comunidades Eclesiais de Base da religião do povo, nem de forma tão pessimista ao ponto de menosprezar a recente mudança ocorrida na Amazônia – como aliás no resto do Brasil – em termos de religião cristã seja católica seja protestante.

Capítulo XIII
50 anos de evangelização na Amazônia: rastreamento documental entre Santarém I (1972) e Santarém II (2022)

Paulo Suess

> Dedico este texto a Dom Jacson Damasceno Rodrigues, aluno e amigo desde os tempos do Cenesc (†16.03.1998).

1. Contexto

Quatro meses antes da fundação da Conferência Nacional dos Bispos do Brasil (CNBB), bispos e prelados da Amazônia Legal, convocados pela Nunciatura, a pedido do Assistente Social da Ação Católica Pe. Hélder Câmara, encontraram-se de 2 a 6 de julho de 1952, em Manaus, para dar os primeiros passos de uma pastoral além das fronteiras de dioceses e prelazias. A experiência do encontro inter-regional produziu outros eventos que tentaram homogeneizar as práticas pastorais da região. Seguiram o Vaticano II (1961-1965) e sua contextualização para América Latina, em Medellín (1968), os quais orientaram e animaram as Igrejas locais. Para a Amazônia brasileira, uma primeira acolhida coletiva do Concílio e de Medellín aconteceu no "IV Encontro Pastoral da Amazônia", de 1972, em Santarém (Conferência Nacional dos Bispos do Brasil, 2014, p. 9-28).

Na perspectiva de uma Igreja "em saída" (cf. EG 20ss.) que deve ser vista no contexto político da Ditadura Militar e de sua ideologia desenvolvimentista, 1972 foi um ano de resistência, um ano carismático e profético, cujo eixo foi o "compromisso com a realidade" (DAp 491).

No mesmo ano, em 25 de setembro de 1972, foram inaugurados os primeiros 1.254 quilômetros da Rodovia Transamazônica (BR-230), cujo traçado atingiu mortalmente 29 povos indígenas, tendo seus territórios cortados pela estrada. Pela TV brasileira, o evento da Transamazônica passa a ser transmitido pela primeira vez em cores, com imagens sinistras e censuradas. Ao mesmo tempo, os governantes festejaram a Transamazônica como um dos esteios do "milagre brasileiro".

Na mesma época, a denúncia de uma "Biafra brasileira" no Vale do Guaporé percorreu a imprensa internacional. O traçado da BR-364, de Cuiabá para Porto Velho, que cortou o território Nambiquara ao meio, causou a morte de toda a população Nambiquara menor de 15 anos, pela transmissão de sarampo[20].

Hoje, 50 anos mais tarde, comemoramos o ano de 1972 como "ano jubilar". Em fevereiro, a Igreja do Brasil assumiu um programa de ajuda mútua entre as dioceses por meio do Projeto Igrejas-Irmãs. Em abril, foi fundado o Conselho Indigenista Missionário (Cimi) e, em novembro, nasceu o Conselho Missionário Nacional (Comina). No mesmo ano, em maio, realizou-se o "IV Encontro Pastoral da Amazônia" (Santarém I), e, em junho, a "Conferência de Estocolmo", a primeira reunião organizada pelas Nações Unidas (ONU) para tratar, em nível mundial, de questões relacionadas à degradação do meio ambiente, ao clima e ao desenvolvimento.

---

20. Cf. Carelli; Severiano, 1980, p. 12.

2. Quarto Encontro Pastoral de Amazônia (1972)

Este "Quarto Encontro Pastoral da Amazônia" (Santarém I) foi precedido por uma série de encontros e levantamentos dos desafios da evangelização na Região Amazônica. Tais encontros foram realizados em Manaus (julho 1952), no Rio de Janeiro (julho de 1971), novamente em Manaus (agosto 1971) e Belém (novembro 1971). Na base das reflexões desses encontros e com as propostas das respectivas regiões, os participantes do evento de Santarém elaboraram o documento de pastoral inter-regional divulgado sob o nome de "Linhas Prioritárias da Pastoral da Amazônia".

As quatro prioridades compiladas nesse documento, a partir dos encontros precedentes, têm suas raízes nos desafios regionais, no Vaticano II e em Medellín: Encarnação na realidade (1), Evangelização libertadora (2), Formação de agentes de pastoral (3) e Comunidades cristãs de base (4).

Para a concretização dessas prioridades, o documento final do evento elenca quatro séries de serviços pastorais, caracterizados como "programas de ação":

1. Pastoral indígena, com referência e apoio ao recém-criado Conselho Indigenista Missionário (Cimi).
2. Estradas e outras frentes pioneiras, mencionando a Transamazônica e os desafios pastorais que emergem da colonização territorial e da migração, como os de minerações, garimpos, serrarias, fazendas agropecuárias e usinas de açúcar.
3. Institutos de Pastoral, enfatizando um intercâmbio de experiências entre centros teológico-pastorais regionais, como o Cenesc, em Manaus, e o IPAR, em Belém, bem como um entrosamento com outros organismos já existentes (Ceris, SCAI, Caritas, MEB).
4. Meios de comunicação social, visando a uma presença da Igreja na TV, na imprensa dos centros urbanos e através de rádios da zona rural.

As "prioridades" e os "programas de ação" de Santarém serviram nos dois anos seguintes como "Diretrizes Básicas" de um plano de pastoral inter-regional e como inspiração e imperativo para as reuniões posteriores.

3. Segundo Encontro Inter-regional de Pastoral (1974): linhas prioritárias da Pastoral da Amazônia

O segundo encontro inter-regional de Manaus avaliou, complementou, aprofundou e reafirmou com realismo a validade das "Diretrizes Básicas" de Santarém I. É um *vade-mecum* programático para a pastoral da Amazônia, não em tudo perfeito, como a história mostrou. Mas, "através do programa Igrejas-Irmãs e outras iniciativas" se observa um "despertar do interesse no país pela Igreja na Amazônia" (37, B.3.1). Por meio dessa atenção nacional, sobretudo pelo apoio da CNBB, ambas as partes se beneficiaram, a Região Amazônica e o conjunto da Igreja no Brasil.

A caminhada pastoral nesses dois anos constata, por um lado, um "amadurecimento cristão do povo, a atuação comunitária no campo da promoção humana, corresponsabilidade e maior conscientização. Gradativamente, as comunidades adquirem autossuficiência e capacidade de se dirigir com elementos próprios" e se libertam "de pura e simples assistência" (37 B.2.3; 39 B.3.2.8).

Por outro lado, lamenta-se no encontro a "escassez de agentes de pastoral" (37 B.3.1.1), a "origem heterogênea de bispos e padres", o que dificulta "o conhecimento adequado da realidade local" (36 B.1.1a), "a instabilidade habitacional, desconfiança ou oposição dos patrões" (39 B.2.7), e a formação e mentalidade cultural dos agentes ordenados muito distante, o que "torna difícil a identificação com os irmãos da região" (36 B.1.1b). "Embora mostre desejo de que sejam [...] eliminadas" (36 B.1.3), o povo tolera essas limitações. "As principais dificuldades provêm da escassez de formadores especializados, das distâncias para realizar cursos e encontros, e da falta de meios financeiros" (38 B.3.1.9). Também a pastoral indígena precisa "dar maior impulso à preparação específica de agentes de pastoral" (40 B.3.3.4) e dos próprios bispos que, às vezes, nem sabem da existência dos índios no seu território ou "declaram não ter pessoal apto para esse trabalho pastoral" (40 B.3.3.1). "Nos centros extrativos de minério ou de madeira [...] tudo depende da disposição benévola ou hostil dos patrões" (40 B.3.4.4).

O encontro dedicou reflexões até hoje válidas relativas à formação das comunidades e dos agentes de pastoral. Essa formação "deve considerar, em primeiro plano, os elementos locais, os autóctones" (41 C.1.3.1). Entre o povo de Deus, deve-se despertar interesse, "para que não faltem à Igreja candidatos ao ministério sacerdotal, que devem ser formados [...] na perspectiva das necessidades amazônicas" (42 C.1.3.8). E, nas transferências dos religiosos e das religiosas, "leve-se em conta o engajamento na Pastoral" e sua "inserção plena e corresponsável" (42s C.1.3.9/C.1.3.11). Em todas as atividades pastorais, "deve-se promover uma espiritualidade evangélica, comprometida e em sintonia com a realidade" (42 C.1.3.5) que precisa ser acolhida e transformada. A experiência pastoral ensina que comunidades e agentes "que partiram dos dados de fé chegaram mais facilmente a exigências de transformação do meio" (46 C.2.3.2).

Esse segundo encontro inter-regional de Manaus, que foi levado nas asas do primeiro encontro de Santarém, acrescentou às quatro prioridades: Formação de agentes de pastoral (1); Comunidades cristãs de base (2); Pastoral Indígena (3); Estradas e outras Frentes Pioneiras (4); a "Pastoral de Juventude", como quinta prioridade, ainda não bem adaptada às exigências da realidade amazônica. A III Conferência Geral do Episcopado Latino-Americano (1979) assumiu e aprofundou essa prioridade como "Opção Preferencial pelos Jovens" (Puebla, 1166-1205), sem ainda mencionar Amazônia.

Em Manaus, reformularam-se também os serviços elencados em Santarém: Organização Pastoral, Institutos de Pastoral, Assessoria Técnico-Jurídica. A Pastoral Indigenista, proposta em Manaus, que ainda defendeu a "irreversível integração do indígena à vida nacional" (47 C.3.1.1), sofreu uma reinterpretação profunda no decorrer desses 50 anos.

Em termos políticos, as denúncias, inclusive as feitas dez anos mais tarde, quando o Regional Norte 1 da CNBB realizou o Seminário sobre os Grandes Projetos, "alertando o país inteiro dos efeitos negativos de tais projetos" (111), deram, fora alguns sustos internacionais, praticamente nenhum resultado.

4. III Encontro Inter-Regional de Pastoral (1990)

Em fevereiro de 1990, bispos e coordenadores de Pastoral da Amazônia (Regionais Norte I e II) se reuniram em Belém "para partilhar uma preocupação que nos atinge a todos: a destruição do meio ambiente na Amazônia" (61, n. 1). Essa destruição caracteriza uma luta entre vida e morte, entre o Deus da Vida e os semeadores da morte. "Semeadores de morte são todos aqueles que agridem de forma violenta e irracional a natureza, destruindo as florestas, envenenando os rios, poluindo a atmosfera e matando povos inteiros" (61, n. 3). O documento nomeia esses semeadores de morte:

- os que implantam projetos que causam danos irreparáveis ao espaço vital de todas as criaturas (barragens, estradas, hidrelétricas);
- os que usam o garimpo para encobrir o tráfico de drogas, envenenar os rios e os habitantes da região;
- os que incentivam e praticam a pesca predatória;
- os que tombam milhões de árvores de madeira de lei a cada ano.

As consequências dessa semeadura da morte são "catastróficas para todo o ecossistema" (63, n. 14), mas também para os povos da região que "perdem suas terras que há séculos habitam [...]. Em nome de um duvidoso progresso e de um desenvolvimento mal-entendido, destrói-se a selva milenar e aplica-se o golpe fatal aos povos da floresta" (63, n. 15).

Os delegados desse evento protestam contra os semeadores de morte e declaram a sua solidariedade "com todos os povos, particularmente os indígenas, que são os mais atingidos pelos projetos de morte, planejados ou em execução na Amazônia" (63, n. 17).

O documento desse encontro é, até então, o texto mais contundente e um texto-precursor da Encíclica *Laudato Si*, do Papa Francisco, que assume a defesa do meio ambiente como um dever pastoral vinculado à defesa dos habitantes da região. "Adorar o Pai 'em espírito e verdade' (Jo 4,23) também é engajar-se para que a obra do Criador seja respeitada em sua grandeza, beleza e harmonia. 'Praticar a verdadeira religião' (cf. Tg 1,27) é solidarizar-se com os últimos e, hoje, assumir a defesa do meio ambiente e comprometer-se com a defesa da vida e viver o Plano do Pai" (64, n. 25).

5. Amazônia sob o olhar de duas Conferências Gerais do Episcopado Latino-Americano e do Caribe: Santo Domingo (1992) e Aparecida (2007)

A partir das Conferências Gerais do Episcopado Latino-Americano e do Caribe de Santo Domingo (1979) e Aparecida (2007), os respectivos documentos assumem a causa da Amazônia como uma tarefa pastoral do Continente. Em 2022, no México, foi organizado, pelo Conselho do Episcopal Latino-Americano (Celam), a Primeira Assembleia Eclesial da América Latina e do Caribe. Com uma maior participação do povo de Deus, essa Assembleia Eclesial deveria dar continuidade à Conferência Episcopal de Aparecida. Infelizmente, os organizadores dessa Assembleia Eclesial renunciaram a um documento final, sem consulta aos participantes. Se nas conferências anteriores, a discussão sobre um documento final foi uma primeira vitória do plenário, que marcou posteriormente a respectiva conferência, o silêncio do México foi uma primeira derrota. O maior número dos participantes, porém sem documento final, fez perder à Assembleia Eclesial a sua voz própria e seu valor histórico.

5.1 Santo Domingo

Das grandes conferências do episcopado latino-americano e caribenho, Santo Domingo é o primeiro evento que menciona, com uma rápida pincelada, a Amazônia como um desafio pastoral que emerge da ecologia:

> no campo, as populações indígenas e camponesas são despojadas de suas terras ou confinadas em terras menos produtivas enquanto se continua derrubando e queimando as florestas na Amazônia e em outras partes do continente (CSD 169).

O documento questiona a proposta do "desenvolvimento sustentável", exige a subordinação do desenvolvimento a critérios éticos e "postula a aceitação do princípio do destino universal dos bens da criação e a promoção da justiça e solidariedade como valores indispensáveis" (CSD 169). Contudo, em Santo Domingo, a Amazônia ainda não ganhou a atenção pastoral já presente no Brasil, desde 1952. Também a Conferência das Nações Unidas sobre o Meio Ambiente e o Desenvolvimento, a ECO-92, que precedeu Santo Domingo por quatro meses, não deixou vestígios para a Amazônia.

5.2 Aparecida

No olhar sobre a realidade do Documento de Aparecida, 15 anos depois de Santo Domingo, a situação da Amazônia finalmente ganhou o devido destaque pastoral. Aparecida procurou "criar nas Américas consciência sobre a importância da Amazônia para toda a humanidade" (DAp 475). Recebemos a "natureza como herança gratuita" para protegê-la, "como espaço precioso da convivência humana [...] para o bem de todos" (DAp 471). O descuido da macrorregião pan-amazônica e a destruição de sua biodiversidade são um alerta ao mundo inteiro. A natureza agredida, a terra depredada, as águas contaminadas e disputadas por grandes potências – tudo isso contribui para a "devastação ambiental da Amazônia e as ameaças à dignidade humana" (DAp 85). O colapso ecológico causa tragédias humanas. Os conhecimentos dos povos nativos da Amazônia "são atualmente objeto de apropriação intelectual ilícita, sendo patenteados por indústrias farmacêuticas e de biogenética, gerando vulnerabilidade de agricultores e suas famílias, que dependem desses recursos para sua sobrevivência" (DAp 83). A Amazônia exige "um maior compromisso nos mais diversos espaços de ação" (DAp 85). "As populações tradicionais da região querem que seus territórios sejam reconhecidos e legalizados" (DAp 86).

6. Seminário de Estudos e Assembleia dos Regionais Norte I e II (1997) no XXV aniversário de Santarém I

O "Seminário de Estudos" e a "Assembleia Inter-Regional Norte I e II" sob o lema "A Igreja se faz carne e arma sua tenda na Amazônia", foram dedicados à memória do XXV aniversário de Santarém I e organizados "para definir os rumos da Igreja nessa região no limiar do terceiro milênio". Constatou-se que a Amazônia continua ameaçada e necessita de "um novo tempo de justiça que signifique a libertação da terra e das águas, o direito à cidadania das populações da região e o resgate das dívidas sociais para que haja vida e justiça para todos" (72, n. 8). Os delegados do evento assumem a responsabilidade pela Igreja cristã "em relação ao sofrimento que vivem os povos e a própria natureza", reconhecem a dívida especial da Igreja com a mulher e pedem perdão "a Deus, aos povos indígenas e a todos os pobres do campo e da cidade" pela omissão e conivência "em relação às violências e injustiças que os povos da Amazônia têm sofrido" (72, n. 10). Parece superada a autorreferencialidade de Santo Domingo que, em vez de pedir perdão, afirmou que a Igreja "com os seus religiosos, sacerdotes e bispos, esteve sempre ao lado dos indígenas" (DSD 20).

No evento de Manaus, foi lembrado que já Medellín propunha "que, em todo o continente, se apresentasse cada vez mais o rosto de uma Igreja missionária, pobre e pascal, despojada dos meios de poder e que fosse lugar de comunhão aberta a toda humanidade" (74, n. 20). Em seguida, Manaus propõe para Amazônia a construção de uma Igreja: "discípula da Palavra" (74, n. 22), "testemunha do diálogo" (75, n. 26), "servidora e defensora da vida" (76, n. 30) e "Irmã da Criação" (78, n. 34).

Nas perspectivas evangelizadoras, Manaus 1997 aponta para a inculturação, formação (protagonismo dos leigos, diversificação dos ministérios, conservação das línguas e culturas indígenas) e cidadania de novos sujeitos sociais: "indígenas, trabalhadores rurais, seringueiros, ribeirinhos, pescadores, migrantes, os sem-terra e diversos grupos de mulheres" (80, n. 44). Por fim, o evento se comprometeu com a promoção das "Comunidades de fé", "que sejam testemunhas do Evangelho, eucarísticas, missionárias e libertadoras" (83, n. 50). Vinte e cinco anos depois do Encontro de Santarém I, essas comunidades são consideradas a "base de sustentação" da Pastoral da Amazônia. "Elas constituem a raiz da força espiritual e social da Igreja" (84, n. 50).

7. Os Bispos da Amazônia na XXXVII Assembleia Geral da CNBB (1999): "A Igreja e a Questão da Amazônia"

"Os bispos da Amazônia" lembram nessa Assembleia Geral da CNBB, a sua "persistente intervenção em defesa da vida na Amazônia" (Conferência Nacional dos Bispos do Brasil, 2014, p. 110). Apesar das denúncias, as agressões aos povos e a seus territórios continuaram num "crescendo assustador" (Conferência Nacional dos Bispos do Brasil, 2014, p. 111). A Amazônia foi e continua sendo "pensada e explorada a partir de interesses externos à região e sempre contra a vida do amazônida" (Conferência Nacional dos Bispos do Brasil, 2014, p. 113).

> Projetos como o da Zona Franca de Manaus serviram mais para dar lucros a empresas estrangeiras, que para o povo da região. Ameaças de ataques do exterior foram usadas como espantalhos para entregar a Amazônia ao capital internacional ou para criar projetos de defesa duvidosos e autoritários como o da Calha Norte e, recentemente, o Sipam/Sivam (Conferência Nacional dos Bispos do Brasil, 2014, p. 113).

A migração desordenada ocupa as terras imemoriais dos autóctones, massacra povos indígenas, destrói seringais e castanhais, polui as águas da região e incentiva a construção de portos supermodernos para favorecer empresários da soja, sem benefício para as populações locais (Conferência Nacional dos Bispos do Brasil, 2014, p. 113). "A cada ano têm se intensificado as derrubadas e queimadas na região, em decorrência das grandes fazendas de criação de gado" (Conferência Nacional dos Bispos do Brasil, 2014, p. 114). "Grandes barcos pesqueiros, nacionais e estrangeiros, invadem rios e lagos [...] praticando a pesca predatória, em total desrespeito às leis" e sem fiscalização "eficiente e honesta" da parte dos órgãos competentes.

Em suas conclusões, os bispos se expressam "em favor de outro tipo de desenvolvimento tecnológico, econômico e cultural" (Conferência Nacional dos Bispos do Brasil, 2014, p. 120) possível, para garantir uma "vida digna para todas as pessoas" (Conferência Nacional dos Bispos do Brasil, 2014, p. 120). Os bispos se mostram dispostos a dialogar com todas as pessoas que lançam um olhar de amor e não de ganância sobre o futuro da Amazônia. Muito contundente na análise da realidade e na denúncia, o texto, em se tratando de propostas pastorais, fica aquém das necessidades de um pastor que vive nesta realidade. O documento deve ser lido junto com o texto apresentado um ano antes, na mesma ocasião, pelo responsável da Dimensão Missionária, Dom Erwin Kräutler (Conferência Nacional dos Bispos do Brasil, 2014, p. 85-105), que através do mote de Daniel Comboni, "Salvar a África com a África", já apontou para a construção de uma Igreja com rosto amazônico, inspirado no lema: "Salvar a Amazônia pelos amazônidas".

8. IX Encontro Inter-regional de Bispos da Amazônia, Manaus (2007): "Discípulos Missionários na Amazônia"

Esse IX Encontro Inter-Regional (setembro 2007) dos Regionais de Norte I, Norte II e Noroeste, em Manaus, foi inspirado por dois eventos: pela Campanha da Fraternidade ("Fraternidade e Amazônia", de abril) e pela V Conferência Geral do Episcopado Latino-Americano e do Caribe (maio 2007). A Campanha da Fraternidade, em seu objetivo geral, chamou a atenção para a criatividade dos povos da Amazônia, para as agressões que sofrem e para uma maior solidariedade da Igreja brasileira. Essa solidariedade exige um novo estilo de vida e um projeto de desenvolvimento baseados nos valores humanos e evangélicos. Aparecida, por sua vez, considerado "um novo capítulo contextualizando a missão" (167; DAp 9), lembrou a importância da Amazônia para toda a humanidade e cobrou, face ao colapso ecológico, um maior compromisso do mundo com a causa amazônica (DAp 475) que cada vez mais faz parte do "mundo globalizado e acentuadamente urbano" (Conferência Nacional dos Bispos do Brasil, 2014, p. 165).

Manaus (2007) representa a tentativa de adaptar o Documento de Aparecida à realidade amazônica. O documento elaborado nesse encontro, 35 anos depois de Santarém I, é o mais preocupado com ações concretas, geralmente inspiradas por Aparecida. Cada um dos seis capítulos do texto é estruturado pelo "ver", "julgar à luz da Palavra de Deus" e "agir".

No contexto desse artigo vou destacar duas propostas de cada subcapítulo:

1. Amazônia hoje:
- "É urgente educar para um estilo de vida de sobriedade e austeridade solidárias" (170a).
- "Zelar pela formação política das lideranças e do povo em geral" (171h).

2. Amazônia e meio ambiente:
- "Intensificar a presença pastoral nas populações mais frágeis e ameaçadas pelo desenvolvimento predatório" (175,34b).
- "Fomentar uma espiritualidade ecológica por meio das romarias da terra e da água" (176,34f).

3. Os povos indígenas, os quilombolas e os ribeirinhos:
- "Reforçar a presença inculturada, solidária e constante no mundo desses povos (179,53b).
- "Apoiar o resgate das culturas, com suas tradições, línguas" (180,53g).

4. A Igreja e seu relacionamento com o Estado:
- "Ter atitudes proféticas, oferecendo um julgamento ético sobre as opções e planos do Estado" (184,69a).
- "Incentivar a participação dos cristãos leigos e leigas, insistindo na missão própria do laicato" (184,69f).

5. Estruturas e missão da Igreja:
- "Renovar e repensar a vida paroquial e 'abandonar as ultrapassadas estruturas que já não favoreçam a transmissão da fé'" (191,5.3a; DAp 365).
- "Suscitar e valorizar novos ministérios, pastorais e comunidades eclesiais" (191,5.3c).

6. As Igrejas-Irmãs:
- "Que os agentes sejam 'enviados' pela Diocese ou Regional, depois de um discernimento eclesial, que revele maturidade humano-afetiva, ardor missionário e conhecimento da realidade" (195,6.3.1c).
- "Repensar a formação dos nossos seminaristas para que, sem perder na qualidade, custem menos às Dioceses e estes adquiram o estilo de austeridade e aprendam a administrar, com competência, os recursos que lhes são confiados" (196,90.6.3.3d).

Na base dos documentos de Santarém I e Aparecida, os bispos desse Encontro Inter-Regional de Manaus (2007) apresentaram um texto contundente e programático. O que enfraquece a praticidade do documento é que entre as mais de 50 propostas de ações, os autores não estabeleceram prioridades.

9. Sínodo para a Amazônia (Roma 2019): Documento Final (2019) e a Exortação Querida Amazônia (2020)

Um amplo processo de consultas aos povos da Amazônia precedeu à "Assembleia Especial para a região Pan-Amazônica" ("Sínodo para a Amazônia"). Essas consultas representavam a voz das comunidades, vítimas não só do esquecimento do Estado, mas também de um certo não atendimento ministerial e sacramental pela Igreja Católica. A síntese dessas consultas sobre obstáculos e propostas pastorais para Amazônia e as discussões na sala sinodal serviram como subsídios para o Documento Final ("Amazônia: Novos caminhos para a Igreja e para uma ecologia integral"), que os delegados sinodais, ao final do sínodo, no dia 27 de outubro 2019, entregaram ao Papa Francisco para sua apreciação e autorização. A reação imediata do Papa foi dar sua aprovação ao documento que havia alcançado para cada um dos seus parágrafos o quórum necessário para sua aprovação. Autorizou que o documento fosse imediatamente divulgado como um documento próprio do Sínodo. Anunciou, ainda, que faria sua própria Exortação Pós-Sinodal. No dia 2 de fevereiro 2022, o Papa Francisco publicou com a Exortação Apostólica Pós-Sinodal *Querida Amazônia*.

O Documento Final, escrito pelos delegados do sínodo, resume a essência das consultas às comunidades e das propostas na aula sinodal. O conteúdo foi agrupado por meio de cinco "conversões": conversão integral, pastoral, cultural, ecológica e sinodal. Neste contexto, "conversão" significa admitir culpa, certo dever de "mudança", promessa de caminhar por "novos caminhos". Num longo processo de votação, as propostas do Documento Final foram votadas e assumidas pela assembleia, mas tiveram que posteriormente ser ratificadas por uma "Exortação Apostólica Pós-Sinodal" do papa. A Exortação de Francisco, a *Querida Amazônia*, assume as cinco "conversões" através de quatro sonhos que estruturam o documento: sonho social, cultural, ecológico e eclesial.

Enquanto as "conversões" do Documento Final não implicaram mudanças estruturais, a *Querida Amazônia* as assumiu com certa facilidade. Um exemplo disso é o trato que a proposta do "rito amazônico" (DFSA 119) recebeu nos dois documentos. Ambos lembram o incentivo de inculturação do Concílio Vaticano II, que "abriu espaços para o pluralismo litúrgico" (DFSA 116). E a *Querida Amazônia* lembra, com certa autocrítica, o "esforço de inculturação da liturgia nos povos indígenas (SC 37-40; 65; 77; 81), mas já se passaram mais de 50 anos e pouco avançamos nessa linha" (QA 82). Por conseguinte, para a realização das propostas sinodais e, particularmente, desse "pedido das comunidades amazônicas para adaptar a liturgia, valorizando a visão de mundo, tradições, símbolos e ritos originais que incluem dimensões transcendentes, comunitárias e ecológicas" (DFSA 116) não se exige uma mudança estrutural, mas um tempo prolongado. Essa tarefa, a *Querida Amazônia* assumiu e delegou à Conferência Eclesial da Amazônia/Ceama (cf. DFSA 115), fundada, no dia 29 de junho 2020. A Ceama está formada pelas Igrejas particulares dos 9 países que fazem parte do território amazônico (Bolívia, Brasil, Colômbia, Equador, Guiana Francesa, Guiana, Peru, Suriname, Venezuela).

O Documento Final do Sínodo para a Amazônia não se contentou apenas com afirmações essenciais sobre o direito de os fiéis terem acesso à Eucaristia, tendo procurado também ir atrás das causas seculares que impedem esse acesso (cf. DFSA 109ss.). Devido à endêmica falta de sacerdotes na Amazônia para cumprir esse preceito da Igreja Católica, o sínodo propôs "ordenar sacerdotes homens idôneos e reconhecidos pela comunidade, que tenham um diaconado permanente frutífero e recebam formação adequada para o presbiterado, podendo ter uma família legitimamente constituída e estável, para sustentar a vida da comunidade cristã pela pregação da Palavra e pela celebração dos Sacramentos nas áreas mais remotas da Região Amazônica" (DFSA 111).

A *Querida Amazônia* viu o problema, mas não assumiu explicitamente a solução proposta pelos padres sinodais. O sínodo tocou em pontos nevrálgicos da Igreja: sinodalidade e unanimidade, participação e comunhão, encarnação e tradição, continuidade e ruptura. O passo essencial, de uma pastoral de visita a uma pastoral de presença, com acesso dos autóctones, aos ministérios essenciais da Igreja, ainda não foi dado. Soluções paliativas, como o apelo ao envio de missionários de outras regiões ou de pensar novamente "em grupos missionários itinerantes" (QA 98), até hoje, mostraram-se incapazes de edificar a Igreja com rosto amazônico ou erradicar as raízes da colonialidade. Quais são esses "caminhos mais amplos e ousados de inculturação" (QA 105), que o próprio papa propõe?

10. IV Encontro da Igreja Católica na Amazônia Legal: Santarém II (2022)

Santarém II, de junho de 2022, celebrou, revisitou, assumiu e atualizou a caminhada pastoral de 50 anos, percorrida, desde aquele memorável IV Encontro Pastoral da Amazônia, em Santarém (1972), que traçou profeticamente "Linhas Prioritárias da Pastoral da Amazônia". Santarém II foi uma "assembleia eclesial" da qual participaram cristãos leigas e leigos, consagradas e consagrados, presbíteros e bispos; fizeram das dois diretrizes básicas de Santarém I: "Encarnação na realidade" e "Evangelização libertadora" e dos quatro sonhos do Papa Francisco na *Querida Amazônia*, do sonho eclesial, social, cultural e ecológico, a moldura do seu "Documento de Santarém 50 anos: Gratidão e Profecia". Aos quatro sonhos de Francisco, que configuram "a Igreja com rostos amazônicos", acrescentaram "a Igreja de mártires", que é um sinal da fidelidade à missão nos processos de encarnação na realidade e de evangelização libertadora. "Em uma região onde a Eucaristia é tão escassa, a Igreja se faz eucarística no corpo doado" (Santarém II, n. 34).

Se a moldura do documento de Santarém II foram as diretrizes básicas de Santarém I e os sonhos da *Querida Amazônia*, seu núcleo central, que resume essa caminhada de 50 anos, são seis "Linhas Prioritárias" configurando no documento como "Novos Caminhos de Evangelização". Na realidade, trata-se de caminhos há muito tempo iniciados:

(1) As Comunidades Eclesiais de Base enfocando a ministerialidade e a participação das mulheres.

(2) A formação dos discípulos missionários, incluindo o laicato, os ministérios ordenados, os institutos de pastoral para os quais o documento propõe uma "reestruturação orgânica, articulada e progressiva" (Santarém II, n. 53) e a pastoral da educação.

(3) Reconhecimento dos direitos da natureza e da vida dos povos da Amazônia: indígenas, quilombolas, populações tradicionais e de assentamentos de trabalhadores rurais sem-terra.

Todos eles reivindicam por meio de pastorais específicas o respeito de seus direitos de segurança alimentar, saúde, educação e participação nas decisões políticas sobre seu bem-estar.

(4) O cuidado com a casa comum, incluindo migração, mineração e megaprojetos de infraestrutura.

(5) A linha prioritária da "evangelização das juventudes" assume as propostas do Documento Final do Sínodo para a Amazônia (Santarém II, n. 30-33) e, por meio dele, o Documento Final do Sínodo dos Bispos de 2018 ("Os jovens, a fé e o discernimento vocacional") e da Exortação Apostólica Pós-Sinodal *Christus Vivit* (2019), do Papa Francisco (DFSA 33).

(6) A última linha prioritária concentra-se em dois serviços essenciais por causa das grandes distâncias geográficas: a "manutenção econômica" e a "comunicação" (Santarém II, n. 67-69). Sem ajuda externa, a pastoral das comunidades amazônicas teria que ser profundamente reestruturada. Santarém II apela à cooperação e responsabilidade missionária do projeto Igrejas-Irmãs da CNBB, à Repam e à Ceama.

A falta de recursos próprios atinge também a área da comunicação. O isolamento regional pode favorecer a desinformação; não facilita o diálogo ou a cultura do encontro, nem a comunhão ou a participação, esteios importantes para uma Igreja sinodal e uma ecologia integral (cf. DFSA 60). Uma Igreja com rosto amazônico precisa "investir na formação de agentes de comunicação autóctones, principalmente indígenas" (Santarém II, n. 69). Também estes investimentos exigem recursos mínimos de tecnologia e condições de deslocamentos.

Santarém II fechou com realismo a comemoração de meio século de caminhada pastoral na Amazônia, sem ufanismo e sem lamentações, lembrando as cruzes do martírio do povo da região e a sua teimosia sábia que não desistiu de produzir sinais e ações de esperança.

Quando foi publicada a Exortação *Querida Amazônia*, do Papa Francisco, três meses depois do Sínodo para a Amazônia, sem ratificar as propostas mais esperadas – a admissão de pessoas casadas ao ministério de presidência da Eucaristia e o diaconato ministerial das mulheres – a decepção dos envolvidos nos questionários da fase preparatória e na redação do Documento Final do Sínodo para a Amazônia foi grande.

Mas os participantes do "IV Encontro da Igreja Católica na Amazônia Legal" e os envolvidos na redação do "Documento de Santarém 50 anos: Gratidão e Profecia" não se deixaram desanimar ou intimidar pela autoridade da *Querida Amazônia*. Lembraram de novo as propostas do Sínodo para a Amazônia e fizeram da própria *Querida Amazônia* uma leitura compatível com o texto da *"Amazônia Legal"*, de Santarém II.

Na *Querida Amazônia*, "o Papa Francisco [...] apresenta 'oficialmente' o Documento Final votado pelos bispos participantes do Sínodo e explica que, nessas conclusões, 'colaboraram muitas pessoas que conhecem melhor [...] a problemática da Amazônia, porque são pessoas que nela vivem, por ela sofrem e que a amam apaixonadamente'" (QA 3), assim, podemos subentender que se pode dar seguimento às propostas ali apresentadas" (Santarém II, n. 48). E o Documento de Santarém II cita novamente as propostas "ali apresentadas", reforçando, entre outras, as seguintes solicitações:

• a ordenação presbiteral de diáconos casados (Santarém II, n. 45);
• que cristãos leigos e leigas possam receber, da própria Igreja local, a permissão de assistir como Testemunhas Qualificadas aos Matrimônios;
• a admissão de mulheres ao diaconato ministerial permanente (Santarém II, n. 48).

De longe, escuto a voz do Papa Francisco: "Me deem um prazo. As dívidas eclesiásticas de séculos não posso pagar à vista. Estou pagando em prestações. Rezem por mim".

Siglas

Ceama: Conferência Eclesial da Amazônia, 2020.
DAp: Documento de Aparecida, 2007.
DFSA: Documento Final do Sínodo para a Amazônia, 2019.
CSD: Conclusões de Santo Domingo, 1992.
EG: *Evangelii Gaudium*, 2013.
QA: *Querida Amazônia*, 2020.
Repam: Rede Eclesial Pan-Amazônica, 2014.
Santarém I: IV Encontro Pastoral da Amazônia, 1972.
Santarém II: IV Encontro da Igreja Católica na Amazônia Legal, 2022.

Capítulo XIV
Pentecostalismo na Amazônia:
uma atualização

Samuel Pereira Valério
Marina Corrêa
Rafael da Gama

Introdução

O pentecostalismo é um fenômeno eclesiástico que teve um impacto significativo no campo religioso da Região Norte do país durante o início do século XX. A chegada dos primeiros missionários pentecostais à Região Amazônica no ano de 1910 enfrentou dificuldades, incluindo aculturação e resistência por parte da Igreja Católica e de outros grupos protestantes. Gunnar Vingren (1879-1933) e Daniel Berg (1884-1963), missionários suecos que vieram dos Estados Unidos após experimentarem o batismo no Espírito Santo, foram vistos como representantes de uma religião falsa ou de uma seita que deveria ser combatida e erradicada.

O pentecostalismo na Região Amazônica é um fenômeno de grande impacto no campo religioso, tendo moldado a paisagem religiosa desde a sua fundação em Belém. No entanto, é importante ressaltar que a religiosidade na Região Amazônica não pode ser reduzida apenas ao pentecostalismo ou a uma única corrente religiosa. Na verdade, a região é marcada por uma pluralidade de religiosidades, nas quais se entrelaçam tradições cristãs e indígenas. Essa combinação resulta em um contexto religioso único e híbrido, no qual ocorrem ressignificações e miscigenações entre diferentes expressões religiosas.

A religiosidade amazônica reflete, assim, uma identidade específica e singular, diferenciando-se de outras partes do país. Nessa região vasta e rica em diversidade cultural, as influências religiosas se entrelaçam com as tradições indígenas e com a própria natureza exuberante da Amazônia, criando uma atmosfera religiosa única. Atualmente, o pentecostalismo continua a exercer um papel significativo na Região Amazônica. Dados atualizados revelam seu crescimento e presença marcante, com um número expressivo de fiéis e igrejas espalhadas por toda a região. Essa expansão não se limita apenas ao aspecto religioso, mas também influencia aspectos sociais, culturais e políticos, desempenhando um papel ativo na comunidade e na formação de identidades locais.

Além disso, o diálogo inter-religioso também ganha importância nesse contexto. O encontro entre as religiosidades cristãs e indígenas na Região Amazônica traz consigo desafios e oportunidades para o diálogo entre diferentes tradições religiosas. Essa convivência pode resultar em sincretismos religiosos, em que elementos de diferentes religiões se mesclam, mas também pode gerar conflitos e tensões. Portanto, estamos diante de religiosidade plural e híbrida, permeada pela história, cultura e natureza amazônica, confere à região uma identidade religiosa singular e em constante transformação. O estudo e a compreensão desses elementos contribuem para uma visão mais abrangente do panorama religioso e cultural da Amazônia.

Do contexto, questiona-se: como o pentecostalismo na Região Amazônica lida com os desafios e as oportunidades do diálogo inter-religioso e da pluralidade religiosa, considerando a sua presença marcante, as ressignificações e misturas entre religiosidades cristãs e indígenas e a oposição enfrentada dos grupos religiosos estabelecidos?

A hipótese é que o pentecostalismo na Região Amazônica, ao enfrentar os desafios e as oportunidades do diálogo inter-religioso e da pluralidade religiosa, pode estar se adaptando e incorporando elementos das religiosidades indígenas locais, resultando em uma forma de expressão religiosa sincrética e única que atende às demandas espirituais e culturais das comunidades amazônicas.

Este texto tem como objetivo fornecer uma atualização dos dados sobre o pentecostalismo na Região Amazônica, que se caracteriza por uma religiosidade plural e híbrida. Embora a região abrigue tanto religiosidades cristãs quanto indígenas, ocorrem reinterpretações e misturas entre essas diferentes expressões religiosas, o que confere uma identidade ímpar a essa parte do território nacional.

Este estudo propõe uma revisão da literatura sobre o pentecostalismo na Região Amazônica, a história de sua implantação, as interações com as religiosidades indígenas e as questões relacionadas ao diálogo inter-religioso e à pluralidade religiosa na região.

Síntese histórica de Gunnar Vingren e Daniel Berg

Para falarmos sobre a presença pentecostal na Região Amazônica, se faz necessário citar os atores que propagaram este movimento religioso. Os suecos Gunnar Vingren e Daniel Berg foram membros da *Gospel Mission Church*, em Chicago (Illinois, EUA), pastoreada por Willian Howard Durham (1873-1912). Durham esteve em Los Angeles em 1907 e ali recebeu o batismo no Espírito Santo. Após Vingren e Berg experimentarem o batismo no Espírito Santo em Chicago, no ano de 1909, foram chamados por Deus para virem ao Pará, local que ficou claro ao verem o nome do estado brasileiro em um mapa mundial. A chegada do pentecostalismo à Amazônia é um importante marco para a religiosidade da região, pois inaugura o maior fenômeno religioso do século XX no Brasil. Belém (PA), foi a cidade anfitriã do movimento pentecostal, quando os suecos foram recepcionados pela Igreja Batista, também pastoreada por um sueco, Erik Alfred Nilsson (1862-1939), desde 1891.

Gunnar Vingren nasceu em Ostra Husby e, Daniel Berg, em Vargon, pequenas cidades na Suécia, cita-nos Marina Corrêa (2018, p. 57). Segundo seus diários, eles eram filhos de famílias protestantes humildes, e deixaram suas origens para cumprir a missão que receberam do Senhor, em uma terra jamais sonhada, conclui Corrêa. Vingren e Berg, eram membros da Igreja Batista Filadélfia em Estocolmo, mas, em virtude do movimento de imigração que ocorreu no final do século XIX na Suécia, oriundo de problemas sociais, foram viver nos EUA. Vingren estudou teologia e trabalhou, enquanto Berg deteve-se a trabalho braçal, pois tinha menor qualificação profissional que seu compatriota.

Em sua biografia, Berg (1995, p. 24) afirma que na ocasião de sua partida deixaria para trás uma Suécia carente, cheia de dificuldades no acesso ao trabalho, quase desprovida de respeito aos direitos humanos e vários conflitos trabalhistas. Quando chegou aos EUA, Berg (1995, p. 39) procurou emprego como aprendiz de fundição e, conseguindo uma vaga, adoeceu de uma enorme alergia. Passados alguns anos, recebeu em mãos a prova concreta de sua habilitação profissional – um diploma que o legitimava como fundidor especializado. Algum tempo depois, Berg (1995, p. 40) conheceu um vendedor de frutas, com quem havia caixas para carregar, não eram muito pesadas, mas precisavam de um rapaz que tivesse força suficiente para carregá-las.

Já no Brasil, aonde chegaram em 19 de novembro de 1910, Berg (1995, p. 84-85) conseguiu, algum tempo depois, um emprego como capataz na Port of Pará, que lhe proporcionou um salário fora do comum. Em virtude disso, ele podia trabalhar durante o dia e estudar as lições de português com Vingren à noite. Contudo, algum tempo depois, após chegar do trabalho, estava uma encomenda sobre a mesa com um selo americano. Eram as Bíblias e Novos Testamentos que Berg (1995, p. 87-88) havia encomendado com o dinheiro ganho na fundição. Decidiu, então, pedir demissão e viver integralmente na obra do Senhor, agora, atuando como colportor de literatura cristã.

Vingren teve uma experiência nos EUA, depois de cursar teologia em um seminário em Chicago, onde conheceu a doutrina do batismo no Espírito Santo, como nos fala Gama (2022, p. 64), relatando que no mesmo ano de sua formatura, no verão de 1909, Deus o encheu de uma grande sede de receber o batismo no Espírito Santo e com fogo, nas palavras de Vingren, conta-nos Araújo (2014, p. 25). Em novembro daquele mesmo ano, Vingren pediu licença à sua igreja a fim de visitar uma conferência batista que ocorreria na primeira Igreja Batista em Chicago. Vingren foi à conferência com o firme propósito de buscar o batismo no Espírito Santo. Após cinco dias de busca, *o Senhor me batizou com o Espírito Santo e com fogo!* enfatiza Vingren. Segundo ele, foi quando falou em novas línguas, justamente como ocorreu com os discípulos de Jesus, no dia de Pentecoste, em Atos 2. Vingren continua: *é impossível descrever a alegria que encheu meu coração. Eternamente o louvarei, pois Ele me batizou com o seu Espírito Santo e com fogo.*

Para os suecos Vingren e Berg, o marco de confluência é o batismo no Espírito Santo, ainda, a afinidade nas elaborações teológicas, mesmo que rudimentares no início, foram preponderantes para encorajá-los a viajar ao Brasil, desbravando uma nova terra, distinta de tudo aquilo que já experimentaram, mas como um campo branco para a colheita. O desconhecido não lhes foi empecilho, ao contrário, trazia-lhes convicção e coragem para virem ao Brasil e compartilhar a mensagem pentecostal no Norte de nossa nação.

Evidenciar esta experiência era algo que Berg e Vingren faziam, assim como a mudança de caráter promovida após o batismo, como ressalta Gama (2022, p. 65). Berg decidiu viver para o Senhor, e Vingren começou a pregar em várias igrejas norte-americanas. Gama lembra-nos, ainda, que após esta experiência Vingren relata o seu direcionamento para vir ao Brasil, mais especificamente à Belém do Pará. Ainda, após esta experiência, Vingren e Berg se conhecem em uma conferência evangélica em Chicago. O batismo no Espírito Santo e a visão missionária de ambos foram pontos convergentes de seus pensamentos doutrinários, a partir dos quais eles resolveram *se encontrar diariamente para orar e esperar que Deus nos mostrasse o caminho a seguir,* conclui Gama.

Na compreensão de Paul Freston (1996, p. 81), Vingren e Berg viajaram para o Brasil sem sustento garantido e tampouco apoio denominacional. O valor para a viagem foi doado por uma igreja sueca de Chicago. Ao chegar ao Brasil, Berg trabalhou em uma fundição durante um período, vendiam Bíblias e, ao que tudo indica, os amigos do exterior esporadicamente os ajudavam. Depois de alguns meses em Belém, onde congregavam na Igreja Batista, ocorreu um cisma, em virtude de uma mensagem de cunho pentecostal. Dezenove membros foram excluídos da Igreja Batista e formaram, assim, a Missão da Fé Apostólica. Esta nomenclatura já era usada nos EUA por algumas igrejas primitivas no pentecostalismo. Freston conclui dizendo que, nos primeiros anos, não havia clareza em que tipo de organização resultaria da nova mensagem.

O pentecostalismo assembleiano presente no Brasil é marcado pelos missionários Gunnar Vingren e Daniel Berg, que também receberam ajuda da Igreja Filadélfia em Estocolmo, enviando novos missionários, como nos expressa Corrêa (2020, p. 50). A Igreja Filadélfia em Estocolmo também auxiliava financeiramente no sustento dos obreiros. Alguns pastores tinham seu próprio sustento e outros recebiam auxílio da AD de Belém.

Instalação e desenvolvimento do pentecostalismo na Amazônia

No início de 1911, conforme relatos no diário, o missionário, Berg e Vingren tomaram a decisão de dividir suas responsabilidades para garantir seu sustento. Enquanto Vingren se dedicava ao estudo do idioma português, Berg trabalharia em sua área de expertise, aproveitando sua habilidade em fundição. Essa decisão permitiria que ambos tivessem recursos financeiros para se sustentarem (Berg, 1995).

A documentação e a recomendação de Daniel foram essenciais para que ele conseguisse o emprego de capataz na empresa, recebendo um salário considerável, muito acima do que era pago a um trabalhador comum na época. Além disso, devido à sua dedicação e competência profissional, Berg recebeu constantes aumentos salariais. Essa posição de capataz proporcionou a Berg uma renda suficiente para sustentar a ambos, além de possibilitar investimentos na compra de Bíblias, Novos Testamentos e porções do Evangelho, nos Estados Unidos. Esses materiais seriam essenciais para a divulgação e propagação da mensagem pentecostal na região.

Relatos em sua tese de doutoramento, defendida em 2022, a geógrafa e cientista da religião, Eunice de Oliveira Rios (2022, p. 110) relata que

> Berg e Vingren divulgavam a "obra pentecostal", expressa, principalmente, no batismo no Espírito Santo e na cura divina. Logo surgiram manifestações contrárias e perseguições, engendradas tanto pelos protestantes históricos como pelos católicos romanos. As perseguições, de diversas formas e amplitudes, são relatadas nas obras de Berg e Vingren, em várias edições do jornal sueco *Evangelii Härold* e em jornais nacionais editados pela denominação ou pela imprensa local.

Diante dos relatos da autora acima, as perseguições desempenharam um papel inesperado na divulgação da "obra pentecostal" em Belém. Muitas pessoas na cidade não estavam familiarizadas com o pentecostalismo, mas ao lerem os artigos difamatórios publicados nos jornais locais sobre os "pentecostistas", despertaram curiosidade em relação a essa "nova religião" e passaram a buscar um conhecimento mais próximo dela. As perseguições, de certa forma, tiveram um efeito contrário ao pretendido, acabando por chamar a atenção das pessoas e incentivando-as a se aproximarem do movimento pentecostal (Rios, 2022).

Relações entre missionários suecos e a comunidade paraense

O relacionamento entre Vingren, Berg e as pessoas comuns de Belém não é algo trabalhado mais a fundo, isto porque a ênfase na vida desses homens está no compartilhamento de sua fé, mas há sinais mais concretos de seus relacionamentos com os moradores da cidade de Belém. Evidentemente que se tratando de uma religião muito dinâmica, o pentecostalismo assembleiano estabelecia relações, mas tal aspecto não é evidenciado. Portanto, neste tópico do texto, abordamos essa característica.

Na perspectiva de Francisco Cartaxo Rolim (1994, p. 24), os missionários que inauguram o movimento pentecostal no Norte do país trouxeram apenas a experiência religiosa. Segundo o autor, Vingren e Berg não se interessavam pela vida simples do povo e pelas duras necessidades materiais que este passava. Segundo averígua-se, dividiam seus dias entre horas para aprender a língua, tempo que dedicavam às orações e às leituras bíblicas. As reuniões entre os batistas não tinham como objetivo se inteirar de como as pessoas pobres viviam na periferia. A mente dos missionários estava preocupada constantemente em incutir nos batistas que os rodeavam a experiência de oração, tanto que os pastores batistas se mostravam apreensivos com este tipo de comportamento: vigílias de oração até tarde da noite, acompanhadas de cânticos e leitura da Bíblia, encerra Rolim. Vingren e Berg enfrentaram a dificuldade do idioma desde o início, como nos aponta Adriano Lima (2018, p. 92) e, ainda, condições financeiras desfavoráveis.

Em outra perspectiva, afirma-se que os pentecostais de Belém e as cidades circunvizinhas, nas quais a mensagem assembleiana teve êxito, sentiam-se empoderados para realizar o trabalho como verdadeiros evangelistas. Existe na cura um elemento de legitimação do movimento, como também do profeta que o proclama, como afirma Gama (2022, p. 87). Pelos relatos dos primeiros anos, em Belém e nas cidades do interior do Pará que os missionários visitavam, a cura era uma característica do movimento pentecostal citada nos diários no período de expansão do pentecostalismo no Pará, sentencia Gama.

Podemos afirmar que a cura evidencia uma proximidade entre os missionários e os cidadãos das cidades em que passavam. Estavam entre o povo, os enfermos, algo comum em cidades assoladas por doenças tropicais no início do século XX, como a febre amarela, entre outras. Ainda, a participação dos leigos no desenvolvimento do movimento, tanto na região e outros lugares do país. Há relatos de pentecostais que desejavam expandir a sua fé no Pará e outros locais, cita-nos Gama (2022, p. 88), como é possível detectar em alguns relatos, como o de Joaquim Batista de Macedo, que trabalhava como lavrador no Pará e recebeu uma revelação de Deus para ir ao Nordeste.

> Ele andou pelos estados da Paraíba e Rio Grande do Norte e em todos os lugares por onde testificou de Jesus [...]. Quando esse irmão voltou da sua viagem – seu nome é Joaquim Batista de Macedo – foi glorioso ouvir o seu relato sobre todos os milagres que Deus realizou. Em todos os cultos muita gente se entregou a Jesus, muitos foram batizados com o Espírito Santo e muitos foram libertos dos demônios, glórias a Jesus! Em certa localidade esse irmão teve de pregar durante toda a noite, pois as pessoas não se cansavam de ouvir a Palavra de Deus (Araújo, 2014, p. 25).

Os fundadores das duas primeiras vertentes do pentecostalismo no Brasil, o italiano Luiggi Francescon, que fundou a Congregação Cristã no Brasil – CCB, em São Paulo, em 1910, e os suecos Gunnar Vingren e Daniel Berg, fundadores das Assembleia de Deus – ADs, em Belém-PA, conheciam-se e, como nos aponta Lima (2018, p. 93), desfrutavam de certa comunhão, algo percebido na biografia de Vingren (1982, p. 109):

> Senti a liberdade no Espírito Santo entre estes crentes que testificavam de maneira gloriosa e falavam em línguas pela operação do Espírito Santo. O irmão Luiz Francesconi me contou todos os milagres que Deus havia feito, quando enfermos haviam sido curados. Paralíticos, cegos, tuberculosos e aqueles que haviam quebrado pernas e braços o Senhor curava.

A narrativa do fiel demonstra haver uma dinâmica participativa entre os membros leigos, ou os não oficiais da igreja. Assim como esta descrição, a historiografia assembleiana é perpassada por diversos exemplos similares e, a partir disso, podemos conjecturar que essas pessoas mais simples, com pouca instrução formal, mas desejosos de fazer algo que contribuiria com o avanço da mensagem pentecostal por onde passassem. Portanto, mesmo que Rolim nos apresente teoricamente o não envolvimento, essas experiências demonstram o contrário e superam a análise.

Expansão – rompendo as barreiras regionais e avançando pelo país

O pentecostalismo foi um fenômeno que se aproveitou da urbanização que ocorria no país no início do século XX, expandiu-se com a mobilidade das pessoas que, ao saírem de suas casas no Norte e Nordeste do Brasil em busca de uma melhor qualidade de vida em outras regiões, trouxeram consigo sua fé, cheios de vitalidade para crescer e prosperar economicamente, à procura de uma educação formal melhor para os filhos e impulsionados pelo sopro do Espírito Santo, anunciavam sua religiosidade onde se instalavam.

As circunstâncias socioeconômicas que a Região Amazônica vivenciava no início do século XX contribuiu sobremaneira para uma rápida expansão da mensagem pentecostal para outros estados do país, como nos apresenta Maxwell Fajardo (2017, p. 69).

A expansão geográfica das igrejas ADs em todo território nacional foi comtemplada pelos missionários suecos. A transferência da sede das igrejas de Belém para o Rio de Janeiro, a então capital federal, e para os pastores brasileiros; essas igrejas eram pertencentes à missão sueca e foram passadas às igrejas brasileiras. Gradualmente, a responsabilidade do trabalho foi transferida dos missionários suecos para os obreiros brasileiros, como nos coloca Corrêa (2018, p. 132).

As ADs surgiram e se consolidaram, transfigurando-se com uma especificidade brasileira, segundo nos propõe Alencar (2020, p. 27). São o fundamento e a matriz pentecostal brasileira, pelo tempo e espaço que ocupam. Trata-se de um resultado peculiar e único, um pentecostalismo híbrido: oriundo dos EUA, trazida por europeus – suecos –, e aqui, abrasileirada.

"Prodígios da fé": o pentecostalismo amazônico entre nos anos 1940 e 1960

Durante as décadas de 1940 e 1960, o pentecostalismo na Região Amazônica experimentou um período de grande efervescência e transformação. Denominado "Prodígios da Fé", esse período foi marcado por intensa atividade religiosa, inovações doutrinárias e significativo crescimento do movimento pentecostal na Amazônia.

    Nessa época, várias igrejas pentecostais emergiram e se estabeleceram na região, trazendo consigo práticas e ensinamentos distintos. Essas igrejas, muitas vezes lideradas por pastores locais, tornaram-se centros de reuniões e cultos fervorosos, em que os fiéis buscavam experiências espirituais intensas, como o batismo no Espírito Santo, a cura divina e a manifestação de dons espirituais.

    A efervescência da fé pentecostal também foi caracterizada por uma profunda influência na vida cotidiana e nas comunidades locais. O crescimento das igrejas pentecostais na Amazônia despertou curiosidade e debate na sociedade, levando a interações complexas entre os pentecostais e outras religiões, como o catolicismo e as religiões indígenas. Essas interações muitas vezes resultaram em conflitos, mas também abriram caminhos para um diálogo inter-religioso em alguns casos. Os estudiosos Liliane Costa Oliveira e Donizete Rodrigues (2022, p. 123), afirmam que apesar de o pentecostalismo ter conquistado outros espaços territoriais,

> os fundamentos históricos da Assembleia de Deus (AD) têm suas raízes na Amazônia, de onde se expandiram para outras regiões do Brasil e, posteriormente, para o mundo. Como mencionado anteriormente, esse fato fortalece a ideia de que a cultura religiosa brasileira adquire características pentecostais devido à influência da comunidade "avivalista amazônica".

    Durante o período de 1940 e 1960, o pentecostalismo amazônico testemunhou o surgimento de líderes carismáticos e de movimentos de renovação espiritual que impactaram significativamente a vida religiosa local e em outras regiões. As práticas pentecostais, como a ênfase na fé pessoal, a participação ativa dos fiéis nos cultos e a busca por milagres e manifestações divinas, ganharam destaque nas comunidades da Amazônia. Portanto, foi um período de intensa atividade e transformação para o pentecostalismo na Amazônia. Esse período foi marcado pelo crescimento e diversificação do movimento, influenciando a vida religiosa e social da região, além de estabelecer bases para a contínua expansão do pentecostalismo nos anos seguintes.

Com o passar do tempo, no entanto, a Igreja Assembleia de Deus (AD) adquiriu uma heterogeneidade significativa, de modo que atualmente o título da denominação deve ser expresso no plural. A rápida expansão dessa vertente pelo território brasileiro trouxe mudanças significativas no perfil dos pastores e dos membros dessa denominação. Como Gedeon Alencar (2020, p. 17) explica, "assim como o Brasil não é apenas um, mas vários 'Brasis', o mesmo ocorre com as Assembleias de Deus – ADs".

A continuidade do triunfo

Se o discurso religioso do pentecostalismo nas suas primeiras décadas enfatizava os discursos miraculosos e sobrenaturais, agora, a Igreja Assembleia de Deus é uma denominação que se consolida como instituição, tendo lideranças em todos os estados brasileiros, realizava convenções nacionais com a liderança de suas igrejas e tinha uma editora própria, a Casa Publicadora das Assembleias de Deus, a CPAD. Ali, seus principais veículos de Imprensa eram publicados e dali circulavam pelo Brasil.

Também foi neste período que se consolidou um investimento dos assembleianos nas Regiões Sul e Sudeste do país, em especial no Rio de Janeiro; o início do movimento, fundado e liderado por suecos agora precisava dividir espaço com lideranças brasileiras presentes em outra territorialidade, diferente no território fundante. Agora, as lideranças do movimento que precederam Daniel Berg e Gunnar Vingren na Região Norte precisavam dividir – e muitas vezes, perder – espaço para as lideranças assembleianas brasileiras (Fajardo, 2017, p. 104-126).

Agora, o Norte do país ganha um novo espaço nesta nova configuração do pentecostalismo assembleiano. Há um novo diálogo feito com a região a partir desta nova realidade, um discurso religioso envolvendo rupturas e permanências do pentecostalismo de origem. Esses pentecostais amazônicos continuavam ativos em suas igrejas e na propagação de sua fé, tanto entre a população local como na divulgação de seu ministério nas outras denominações país a fora. Por isso, a presença destes pentecostais do Norte nos veículos de imprensa vinculados à denominação que circulavam no país era constante e expressiva.

Nas suas participações nestes veículos de imprensa, notamos a permanência de um discurso religioso triunfalista. Era comum no discurso religioso dos pentecostais amazônicos o destaque de seu crescimento contínuo. E ao destacar o crescimento contínuo das igrejas da Assembleia de Deus na Região Norte. A revista retrata a Região Norte como um local em que a Assembleia de Deus continua atuante, crescente, como um movimento religioso que além de triunfar, agora se consolida e se perpetua.

Como exemplo, nas colunas referentes às notícias das igrejas presentes nas diversas áreas do país publicadas pela revista "A Seara"[21], temos um relato de lideranças evangélicas em interiores do Norte, com um teor similar a esta matéria destacada abaixo, narrando o que ocorria na cidade de Piabas, no Pará.

> Temos visto, aqui, a Sua poderosa mão estendida para salvar os pecadores, para batizar os crentes no Espírito Santo e para trazer os desviados ao aprisco santo. O dia 14 do corrente mês de outubro, foi um mês de vitória para nós aqui, pois festejamos o vigésimo sexto aniversário da fundação do trabalho em Quatipará. Foram iniciadores dêste trabalho, os inesquecíveis irmãos Gunnar Vingren e Daniel Berg, os quais tinham como cooperadora a irmã Nazaré. Os primeiros irmãos que foram consagrados para o ministério evangélico foram: Francisco Gaspar (Pastor), Jerônimo Gaspar (diácono). Naquele tempo, o Senhor já havia confirmado a Sua obra, dias antes, batizando alguns

---

21. Revista fundada nos anos 1950 e publicada pela CPAD no Rio de Janeiro. Era a maior revista impressa da Igreja Assembleia de Deus do Brasil, promovendo tiragens de suas edições para todas as regiões do país. De acordo com André Fonseca, a revista objetivava "apresentar uma nova imagem do pentecostalismo como um grupo que tinha em suas fileiras de membros pessoas que se interessavam pela instrução formal escolar e universitária, apreciadores da arte, da literatura, da ciência." Desejava-se, para tanto, encontrar uma maneira de dar destaque ao grupo de fiéis da Assembleia de Deus, que reunia pessoas com instrução educacional, universitários de diversas áreas, profissionais bem--sucedidos, indivíduos afeitos à literatura, à poesia, à arte e à cultura em geral.

irmãos com o Espírito Santo; quatro dêstes, já não estão conosco porque foram chamados a uma vida melhor. Entretanto, êles chegaram a ver o resultado dêsse trabalho, dos esforços, das lutas e das perseguições.

Para além do discurso do crescimento triunfalista, vemos também uma nova construção de narrativa, valorizando o mito fundante dos pioneiros. Retratando-os como fundadores de muitas igrejas ao Norte e este ser um dos motivos para a igreja ser valorizada e ser a causa de seu triunfo. É um discurso de uma nova geração de assembleianos amazônicos que passa a readequar sua narrativa a um novo tempo. Era uma forma das igrejas do Norte do país disputarem espaço em um significativo veículo de imprensa da sua denominação com projeção nacional e retratar seu cotidiano, seu crescimento e passar uma mensagem aos leitores: o Norte é a terra dos fundadores do movimento e, por isso, a religiosidade assembleiana continua a crescer em triunfo na região.

"O problema educacional e intelectual": o pentecostalismo amazônico e o letramento

Outro tipo de narrativa religiosa que passa a se consolidar a partir dos anos 1940 é o maior diálogo com o mundo letrado. Para além do crescimento triunfalista e enfoque no sobrenatural, há também um investimento em instituições educacionais, como colégios de educação básica e técnica. A ideia era ter uma denominação que investisse também na instrução acadêmica das lideranças e dos membros das igrejas pentecostais do Norte, como exemplo temos a matéria publicada na revista *A Seara* que retrata a fundação da Escola "Nels Nelson":

> [...] aos nossos amados irmãos em Cristo, que foi pleno de grandes bênçãos para a igreja Evangélica Assembleia de Deus, em Manaus-Amazonas, o dia 24 de abril de 1957. Esta data que ficou indelevelmente gravada nas páginas da história do povo de Deus, nesta cidade, marcou o ato de lançamento da pedra fundamental do edifício onde funcionará em breve dias a "Escola Primária e Professio-

nal "NELS NELSON" [...]. Irmãos, que iniciativa levada a efeito a pelo povo de Deus, aqui em Manaus, possa servir de um vivo incentivo a muitos dos nossos amados irmãos em Cristo que ainda julgam o problema educacional ou intelectual de nossa juventude como uma coisa sem importância ou uma questão secundária [...].

No decorrer da matéria, o autor retrata que era o momento da Igreja Assembleia de Deus pensar na "instrução do nosso povo". Na instrução letrada das suas lideranças e membros. A inauguração da escola era vista como uma data que ficaria marcada na história da instituição, é destacada como um marco histórico importante e significativo para a história do pentecostalismo assembleiano, mostrando a grande importância que a revista dava à inauguração de uma instituição de ensino e sua divulgação.

Agora, o proselitismo religioso assembleiano também estava atuando na área da educação, da transformação social, de desenvolvimento intelectual; não apenas dos assembleianos mas, como a própria matéria frisa, "para todos quantos o desejarem, portanto, não tendo cor denominacional, política ou religiosa", ampliando assim o público e o alcance da denominação assembleiana para outros públicos na região por meio de uma outra oferta que não se limitava apenas em dons miraculosos e experiências místicas; agora, a partir do amadurecimento, força e consolidação dos assembleianos enquanto instituição, para além de templos, os assembleianos também ofereciam uma instituição de ensino educacional gratuita como atrativo para a população; um proselitismo que de início era comum entre protestantes históricos, agora também passa a ser uma estratégia dos pentecostais assembleianos da Amazônia.

Essas instituições de ensino tinham diversas funções: oferecer um atrativo a mais para a população não assembleiana ofertando educação gratuita em uma região precária nesta área e auxiliando no proselitismo religioso em levar não assembleianos a terem contato com a Igreja Assembleia de Deus. Também formavam lideranças intelectualizadas entre os próprios assembleianos, promoviam o "desenvolvimento educacional do nosso povo". Para além disso, também mostrava como a denominação do Norte do país estava se desenvolvendo, criando suas próprias instituições de ensino e destacando a sua liderança, a ponto de pôr o nome do missionário sueco na própria instituição. Nessa disputa por destaque entre as lideranças assembleianas do Sul e do Norte, a escola e a entrada do movimento assembleiano amazônico no mundo do letramento, era um elemento a mais de legitimação do movimento pentecostal assembleiano em sua região fundante.

"Deus o curou": a permanência dos testemunhos de cura

Mesmo com o investimento em instituições de ensino e na instrução letrada para seus membros, liderança e comunidade externa, notamos que a narrativa religiosa continua a ser significativa na Região Amazônica. Os relatos de cura eram comuns e constantes, aparecendo muito mais na Região Norte que em outras regiões do Brasil.

Notamos em diversos espaços da revista *A Seara* conteúdos em forma de "testemunho", em que os leitores do Brasil inteiro poderiam relatar experiências de fé que viveram em seu cotidiano, em especial. A coluna também publicava a foto da pessoa que passou por essa experiência miraculosa. Os relatos variam entre união matrimonial, aquisição de emprego, experiências com o chamado "batismo com o Espírito Santo" e relatos de cura de enfermidades.

Ao analisarmos os relatos desta coluna, percebemos que a maior parte dos relatos que envolviam "cura", eram testemunhos de leitores pertencentes à Região Amazônica, como perceberemos nos relatos a seguir, destacados na coluna "Prodígios da fé", na Revista *A Seara* de 1967.

> Estando minha filha LUCILENE sofrendo de bronquite asmática desde o seu primeiro ano de existência, passou doente durante quatro anos. Recorri a vários médicos sem, contudo, obter nenhum resultado; então lembrei-me de que Jesus Cristo que é o Médico dos médicos, e pedí-lhe para que curasse a minha filha e graças a Deus Êle operou maravilhosamente curando-a. Lucília Louzada Santiago Manáus, Amazonas.

Ainda a coluna "Prodígios da fé", na Revista *A Seara* de 1967, nos apresenta:

> MILAGRE VERDADEIRO
>
> Vivendo acometida de várias enfermidades, inclusive no fígado, baço, coração e pressão alta recorri aos médicos, mas em vão. Então apelei para o meu Senhor Jesus pedindo-lhe que me curasse. Dou muitas graças ao meu Senhor Jesus por tudo que Êle tem feito por mim. Odília Nunes, Pôrto Velho, Rondônia.

A Revista *A Seara* de 1967, segue nos contando na coluna "Prodígios da fé":

> DEUS O CUROU
> Salmos 125:1
>
> EUDES foi o 3º filho que o Senhor nos deu e após seus 37 dias de nascido manifestou-se em seu corpo uma terrível enfermidade. Recorremos aos recursos materiais e após os exames e chapa de Raio X foi constatado 4 fraturas; insistimos com os tratamentos clínicos, mas tudo foi inútil e já se passavam três meses e os recursos financeiros esgotavam-se e até que um dia o menino foi examinado por uma junta médica que o desenganou dizendo que o mal era de nascença e não tinha cura. Então depositamos nossa confiança no Senhor pedindo-lhe que restabelecesse a saúde de nosso filho, e pela sua bondade e misericórdia e como o Senhor ouviu-nos curando-o.
>
> Elquias N. S. Monteiro e Rita Elza Jardim Monteiro,
Portel, Pará.
>
> DEUS OUVIU-ME

Ainda que haja relatos de cura ocorridos em outras regiões do Brasil, o maior número destes relatos vem da Região Norte do país. E grande parte destes relatos é constituída por mulheres que experienciaram milagres em enfermidades sofridas em seu próprio organismo ou em seus parentes próximos, em especial seus filhos. Na maior parte dos relatos registrados, houve de início uma busca por médicos ou por medicamentos para as doenças, mas, sem resultado, houve a abertura para a busca da cura pela esfera religiosa e apenas nesta esfera a cura foi eficaz.

Aqui, notamos uma particularidade da religiosidade amazônica que permaneceu no decorrer das décadas: o discurso religioso da cura milagrosa; prática religiosa do catolicismo popular nortista e do pentecostalismo nas primeiras décadas que permaneceu no movimento pentecostal assembleiano nas décadas seguintes. Aqui, o fiel mantém o seu protagonismo. Ele não precisa ir até um sacerdote, ele não precisa de um padre ou de um pajé; o pentecostalismo o empodera com um carisma sacerdotal a ponto de, diante da enfermidade de um ente querido, ele (ou, principalmente, ela) detém a liberdade de interceder e se aproximar diretamente de um ser divino que miraculosamente promove a cura. Esses relatos, em sua maioria femininos, mostram o empoderamento que a mulher amazônica continuava a ter neste movimento. Ela ganha espaço na imprensa para promover seus relatos, se mostra agraciada com milagres divinos e ganha um papel intercessor que, em outras religiosidades, é dado a poucos sacerdotes, em sua maioria homens.

É o sacerdócio universal dos crentes sendo praticado pelos pentecostais amazônicos com muito mais ênfase e eficácia do que os próprios fundadores deste fenômeno religioso, os protestantes históricos[22].

Diante deste novo momento em que o movimento pentecostal assembleiano se encontrava, notamos uma denominação que amadureceu a nível institucional, tornando-se, neste período, a maior denominação evangélica do país, uma denominação que agora se reorganiza e o pentecostalismo amazônico ganha um novo papel

---

22. Weber aborda que o protestantismo histórico abordava que o ser humano poderia ter uma relação direta com Deus, foi feito para a glória de Deus e toda a atividade social que ele fizesse deveria servir para este fim. Assim, era como se cada ser humano tivesse uma função específica aqui nesse mundo, um "sacerdócio", pela análise de Weber, a importância do empoderamento que o protestantismo dá ao indivíduo, quebrando o poder da instituição religiosa e modificando a relação "Deus" e "ser humano", empoderando o leigo e contrastando com o poder institucional do catolicismo romano (Weber, p. 94). O pentecostalismo segue uma lógica semelhante, mas, empoderando o leigo de forma ainda mais ousada, como retrato neste texto e no livro: *"A Praga do Pará": origem e crescimento do pentecostalismo assembleiano (1911-1931)*.

nesta reorganização. As igrejas pentecostais se diversificam, adentram com mais agressividade num mundo letrado, ocupam espaços nos veículos de imprensa e abrem instituições de ensino, mantendo seu discurso religioso triunfalista e sobrenatural que se assemelha à religiosidade presente nas primeiras décadas do movimento e as fez crescer, consolidar-se e manter a sua expansão como a maior religiosidade não católica da história do país.

Subalternidade assembleiana

Até a década de 1970, o pentecostalismo era visto como um grupo religioso acético e alienado. Contudo, com o passar dos anos, percebeu-se que este segmento religioso tem características muito peculiares, sua cosmovisão é algo que promove um comportamento entre os fiéis com uma postura social que os distingue da maioria da população. No âmbito da política, podemos afirmar que os pentecostais têm uma postura conservadora e, em casos mais específicos, fundamentalista. Apesar disso, não se pode analisar os pentecostais como um grupo coeso que pensa em bloco, mesmo diante de questões políticas, mas existem líderes proeminentes que influenciam de forma mais profunda uma parcela significativa deste grupo. Desde a Constituinte, em 1988, os políticos pentecostais têm angariado espaços antes jamais imaginados. A Frente Parlamentar Evangélica – FPE, conhecida popularmente como bancada evangélica, desempenha um papel importante, na perspectiva interna, com intuito de barrar pautas progressistas.

Aquele estereótipo de décadas passadas, em que os fiéis pentecostais eram sinônimo de indivíduos analfabetos ou semiletrados, caiu por terra, pois atualmente, os pentecostais estão presentes nas universidades, em cursos de pós-graduação, mestrado e doutorado, trazendo contribuições importantes na reflexão acadêmica, dando novos contornos à pesquisa de um fenômeno religioso amplo e poroso. Evidentemente ainda há muitos pentecostais com baixa instrução formal, mas isso não está diretamente ligado à sua opção religiosa, mas a um quadro mais amplo de falta de acesso à educação de qualidade por milhões de brasileiros. Diversos pentecostais ascenderam socialmente, deixando a base da pirâmide social, tornaram-se protagonistas como empreendedores e empresários. É importante salientarmos aqui que, em sua maioria, os pentecostais continuam sendo trabalhadores em funções com menor remuneração, mas é perceptível a alteração deste quadro, mesmo que vagarosamente.

Desde o início, no Brasil, o pentecostalismo é uma religião de subalternos. Suas crenças e práticas sempre circularam a partir das margens, onde o movimento se dinamizou e tornou-se um polo de novas formas de cooperação e sociabilidade, como elabora Carvalho (2018, p. 121). Emergiu, assim, uma biopotência a partir dos corpos, lugares e saberes subalternos. As narrativas políticas ganharam força nesse contexto, mediante as crenças e práticas pentecostais. Contudo, não se pode falar de apoliticismo, pois o pentecostalismo assembleiano sempre viveu em uma zona limítrofe entre fé e política. Podemos, assim, afirmar que o pentecostalismo é política.

A experiência, chave hermenêutica nos lugares de marginalização, e a efusão do Espírito Santo promovem posições sociais niveladas. Sendo assim, existe um enfraquecimento de hierarquizações imediações eclesiásticas e homens e mulheres podem romper processos de invisibilidade, como nos coloca Carvalho (2018, p. 126). Isso não significa dizer que o espaço pentecostal seja isento de tensões oriundas de certas disputas. Mas esse lugar marginal e subalterno atraiu pessoas invisibilizadas, pois, a partir da comunidade pentecostal, adquiriam empoderamento discursivo e sentimento de superação dos processos de exclusão social. Acreditamos, portanto, que os espaços pentecostais subalternos têm sua dimensão política, encerra Carvalho.

Aqueles indivíduos subalternos, aos poucos, estão sendo substituídos por um modelo distinto, mais bem preparado para enfrentar as demandas do mercado de trabalho em uma acirrada corrida na qual todos nós estamos envolvidos. O despontamento desse grupo ao acesso a bens de consumo da classe média é algo notável. Os pentecostais são proeminentes no contexto social brasileiro contemporâneo, e isso se dá em virtude de uma profunda alteração que este grupo religioso vem sofrendo. Os pentecostalismos unidos são capazes de determinar pautas políticas, fechar acordos, promover ou difamar atores políticos que observam este grupo, como uma parcela considerável da população e, a cada vez mais, podem decidir rumos políticos em nossa nação.

Porém, é importante levar em conta que, no contexto do pentecostalismo norte-americano, a figura central de William J. Seymour (1870-1922), um homem negro, desempenhou um papel fundamental em um primeiro momento. No entanto, no Brasil, a dinâmica foi diferente. Não houve um personagem central tão proeminente como foi o caso do pastor Seymour, em Los Angeles, nos Estados Unidos. Assim, é possível dizer que a casta pentecostal brasileira é formada por homens brancos de classe média. Realidade bem apontada pelos cientistas da religião Marina Correa e Liniker Xavier (2023, p. 13-14):

> a colonialidade do poder deixou marcas de destruição social e cultural em toda a América Latina. No Brasil, ao mesmo tempo em que elementos da matriz religiosa foram sendo ressignificados pelo pentecostalismo, o conhecimento do negro e do índio foi deslegitimado a partir do imaginário de modernidade-racionalidade.

Apêndice
Auxílios cronológicos

1. Os papas desde o século XVI

Alexandre VI	1492-1503	Alexandre VIII	1689-1691
Pio III	1503	Inocêncio XII	1691-1700
Júlio II	1503-1513	Clemente XI	1700-1721
Leão X	1513-1521	Inocêncio XIII	1721-1724
Adriano VI	1522-1523	Bento XIII	1724-1730
Clemente VII	1523-1534	Clemente XII	1730-1740
Paulo III	1534-1549	Bento XIV	1740-1758
Júlio III	1550-1555	Clemente XIII	1758-1769
Marcelo II	1555	Clemente XIV	1769-1774
Paulo IV	1555-1559	Pio VI	1775-1799
Pio IV	1559-1565	Pio VII	1800-1823
Pio V	1566-1572	Leão XII	1823-1829
Gregório XIII	1572-1585	Pio VIII	1829-1830
Sisto V	1585-1590	Gregório XVI	1831-1846
Urbano VII	1590-1591	Pio IX	1846-1878
Gregório XIV	1590-1591	Leão XIII	1878-1903
Inocêncio IX	1591	Pio X	1903-1914
Clemente VIII	1592-1605	Bento XV	1914-1922
Leão XI	1605	Pio XI	1922-1939
Paulo V	1605-1621	Pio XII	1939-1958
Gregório XV	1621-1623	João XXIII	1958-1963
Urbano XIII	1623-1644	Paulo VI	1963-1978
Inocêncio X	1644-1655	João Paulo I	1978
Alexandre VII	1655-1667	João Paulo II	1978-2005
Clemente IX	1667-1669	Bento XVI	2005-2013
Clemente X	1670-1676	Francisco	2013-
Inocêncio XI	1676-1689		

2. Monarcas portugueses entre 1598 e 1822

Filipe III	1598-1621
Filipe IV	1621-1640
João IV	1640-1656
Afonso VI	1656-1667
Pedro II	1667-1706
João V	1706-1750
José I	1750-1777
Maria I	1777-1792
João VI	1792-1822

3. Representantes do poder régio português na Amazônia entre 1604 e 1806 (figuras mais importantes)

Jerônimo de Albuquerque	(MA) – 1614-1618
Francisco Caldeira de Castelo Branco	(PA) – 1615-1618
Bento Maciel Paraente	(PA) – 1621-1626 e (MA) – 1637-1642
Pedro Teixeira	(PA) – 1620-1621 e 1640-1641
André Vidal de Negreiros	(MA) – 1654-1656
Pedro de Melo	(MA) – 1657-1662
Gomes Freire de Andrade	(MA) – 1685-1687
Bernardo Pereira de Berredo	(MA) – 1718-1722
João da Maia da Gama	(MA) – 1722-1731
Alexandre de Souza Freire	(MA) – 1727-1732
Francisco Xavier de Mendonça Furtado	(MA) – 1751-1759 e PA no mesmo período
João Pereira Caldas	(PA) – 1772-1780
Saldanha da Gama	(MA) – 1803-1805
Marcos de Noronha e Brito	(PA) – 1802-1806

4. Presidentes de Províncias após 1822

Pará

Soares de Andréa	1838
Souza Franco	1839
Miranda	1840
Souza Franco	1841
Morais (Vice)	1845
Coelho	1848
Coelho	1849
Rego Barros	1855
Vasconcellos	1859
Araújo Brusque	1862
Araújo Brusque	1863
Sá e Benevides	1876
Malcher (Vice)	1878
Maracaju	1884
Pernambuco	1889

Amazonas

Tenreiro Aranha	1852
Ferreira Pena	1853
Ferreira Pena	1854
Miranda (Vice)	1855
DiasVieira	1856
Furtado	1859
Miranda (Vice)	1860
Cunha	1862
Lacerda	1864
Mello	1866
Silva Reis	1870
Silva Reis	1871
Silva Reis	1872
Peixoto	1873
Monteiro	1877

5. Bispos diocesanos

Amazonas

D. José Lourenço da Costa Aguiar	1894-1905
D. Frederico Benício de Souza Costa	1907-1913
D. Santino Coutinho (Belém), adm. apost.	1913-191
D. João Irineu Joffily	1916-1924
D. Frei Basílio Manuel Olímpio Pereira	1926-1941
D. João da Mata de Andrade e Amaral	1941-1948
D. Alberto Gaudêncio Ramos	1949-1957
D. João de Souza Lima	1958-1980
D. Milton Corrêa Pereira	1981-1984
D. Clóvis Frainer	1985-1991
D. Luiz Soares Vieira	1992-2012
D. Sérgio Eduardo Castriani	2012-2019
D. Leonardo Ulrich Steiner	2020

Pará

D. Frei Bartolomeu do Pilar	1721-1733
D. Frei Guilherme de São José	1739-1748
D. Frei Miguel de Bulhões e Sousa	1749-1758
D. Frei João de São José Queiroz	1760-1764
D. Frei Ev. Pereira da Silva	1772-1782
D. Frei Caetano Brandão	1783-1789
D. Manuel de Almeida Carvalho	1794-1818
D. Romualdo de Sousa Coelho	1821-1841
D. José Afonso de Morais Torres	1844-1859
D. Antônio de Macedo Costa	1861-1890
D. Jerônimo Tomé da Silva	1890-1894
D. Antônio Manuel Castilho Brandão	1895-1901
D. Francisco do Rego Maia	1902-1905
D. José Marcondes Homem de Melo	1906
D. Santino Maria da Silva Coutinho	1907-1923
D. João Irineu Joffily	1925-1931
D. Antônio de Almeida Lustosa	1931-1941
D. Jaime de Barros Câmara	1942-1943
D. Mário de Miranda Vilas Boas	1945-1956
D. Alberto Gaudêncio Ramos	1957-1990
D. Vicente Joaquim Zico	1990-2004
D. Orani João Tempesta	2004-2009
D. Alberto Taveira Corrêa	2010

6. Quadro histórico do surgimento da Igreja Católica na Amazônia

Ano	Local	Unid. Fed.	Data da Prelazia	Data da Diocese	Data da Arquidiocese
1614	Olinda	Pernambuco	1614	1676	1910
1677	São Luís	Maranhão		1677	1921
1719	Belém	Pará		1719	1906
1892	Manaus	Amazonas		1892	1952
1903	Santarém	Pará	1903	1979	2019
1907*	Roraima (Rio Branco)	Roraima	1944	1979	
1910**	Alto Solimões	Amazonas	1950		1991
1910**	S. Gabriel da Cachoeira (Rio Negro)	Amazonas	1925	1981	
1910**	Tefé	Amazonas	1950		
1911	SSma. Conceição do Araguaia	Pará	1911	1979	
1915	Porto Nacional	Tocantins		1915	
1919	Rio Branco (Acre e Purus)	Acre	1919	1986	
1922	Grajaú	Maranhão	1922	1984	
1925	Lábrea	Amazonas	1925		
1925	Porto Velho	Rondônia	1925	1979	1982
1928	Marajó	Pará	1928		
1928	Bragança do Pará (Gurupi; Guamá)	Pará	1928	1979	
1929	Guajará-Mirim	Rondônia	1929	1979	
1931	Cruzeiro do Sul (Juruá)				
1934	Xingu	Pará	1934		
1939	Pinheiro	Maranhão	1939	1979	
1949	Macapá	Amapá	1949	1980	
1952	Cametá	Pará	1952		

continua →

Ano	Local	Unid. Fed.	Data da Prelazia	Data da Diocese	Data da Arquidiocese
1954	Balsas	Maranhão	1954	1981	
1954	Tocantinópolis	Tocantins	1954	1980	
1955	Parintins	Amazonas	1955	1980	
1956	Cristalândia	Tocantins	1956		
1957	Óbidos	Pará	1957		
1958	Carolina	Maranhão	1958	1979	
1961	Cândido Mendes	Maranhão	1961	1983	
1961	Abaetetuba (Abaeté)	Pará	1961	1981	
1961	Humaitá	Amazonas	1961	1979	
1962	Viana	Maranhão		1962	
1963	Borba	Amazonas	1963		2022
1963	Coari	Amazonas	1963		2013
1963	Itacoatiara	Amazonas	1963		
1963	Ponta das Pedras	Pará	1963	1979	
1966	Miracema do Tocantins	Tocantins	1966	1981	
1969	São Félix	Mato Grosso	1969		
1969	Marabá	Pará	1969	1979	
1978	Ji-Paraná (Rondônia)	Rondônia	1978	1983	
1982	Sinop	Mato Grosso		1982	
1987	Imperatriz	Maranhão		1987	
1988	Itaituba	Pará	1988		

Obs.: As localidades são apresentadas com seus nomes atuais. Entre parênteses vem indicado o nome antigo que é referido no texto do livro.

* Em 1907, Roraima foi constituída abadia "nullius" sob jurisdição do mosteiro São Bento do Rio de Janeiro.

** Em 1910, foram criadas as prefeituras apostólicas de Alto Solimões, Rio Negro e Tefé.

Conquista da Amazônia

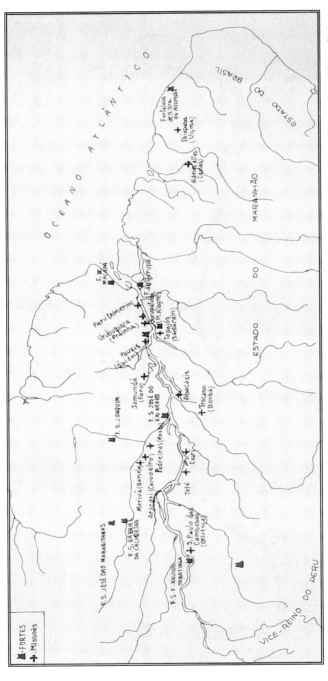

A conquista da Amazônia deu-se, em grande parte, pela união dos Fortes e das Missões, do poder militar e do poder religioso (desenho de Adélia O. de Carvalho).

Planta geral da Amazônia de 1637

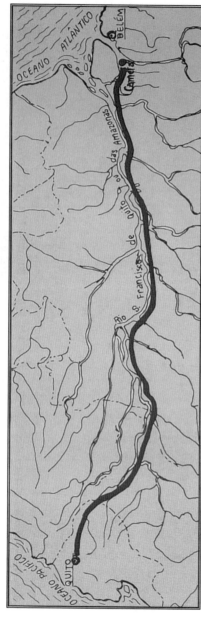

EXPEDIÇÃO DE PEDRO TEIXEIRA – 1637

No ano de 1637 o português Pedro Teixeira realizou sua famosa viagem de ida e volta entre Cametá, no Pará, e Quito, na Cordilheira dos Andes. A planta, do mesmo ano, mostra o Amazonas como o rio de integração americana por excelência, ligando entre si Quito, Lima, Potosí (com suas minas de prata), Cuzco (capital Inca), Arica no Peru e do outro lado o Pará e o Cabo Norte.

O mapa é geopolítico, pois exprime a importância continental do Rio Amazonas, sugerindo que as riquezas de Cuzco e Potosí pudessem escoar facilmente pelo Atlântico para a Europa através do Amazonas, evitando os longos e penosos caminhos terrestres para atingir o Rio da Prata. Tudo isso numa visão espanhola, pois em 1637 Portugal estava sob o domínio espanhol. Após a libertação de 1640 os portugueses lutaram com decisão ainda maior pela conquista do imenso espaço amazônico, o que conseguiram oficialmente pelo Tratado de Madri, em 1750: a Espanha ficou com o Rio da Prata, enquanto o Amazonas coube aos portugueses. A cópia livre da planta de 1637 é realizada por Adélia Oliveira de Carvalho.

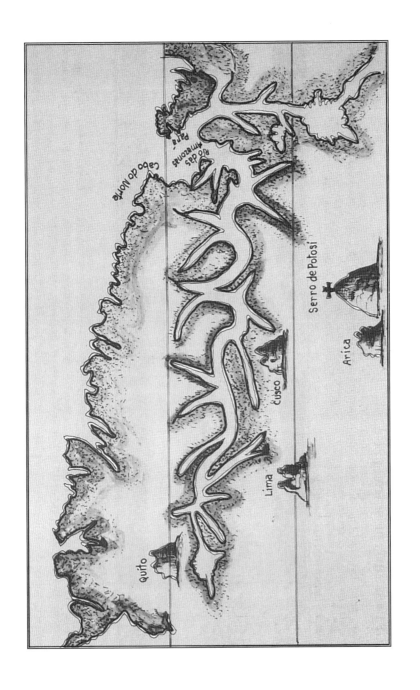

Os desenhos de Schwebel (1756)

João André Schwebel foi um dos militares contratados por D. João V, em 1750, para uma missão científica na América portuguesa no sentido de arrolar todos os estabelecimentos humanos entre Belém e a Aldeia Mariuá, no Rio Negro. Schwebel nos deixou 25 "prospectos" lindos, feitos a traço de pena com tinta da China. Seu trabalho encontra-se na Biblioteca Nacional do Rio de Janeiro. Damos aqui três desenhos:

Prospecto da Fortaleza de Tapajós, com a sua aldeia.

Trata-se da atual cidade de Santarém. Vê-se com clareza a organização dual da sociedade: o Forte e a "casa grande" de um lado, a igreja no meio como elo de integração, e a aldeia dos indígenas reduzidos e colocados na periferia. É o esquema básico do conglomerado brasileiro até hoje: os ricos de um lado, a igreja no centro, os pobres na periferia.

Prospecto da última Missão do Rio Negro, chamada Dari, administrada pelos religiosos carmelitas.

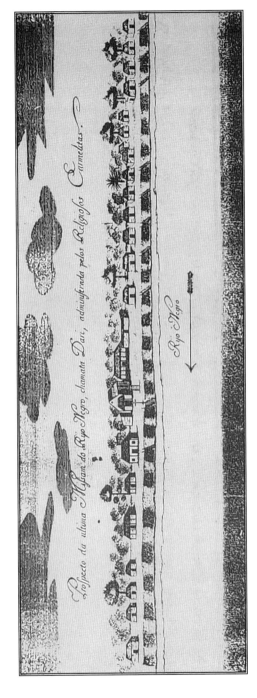

O processo de descaracterização e nivelamento das culturas indígenas é bem ilustrado pela padronização das habitações indígenas. A igreja no meio, o cruzeiro, a casa dos religiosos, o espaço para procissões e novenas lembram o lugar central da religião no processo de redução do indígena à vida colonial e da produção do índio genérico, descaracterizado, destribalizado.

Prospecto da Aldeia de Guaricuru, no rio do mesmo nome, administrada pelos padres da Companhia.

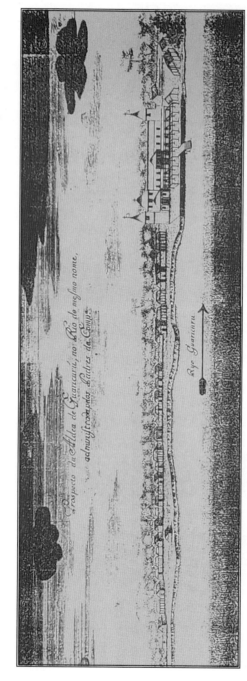

Esta aldeia foi estabelecida pelo Padre Vieira em 1653 e nela foram aldeados os Ingaíbas. Em 1730 a população era de 1.009 índios e 152 catecúmenos. Foi convertida em Vila de São Miguel de Melgaço, em 1758. Observe-se o contraste entre a construção imponente da igreja e da residência dos padres e a posição periférica e dependente das habitações indígenas.

Iconografia da expedição de Alexandre Rodrigues Ferreira (1783-1792)

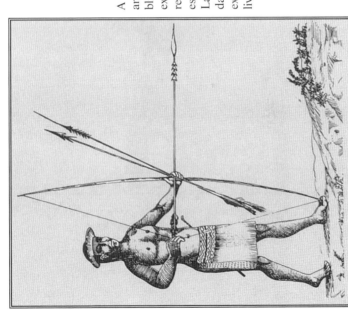

A primeira grande expedição científica que Portugal organizou em terras americanas foi a de Alexandre Rodrigues Ferreira, naturalista, que publicou seu relato em "Viagem Filosófica ao Rio Negro". O acervo dessa expedição inclui desenhos de Antônio José Landi. O modo como Landi retrata os diversos tipos indígenas foge inteiramente à imagem do índio estereotipado que carregamos conosco, produto do sistema colonial. Landi tem uma sensibilidade artística que capta expressões admiráveis da beleza dos indígenas, especialmente da beleza aplicada ao corpo e expressa através do corpo. Damos aqui alguns exemplos, em desenhos livres executados por Domingos Sávio Carneiro e inspirados em Landi.

ÍNDIO MURA COM PARICÁ

O trabalho manual na Amazônia e os aldeamentos

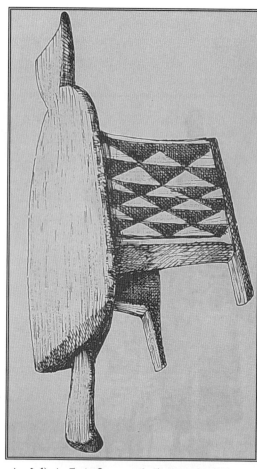

Na tradição amazônica os homens costumam trabalhar os metais, a madeira, a pedra, assim como os materiais de construção em geral, enquanto as mulheres trabalham a cerâmica e exercem a tecelagem, a renda, a pintura, a cestaria e os ofícios ligados à preparação dos alimentos.

Essa tradição remonta a antigas raízes amazônicas pré-europeias, como ainda se pode verificar através da cerâmica marajoara, tão cobiçada hoje pelos turistas, ou pelo admirável trabalho com algodão dos índios Paresi, ou ainda pelas peneiras Baniwa em talas de arumã ou pelos cestos trançados da região do Rio Branco.

Trabalhos indígenas mais impressionantes, grandes criações arquitetônicas, são as malocas do Alto Xingu com seus 25 metros de comprimento por 10 de largura e 7 de altura.

Esse variado mundo artesanal da Amazônia foi parcialmente resgatado nos aldeamentos missionário, sobretudo antes da época de Pombal (1755), no auge do período jesuítico que se estendeu de 1655 ("visita" de Vieira) até meados do século XVIII (desenho de Domingos Sávio Carneiro).

O barroco amazônico

Igreja dos Mercedários em Belém do Pará

Como em todas as partes da América portuguesa, a cultura dos colonizadores na Amazônia ficou imbuída de espírito barroco, não só nas expressões arquitetônicas e esculturais, mas também em todas as manifestações da vida.

O Barroco penetrou na Amazônia pela cidade de São Luís do Maranhão, onde até hoje se conserva, e se firmou em Belém do Pará, onde ainda se pode verificar um perfil urbano tipicamente barroco, formado ainda antes da época da borracha.

O barroco paraense é ligado ao nome do arquiteto e desenhista Antônio José Landi (1708-1790), cuja obra mais importante, a Igreja das Mercês, foi restaurada recentemente.

No período colonial a riqueza não convergia para aplicações financeiras como hoje, mas era diretamente transformada em obras de arte. Assim a beleza do barroco amazônico, que podemos admirar em São Luís e em Belém, é o termômetro da riqueza que as "drogas do sertão" proporcionavam aos colonizadores (desenhos de Adélia Oliveira de Carvalho inspirados em Percy Lau).

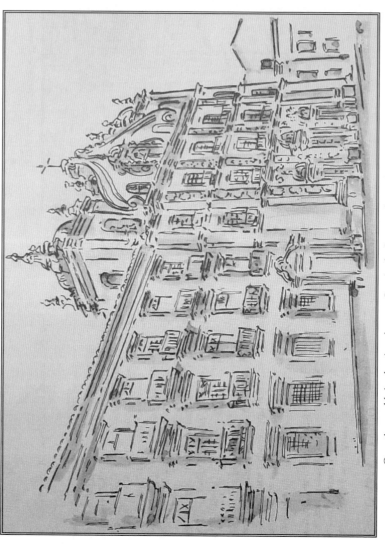

O antigo colégio dos jesuítas e a Igreja de Santo Alexandre em Belém do Pará.

A Amazônia frente ao capitalismo internacional

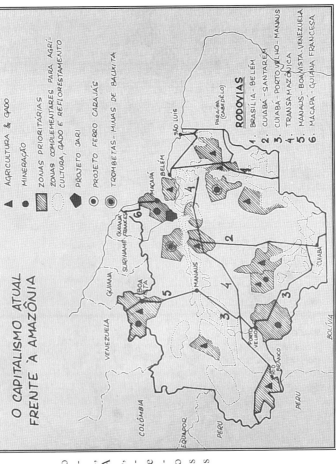

Em maio de 1966 iniciou-se a "Operação Amazônia", ambicioso projeto de integração da Amazônia ao resto do Brasil, ou melhor, ao capital internacional. A implantação de estradas, hidroelétricas, projetos minerais e agropecuários provocaram a invasão das terras dos indígenas e sua transferência para improvisadas reservas ou, em alguns casos, um programado extermínio (cf. cap. XI). Damos aqui três mapas que ilustram este drama (desenhos de Domingos Sávio Carneiro).

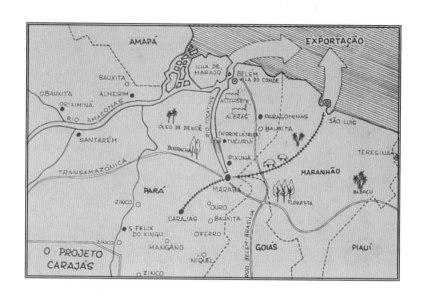

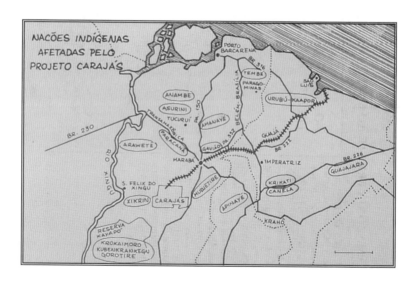

Referências

A Crítica. Manaus, 1968a.

A Crítica. [s. l.], 28 fev. 1969.

A Crítica. Manaus, 4 mar. 1975d.

ABBEVILLE, C. *Histoire de la Mission des Pères Capucins en l'île de Maragnan et terres circonvoisines...* Paris: [s. n.], 1614.

ABBEVILLE, C. *História da missão dos Padres Capuchinhos na Ilha do Maranhão e terras circunvizinhas...* São Paulo: Martins, 1945.

ABBEVILLE, C. *História da missão dos padres capuchinhos na Ilha do Maranhão e terras circunvizinhas.* Belo Horizonte: [s. n.], 1975.

ABREU, J. C. *Capítulos de história colonial.* Rio de Janeiro: Briguiet, 1954.

ABREU, J. C. *Capítulos de história colonial.* 6. ed. Rio de Janeiro: [s. n.], 1976.

ACUÑA, C. Novo descobrimento do grande rio das Amazonas. *In*: *Descobrimentos do Rio das Amazonas.* Tradução: C. de Melo Leitão. São Paulo: Nacional, 1941. p. 125-294.

ALENCAR, G. F. *Matriz pentecostal brasileira: Assembleias de Deus (1911-2011).* Rio de Janeiro: Novos Diálogos, 2020.

ALTMANN, L.; ZWETSCH, R. *Paíter. O povo Suruí e o compromisso missionário.* Chapecó: [s. n.], 1980.

ALVES, I. *O Carnaval devoto.* Petrópolis: Vozes, 1980.

ANAIS DA BIBLIOTECA E ARQUIVO PÚBLICO DO PARÁ. [S. l.: s. n.], 1905.

ANAIS DA BIBLIOTECA NACIONAL. Rio de Janeiro: [s. n.], 1948. v. 66

ANDRÉA, F. J. S. S. *Relatório.* 1838.

ANÔNIMO. *In Memoriam, Excerptos de Frei Caetano.* Belém: Secção de Obras da Província do Pará, 1905.

ANÔNIMO. *Memórias para a história da vida do venerável arcebispo de Braga D. Fr. Caetano Brandão.* 2. ed. Braga: Tipografia dos Órfãos, 1868.

ANÔNIMO. Notícia da voluntária reducção de paz e amizade da feroz nação do gentio Mura nos annos de 1784, 1785, 1786. *Revista do Instituto Histórico e Geográfico Brasileiro (RIHGB)*, [s. l.], n. 36, 1873.

ARANHA, B. de F. T. Scenas da Cabanagem no Amazonas (Província do Gram Pará). *Revista do Instituto Histórico e Geográfico do Pará*, [s. l.], 1900.

AMAZONAS, L. S. A. *Diccionário topográphico, histórico, descriptivo da Comarca do Alto Amazonas.* Recife: Tip. Comercial de Meira Henriques, 1852.

ARAÚJO, I. *Frida Vingren – Uma biografia da mulher de Deus, esposa de Gunnar Vingren, pioneiro das Assembleias de Deus no Brasil.* Rio de Janeiro: CPAD, 2014.

ARNOLD, O. Die Anfänge volkskirchlicher Diasporaarbeit unter den Evangelischen Deutschen in Nordbrasilien (Bahia, Pernambuco u.a. orten). *Evangelische Diaspora*, [s. l.], n. 18, 1936.

AYRES CARNEIRO, J. R. Itinerário da viagem da expedição exploradora e colonizadora do Tocantins em 1849. In: *Anaes da Biblioteca e Arquivo Público do Pará.* [S. l.: s. n.], 1910.

AZEVEDO, L. *Estudos de História Paraense.* Pará: Tipografia de Tavares Cardoso, 1893.

AZEVEDO, L. *História de Antônio Vieira.* 2. ed. Lisboa: [s. n.], 1931.

AZEVEDO, L. *Os jesuítas no Grão-Pará, suas missões e a colonização.* 2. ed. Coimbra: [s. n.], 1930.

AZZI, R. O movimento de reforma católica durante o século XIX. *Revista Eclesiástica Brasileira*, [s. l.], 1974.

AZZI, R. Dom Antônio de Macedo Costa e a reforma da Igreja do Brasil. *Revista Eclesiástica Brasileira*, [s. l.], 1975.

AZZI, R. Dom Antônio de Macedo Costa. In: *Cadernos de História da Igreja no Brasil.* São Paulo: [s. n.], 1982a.

AZZI, R. Dom José Afonso de Morais Torres, ex-lazarista, no bispado do Pará. *Convergência*, [s. l.], 1982b.

AZZI, R. *Os salesianos no Rio de Janeiro.* São Paulo: [s. n.], 1982c. v. I

AZZI, R. A romanização da Igreja a partir da República. *In*: BRANDÃO, R. *Inculturação e libertação*. São Paulo: [s. n.], 1986.

BAENA, A. L. M. *Compêndio das eras da Província do Pará*. Belém: Universidade Federal do Pará, 1969.

BAENA, A. L. M. *Ensaio corográfico sobre a Província do Pará*. Pará: [s. n.], 1839.

BAINES, S. G. *Relatório sobre a conclusão da etapa III de pesquisa de campo do projeto etnográfico Waimiti-Atroari*. [S. l.: s. n.], 1985.

BARATA, M. *Formação histórica do Pará*. Belém: [s. n.], 1973.

BARROS, A. *Vida do Padre Antônio Vieira*. Lisboa: J. M. C. Seabra & T. Q. Antunes, 1858.

BATES, H. W. *O naturalista no Rio Amazonas*. São Paulo: [s. n.], 1944. v. 2

BEOZZO, J. O. *Leis e Regimentos das Missões*. São Paulo: [s. n.], 1983a.

BEOZZO, J. O. *Leis e Regulamentos das Missões*. São Paulo: Loyola, 1983b.

BEOZZO, O. Decadência e morte, restauração e multiplicação das ordens e congregações religiosas no Brasil (1870-1930). *In*: AZZI, R. (org.). *A vida religiosa no Brasil*. São Paulo: [s. n.], 1983.

BERREDO, B. P. *Annaes Históricos do Estado do Maranhão*. Lisboa: [s. n.], 1749.

BERG, D. *Enviado por Deus*. Rio de Janeiro: CPAD, 1995.

BETTENDORFF, J. P. Crônica da missão dos padres da Companhia de Jesus no Estado do Maranhão. *Revista do Instituto Histórico e Geográfico Brasileiro (RIHGB)*, [s. l.], v. 72, p. 1-697, 1910.

BIBLIOTECA NACIONAL DE LISBOA/Seção dos Reservados. Códice 7.627. [S. l.: s. n.], [s. d.].

BOLETIM do Museu Paraense E. Goeldi, 10. [S. l.: s. n.], 1948.

BOXER, C. R. *A Idade do Ouro no Brasil (Dores do crescimento de uma sociedade colonial)*. São Paulo: Nacional, 1963.

BRASIL, A. B. *O Pajé da beira da estrada*. Porto Alegre: [s. n.], 1985.

CAEIRO, P. J. *Os jesuítas do Brasil e da Índia na perseguição do Marquês de Pombal (século XVIII)*. Bahia: Escola Tipográfica Salesiana, 1936.

CALLERI, P. *Mensagem oficial n. 2*. [S. l.: s. n.], 1968a.

CALLERI, P. *Mensagem oficial n. 3*. [S. l.: s. n.], 1968b.

CALLERI, P. *Mensagem oficial n. 5*. [S. l.: s. n.], 1968c.

CALLERI, P. *Pacificação dos índios Waimiri-Atroari*. [S. l.: s. n.], 1968d.

CÂMARA DOS DEPUTADOS. *O clero no parlamento nacional (1843-1862)*. [S. l.: s. n.], 1979. v. 4

CAMPOS, J. de Q. *A verdade de cada um*. [S. l.: s. n.], [s. d.].

CAMPOS, J. de Q. *Ao Dr. A. F. Porto Sobrinho*. [S. l.: s. n.], 1968a.

CAMPOS, J. de Q. *Carta ao Padre Calleri*. 6 jul. 1968b.

CANABRAVA, A. Introdução e vocabulário. *In*: ANDREONI, J. A. *Cultura e opulência no Brasil*. São Paulo: Nacional, 1967.

CARELLI, V.; SEVERIANO, M. *Mão branca contra o povo cinza: vamos matar esse índio?* São Paulo: Brasil Debates, 1980.

CARIJÓ, C. M. *Carta*. 30 jul. 1967.

CARIJÓ, C. M. *Ofício ao Coronel Martins Ribeiro do Comando Militar da Amazônia*. [S. l.]: Ministério do Exército, 1968.

CARNAXIDE, V. *O Brasil na administração pombalina*. São Paulo: [s. n.], 1979.

CARTA do Bispo do Pará ao Rei a 05-10-1729. 1729.

CARTA do Governador Francisco Xavier de Mendonça Furtado ao Bispo do Pará. [s. d.].

CARVAJAL, G. de; ROJAS, A. de; ACUÑA. *Descobrimento do Rio das Amazonas*. São Paulo: Nacional, 1941.

CARVAJAL, G. Relação (...) do novo descobrimento do famoso grande rio, etc. *In*: *Descobrimentos do Rio das Amazonas*. Tradução: C. de Melo Leitão. São Paulo: Nacional, 1941. p. 11-79.

CARVALHO, O. L. *Pentecostalismo na esfera pública*: uma análise a partir do jornal Mensageiro da Paz. Joinville: Santorini, 2018.

CASTRO, P. E. da S. *Mercedários no Brasil ontem e hoje*. Rio de Janeiro: [s. n.], 1968.

CHANTRE Y HERRERA, J. *Historia de las missiones de la Compañia de Jesus en el Marañon español, 1637-1767*. Madri: Avrial, 1901.

CIMI. *Boletim n. 24. Conclusões da primeira Assembleia de Pastoral Indigenista*. [S. l.: s. n.], 1975.

CINQUENTENÁRIO da Prelazia de Santarém. Santarém: [s. n.], 1955.

CÓD. CXV/2-12. [S. l.: s. n.], [s. d.].

COELHO, J. F. *Relatório*. 1848.

COELHO, J. F. *Relatório*. 1849.

COLEÇÃO de Legislação Portuguesa (1750-1762). Lisboa: [s. n.], 1830.

COMANDO MILITAR DA AMAZÔNIA. *Trabalho na BR-174. Of. n. 042*. [S. l.: s. n.], 1974.

CONDE, E. *História das Assembleias de Deus no Brasil*. Rio de Janeiro: [s. n.], 1960.

CONFERÊNCIA NACIONAL DOS BISPOS DO BRASIL. *Desafio missionário*: documentos da Igreja na Amazônia. Brasília: CNBB, 2014.

CONSTITUIÇÕES Primeiras do Arcebispo da Bahia. 2. ed. São Paulo: [s. n.], 1853.

COOPER, J. Areal and temporal aspects of aborigenal South American culture. *Primitive Man*, [s. l.], v. 15, p. 429-462, 1942.

COORDENAÇÃO DO NÚCLEO DE APOIO WAIMIRI-ATROARI (NAWA). *Relato sobre interferência do grupo indígena Wai-Wai, no grupo Waimiri-Atroari*. [S. l.: s. n.], 1981.

CORRÊA, M. *A operação do carisma e o exercício do poder*: a lógica dos ministérios das igrejas Assembleias de Deus no Brasil. São Paulo: Recriar, 2018.

CORRÊA, M. *Dinastias assembleianas:* sucessões familiares nas igrejas Assembleias de Deus no Brasil. São Paulo: Recriar, 2020.

CORRÊA, M.; XAVIER, L. A colonialidade do Espírito Santo no pentecostalismo brasileiro: a sobreposição da branquitude em suas comunidades religiosas negras. *Protesta & Carisma*, [s. l.], v. 3, 2023.

COSTA, D. A. de M. Conferência de Manaus. *Revista Vozes*, [s. l.], 1983.

COSTA, D. F. *Carta Pastoral escrita em Manaus em 11 de abril de 1909*. Fortaleza: Minerva, 1909.

COSTA, F. *Carta pastoral*. Fortaleza: Typographia Minerva, 1909.

CRABTREE, A. R. *História dos batistas no Brasil até o ano de 1906*. Rio de Janeiro: [s. n.], 1962.

CRUZ, E. *História do Pará*. Belém: Universidade do Pará, 1963.

DA NEMBRO, M. *I cappucini nel Brasile, missione e custodia del Maranhão (1892-1956)*. Milão: [s. n.], 1957.

DANIEL, J. Tesouro descoberto do Máximo Rio Amazonas. *In*: *Anais da Biblioteca Nacional*. Rio de Janeiro: [s. n.], 1975. v. 95.

DANIEL, J. *Tesouro descoberto no Rio Amazonas*. 2. ed. Rio de Janeiro: Biblioteca Nacional, 1976. v. 2

DAVIS, S. H. *Vítimas do milagre:* o desenvolvimento e os índios do Brasil. Rio de Janeiro: Zahar, 1978.

OLIVEIRA, A. E. Ocupação humana. *In*: *Amazônia, desenvolvimento, integração e ecologia*. São Paulo: Brasiliense, 1983. p. 44-222.

DECRETO n. 68.907. [S. l.]: *Diário Oficial*, 1971.

DECRETO n. 74.463. *Diário Oficial*, Brasília, 26 ago. 1974.

DECRETO n. 86.630. 1981.

DELACROIX, S. *Histoire Universelle des Missions Catholiques:* les missions conemporaines (1800-1957). Paris: [s. n.], 1958.

DENEVAN, W. M. The Aboriginal Population of Amazonia. *In*: DENEVAN, W. M. (ed.). *The Native Population of South America in 1492*. [S. l.]: Madison, 1977. p. 205-234.

Diário de Notícias, Porto Alegre, 30 nov. 1968.

Diário Oficial, Brasília, 14 abr. 1981.

Dictionnaire de Théologie Catholique. [S. l.: s. n.], [s. d.]. v. VI.

DOC. 10-03-1758. [S. l.: s. n.], [s. d.].

DOC. 23-2-1759. [S. l.: s. n.], [s. d.].

DOC. 8-3-1758. [S. l.: s. n.], [s. d.].

DREHER, M. N. *Kirche und Deutschtum in der Entwicklung der Evangelischen Kirche Lutherischen Bekenntnisses in Brasilien*. Göttingen: [s. n.], 1973.

ELETROBRAS; ELETRONORTE. *Usina Hidrelétrica de Balbina*. Brasília: Abril, 1981.

ESTATUTOS da Província da Conceição do Reino de Portugal. Lisboa: [s. n.], 1735.

FAJARDO, M. *Onde a luta se travar:* uma história das Assembleias de Deus no Brasil. Curitiba: Prismas, 2017.

FERNANDES, R. C. As missões protestantes em números. *Cadernos do ISER*, [s. l.], n. 10, [s. d.].

FERNANDES, R. C. Um exército de anjos – As razões da Missão Novas Tribos. *Religião e Sociedade*, [s. l.], n. 6, p. 129-165, 1980.

FERREIRA, J. A. *História da Igreja Presbiteriana do Brasil*. São Paulo: [s. n.], 1959a. v. I

FERREIRA, J. A. *História da Igreja Presbiteriana do Brasil*. São Paulo: [s. n.], 1959b. v. II

Folha de São Paulo, São Paulo, 27 nov. 1968d.

FRAGOSO, F. H. Os aldeamentos franciscanos no Grão-Pará. *In:* Das reduções latino-americanas às lutas indígenas atuais. [S. l.: s. n.], [s. d.].

FREI ANTÔNIO DA MERCIANA. *Carta de 27-11-1618. Manuscritos de 1618, Pará, Caixa 1, Avulso*. [S. l.]: Arquivo Ultramarino de Lisboa, 1618.

FREIREYSS, G. W. Viagem ao interior do Brasil nos anos de 1814-1815. *Revista do Instituto Histórico e Geográfico Brasileiro (RIHGB)*, [s. l.], v. XI, 1906.

FRESTON, P. Breve história do pentecostalismo brasileiro. *In:* ANTONAZZI, A. *Nem anjos, nem demônios:* interpretações sociológicas do pentecostalismo. Petrópolis: Vozes, 1996. (v. 2). p. 67-179.

FRICKEL, F. P. Classificação linguístico-etnológica das tribos indígenas do Pará setentrional e zonas adjacentes. *Revista Antropológica*, [s. l.], v. 2, n. VI, p. 113-189, 1958.

FRITZ, S. *Journal of the travels and labours of Father... in the River of the Amazonas between 1686 and 1723*. Tradução: G Edmundson. Londres: Hakluyt, 1918.

FUNAI denuncia interesses escusos no caso Waimiri-Atroari. *Jornal do Brasil*, Rio de Janeiro, 10 dez. 1968.

FUNAI. *Postos indígenas da Funai*. [S. l.: s. n.], 1972.

FUNAI; ELETRONORTE. *Waimiri-Atroari*. [S. l.: s. n.], [s. d.].

GALVÃO, E. Áreas culturais indígenas do Brasil, 1900-1959. *In*: GALVÃO, E. (ed.). *Encontro de sociedades:* índios e brancos no Brasil. Rio de Janeiro: Paz e Terra, 1978. p. 193-228.

GALVÃO, E. *Santos e visagens*. São Paulo: Nacional, 1976.

GALVÃO, E.; MOREIRA NETO, C. de A. Introdução e notas. *In*: FERREIRA, A. R. *Viagem filosófica pelas Capitanias do Grão-Pará, Rio Negro, Mato Grosso e Cuiabá*. Rio de Janeiro: Cons. Fed. Cultura, 1974.

GALVÃO, E. *Santos e Visagens* – Um estudo da vida religiosa de Itá. São Paulo: Companhia Editora Nacional, 1976.

GAMA, R. *"A praga do Pará":* origens e crescimento do pentecostalismo assembleiano. São Paulo: Diaconia, 2022.

GANDAVO, P. G. *Tratado da Terra no Brasil*. Rio de Janeiro: [s. n.], 1924.

GARCIA, R. *O diário do Padre Samuel Fritz*. Rio de Janeiro: RIHGB, 1917.

GUEIROS, D. V. *O protestantismo, a maçonaria e a questão religiosa*. Brasília: [s. n.], 1980.

Guia histórico e catálogo da Arquidiocese de Belém. Belém: [s. n.], 1982.

HADDAD, J. A. *Antônio Vieira:* Sermões. São Paulo: [s. n.], 1939.

HÉBETTE, J. (Org.). *O cerco está se fechando*. Petrópolis: Vozes, 1991.

HERIARTE, M. Descrição do Estado do Maranhão, Pará, Corupá e Rio das Amazonas. *In*: *História Geral do Brasil*. 8. ed. São Paulo: Melhoramentos, 1975. p. 171-190.

HOMEM DE MELO, J. M. *Carta pastoral (saudação aos diocesanos de São Carlos do Pinhal)*. São Paulo: [s. n.], 1909.

HOORNAERT, E. *História da Igreja no Brasil*. Petrópolis: Vozes, 1977.

HOORNAERT, E. O padre católico visto pelos indígenas do Brasil e do Maranhão. *Revista Eclesiástica Brasileira*. Petrópolis, 1976.

HOORNAERT, E. O significado histórico do ciclo missionário carmelita na Amazônia entre 1693 e 1770. *Revista Eclesiástica Brasileira*. Petrópolis, 1980.

HOORNAERT, E. Teologia e ação pastoral em Antônio Vieira. *In*: *História da Teologia na América Latina*. São Paulo: Paulinas, 1981.

HURLEY, J. *Traços cabanos*. Belém: [s. n.], 1936.

IANNI, O. *A luta pela terra*. [S. l.: s. n.], 1979.

INSTRUÇÕES RÉGIAS. [S. l.: s. n.], [s. d.].

JAAKO PÖYRY ENGENHARIA. *Balbina:* extração e utilização da biomassa florestal da área do reservatório. [S. l.: s. n.], 1984.

JEDIN, H. *Manual de historia de la Iglesia*. Barcelona: [s. n.], 1978. v. VIII.

Jornal da Tarde, [s. l.], 27 nov. 1968c.

Jornal do Brasil, Rio de Janeiro, 25 set. 1973.

Jornal do Brasil, Rio de Janeiro, 2 mar. 1975.

Jornal do Commercio, Manaus, 18 jun. 1968.

Jornal Evangélico, São Leopoldo, 1972.

JÚNIOR, D. M. D. José Afonso de Morais, novo bispo do Pará. *O Liberal*, Belém, 1979.

KIEMEN, M. *The Indian Policy of Portugal in the Amazon Region (1614-1693)*. Washington: [s. n.], 1954.

KOVAL, B. *História do proletariado brasileiro*. São Paulo: [s. n.], 1982.

KROEBER, A. *Anthropology*. 2. ed. Nova York: [s. n.], 1948.

LAPA, J. R. do A. *Livro da visitação do Santo Ofício da Inquisição ao Estado do Grão-Pará entre 1763 e 1769*. Petrópolis: Vozes, 1978.

LATHRAP, D. *O Alto Amazonas*. Lisboa: Verbo, 1975.

LEITE, S. *Luiz Figueira, a sua vida heroica e a sua obra literária*. Lisboa: [s. n.], 1940.

LEITE, S. *História da Companhia de Jesus no Brasil*. Rio de Janeiro: [s. n.], 1943.

LIMA, A. *Assembleia de Deus e o Espírito Santo:* história, teologia e diálogo. São Paulo: Reflexão, 2018.

LINHAS Prioritárias da pastoral na Amazônia – II Encontro Inter-regional de pastoral. Manaus: [s. n.], 1974.

LINHAS Prioritárias da pastoral na Amazônia – IV Encontro Pastoral da Amazônia. Santarém: [s. n.], 1972.

LLORCA, B. *Historia de la Iglesia Catolica*. Madri: [s. n.], 1953.

LONG, E. K. *Do meu velho baú metodista*. São Paulo: [s. n.], 1968.

LUSTOSA, D. A. A. *Dom Macedo Costa*. Rio de Janeiro: [s. n.], 1939.

MALHEIRO, A. M. P. *A escravidão no Brasil*. Rio de Janeiro: Tipografia Nacional, 1867.

MEGGERS, B. J. Environmental limitations on the development of culture. *American Anthropologist*, [s. l.], v. 56 (5), p. 801-824, 1954.

MELLO MORAIS, A. J. *Corografia histórica, cronológica, genealógica,nobiliária e política do Império do Brasil*. [S. l.: s. n.], 1858.

MEMÓRIAS para a história da vida do venerável arcebispo de Braga Dom Frei Caetano Brandão. 2. ed. Braga: Tipografia dos Órfãos, 1868.

MENDONÇA, M. C. *A Amazônia na Era Pombalina, correspondência inédita do Governador Francisco Xavier de Mendonça Furtado*. Rio de Janeiro: Instituo Histórico e Geográfico Brasileiro, 1963.

MINISTÉRIO DAS MINAS E ENERGIA. *Alvarás n. 459, 460, 461, 462*. [S. l.: s. n.], 1979.

MIRANDA, J. A. *Relatório*. 1840.

MONDREGANES, F. P. *Manual de missionologia*. Madri: [s. n.], 1951.

MONS. AMÉRICO LEAL. *História de uma Igreja e cercanias*. Belém: [s. n.], 1969.

MONS. FREDERICO COSTA. *Carta pastoral ao clero e habitantes da prelatura de Santarém*. 1905.

MORAES, J. M. *Relatório*. 1845.

TORRES, D. J. A. M. *Itinerário das visitas do Exmo. Sr. Dom José Afonso*. Belém: [s. n.], 1852.

MOREIRA NETO, C. A. *A política indigenista brasileira durante o século XIX*. 1971. Rio Claro, 1971.

MOREIRA NETO, C. A. *Informações sobre os índios Waimiri-Atroari*. Rio de Janeiro: [s. n.], 1975.

MOREIRA NETO, C. *Índios na Amazônia*: de Maioria e Maioria, 1750-1850. Petrópolis: Vozes, 1988.

MUNIZ, J. de P. Adesão do Grão-Pará à independência e outros ensaios. *In*: Coleção História do Pará. Belém: Conselho Estadual de Cultura, 1973.

MURDOCK, G. *Outline of South American Cultures*. New Haven: Behaviour Science Outlines, 1951.

MYERS, T. P. Toward the reconstruction of prehistoric community patterns in the Amazon basin. *In*: LATHRAP, D.; DOUGLAS (Ed.). *Variations in Anthropology*. [S. l.]: Urbana, 1973. p. 233-252.

NIMUENDAJU, C. U. *Mapa Etno-Histórico*. Rio de Janeiro: IBGE, 1981.

NOTICIA verdadeyra do terrivel contagio.... [S. l.: s. n.], 1749.

NUNES, D. A carta de Diogo Nunes e a migração dos Tupi-Guarani para o Peru (edição e estudo de Carlos Drummond). *Revista de História*, [s. l.], v. 1, p. 95-102, 1950.

O Estado de S. Paulo, São Paulo, 21 mar. 1975e.

O Estado de S. Paulo, São Paulo, 26 out. 1975f.

O Globo, Rio de Janeiro, 6 jan. 1975a.

OBERACKER, C. H. Deutschsprachige Kolonisten im Amazonas-Tal zur Zeit Pombals. *Staden-Jahrbuch*, [s. l.], n. 14, p. 47-70, 1966.

OLIVEIRA, L. C.; RODRIGUES, D. Amazônia, terra de avivamento religioso: o caso do pentecostalismo. *Revista Novos Rumos Sociológicos*, [s. l.], v. 10, 2022.

OLIVEIRA, R. *O conflito maçônico religioso*. Petrópolis: Vozes, 1952.

Opinião, Rio de Janeiro, 17 jan. 1975b.

ORTIGA, H. C. *Parecer Of. 1.451/80*. [S. l.: s. n.], 1980.

PACHECO, D. F. C. *História eclesiástica do Maranhão*. São Luís: [s. n.], 1968.

PARANAPANEMA obtém lucro de 200 bi. *Jornal do Commercio*, Manaus, 17 out. 1985.

PARANAPANEMA S.A., MINERAÇÃO, INDÚSTRIA E CONSTRUÇÃO. *Resumo histórico*. [S. l.: s. n.], 1982.

PASTORAL coletiva do espiscopado das províncias eclesiásticas setentrionais do Brasil. Bahia: [s. n.], 1911.

PE. MASSIMO LOMBARDI. *A caminhada da Igreja pelo Acre e Purus (1970-1987)*. [S. l.: s. n.], 1987.

PIOLET, J. B. (org.). *Les missions catholiques française au XIX siècle*. Paris: [s. n.], 1903.

PORRO, A. O antigo comércio indígena na Amazônia. *D. O. Leitura*, [s. l.], v. 5, p. 2-3, 1987.

PORTARIA n. 511. *Diário Oficial*, Brasília, 5 jul. 1978.

PRADO JR., C. *História econômica do Brasil*. São Paulo: [s. n.], 1985.

PRADO, B. A. *Relatório da Prelazia de Conceição do Araguaia*. Conceição do Araguaia: [s. n.], 1975.

PRAT, F. A. *Notas históricas sobre as missões carmelitas no extremo Norte do Brasil*. Recife: [s. n.], 1941.

I REUNIÃO DA ASSOC. BRAS. ANTROPOLOGIA (1953). Convenção para a Grafia dos Nomes Tribais. *Revista de Antropologia*, [s. l.], 1954.

PROSIG/DNPM. *Interesses de exploração mineral incidentes na área indígena Waimiri-Atroari*. São Paulo: [s. n.], 1986.

QUEIROZ, D. Fr. J. de S. J. *Visitas pastorais. Memórias 1761-1763*. Rio de Janeiro: Melso, 1961.

RAIOL, D. A. *Obras*. Belém: Conselho Estadual de Cultura, 1970.

RAMOS, D. A. *Cronologia eclesiástica da Amazônia*. Manaus: [s. n.], 1952.

RAMOS, D. A. *Cronologia eclesiástica do Pará*. Belém: [s. n.], 1985.

READ, W. R.; INESON, F. A. *Brazil 1930:* The Protestant Handbook. Monrovia: [s. n.], 1973.

RECLUS, É. *Estados Unidos do Brasil*. Rio de Janeiro: Garnier, 1900.

REGULAMENTO para capitães-ouvidores dos rios do Amazonas. [S. l.]: Pará, Caixa 2, 1963.

REIS, A. C. F. *A Amazônia que os portugueses revelaram*. Rio de Janeiro: [s. n.], 1956.

REIS, A. C. F. *A conquista espiritual do Amazonas*. São Paulo: [s. n.], 1942.

REIS, A. C. F. *A formação espiritual da Amazônia*. Rio de Janeiro: SPVEA, 1964.

REIS, A. C. F. A Igreja no Amazonas ao findar o Período Colonial. *Revista do Instituto Histórico e Geográfico Brasileiro (RIHGB)*, [s. l.], 1985.

REIS, A. C. F. *Dom Romualdo de Souza Coelho*. Belém: [s. n.], 1941.

REIS, A. C. F. *História geral da civilização brasileira*. São Paulo: [s. n.], 1967. v. II

REIS, A. C. F. *O seringal e o seringueiro*. Rio de Janeiro: [s. n.], 1953.

RELATÓRIO ANUAL. [S. l.]: Serviço de proteção aos índios, 1945.

Revista do Instituto Histórico e Geográfico Brasileiro, [s. l.], v. 83, 1918.

REZENDE, R. *A justiça do lobo*. Petrópolis: Vozes, 1986.

RIBEIRO, A. *História de Portugal*. [S. l.: s. n.], 1934. v. VI.

RIBEIRO, D. Convívio e contaminação. *Sociologia*, [s. l.], v. 18 (1), 1956.

RIBEIRO, D. Culturas e línguas indígenas no Brasil. *Educação e Ciências Sociais*, [s. l.], v. 6, 1957.

RIOS, O. E. *Geografia histórica, geografia da religião e cartografia de fluxos da matriz pentecostal brasileira (1911 a 1932)*. 2022. 196f. Universidade Federal de Goiás, Goiânia, 2022.

POMBO, ROCHA. *História do Brasil*. [S. l.: s. n.], [s. d.].

RODRIGUES, B. *Santuário mariano*. [S. l.: s. n.], [s. d.].

ROLIM, F. C. *Pentecostalismo:* Brasil e América Latina. Petrópolis: Vozes, 1994.

RUBERT, A. *A Igreja no Brasil*. Santa Maria: [s. n.], [s. d.]. v. 2.

SABATINI, P. S. *Carta de 21 de abril de 1978*. 21 abr. 1978.

SANTOS, A. *Las misiones católicas*. Valência: [s. n.], 1978.

SANTOS, J. *Mons. Frederico Costa, 1º prelado de Santarém*. Belém: [s. n.], 1978.

SANTOS, J. *Apontamentos para a história da Igreja em Santarém*. Santarém: [s. n.], 1982.

SANTOS, J. A primeira fundação religiosa na Amazônia. *In*: AZZI, R. (org.). *A vida religiosa no Brasil – enfoques históricos*. São Paulo: [s. n.], 1985. p. 198-213.

SANTOS, R. *História econômica da Amazônia (1800-1920)*. São Paulo: [s. n.], 1980.

SCHLUPP, W. J. *Erinnerungen*. São Leopoldo: [s. n.], 1979.

SCHWADE, E. D. *As terras Waimiri-Atroari no ciclo do minério*. Presidente Figueiredo: [s. n.], 1985.

SILVA, D. F. P. *Apontamentos para a história eclesiástica do Maranhão*. Bahia: [s. n.], 1922.

SOCIEDADE BRASILEIRA PARA O PROGRESSO DA CIÊNCIA. *Informe*. [S. l.: s. n.], 1987.

FRANCO, B. SOUZA. *Relatório*. 1839.

FRANCO, B. SOUZA. *Relatório*. 1841.

SOUZA, A. S. Memória sobre o descobrimento, governo, população e coisas mais notáveis da Capitania de Goiás. *Revista do Instituto Histórico e Geográfico Brasileiro (RIHGB)*, [s. l.], v. 12, 1874.

SOUZA, A. F. Notícias geográficas da Capitania do Rio Negro no Grande Rio Amazonas. *Revista do Instituto Histórico e Geográfico Brasileiro (RIHGB)*, [s. l.], 1848.

STEWARD, J. (Ed.). *Handbook of South American Indians*. Washington: Smithsonian, 1949.

STUDART, G. *Documentos para História do Brasil e especialmente a do Ceará*. Fortaleza: Minerva, 1921. v. 4.

VARNHAGEN, F. A. História da independência do Brasil. *Revista do Instituto Histórico e Geográfico Brasileiro (RIHGB)*, [s. l.], 1938.

VARNHAGEN, F. A. *História geral do Brasil*. São Paulo: Melhoramentos, 1926.

VASCONCELOS, S. *Crônica da Companhia de Jesus*. Petrópolis: Vozes, 1977.

ESPINOSA, A. V. *Compendio y descripción de las Indias Occidentales*. Washington: Smithsonian, 1948.

VIANNA, H. *História diplomática do Brasil*. São Paulo: Melhoramentos, [s. d.].

VIEIRA, A. *Cartas ao Padre*. Coimbra: [s. n.], 1925.

VIEIRA, A. *Em defesa dos índios*. Lisboa: Sá da Costa, 1951.

VIEIRA, P. A. *Obras completas de Padre Antônio Vieira, Sermões*. Porto: [s. n.], 1909.

VIEIRA, P. A. *Sermões pregados no Brasil*. Lisboa: [s. n.], 1940.

VISÃO histórica da Diocese de Manaus. Manaus: [s. n.], 1946.

WALLACE, A. R. *Viagens pelo Amazonas e Rio Negro*. São Paulo: Companhia Editora Nacional, 1939.

WERMERS. O estabelecimento das Missões Carmelitas no Rio Negro e no Solimões. *In*: Actas do Colóquio Internacional de Estudos Luso-brasileiros. Coimbra: [s. n.], 1965. v. II.

WISSLER, C. *The American Indian*. Nova York: Americam Museum of Natural History, 1938.

Zero Hora. Porto Alegre, 28 dez. 1968f.

Sobre os autores

Antônio Porro

Possui doutorado em Antropologia Social pela Universidade de São Paulo (1977), como tema *O messianismo maya no Período Colonial*, e pós-doutorado pelo IEB – Instituto de Estudos Brasileiros, da mesma universidade (2006). Entre suas obras estão: *As Crônicas do Rio Amazonas: tradução, introdução e notas etno-históricas sobre as antigas populações indígenas da Amazônia* (1993) e *O Povo das Águas: ensaios de etno-história amazônica* (1996).

Eduardo Hoornaert

Formado em Línguas Clássicas e História Antiga pela Universidade de Lovaina (Bélgica), ensinou durante 30 anos História do Cristianismo em Institutos Teológicos Católicos: João Pessoa, Recife, Fortaleza. Entre 1993 e 1995, foi professor na Universidade Federal da Bahia. Entre 1964 e 1980, no tempo em que Dom Helder Câmara era arcebispo de Recife, assumiu uma paróquia na periferia da cidade. Neste período aproximou-se da Teologia da Libertação, foi cofundador (1973) da Comissão de Estudos da História da Igreja na América Latina (Cehila) e escreveu, aproximadamente, 30 livros sobre a história do cristianismo no Brasil e na América Latina, na perspectiva das populações indígenas e africanas. Desde 1984, está empenhado em estudar as origens do cristianismo. Publicou diversos livros neste sentido e o presente *Origens do cristianismo* é uma sedimentação, em breves capítulos, de muitos anos de ensino desta matéria. Eduardo Hoornaert é casado com Maria Tereza Dias.

Carlos de Araújo Moreira Neto

Antropólogo, foi um dos maiores conhecedores da história e antropologia indígena brasileira. Foi diretor do Museu do Índio (Funai). Autor das obras: *Índios da Amazônia: de maioria a minoria, 1750-1850* (1988); *A Fundação do Brasil* (1992); *Os índios e a Ordem Imperial* (2005). Faleceu em 2007.

Frei Hugo Fragoso

Doutorou-se em História da Igreja pela Pontifícia Universidade Antonianum. De volta ao Brasil, tornou-se lente da Faculdade Franciscana de Teologia, em Salvador, até 1967. Lecionou, também, História da Igreja no Instituto Teológico do Recife, do qual foi membro cofundador. Retornou à capital baiana, onde ensinou História da Igreja, na Universidade Católica de Salvador, de 1970 a 1991. Foi professor visitante do Instituto de Teologia de Ilhéus e de Fortaleza, no Ceará. Fez parte da Comissão de Estudos da História da Igreja na América Latina (Cehila). Em 2003, publicou o livro *São Francisco do Paraguaçu – Uma história sepultada sob ruínas*, além de uma série de monografias sobre a história do Brasil e da Ordem Franciscana. Faleceu em 2 de novembro de 2016.

João Santos

Filho de Santarém, esteve ligado às pesquisas sobre a presença da Igreja naquela região. Publicou uma pesquisa sobre "Os franciscanos no Rio Tapajós", que foi inserido na obra *Os Religiosos no Brasil – enfoques históricos*. Autor da obra *Monsenhor Frederico Costa: primeiro prelado de Santarém* (1978). A Casa de Cultura de Santarém recebeu o seu nome.

Martin Norberto Dreher

Possui graduação em Teologia pela Escola Superior de Teologia (1970) e doutorado em Teologia com Concentração em História da Igreja – *Ludwig-Maximilians-Universität München* (1975). Após atuar na Faculdades EST e na Universidade do Vale do Rio dos Sinos, é professor emérito. Tem experiência na área de História, com ênfase em História Latino-Americana, atuando, principalmente, nos seguintes temas: imigração alemã no Rio Grande do Sul, Brasil e religião.

Raimundo Possidônio da Mata

Possui especialização em História da Igreja na América Latina, pela Pontifícia Universidade Católica de São Paulo (1982), mestrado em História Eclesiástica pela Pontifícia Universidade Gregoriana, em Roma (1987). Lecionou, em 1982, no Instituto de Pastoral do Regional (Ipar) Norte II e depois no Seminário Maior Nossa Senhora da Conceição da Arquidiocese de Belém, com ensino nas áreas de História da Igreja do Brasil, América Latina e mundial, História da Igreja na Amazônia, História das Religiões e Ecumenismo. Foi assessor de diversos cursos nas áreas da religiosidade, catolicismo popular e catequese. Foi assessor de assembleias diocesanas do Regional Norte II e vice-diretor do Ipar. Foi nomeado bispo coadjutor de Bragança em 2022.

Egydio Schwade

Desde 1963, dedicou-se aos povos nativos da Amazônia. Em 1969, criou a Operação Amazônia Nativa (Opan). Em 1972, foi um dos fundadores do Conselho Indigenista Missionário (Cimi). Em 1973, foi um dos redatores do documento: *Y-Juca-Pirama – o Índio, aquele que deve morrer*, sobre a espoliação dos povos nativos, por assinado por um grupo de bispos e missionários. Em 1975, participou da fundação da Comissão Pastoral da Terra (CPT). Na década de 1980, foi um dos fundadores do Partido dos Trabalhadores no estado do Amazonas. Em 1992, criou a Casa da Cultura Urubuí, que mantém acervo da memória do povo Waimiri-Atroari. Em julho de 2015, recebeu o título de cidadão do estado do Amazonas, concedido pela Assembleia Legislativa daquele Estado. Foi um dos coordenadores do Comitê Estadual da Verdade, Memória e Justiça do Amazona.

Paulo Suess

Estudou nas Universidades de Munique, Lovaina e Münster, onde se doutorou em Teologia Fundamental com um trabalho sobre *Catolicismo popular no Brasil*. Desde 1966, trabalhou na paróquia de Juruti/PA, no Baixo Amazonas. De 1979 até 1983, exerceu o cargo de Secretário Executivo do Conselho Indigenista Missionário (Cimi). Em 1987, fundou com colegas e a pedido dos missionários, o curso de Pós-Graduação em Missiologia, em São Paulo, cujo coordenador foi até o fim de 2001. De 1996 a 2000, e de 2000 a 2004 era, respectivamente, vice-presidente e presidente da Associação Ecumênica Internacional de Missiologia (IAMS). É Doutor *honoris causa* das Universidades de Bamberg (1993) e Frankfurt (2004). Atualmente, é assessor teológico do Cimi. Entre suas publicações: *Travessia com esperança. Memórias, diagnósticos, horizontes* (2001/2003); *Dicionário de Aparecida. 42 palavras-chave para uma leitura pastoral do Documento de Aparecida* (2010); *Impulsos e intervenções: Atualidade da Missão* (2012); *Dicionário da Evangelii gaudium. 50 palavras-chave para uma leitura pastoral*, Paulus, 2015. – *Dicionário da Laudato si – Sobriedade feliz. 50 palavras-chave para uma leitura pastoral da Encíclica "Sobre o cuidado da casa comum* (2017); *A conquista espiritual da América espanhola. 200 documentos – Século XVI* (2024).

Samuel Pereira Valério

Doutor em Ciências da Religião pela Universidade Metodista de São Paulo. Membro do Relep Brasil – Rede Latino-Americana de Estudos Pentecostais. Membro do Grupo de Estudos Protestantismo e Pentecostalismo – GEPP – PUC-SP. Membro do Grupo de Estudos Memória Religiosa e Vida Cotidiana – Umesp. Membro da Cehila Brasil (Comissão de Estudos da História da Igreja na América Latina). Professor de Teologia e Pós-Graduação em Ciências da Religião e Educação na Faculdade Bíblica das Assembleias de Deus – Fabad, Pindamonhangaba, São Paulo, Brasil. Autor do livro: *Uma nova origem do Pentecostalismo: a trajetória da Igreja Batista Sueca no Brasil a partir de 1912* (2020).

Marina Aparecida Oliveira dos Santos Corrêa
Doutora pela Pontifícia Universidade Católica de São Paulo – PUC-SP. Pós-doutora e professora colaboradora na Universidade Federal de Sergipe – SE – PPGCULT/UFS. Pós-doutora na Universidade Metodista de São Paulo – Umesp; Membra do Relep – Rede Latino-americana de Estudos Pentecostais. Membra da Comissão de Estudos da História da Igreja na América Latina – Cehila. Membra do Grupo de Estudos Protestantismo e Pentecostalismo – GEPP – PUC-SP. Membra do Grupo de Pesquisa Mandrágora/Netmal (Umesp). Autora dos livros: *A operação do carisma e o exercício do poder: A lógica dos ministérios das igrejas Assembleias de Deus no Brasil* (2018); *Dinastias assembleianas: sucessões familiares nas igrejas as Assembleias de Deus no Brasil* (2020); *Ditadura, democracia e fé no país da moral e bons costumes: as ADs e o Mensageiro da Paz* (2021).

Rafael da Gama
Doutor em História pela Pontifícia Universidade Católica de São Paulo – PUC-SP. Mestre em história pela Pontifícia Universidade Católica de São Paulo – PUC-SP. Graduado em História pela Escola Superior Madre Celeste – Esmac. Professor de História na Fabat. Professor de História no Labtem. Autor do livro *"A praga do Pará"; origem e crescimento do pentecostalismo assembleiano*. (1911-1931) e organizador do livro *Evangélicos e política*.

Conecte-se conosco:

f   facebook.com/editoravozes

◎   @editoravozes

𝕏   @editora_vozes

▶   youtube.com/editoravozes

◯   +55 24 2233-9033

www.vozes.com.br

Conheça nossas lojas:

www.livrariavozes.com.br

Belo Horizonte – Brasília – Campinas – Cuiabá – Curitiba
Fortaleza – Juiz de Fora – Petrópolis – Recife – São Paulo

  Vozes de Bolso

EDITORA VOZES LTDA.
Rua Frei Luís, 100 – Centro – Cep 25689-900 – Petrópolis, RJ
Tel.: (24) 2233-9000 – E-mail: vendas@vozes.com.br